Religionswissenschaft

Religionswissenschaft

Aktuelle Annäherungen

Herausgegeben von
Michael Stausberg und Katharina Wilkens

DE GRUYTER

Die Open-Access-Version dieser Publikation wird publiziert mit Unterstützung der folgenden Institutionen:
Universität Bayreuth, Universität Bonn, Staats- und Universitätsbibliothek Bremen, Universität Graz, Martin-Luther-Universität Halle-Wittenberg, Technische Informationsbibliothek Hannover, Philipps-Universität Marburg, Ludwig-Maximilians-Universität München, Universität Münster, Universitätsbibliothek Salzburg, Eberhard Karls Universität Tübingen, Universität Zürich

ISBN 978-3-11-145651-5
e-ISBN (PDF) 978-3-11-145889-2
e-ISBN (EPUB) 978-3-11-146124-3
DOI https://doi.org/10.1515/9783111458892

Dieses Werk ist lizenziert unter der Creative Commons Namensnennung 4.0 International Lizenz. Weitere Informationen finden Sie unter https://creativecommons.org/licenses/by/4.0/.

Library of Congress Control Number: 2025931080

Bibliografische Information der Deutschen Nationalbibliothek
Die Deutsche Nationalbibliothek verzeichnet diese Publikation in der Deutschen Nationalbibliografie; detaillierte bibliografische Daten sind im Internet über http://dnb.dnb.de abrufbar.

© 2025 bei den Autorinnen und Autoren, Zusammenstellung © 2025 Michael Stausberg und Katharina Wilkens, publiziert von Walter de Gruyter GmbH, Berlin/Boston, Genthiner Straße 13, 10785 Berlin
Dieses Buch ist als Open-Access-Publikation verfügbar über www.degruyter.com.

Einbandabbildung: Eingangstür der Religionskundlichen Sammlung Marburg, © Religionskundliche Sammlung der Philipps-Universität Marburg, Foto: Heike Luu.
Satz: Integra Software Services Pvt. Ltd.

www.degruyter.com
Fragen zur allgemeinen Produktsicherheit:
productsafety@degruyterbrill.com

Danksagung

Wir danken der Religionskundlichen Sammlung unter Leitung von Edith Franke für die Bereitstellung des Museums als Motiv für das Umschlagbild. Heike Luu hat sich zudem für die Anliegen dieses Bandes sehr viel Zeit genommen und uns äußerst geduldig, engagiert und kenntnisreich bei der Auswahl von möglichen fotografischen Motiven unterstützt. Sie hat das Umschlagbild aufgenommen und die Auswahl der innenliegenden Bilder kuratorisch und archivarisch begleitet. Frau Luu und Frau Franke sei schließlich auch für ihre kritische Durchsicht der Bildbeschreibungen gedankt.

In Vorgesprächen zu dieser Publikation brachte Sophie Wagenhofer vom Verlag de Gruyter die Idee eines Crowd-Funding für eine Open Access-Publikation ins Gespräch. Wir sind stolz, dass wir das umsetzen konnten, so dass das Buch nun für alle kostenlos lesbar ist. Wir danken allen Kolleg:innen, die sich an dieser Initiative beteiligt haben, für das Bereitstellen entsprechender Mittel. Vom Verlag de Gruyter danken wir Albrecht Döhnert und Katrin Mittmann für ihre tatkräftige Unterstützung.

Der vorliegende Band zur Einführung in die Religionswissenschaft ist nicht nur für Studierende als Publikum gedacht, sondern wurde auch in der Herstellung von Studierenden begleitet. In Katharina Wilkens Seminar "Wissenschaftliches Schreiben" an der Universität Tübingen haben wir redaktionelle Arbeitsschritte eingeübt und zielgerichtet angewandt. Insbesondere das Glossar als Ergänzung zu den Kapiteln wurde gesichtet und überarbeitet, so dass es nun ein Angebot von Studierenden für Studierende sein kann. Wir danken hierfür insbesondere Beryl Englert, Finlay Kunitz und Frederik Sembach. Der Band gab auch Anlass zu einer größeren studentischen Exkursion in die Religionskundliche Sammlung, was den Prozess der Produktion noch erfolgreich abrundete.

Bedanken möchten wir uns auch für die Kooperation seitens der Autor:innen für ihre lehrreichen und zum Nachdenken anregenden Texte. Die Herausgabe war ein dialogischer Prozess zwischen Herausgeber:innen und Autor:innen, die sich durch wiederholte kritische Anfragen und Ergänzungswünsche seitens Herausgeberin und Herausgeber zu mehrfachen Revisionen bewegen ließen.

Unsere Wege haben sich zwar erstmals bereits vor etwa 20 Jahren in Heidelberg gekreuzt, dieses Buch ist indes unsere erste Zusammenarbeit. Wir sind das Projekt im Herbst 2023 angegangen und danken den Autor:innen für ihr Mitziehen an einem ambitionierten Zeitplan, aber auch uns gegenseitig für die jederzeit konstruktive, kreative, vertrauensvolle und zuverlässige Zusammenarbeit.

Michael Stausberg / Katharina Wilkens, Dezember 2024

Open Access. © 2025 bei den Autorinnen und Autoren, publiziert von De Gruyter. Dieses Werk ist lizenziert unter der Creative Commons Namensnennung 4.0 International Lizenz.
https://doi.org/10.1515/9783111458892-202

Inhalt

Danksagung — V

Abbildungsverzeichnis — XI

Michael Stausberg und Katharina Wilkens
Religionswissenschaft: Warum, was, wer, wie — 1

Michael Stausberg und Katharina Wilkens
Zwischenstück I — 17

Teil I: Religion und „Religion"

Rafael Walthert
I.1 **Religion als Symbolsystem? Clifford Geertz und die Folgen** — 25

Astrid Reuter
I.2 **Das religiöse Feld** — 37

Paula Schrode und Eva Spies
I.3 **Religion relational: Eine Forschungsperspektive auf Praktiken und Prozesse** — 49

Markus Dreßler
I.4 **Religionisierung: Ein konstruktivistischer Zugang zu Religion und Säkularität** — 61

Kianoosh Rezania
I.5 **Die Genese eines Religionsbegriffs im iranischen Feld des Religionskontaktes** — 73

Yan Suarsana
I.6 **Vom Glauben zur Religion: Liberaler Protestantismus und Religionsbegriff im 19. und 20. Jahrhundert** — 85

Mariam Goshadze
I.7 African Traditional Religion (ATR): A Model in the Study of African Religions —— 97

Wanda Alberts
I.8 Das Weltreligionenparadigma —— 107

Michael Stausberg und Katharina Wilkens
Zwischenstück II —— 119

Teil II: Begriffe

Maren Freudenberg und Sebastian Schüler
II.1 Charisma: Genese, Erhalt und Veralltäglichung von Autoritätsbeziehungen in Religion —— 127

Alexander-Kenneth Nagel
II.2 Diaspora: Migration und religiöser Wandel —— 139

Daniel Cyranka
II.3 Was ist Esoterik? —— 151

Giovanni Maltese
II.4 Gender: Zur Vergeschlechtlichung von Allgemein- und Vergleichsbegriffen —— 161

Isabel Laack
II.5 Indigenität: Diskurse um indigene Religionen, dekoloniale Kritik an westlicher Wissenschaft und mögliche Konsequenzen für die Religionswissenschaft —— 173

Lukas K. Pokorny
II.6 Millenarismus: Definition, Theorie, Systematik —— 185

Robert A. Yelle
II.7 Secularization: Transformations of Religion and Politics in Western Europe (and the US) —— 197

Michael Stausberg und Katharina Wilkens
Zwischenstück III —— 209

Teil III: **Formationen**

Julian Strube
III.1 Die globale Entstehung der Religionswissenschaft: Das Beispiel Bengalens zwischen Universalismus und Nationalismus —— 217

Benjamin Kirby
III.2 Religion and Urban Life —— 229

Anna Neumaier und Gritt Klinkhammer
III.3 Religiöse Pluralität: Empirische Lage, Begriffsgeschichte und theoretischer Kontext —— 239

Martin Rötting
III.4 Interreligiöser Dialog und Religionswissenschaft —— 251

Franz Winter
III.5 Religionsgeschichte als Begegnungs- und Verflechtungsgeschichte —— 263

Kerstin Radde-Antweiler
III.6 Religion in Zeiten tiefgreifender Mediatisierung —— 273

Michael Stausberg und Katharina Wilkens
Zwischenstück IV —— 283

Teil IV: **Ansätze und Methoden**

Michael Bergunder
IV.1 Methodologie des Religionsvergleichs: Reinkarnation zwischen „Ost" und „West" —— 291

David Atwood
IV.2 Metaphern und die Lesbarkeit von Religion —— 305

Robert Langer
IV.3 Religionsbezogene Orte: Eine praxisorientierte Annäherung —— 317

Bärbel Beinhauer-Köhler
IV.4 Religionsgeschichte schreiben —— 329

Doris Decker
IV.5 Kontextualisierungen religionsgeschichtlicher Textquellen —— 341

Adrian Hermann
IV.6 Globale Religionsgeschichte: Zeitschriften als Medium von „Religion" um 1900 —— 353

Coda

Michael Stausberg
Normen, Werte und Tugenden in der Religionswissenschaft —— 367

Glossar —— 379

Autor:innen —— 391

Abbildungsverzeichnis

Abbildung E.1 Umschlagbild des Vorgängerbands von 2012 —— **9**
Abbildung 1 Rollbild: Ahnenporträt einer uns unbekannten Frau, China, 19./20. Jh —— **18**
Abbildung 2 Innensarg der Iba, Ägypten, ca. 550–450 v.chr.Z —— **20**
Abbildung 3 Eine hölzerne Helmmaske, Papua-Neuguinea, 19./20. Jh —— **120**
Abbildung 4 Schutzbild gegen den Bösen Blick, Israel, 20. Jh —— **122**
Abbildung II.3.1 Das relationale Dreieck aus Esoterik, Religion und Wissenschaft —— **152**
Abbildung 5 Almosensammelschale eines persischen Derwischs, Iran, 1657/58 —— **210**
Abbildung 6 Phra Malai, ein buddhistischer Mönch, Java —— **212**
Abbildung 7 Semar, eine Wayang Kulit Figur, Java, 21. Jh —— **284**
Abbildung 8 Frälsarkrans (Erlöserkranz), Schweden, 21. Jh —— **286**

Michael Stausberg und Katharina Wilkens
Religionswissenschaft: Warum, was, wer, wie

Dieser Band knüpft an ein Buch an, das 2012 in derselben Reihe beim selben Verlag unter dem gleichen Titel erschienen ist (Stausberg 2012a). Das vorliegende Buch ist mehr als eine Ergänzung, aber es will den älteren Band auch nicht einfach ersetzen, und schon gar nicht kopieren. Die Einleitung zu dem Vorgängerband skizzierte, aus der Sichtweise des Herausgebers, einige Grundzüge von Religionswissenschaft, ihrer Geschichte, ihrer Stellung in der Hochschullandschaft und in ihrem Verhältnis zu ihrem *alter ego*, den christlichen Theologien (Stausberg 2012b, 1–14).[1] Zu letzterem: Auch im Jahre 2025 ist die Religionswissenschaft im deutschsprachigen Raum institutionell überwiegend in Fakultäten für (Evangelische oder Katholische) Theologie angesiedelt.

In der Einleitung zu vorliegendem Band haben wir einen anderen Weg eingeschlagen. Wir beginnen mit der Frage, weshalb sich jemand für Religionswissenschaft interessieren sollte und kontextualisieren vorliegendes Buch sodann im Vergleich zu anderen Einführungswerken. Wir bieten zudem eine Momentaufnahme des Faches an mit Blick auf aktuelle Trends und Initiativen, die der fachlichen Vernetzung dienen.

1 Warum Religionswissenschaft?

Verschiedene Fächer konkurrieren um Aufmerksamkeit und Sichtbarkeit – und um Studierende. Wer viel in seine akademische Karriere investiert, empfindet den Gegenstand der eigenen Leidenschaft in der Regel als besonders schön und wichtig. Wir glauben zwar nicht, dass Religionswissenschaft ein besseres Fach ist als viele andere, möchten aber auf einige Besonderheiten hinweisen.

Die Religionswissenschaft ist nach wie vor eines der relativ wenigen Fächer, die kulturübergreifend arbeiten, Westen und Osten, Norden und Süden ebenso verbinden wie Vergangenheit und Gegenwart. Selbst wenn man Religion für nichts prinzipiell Besonderes hält, bietet die Beschäftigung mit Religion(en) einen guten Einstieg in eine Vielzahl von menschlichen Handlungs- und Sinnsphären, ist Religion doch fast immer und überall auf vielfältige Weise mit Ethik, Geschichte, Ge-

---

[1] Der Text ist online verfügbar: https://doi.org/10.1515/9783110258936

schlecht, Kunst, Literatur, Medien, Medizin, Philosophie, Politik, Recht, Sprache, Wirtschaft und Wissen verwoben; man kann auch an Sport oder Tourismus denken. Zu all diesen Bereichen gibt es inzwischen einschlägige Fachliteratur.

Homepages und Social-Media-Kanäle religionswissenschaftlicher Studiengänge, Institute, Seminare oder Abteilungen geben einen Einblick in Studienoptionen und Schwerpunkte. Regionale (und sprachliche) Schwerpunkte umfassen asiatische, amerikanische, afrikanische und osteuropäische Religionen genauso wie die Vielfalt der Religionen in Deutschland. Historische, zeitgenössische und wissenschaftstheoretische Perspektiven auf religiöse Pluralität beleuchten so unterschiedliche Themen wie Recht, Nationalismus, Materialität, Gender oder Migration. Religionswissenschaft „fragt auf der Basis vielfältigen Quellenmaterials (Text, Bild, Film, Architektur, Ritual, und so weiter) sowie empirischen Daten (Umfragen, Interviews, Statistiken und so weiter) nach den Funktionen von Religion in der Gesellschaft, nach Grundmustern religiösen Wandels und nach Formen religiöser Identitätsbildung sowie nach Interaktionen (Konflikten, Dialogen und Inkulturation) mit anderen Religionen und Weltanschauungen" (Universität Frankfurt am Main). Und weiter: „In der Religionswissenschaft geht es nicht darum, Glaubensinhalte auf ihren Wahrheitsgehalt hin zu prüfen, sondern darum, zu erschliessen, wie grundlegend verschieden Menschen die Welt sehen und deuten. Diese Kompetenz ist bedeutsam, um sich in einer Welt zu orientieren, in der Polarisierung und parallele Filterbubbles das Wissen und Tun zunehmend prägen" (Universität Luzern).

Ein wesentlicher Schritt gerade in der Beschäftigung mit Religion ist es, eine kritische Distanz zur eigenen religiösen oder nicht-religiösen Sozialisation herzustellen. Die je eigene Sichtweise scheint die jeweils „natürliche" zu sein, egal ob religions-bejahend, religionskritisch oder gleichgültig. Um vorschnellen Urteilen und normativen Bewertungen zu entgehen, ist ein Sensibilisierungsprozess notwendig, der im Verlauf des gesamten Studiums eingeübt wird (siehe auch Stausberg in diesem Band). Genau diese Fähigkeit der Selbst- und Fremdreflexion erzeugt eine gesellschaftliche Handlungskompetenz, die auch außerhalb der Universität von größtem Wert sein kann (vgl. Simmons 2017). Oder in den Worten von Jolyon B. Thomas (2024, 263): „What we do (and how we do it) has real value for citizens in democratic societies."

Peter Antes, emeritierte Professor für Religionswissenschaft an der Universität Hannover und ehemaliger Vorsitzender der International Association for the History of Religions (IAHR), verweist auf gesellschaftspolitisch relevante Aufgaben der Religionswissenschaft (Antes 2017). Zunächst ist das die Vermittlung von Wissen zu den Religionen, nicht zuletzt, um Vorurteilen und Stereotypen vorzubeugen. Die Sensibilisierung für religiöse Identitätsprozesse erlaubt es Religionswissenschaftler:innen, gesellschaftspolitische und juristische Debatten, etwa zur rechtlichen Gleichstellung von islamischen Gemeinschaften mit christlichen Kirchen, kritisch zu begleiten; oder Polizei, Gesundheitsämter oder sozialpädagogische Einrichtungen zu beraten (vgl. Jahn 2017). Besonders augenfällig wird der gesellschaftspolitische Beitrag, den die Religionswissenschaft leisten kann, wenn man einen Blick auf den schulischen Religionsunterricht wirft, wobei der konfessionell geprägte Religionsunterricht in der Bundesrepublik Deutschland das einzige Schulfach mit Verfassungsrang darstellt. Verschiedene Fächer wie LER (Lebensgestaltung-Ethik-Religionskunde) oder Alternativfächer zum konfessionellen Religionsunterricht wie Werte und Normen oder Ethik enthalten Bausteine zur Religionskunde. Damit ist ein nicht-konfessioneller analytischer Zugang zu Religionen und Religiosität gemeint. Es ist derzeit das erklärte Ziel des Faches Religionswissenschaft, in allen deutschsprachigen Ländern (noch) stärker in die Ausbildung von Lehrkräften eingebunden zu werden. In Potsdam und Hannover sind die entsprechenden Ausbildungsmodelle schon lange etabliert; an anderen Standorten werden Teilstudiengänge oder einzelne Module in die Lehramtsausbildung eingespeist. Das ist ein Thema, mit dem sich die kommenden Generationen an Religionswissenschaftler:innen noch intensiv beschäftigen werden (Alberts et al. 2023).[2]

2 Über dieses Buch: Vielstimmigkeit

Wer sich mit einem Fach vertraut machen will, kann ein Einführungswerk in die Hand nehmen. In den vergangenen Jahrzehnten ist international, aber auch im deutschsprachigen Raum eine ganze Reihe solcher Bücher erschienen, in der Regel aus einer Hand (nur ausnahmsweise mit mehreren Verfasser:innen) und von Männern verfasst (Lanczkowski 1980; Waardenburg 1986; Stolz 1988; Hock 2002; Kippenberg und von Stuckrad 2003; Zinser 2010; McCutcheon 2014; Schmitz 2021). Neuland betraten 2018 fünf Kolleg:innen, die zusammen ein systematisches Oberthema – visuelle Aspekte von Religion – zugleich als Einführung in die Religionswissenschaft darstellen (Fritz, Höpflinger, Knauß, Mäder und Pezzoli-Olgiati 2018). Darüber hinaus gibt es Einführungen in einzelne Religionen (Literaturhinweise wären hier zu zahlreich), aber auch in bestimmte religionswissenschaftliche Arbeitsbereiche. Exemplarisch sind für die letzten 40 Jahre etwa zu nennen:

---

2 In anderen Ländern, in denen Religionslehrer:innen vorwiegend in religionswissenschaftlichen Studiengängen ausgebildet werden (wie in Skandinavien), gibt es dazu bereits eine breite Expertise.

- Religionssoziologie (Kehrer 1988; Krech 1999; Pickel 2011)
- Religionspsychologie (Holm 1990; Henning, Murken und Nestler 2003; Heine 2005; Lämmermann 2006; Grom 2007; Utsch und Demmrich 2023)
- Forschungsmethoden (Knoblauch 2003; Kurth und Lehmann 2011; Pickel und Sammet 2014)
- historische Religionswissenschaft (Rüpke 2007; Berner 2020)
- Religionsethnologie (Schmidt 2008)
- praktische Religionswissenschaft (Klöcker und Tworuschka 2008)
- Religionsökonomie (Koch 2014; Freudenberg und Rezania 2023)
- Geschichte der Religionswissenschaft (Tworuschka 2015)

Wie erstmals Hartmut Zinser (1988) und der Vorgängerband zu diesem Buch (Stausberg 2012a) haben wir hier eine andere Herangehensweise gewählt. Hier stellt sich Religionswissenschaft als ein vielstimmiger Chor vor, dem die Herausgeber als Dirigent:innen zur Seite stehen. Jeder einzelnen Stimme kommt gleich viel Gewicht zu. Anders als bei vergleichbaren Bänden haben wir für die Partitur keine thematische Vorselektion oder Zuordnung betrieben und keinerlei inhaltlichen Vorgaben gemacht. Wir sind vielmehr mit der Bitte an die Autor:innen herangetreten, Themen vorzuschlagen, zu denen sie forschen und die zentrale Aspekte von Religionswissenschaft beleuchten. Als Dirigent:innen haben wir jedem Solopart einen Platz im Gesamtgefüge des Inhaltsverzeichnisses zugewiesen. Die Länge der jeweiligen Einsätze war vorgegeben und ist dabei bis auf Nuancen gleich verteilt. Das vorliegende Bild der Religionswissenschaft, wie sie im deutschsprachigen Raum verstanden und betrieben wird, hat sich insofern im herausgeberischen Prozess ab Spätherbst 2023 kollaborativ-kollektiv herausgebildet.

Auch das in diesem Band gezeichnete vielstimmige Bild von Religionswissenschaft bleibt dabei selbstverständlich unvollständig. Das liegt einerseits an der Auswahl der Themen (alle hätten auch andere wählen können, die vermutlich ähnlich relevant gewesen wären), andererseits an der Auswahl der Autor:innen, bei der wir demselben Prozedere wie im Vorgängerband gefolgt sind. Um das zu erläutern, müssen wir ein wenig weiter ausholen.

3 Das Zustandekommen dieses Buches

Im deutschsprachigen Raum (A, CH, D) wird das Fach Religionswissenschaft derzeit an etwa 32 Universitäten unterrichtet (A: 3; CH: 5; D: 24) und von fast 5.000

Personen in verschiedenen Studiengängen studiert.³ In der Personalstruktur deutschsprachiger Universitätssysteme gibt es den sogenannten Mittelbau: befristet oder unbefristet angestelltes wissenschaftliches Personal unterhalb der Ebene der Professuren. Dabei handelt es sich einerseits um angehende Akademiker: innen, die sich wissenschaftlich qualifizieren (Promotion und/oder Habilitation), aber auch um Kolleg:innen, die als akademische/wissenschaftliche Räte angestellt sind und selbständige Aufgaben in Forschung, Lehre und Verwaltung übernehmen. In Deutschland gehören diesem Mittelbau in der Religionswissenschaft derzeit etwa 160 Personen an, wovon etwa 65 Prozent weiblich sind. Darüber hinaus gibt es in Deutschland 45 Professor:innen, darunter etwas mehr als die Hälfte Frauen; in Österreich und der Schweiz sind es 3 (A) beziehungsweise 7 (CH); im gesamten deutschsprachigen Raum sind es also 55 Professor:innen. Bei der Auswahl der Autor:innen sind wir dem Verfahren bei der Herausgabe des Vorgängerbands (Stausberg 2012a) gefolgt. Das sei hier kurz erläutert.

In unserer Beobachtung spielt sich Innovation oft im Frühstadium wissenschaftlicher Karrieren ab (was nicht ausschließt, dass auch in die Jahre Gekommene noch mit neuen Perspektiven aufwarten). Das hätte dafürgesprochen, vor allem junge Kolleg:innen ins Boot zu holen. Bei einem Buch dieser Art geht es aber nicht um „Neue Ansätze/Fragen/Methoden in der Religionswissenschaft", sondern um einen Querschnitt von Religionswissenschaft mit der Blickrichtung darauf, wie das Fach derzeit praktiziert wird, und zwar neben Forschung und Lehre auch in Prüfungen und in Betreuung und Begutachtungen von Abschlussarbeiten. Damit sind wir auf der Ebene der Professuren – denn nur diese sind berechtigt und verpflichtet, all diese Aufgaben vollumfänglich zu übernehmen. Aus diesem Grund richtete sich unsere Einladung zur Mitarbeit an alle Professor:innen mit unbefristeten Dienstverhältnissen oder Tenure Track Stellen. Da wir für diesen Band eine Nutzungsdauer von mindestens fünf oder gar zehn Jahren erwarten, haben wir nur Kolleg:innen angefragt, die im Erscheinungsjahr des Bandes (2025) jünger als

---

3 In Deutschland gibt es derzeit folgende Standorte (mit sehr unterschiedlicher Stellenausstattung und Studienprogrammbeteiligung): Bayreuth*, Berlin (FU) +, Bochum* +, Bonn* +, Bremen* +, Erfurt +, Erlangen-Nürnberg* +, Frankfurt, Freiburg, Göttingen*, Halle*, Hamburg, Hannover* +, Heidelberg* +, Jena, Leipzig* +, Marburg* +, München (LMU)*, München (Universität der Bundeswehr)*, Münster* +, Potsdam +, Rostock +, Tübingen* + . Dazu kommen Standorte wie Kiel oder Oldenburg, an denen Religionswissenschaft zwar nicht durch Professuren vertreten wird, aber sie dennoch fester Bestandteil anderer (Lehramts-)Studiengänge (Theologie; Werte und Normen) ist. In Österreich sind es Graz*, Salzburg*, Wien*. In der deutschsprachigen Schweiz handelt es sich um Basel +, Bern +, Freiburg + (dort auch eine Professur für den französischen Sprachbereich), Luzern +, Zürich* + . Mit Asterisk (Sternchen) sind die Standorte gekennzeichnet, von denen Fachvertreter:innen im vorliegenden Band beteiligt sind; ein Plus (+) verweist auf Präsenz im Vorgängerband von 2012.

60 Jahre waren.[4] Der Band versammelt nun die Stimmen von 30 Personen, von Neuberufenen ebenso wie derjenigen, die sich der Schwelle ihrer letzten Dienstphase von 5–7 Jahren annähern. Da der Vorgängerband weiterhin online zugänglich bleibt, sind auch die Stimmen der Älteren noch abrufbar.

Alle Autor:innen arbeiten in Deutschland, Österreich oder der Schweiz, aber nicht alle stammen aus diesen Ländern. Im vergangenen Jahrzehnt ist eine gesteigerte Internationalisierung der Stellenbesetzungen zu beobachten. Drei Kolleg:innen, für die Deutsch nicht ihre Muttersprache ist, haben ihre Beiträge auf Englisch eingereicht.

4 Arbeitskreise als Ideenschmieden

In der deutschsprachigen Religionswissenschaft gibt es eine Reihe von standortübergreifenden thematischen Arbeitskreisen, in denen aktuelle und übergreifende Themen diskutiert und erforscht werden. Diese Arbeitskreise können als kreative Ideenschmieden gesehen werden. Sie sind insbesondere ein Ort, wo Professor:innen und Mittelbau auf Augenhöhe zusammenarbeiten, um aktuelle Forschungen zu diskutieren und neue Theorien zu entwickeln. Eine Liste der Arbeitskreise kann auf der Homepage der Deutschen Vereinigung für Religionswissenschaft eingesehen werden (https://www.dvrw.uni-hannover.de/de/arbeitskreise). Derzeit (Ende 2024) sind folgende AKs aktiv (in alphabetischer Reihenfolge):

- AK Afrika
- AK Asiatische Religionsgeschichte
- AK Esoterik und alternative Religiosität
- AK Evangelikale, Pentekostale und Charismatische Bewegungen
- AK Gender und Religion
- AK Globale Religionsgeschichte
- AK Islam
- AK Mittelbau (für Fragen zu Arbeitsrecht, Methodenausbildung, Zukunftsworkshops)
- AK Religionsästhetik
- AK Religion und Medizin
- AK Religionen und Politik
- AK Religionswissenschaft und Schule

---

4 Diesem Ausschlussverfahren und dem von uns gesetzten engen Zeitfenster für das Einreichen der Beiträge ist das Fehlen einiger der in der voranstehenden Fußnote genannten Standorte geschuldet.

Die stetig zunehmende Zahl an AKs verdeutlicht die stetige Erneuerung des Faches durch neue Generationen an Religionswissenschaftler:innen und wie wichtig ihnen das Thema Vernetzung ist. Dazu gehört der Austausch von Wissen auf inhaltlicher beziehungsweise methodischer Ebene genauso sehr wie die Bildung von Netzwerken auf beruflicher Ebene.

5 Peer-to-Peer Mentoring

Vernetzungsarbeit in der Religionswissenschaft beginnt schon im Studium. Dabei haben sich verschiedene Formate des Mentoring, also der Förderung auf individueller, fachlicher wie persönlicher Ebene, etabliert. Hierbei können Personen auf höheren Karrierestufen ihr Erfahrungswissen an Jüngere weitergeben; aber auch fachlich „gleichaltrige" Personen können einander unterstützen. Dieses sogenannte Peer-to-Peer Mentoring gibt es in der Religionswissenschaft vor allem in einem standortübergreifenden Format: dem Studierendensymposium. Dieses ist – wie es der Name schon sagt – ein Vernetzungstreffen aller Studierenden der Religionswissenschaft im gesamten deutschsprachigen Raum. Es findet seit 1993 alljährlich im Frühsommer an wechselnden Standorten statt. Organisation (inklusive Tagungsort, Programm, Verpflegung, Unterkunft), Mitteleinwerbung, Vorträge, Diskussionen, Vernetzungsarbeit und natürlich der soziale Austausch liegen ganz in studentischer Hand. Hier werden Organisationstalent und Fachwissen durch Peer-to-Peer Mentoring gleichermaßen geschult. Dadurch formiert sich die nächste Generation an Religionswissenschaftler:innen mit ihren ganz eigenen Fragen und Interessen am Fach.

Es ist ein Anliegen der Religionswissenschaft, gerade auch als kleines Fach, eine größere gesellschaftliche Sichtbarkeit zu erreichen. Um dieses Ziel zu fördern, haben sich an vielen Standorten Alumni-Netzwerke gebildet. Außerdem gibt es das standortübergreifende Netzwerk Religionswissenschaft im Beruf (RiB). In jährlichen Treffen geben die Ehemaligen Einblick in mögliche Einsatzfelder für Religionswissenschaft, zum Beispiel in Kulturarbeit, Journalismus oder im medizinischen Bereich und diskutieren Weichenstellungen bezüglich Praktika, Sprachkompetenzen und Zusatzausbildungen in ihrem persönlichen Werdegang. Universitäre Mentoring-Programme bieten zudem an vielen Standorten Beratung zu individuellen Karrierewegen, Fragen der Work-Life-Balance und auch zu einer möglichen wissenschaftlichen Karriere an. In diesem Format geben ältere Studierende oder berufstätige Personen professionelle und persönliche Einblicke in ihre Erfahrungen bei der Studien- und Berufswahl und unterstützen so die persönliche Weiterentwicklung der Mentees.

6 Religionswissenschaft im Bild

Ein attraktives Cover verheißt Lesevergnügen. Die Gestaltung eines Buchumschlags hat mehrere Aufgaben: Das Cover will Aufmerksamkeit erregen, das Produkt ansprechend darstellen (und damit zum Kauf oder Runterladen anregen), zugleich aber eine Signalwirkung mit Blick auf den Inhalt haben. Was sagt das Coverbild eines Buches mit dem Titel *Religionswissenschaft*? Wie soll man ein Fach auf ein Cover bringen? Gibt es eine Signatur, ein Symbol, eine Kernszene, eine Hauptkulisse von Religionswissenschaft? Wie kann man einen komplexen Sachverhalt auf ein Design und ein Bild runterbrechen?

In der Einführung zum Vorgängerband von 2012 wurde Religionswissenschaft als „ein *gegenstandsdefiniertes* Fach" beschrieben, als ein Fach, das dadurch gekennzeichnet ist, dass es sich „vorwiegend, wenn nicht ausschließlich, mit dem Gegenstand Religion" befasst (Stausberg 2012b, 8). Von daher lag es nahe, Religionswissenschaft durch ein Motiv zu visualisieren, dass für den Gegenstandsbereich Religion signifikant erscheinen konnte (siehe Abbildung E.1). Dabei gab es einige fachtypische Vorgaben zu beachten (siehe auch Stausberg in diesem Band): Das Bild darf keine bestimmte Einzelreligion darstellen, denn Religionswissenschaft erforscht Religionen in ihrer Breite; das Bild soll nicht zeitspezifisch sein, denn Religionswissenschaft beschäftigt sich mit Geschichte und Gegenwart; das Bild soll nicht regionenspezifisch sein, denn die Religionswissenschaft beschäftigt sich mit Religionen in Ost und West, in Süd und Nord; da Religionswissenschaft Religionen als menschengemachte Konstellationen versteht, sollte Menschliches nicht ganz abwesend sein, ohne eine Form des Menschseins (zum Beispiel ein Geschlecht, eine Hautfarbe oder eine Altersgruppe) über Gebühr zu privilegieren. Neben diesen Kriterien scheint es uns im Rückblick, dass das seinerzeit im Dialog mit dem Verlag ausgewählte Bild beispielhaft charakteristische Züge von Religion aufweist, darunter die folgenden:

- Religion ist ein sinnlich-materiell-visueller Vorgang; das Bild zeigt unterschiedliche Dinge und Materialien, Farben, Lichtverhältnisse, und lässt die Betrachtenden den Räucherduft förmlich riechen.
- Religion verbindet horizontal-immanente mit vertikal-transzendenten Dimensionen und bringt diese in Verbindung miteinander, hier im aufsteigenden Rauch veranschaulicht.
- Religion ist nicht einfach da, sondern wird immer neu gemacht, zum Beispiel durch Gesten oder Riten.
- Religion bettet menschliches Handlungsvermögen in gegebene Strukturen ein; dieses Handlungsvermögen ist hier durch die Hand veranschaulicht.

Abbildung E.1: Umschlagbild des Vorgängerbands von 2012.

Ein alternativer Zugang, den wir in der Neuausgabe gewählt haben, richtet den Blick vom Gegenstandsbereich zur wissenschaftlichen Disziplin, dem Fach Religionswissenschaft. Das veranschaulicht unser Cover durch einen Blick auf eine im deutschsprachigen Bereich einmalige Institution, nämlich die „Religionskundliche Sammlung", eine Lehr- und Forschungseinrichtung an der Universität Marburg, die über einen öffentlich zugänglichen musealen Ausstellungsbereich verfügt (https://www.uni-marburg.de/de/relsamm). Gegründet wurde die Einrichtung 1927 auf Initiative des Theologen und vergleichenden Religionshistorikers Rudolf Otto (1869–1937), der mit seinem ebenso bahnbrechenden wie umstrittenen Bestseller *Das Heilige* (1917) internationale Berühmtheit erlangte. Anhand von bildlichen und gegenständlichen Materialien bietet die Sammlung einen Einblick in vielfältige Religionen. Die Sammlung sollte ein „Aushängeschild der Religionswissenschaft" (Lenk 2022, 209) werden und mit seinem programmatischen Bezug auf „gegenwärtige religiöse Praktiken und gelebte alltägliche Religion" (Lenk 2022, 224) einen Gegenpol zu dem bis dahin vorherrschenden Erschließen und Publizieren religiöser Textquellen darstellen. Auf einer Reise nach Südasien (Ceylon [heute Sri Lanka] und Indien) und in den östlichen Mittelmeerraum (Ägypten, Palästina, Türkei) begann Otto 1927–28 mit dem Ankauf der Exponate. Dabei ist der koloniale Kontext zu beachten, denn immerhin stammen „die etwa 800 Gegenstände aus lokalen Religionen in den ehemals deutschen Kolonien in Ozeanien und Afrika" (Rodemeier und Franke 2021, 186). Die Sammlung besitzt inzwischen über 10.000 Objekte; seit 1981/82 befindet sie sich in der ehemaligen Kanzlei des Landgrafen Philipp. Die Religionskundliche Sammlung ist Ort vielfältiger Forschungsaktivitäten und -projekte; sie dient mit Führungen, Vorträgen, Sonderausstellungen, Angeboten für

Schulen und anderen Events zum Transfer religionswissenschaftlicher Perspektiven an eine breite Öffentlichkeit. Mit der Auswahl dieses Coverbildes – gewissermaßen das Tor zu diesem Buch – möchten wir darauf hinweisen, dass Religionswissenschaft nicht nur im Medium Text praktiziert wird, sondern auch und gerade ästhetische Komponenten wie Materialität, Visualität und Klanglichkeit eine wesentliche Rolle spielen. Die Aufmerksamkeit für und Analyse von Bildern und Gegenständen als Medien der religiösen (und religionswissenschaftlichen) Repräsentation hat sich seit den 1980er Jahren als ein zentrales Anliegen der Religionswissenschaft etabliert.

Bei einem gemeinsamen Besuch der Religionsgeschichtlichen Sammlung im Dezember konnten wir acht Bilder auswählen, die in diesem Band als „Zwischenstücke" zu sehen sind. Unsere Bilderreihe illustriert verschiedene Epochen der Sammlungsgeschichte, von der allerersten Akquisition bis in die Gegenwart. Unsere Auswahl illustriert überdies die ästhetische und materielle Vielfalt religiöser Objekte, hier exemplifiziert durch ein Rollbild, einen Sarg, eine Maske, eine Schale, das Foto einer Figur, eine Perlenkette und ein eingerahmtes Schutzbild. Die Sammlungsstücke stammen aus weit auseinanderliegenden Orten und Zeiten und weisen dementsprechend unterschiedliche religionsgeschichtliche Hintergründe auf, die sich teilweise nicht auf klar voneinander getrennte religiöse Traditionsbestände reduzieren lassen. Als Paratexte bieten sie eine zusätzliche Ebene jenseits der Kapiteltexte, die zu kritischen religionswissenschaftlichen Fragen und Reflexionen einladen sollen.

7 Jüngere Entwicklungen in der Religionswissenschaft im Spiegel dieses Buches

Da dieser Band an ein vor 13 Jahren, erstmals 2012 erschienenes Buch anschließt, bieten sich einige Betrachtungen zur Entwicklung des Faches an.[5] Die Frage liegt nahe, ob die Religionswissenschaft in den vergangenen Jahren Fortschritte verzeichnen konnte. Für jedes einzelne Kapitel wäre dies natürlich zu bejahen, da es ja mit Neuem aufwarten kann. Dass wir in der Online-Ausgabe die Kapitel des Vorgängerbandes mit aufnehmen, zeigt indes an, dass wir die Beiträge aus dem Jahre 2012 nicht prinzipiell als veraltet ansehen. Das Modell des Fortschritts als einer linearen Erfolgsgeschichte, in dem Neueres immer besser ist als Älteres, ist für den Bereich der Geistes- und Sozialwissenschaften ohnehin nur begrenzt aussagekräf-

---

5 Beiträge aus dem Band von 2012, die im Folgenden generisch erwähnt, aber nicht mit Seitenzahlen zitiert werden, sind durch Asterisk* gekennzeichnet und aus Platzgründen nicht im Literaturverzeichnis zu diesem Kapitel aufgelistet. Alberts* z.B. bezieht sich folglich auf den Beitrag von Wanda Alberts in Stausberg 2012. Der Beitrag ist in der Open Access Ausgabe zu finden.

tig. Vielmehr können wir uns die Entwicklung in diesen Fächern wie ein nie enden wollendes Gespräch vorstellen, das in unterschiedliche Richtungen mäandert, verschiedene Fäden aufgreift und weiterentwickelt, dann aber andere Wendungen annimmt, in dem verschiedene Stimmen das Wort ergreifen – manche hörbarer als andere, manche lauter und selbstbewusster, andere weniger, manche eher punktuell, andere dauerhafter, in dem bereits Gesagtes widerhallt, anderes hingegen verhallt, in dem Themen von Nachbartischen aufgegriffen und eingeflochten werden, woraus sich wieder neue Verkettungen entwickeln, an dem mal weniger mal mehr Personen teilnehmen, und so weiter. Im Folgenden möchten wir zwei Gesprächsfäden hervorheben.

Die Skizze im Vorgängerband (Stausberg 2012b, 7) hob für die jüngere Fachgeschichte zwei richtungsweisende Werke hervor: das *Handbuch religionswissenschaftlicher Grundbegriffe* (1988–2001) und das *Metzler Lexikon Religion* (1999–2002). Sie stehen für zentrale Neupositionierungen der Religionswissenschaft: den Anschluss an breitere, interdisziplinäre kulturwissenschaftliche Begriffs- und Theoriearbeit (Ahn*, Beinhauer-Köhler*, Hafner*, Kleine*, Klinkhammer* statt eines isolationistischen Beharrens auf der unvergleichlichen Eigenart von Religion, und die Verankerung von Religion ins Alltagsleben, als sinnlich-ästhetisch-leiblich-materiell-sichtbare Wirklichkeiten und als Gegenstand medialer Repräsentationen (vgl. Krüger*, Mohn*, Pezzoli-Olgiati*, Prohl*, Wilke* sowie Kirby und Radde-Antweiler in diesem Band). Einige Beiträge im vorliegenden Band beziehen sich unter dem Leitwort „kulturwissenschaftliche Wende" auf diese Neuverankerung des Faches, um zugleich über sie hinauszugehen. Dabei ist vor allem der Impuls postkolonialer Ansätze, die auch schon ein einigen Kapiteln des 2012er Bandes Niederschlag gefunden hatten (Bergunder*, Bretfeld*, Hock*, Nehring*), noch stärker hörbar und als Ausgangspunkt einer geforderten Neuverortung der Religionswissenschaft affirmativer geworden (Alberts, Bergunder, Goshadze, Hermann, Laack, Maltese, Schrode/Spies, Strube). Ein Grundimpuls ist hier die selbstkritische Reflexion auf die ungerecht-ausbeuterischen Herrschaftsstrukturen, die der Kolonialismus der gesamten Welt aufbürdete, und die unser Denken immer noch prägen.

Mit dem Programm einer Europäischen Religionsgeschichte (1995 von Burkhard Gladigow formuliert) trat die Religionswissenschaft aus dem Schatten der Kirchengeschichte, indem sie die fachliche Zuständigkeit für historische religiöse Diversität und Pluralität für sich beanspruchte. Gleichzeitig erfolgte – wie auch in anderen Ländern – eine Hinwendung zur Gegenwartsforschung mit einem entsprechenden Methodenarsenal (empirische Sozialforschung, Diskursforschung, Medienanalysen und so weiter). Wie auch in anderen Ländern (Stausberg 2008, 309) schlug sich diese Entwicklung in einer Änderung des Namens des Fachverbandes nieder: Die Deutsche Vereinigung für Religionsgeschichte (DVRG) benannte sich 2005 in Deutsche Vereinigung für Religionswissenschaft (DVRW) um, wobei historische Methoden und Religionsgeschichte auch weiterhin zentral im Fach verankert bleiben (zum Beispiel Maier* und Rüpke* und Beinhauer-Köhler, Decker, Hermann, Winter und Yelle in diesem Band). Aus einem Exotenfach katapultierte die Religionswissenschaft sich somit in die Mitte des Geschehens in Europa, für dessen Verständnis es Orientierungswissen anbieten wollte (vgl. Klinkhammer*; Lüddeckens*; Renger *). In inspirierter Abgrenzung zu dem neuen Fokus auf Europa und Gegenwartsforschung konstituierte sich eine Gruppe von Religionswissenschaftler:innen, die zu asiatischen Kulturen und Religionen arbeiteten, im bereits erwähnten Arbeitskreis Asiatische Religionsgeschichte (AKAR), der seit den frühen 2000er Jahren eine Reihe von Arbeitstagungen abhielt, aus denen richtungsweisende Buchpublikationen hervorgingen. Im Vorgängerband sind mit Karenina Kollmar-Paulenz* und Christoph Kleine* zwei zentrale Stimmen dieses Kreises vertreten, die sich in ihren Beiträgen auf die Suche nach asiatischen Gegenstücken zu europäischen Religionsbegriffen machten. (In vorliegendem Band behandelt Rezania diese Thematik.) An diese Bewegung schloss ein weiteres Programm ein, das beide Richtungen gleichermaßen zu überbieten sucht, indem es Europa und Asien unter dem Namen einer Globalen Religionsgeschichte mit Blick auf den Religionsbegriff im Wechselspiel sieht. Ein Inspirator dieser Programmatik ist Michael Bergunder, der auch schon 2012 ein Kapitel beisteuerte. Ebenso wie in den späten 1990er Jahren einige Schüler Gladigows Lehrstühle an verschiedenen deutschen Universitäten erhielten – mit Erfurt als einem Zentrum – sind in den letzten Jahren mehrere Lehrstühle mit Mitstreitern und Schülern Bergunders besetzt worden, darunter Daniel Cyranka, Adrian Hermann, Giovanni Maltese, Julian Strube und Yan Suarsana. Wer die Beiträge der genannten Autoren in vorliegendem Band liest, findet eine von allen geteilte Programmatik, Mitverfasserschaften und sich verstärkende und beglaubigende gegenseitige Querverweise und Zitationen, wie früher ähnlich im Umkreise Gladigows. Wir können hier eine Art Schulbildung beobachten, also eine Gruppe von Wissenschaftler:innen mit einer Lehrerfigur, gemeinsamen methodischen und theoretischen Referenzpunkten, verwandten Fragestellungen, kontinuierlichem Austausch und gemeinsamen Publikationen. Die Beiträge von Bretfeld* und Winter zeigen indes, dass auch außerhalb dieser Schule verflechtungs- und globalgeschichtlich geforscht wird (vgl. auch Stausberg 2020). Weiterhin sehen wir in vorliegendem Band eine Hinwendung zu lange von der Religionswissenschaft vernachlässigten geographisch-kulturellen Konstellationen wie indigenen Bevölkerungen (Laack), Afrika (Goshadze), wie überhaupt dem Globalen Süden (Kirby; vgl. Hutter*).

Im Vergleich der beiden Bände von 2012 und 2025 finden wir auch Kontinuitäten. Wanda Alberts entwickelt das Thema der schulischen Religionskunde weiter. Neue Gesprächsbeiträge finden sich zu den Themen Gender (Maltese vgl. Franke und Maske*), interreligiöse Beziehungen bzw. Dialog der Religionen (Rötting; vgl. Bechmann*), Migration bzw. Diaspora (Nagel; vgl. Baumann*), Säkularität (Dreßler und Yelle; vgl. Kleine* und Makrides*) und zur Frage der Normativität von Religionswissenschaft (Stausberg; vgl. Schlieter*). Eine Konstante in der jüngeren Religionswissenschaft ist ein Fokus auf Grundbegriffe. Der vorliegende Band enthält Kapitel zu Charisma (Freudenberg und Schüler), Esoterik (Cyranka), Millenarismus (Pokorny) und Säkularisierung (Yelle). Geradezu obsessive Aufmerksamkeit widmet die Religionswissenschaft ihrem Schlüsselbegriff „Religion"; dem trägt der erste Teil dieses Bandes Rechnung, auch im Versuch, den Religionsbegriff zu dynamisieren (Dreßler zur Religionisierung).

Der Band beginnt mit drei Beiträgen zu zentralen theoretischen Richtungen innerhalb der interdisziplinären Religionsforschung und der Religionswissenschaft im Besonderen (Walthert zu Clifford Geertz und Praxistheorien; Reuter zu Pierre Bourdieu und der Idee des religiösen Felds; Schrode und Spies zu relationalen Ansätzen; vgl. Krech* zu Kommunikation und Feldtkeller* für Sozialformen). Außerdem finden methodische Fragen größere Berücksichtigung (Beinhauer-Köhler zum Schreiben von Religionsgeschichte, Decker zur Bedeutung von Kontexten für die Interpretation religionsgeschichtlicher Quellen, Atwood zur Reflexion von metaphorischem Sprachgebrauch, Langer zur Erforschung religiöser Orte, Räume und Stätten). Eine weitere Fortentwicklung gegenüber 2012 ist, dass es in dieser Ausgabe drei Kapitel mit jeweils zwei Ko-Autor:innen gibt (Freudenberg und Schüler, Neumaier und Klinkhammer, Schrode und Spies), gegenüber einem Beitrag im Vorgängerband. Auch das Buch selbst hat nun zwei Herausgeber:innen. Wir finden diese Entwicklung – ganz im Sinne der angestrebten Vielstimmigkeit – begrüßenswert. Dialog und Kooperation sind wichtige Werte in einer Wissenschaftscommunity (vgl. auch die Coda zu diesem Band).

8 Glossar

Das von Katharina Wilkens redigierte Glossar am Ende des Bandes dient als Orientierung und Lernhilfe. Es versammelt zentrale Fachbegriffe der Disziplin, die in den verschiedenen Kapiteln eingeführt werden und deren Bedeutung und Anwendungsbereiche allen Studierenden der Religionswissenschaft geläufig sein muss. Die Begriffe werden in den Kapiteln bei ihrer ersten Erwähnung jeweils **fett** gedruckt. Die Querverweise veranschaulichen, dass (Religions-)Wissenschaft auf vernetztem Wissen beruht. Die Fachsprache – oft „**Metasprache**" genannt (in Abgrenzung zur „**Objektsprache**" der religiösen Traditionen) – bildet einen analytischen Werkzeugkasten, der es uns erlaubt, sowohl die Spezifika eines Fallbeispiels zu erfassen als auch übergreifende Prozesse in der Religionsgeschichte zu konzeptualisieren. Die Liste ist nicht final: In der wissenschaftlichen Debatte werden Begriffe (und die ihnen zugrundeliegenden Konzepte) erweitert, umgedeutet, gegeneinander abgegrenzt und auf neue Sachverhalte übertragen; oder es werden neue Begriffe eingesetzt, die methodologische und theoretische Weiterentwicklungen präziser widerspiegeln. Die Liste in diesem Band bietet also eine Momentaufnahme der aktuellen theoretischen Diskussion.

Literatur

Alberts, Wanda, Horst Junginger, Katharina Neef und Christina Wöstemeyer. Hg. 2023. *Handbuch Religionskunde in Deutschland*. Berlin: De Gruyter. Open access: https://www.degruyter.com/document/doi/10.1515/9783110694536/

Antes, Peter. 2017. „A Plea for the Study of Religions." In *Method and Theory in the Study of Religion: Working Papers from Hannover*, hg. v. Steffen Führding, 38–48. Leiden: Brill.

Auffarth, Christoph, Jutta Bernard und Hubert Mohr. 1999–2002. *Metzler Lexikon Religion: Gegenwart – Alltag – Medien*, 4 Bd. Stuttgart: Metzler.

Berner, Ulrich. 2020. *Religionswissenschaft (historisch orientiert)*. Göttingen: Vandenhoeck & Ruprecht.

Cancik, Hubert, Burkhard Gladigow und Matthias Laubscher, Hg. 1988–2001. *Handbuch religionswissenschaftlicher Grundbegriffe*. 5 Bände. Unter Mitarbeit von Günter Kehrer und Hans G. Kippenberg. Stuttgart: Kohlhammer.

Freudenberg, Maren und Kianoosh Rezania. 2023. *Religionsökonomie: Einführung für Studierende der Religionswissenschaft und Wirtschaftswissenschaften*. Konstanz: UTB.

Fritz, Natalie, Anna-Katharina Höpflinger, Stefanie Knauß, Marie-Therese Mäder und Daria Pezzoli-Olgiati. 2018. *Sichtbare Religion: Eine Einführung in die Religionswissenschaft*. Berlin und Boston: De Gruyter.

Grom, Bernhard. 2007. *Religionspsychologie*. München: Kösel.

Heine, Susanne. 2005. *Grundlagen der Religionspsychologie: Modelle und Methoden*. Göttingen: Vandenhoeck & Ruprecht.

Henning, Christian, Sebastian Murken und Erich Nestler. 2003. *Einführung in die Religionspsychologie*. Paderborn: Schöningh.

Hock, Klaus. 2002. *Einführung in die Religionswissenschaft*. Darmstadt: Wissenschaftliche Buchgesellschaft.

Holm, Nils G. 1990. *Einführung in die Religionspsychologie*. Stuttgart: UTB.

Jahn, Sarah J. 2017. „Nun sag, wie hältst du's mit der ‚Öffentlichkeit'? Überlegungen zur Positionsbestimmung Religionswissenschaft in der Öffentlichkeit", *Zeitschrift für Religionswissenschaft* 25 (1):132–158.

Kehrer, Günter. 1988. *Einführung in die Religionssoziologie*. Darmstadt: Wissenschaftliche Buchgesellschaft.

Kippenberg, Hans G. und Kocku von Stuckrad. 2003. *Einführung in die Religionswissenschaft: Gegenstände und Begriffe*. München: C.H. Beck.

Klöcker, Michael und Udo Tworuschka. Hg. 2008. *Praktische Religionswissenschaft: Ein Handbuch für Studium und Beruf*. Köln: Böhlau.

Knoblauch, Hubert. 2003. *Qualitative Religionsforschung: Religionsethnographie in der eigenen Gesellschaft*. Paderborn, München, Wien, Zürich: Schöningh.
Koch, Anne. 2014. *Religionsökonomie: Eine Einführung*. Stuttgart: Kohlhammer.
Krech, Volkhard. 1999. *Religionssoziologie*. Bielefeld: transcript.
Kurth, Stefan und Karsten Lehmann, Hg. 2011. *Religionen Erforschen: Kulturwissenschaftliche Methoden in der Religionswissenschaft*. Wiesbaden: VS Verlag.
Lämmermann, Godwin. 2006. *Einführung in die Religionspsychologie: Grundfragen – Theorien – Themen*. Neukirchen-Vluyn: Neukirchener.
Lanczkowski, Günter. 1980. *Einführung in die Religionswissenschaft*. Darmstadt: Wissenschaftliche Buchgesellschaft.
Lenk, Stefanie. 2022. „Außerchristliche Kunst zwischen Theologie und Religionswissenschaft: Rudolf Ottos und Heinrich Fricks Religionskundliche Sammlung an der Universität Marburg." *Marburger Jahrbuch für Kunstwissenschaft*: 209–234.
McCutcheon, Russell T. 2014. *Religionswissenschaft: Einführung und Grundlagen*. Übersetzt von Steffen Führding. Bern: Lang.
Pickel, Gert. 2011. *Religionssoziologie: Eine Einführung in zentrale Themenbereiche*. Wiesbaden: Verlag für Sozialwissenschaft.
Pickel, Gert und Kornelia Sammet. 2014. *Einführung in die Methoden der sozialwissenschaftlichen Religionsforschung*. Wiesbaden: Springer VS.
Rodemeier, Susanne und Edith Franke. 2021. „Digitale Inventarisierung: Chancen und Herausforderungen für die Provenienzforschung der Religionskundlichen Sammlung der Philipps-Universität Marburg." In *Digitalisierung ethnologischer Sammlungen*, hg. v. Hans Peter Hahn, Oliver Lueb, Katja Müller and Karoline Noack, 183–198. Bielefeld: transcript.
Rüpke, Jörg. 2007. *Historische Religionswissenschaft: Eine Einführung*. Stuttgart: Kohlhammer.
Schmidt, Bettina E. 2008. *Einführung in die Religionsethnologie: Ideen und Konzepte*. Berlin: Dietrich Reimer.
Schmitz, Bertram. 2021. *Religionswissenschaft: Einführung*. Baden-Baden: Tectum Verlag.
Simmons, Merinda K. 2017. „Why Is It Important That We Study Religion?." In *Religion in Five Minutes*, hg. v. Aaron W. Hughes und Russell T. McCutcheon, 238–240. Sheffield: Equinox.
Stausberg, Michael. 2008. „The Study of Religion(s) in Western Europe (II): Institutional Developments after World War II." *Religion* 38 (4):305–318.
Stausberg, Michael. Hg. 2012a. *Religionswissenschaft*. Berlin: De Gruyter.
Stausberg, Michael 2012b. „Religionswissenschaft: Profil eines Universitätsfachs im deutschsprachigen Raum." In *Religionswissenschaft*, hg. v. Michael Stausberg, 1–30. Berlin: De Gruyter.
Stausberg, Michael. 2020. *Die Heilsbringer: Eine Globalgeschichte der Religionen im 20. Jahrhundert*. München C.H. Beck.
Stolz, Fritz. 1988. *Grundzüge der Religionswissenschaft*. Göttingen: Vandenhoeck & Ruprecht.
Thomas, Jolyon B. 2024. „Why Religious Studies?" *Religious Studies Review* 50 (2):261–265.
Tworuschka, Udo. 2015. *Einführung in die Geschichte der Religionswissenschaft*. Darmstadt: Wissenschaftliche Buchgesellschaft.
Utsch, Michael und Sarah Demmrich. 2023. *Psychologie des Glaubens: Einführung in die Religionspsychologie*. Göttingen: Vandenhoeck & Ruprecht.
Waardenburg, Jacques. 1986. *Religionen und Religion: Systematische Einführung in die Religionswissenschaft*. Berlin, New York: De Gruyter.
Zinser, Hartmut. Hg. 1988. *Religionswissenschaft: Eine Einführung*. Berlin: Dietrich Reimer.
Zinser, Hartmut. 2010. *Grundfragen der Religionswissenschaft*. Paderborn: Schöningh.

Michael Stausberg und Katharina Wilkens
Zwischenstück I

Abbildung 1: Rollbild: Ahnenporträt einer uns unbekannten Frau, im roten Gewand, Weste mit Kranichen dekoriert als Rangabzeichen ihres Ehemanns, vermutlich aus der Qing Dynastie (1616–1912), China.

Das Rollbild dieser unbekannten Ahnin trägt die Zugangsnummer 0001 der Religionskundlichen Sammlung. Es ist eins von 76 chinesischen Rollbildern, zu denen aktuell von Heike Luu geforscht wird. Solche Rollbilder nahmen in chinesischen familiären Ritualen eine zentrale Position ein (zumindest bis zur kommunistischen Kulturrevolution in den späten 1960er Jahren). Sie sind als sensible Objekte im musealen Kontext zu betrachten, denn sie porträtieren das Gesicht realer, verstorbener Personen. Sie blieben im Idealfall für mehrere Generationen Teil der Familie und stellten eine Verbindung zwischen dieser und einer anderen Sphäre her. Für jeweils sechs Tage nach Neujahr sowie an anderen Festtagen wurden sie ausgerollt und aufgehängt, damit man (vor allem der älteste Sohn) ihnen von den Ereignissen des vergangenen Jahres erzählen und sie mit Opfern bedenken konnte. Die verpflichtende Kindesliebe zu verstorbenen Eltern wird mit deren Wohlwollen im kommenden Jahr bedacht. [KW]

Religionskundliche Sammlung, Inv.-Nr. R-Pt 032, Zugangsnummer 0001, Erwerb 1927 aus der Sammlung du Bois-Reymond; Farbe auf Papier, 255 cm x 103 cm.

Foto: Heike Luu, © Religionskundliche Sammlung, Philipps-Universität Marburg (CC-BY-NC-SA)

Abbildung 2: Innensarg der Iba, Ägypten, ca. 550–450 v.chr.Z.

Ägyptische Tempel, Pyramiden, Grabkammern, Schriftzeugnisse und Mumien erregten schon in der Antike die Neugier der Griechen und beflügelten die Fantasie der Beobachtenden. In der Renaissance wurden ägyptische Obelisken (freistehende Pfeiler) auf zentralen Plätzen Roms aufgestellt. Seit der Kolonialzeit florieren der Ägyptentourismus, aber auch Handel mit und Raub von ägyptischen Objekten, die ihren Weg in europäische und amerikanische Museen und Wohnzimmer fanden. Rudolf Otto kaufte diesen Mumieninnensarg 1927 in Kairo für die Religionskundliche Sammlung. Es handelt sich um einen Innensarg, der in seinem Fundkontext vermutlich in einen kastenförmigen Außensarg mit hoch gezogenen Pfosten eingeschlossen war. Der Sarg ist heutzutage leer. Die hier bestattete Person war eine Frau; der Sarg zeigt vermutlich ihr stilisiertes (und blattvergoldetes) Gesicht. Die Ausschmückung zeigt wichtige Etappen des Mumifizierungsvorgangs und der Jenseitsreise der Verstorbenen dem Kreislauf der Sonne entlang. Die Mumifizierung war ein komplexer, mythologisch eingebetteter Ritualvorgang, der sich über 70 Tage erstreckte. Ein vollständig und intakt erhaltener Körper galt als Voraussetzung für das Fortleben im Jenseits. (Für eine detaillierte Analyse des Sargs mit Bildprogramm vgl. Gessler-Löhr 2017.) [MS]

Religionskundliche Sammlung, Inv.-Nr. Bh 001a. Zugangsnummer 0079, Erwerb 1927, 175 cm lang.

Literatur: Gessler-Löhr, Beatrix. 2017. „Ewige Un-Ruhe: Der Marburger Mumiensarg als Bildkompendium zu Mumifizierung, Totenglauben und Jenseitsvorstellungen im Alten Ägypten." In *Objekte Erzählen Religionsgeschichte(n): Eine religionswissenschaftliche Spurensuche in der Religionskundlichen Sammlung*, hg. v. Edith Franke, 191–219. Marburg: Religionskundliche Sammlung der Philipps-Universität Marburg.

Foto: Georg Dörr, © Religionskundliche Sammlung, Philipps-Universität Marburg (CC-BY-NC-SA)

Teil I: **Religion und „Religion"**

Rafael Walthert
I.1 Religion als Symbolsystem? Clifford Geertz und die Folgen

1 Einleitung

Religionswissenschaft, wie sie heute an deutschsprachigen Universitäten gelehrt und betrieben wird, ist von Ansätzen geprägt, die als „**kulturwissenschaftlich**" bezeichnet werden können. Religion wird von diesen Ansätzen als kulturelles, vom Menschen gemachtes, Phänomen verstanden, das mit den Methoden der Kultur-, Geistes- und Sozialwissenschaften untersucht wird. Ein solches Religions- und Fachverständnis löste in den 1980er Jahren die Prominenz von **religionsphänomenologischen** Ansätzen ab, für die Religion etwas war, das in einem letztlich nicht wissenschaftlich erfassbaren „Numinosen" oder „**Heiligen**" gründete. Obschon die „kulturwissenschaftliche" Herangehensweise im Zuge der aufkommenden **postkolonialen** und **poststrukturalistischen** Forschung Kritik erfuhr (Laack in diesem Band), ist sie bis in die Gegenwart für die Disziplin prägend.

Eine der wichtigsten Referenzen für die „kulturwissenschaftliche" Position ist das Religionsverständnis des amerikanischen Ethnologen Clifford Geertz (1926–2006) und dabei insbesondere sein Aufsatz „Religion als kulturelles System", der 1966 erschien. Im *Handbuch religionswissenschaftlicher Grundbegriffe*, einem zentralen Werk der kulturwissenschaftlichen Wende, wird von Burkhard Gladigow, einem wichtigen Vertreter dieser Position, auf Geertz Aufsatz verwiesen (der 1983 auch in deutscher Übersetzung erschien), wenn er vorschlägt, Religion als Symbolsystem zu verstehen (vgl. Gladigow 1988). Andernorts wird dieser Text im Nachhinein als „das erste Anzeichen für neues Land" (Kippenberg und Stuckrad 2003, 34) beschrieben, was darauf hinweist, dass Geertz Beitrag der Religionswissenschaft verhalf, ihren Gegenstand neu zu erschließen.

Geertz Attraktivität für die Religionswissenschaft liegt darin begründet, dass er Religion als Kultur versteht und Kultur als etwas in den Blick nimmt, was wissenschaftlich erfasst werden kann. Zudem formuliert er eine breit anschlussfähige Theorie von Kultur und Religion, in die er seinen **Religionsbegriff** einbettet.

Ziel dieses Kapitels ist die kritische Diskussion dieses für die Religionswissenschaft wichtigen Religionsverständnisses und der dahinter liegenden Theorie. So wird im folgenden zweiten Abschnitt Geertz Religionsverständnis rekonstruiert, um es im dritten Abschnitt einer solchen Kritik zu unterziehen. Im vierten Teil wird gefragt, wie gegenwärtige religionswissenschaftliche Ansätze auf diese Kritik reagieren, bevor ein abschließendes Fazit präsentiert wird.

2 Religion als Symbolsystem

2.1 Religion als kulturelles System

Clifford Geertz setzt bei der „kulturelle[n] Dimension der Erforschung von Religion" (Geertz [1966] 1987, 46) an. Kultur, so Geertz, sei ein entscheidendes Merkmal von Menschen. Diese würden in ihrem Verhalten weit weniger als Tiere von Instinkten gesteuert. Instinkte versteht er dabei als „intrinsische Informationsquellen", die biologisch vererbt und körperbasiert sind. Da es Menschen an Instinkten mangle, werde ihr Verhalten durch extrinsische Informationsquellen geleitet, nämlich kulturelle Muster (*cultural patterns*). Geertz (1987, 52) unterscheidet zwei Arten solcher Muster: Erstens solche, die konkrete Situationen oder sogar die Welt als Ganzes erklären, also Erkenntnisse über die Realität beinhalten. Er nennt sie „models of", also Modelle *von* etwas. Ein Beispiel dafür wären Landkarten, die Abbilder von geographischen Gegebenheiten darstellen, oder Schöpfungsgeschichten, die erklären, wie die Welt entstanden ist. Zweitens gibt es Modelle *für* etwas, „models for". Statt Erklärungen wie in den „models of" stellen kulturelle Muster in Form von „models for" Handlungsanweisungen bereit, wie Kochrezepte oder die Zehn Gebote.

„Modelle von" und „Modelle für" sind typischerweise ineinander verschränkt: Eine Landkarte hat möglicherweise Routen eingezeichnet, gibt also auf der Erfassung der Geografie basierende Handlungsanweisungen. Und ein paar Seiten nach der Schöpfungsgeschichte folgen die Gebote, in denen unter anderem vorgeschrieben wird, dass es den Gott, der die Welt geschaffen hat (model of) nun auch zu verehren gelte (model for).

Die kulturellen Muster sind für Geertz in Symbolen verfasst, dabei handelt es sich um „fassbare Formen von Vorstellungen", „aus der Erfahrung abgeleitete, in wahrnehmbare Formen geronnene Abstraktionen, konkrete Verkörperungen von Ideen, Verhaltensweisen, Meinungen, Sehnsüchten und Glaubensanschauungen" (Geertz 1987, 49). Als Beispiele für Symbole nennt Geertz bemalte Leinwände, Kreuze, die Zahl 6, aber auch gedeutete Tätigkeiten wie zum Beispiel Rituale. Symbole kommen nicht alleine vor, sondern sind zu Symbolsystemen geordnet. Religion ist ein solches System von Symbolen:

   Eine Religion ist
(1) ein Symbolsystem, das darauf zielt,
(2) starke, umfassende und dauerhafte Stimmungen und Motivationen in den Menschen zu schaffen,
(3) indem es Vorstellungen einer allgemeinen Seinsordnung formuliert und
(4) diese Vorstellungen mit einer solchen Aura von Faktizität umgibt, daß
(5) die Stimmungen und Motivationen völlig der Wirklichkeit zu entsprechen scheinen (Geertz 1987, 48).

Der erste Punkt dieser viel zitierten Definition hält fest, woraus Religion besteht, nämlich aus Symbolen. Das trifft jedoch nicht nur auf Religion zu. Weitere Beispiele für Symbolsysteme sind gemäß Geertz beispielsweise Ideologie und Kunst. Also stellt sich die Frage, inwiefern sich Religion von den anderen Symbolsystemen unterscheidet. Hierfür ist der zweite Punkt entscheidend, denn Religionen erzeugen gemäß Geertz „starke, umfassende und dauerhafte Stimmungen und Motivationen in den Menschen" (Geertz 1987, 54). Das heißt, Religionen verändern Menschen, sie versetzen sie in bestimmte Stimmungslagen, wie beispielsweise einen tief empfundenen Glauben und versehen sie mit Dispositionen, dem Willen, bestimmte Dinge zu tun und andere zu lassen. Wichtig für diese Motivation seien die Ziele, die das Symbolsystem vorgebe. Und in der Eigenschaft dieser Ziele dürfte das eigentliche Charakteristikum religiöser Symbolsysteme liegen: Sie formulieren, so Geertz, „Vorstellungen einer allgemeinen Seinsordnung", liefern den Menschen also eine Erklärung der übergreifenden Ordnung, in der sie leben.

Wichtig ist, dass Geertz bei seiner Erläuterung des dritten Punktes die Funktionen diskutiert, die eine solche „allgemeine Seinsordnung" für die Menschen erfülle: Erstens liefere sie Erklärungen für Dinge, die anderweitig nicht erklärt werden könnten. Geertz verweist auf die „hartnäckige[...], immer aufs neue erfahrene[...] Schwierigkeit, bestimmte Aspekte der Natur, des Selbst und der Gesellschaft zu verstehen" (Geertz 1987, 63). Möglicherweise nicht alle, aber die meisten Menschen könnten unerklärte Fragen nicht einfach auf sich beruhen lassen. Religion biete ihnen Antworten auf diese grundlegenden Fragen. Zweitens würden religiöse Symbole im Umgang mit Leiden helfen, wie es beispielsweise durch die Konfrontation mit Krankheit und Tod hervorgerufen werde. Oft beruhe dieser Umgang nicht darauf, dass das Leiden aufgehoben, sondern dass Erklärungen, Trost oder Solidarität gespendet würden. Das dritte und letzte Problem, das religiöse Symbolsysteme lösen würden, sei dasjenige der „Sünde": Menschen seien mit ethischen Widersprüchen, mit Bösem und nicht zuletzt auch mit der Frage konfrontiert, wie man selber gut von böse zu trennen und entsprechend zu handeln vermag (Geertz 1987, 69). Religion liefere auch Antworten darauf.

In den Punkten 4 und 5 seiner Definition geht Geertz darauf ein, wie Religion es schafft, die Menschen von ihren Symbolen zu überzeugen, also ihre Welterklärungen und Handlungsanweisungen plausibel zu machen. Auch erklärt er, wie Religion es gelingt, Menschen emotional zu beeinflussen und von der Gültigkeit ihrer Symbole zu überzeugen. Dazu grenzt er Religion zunächst von anderen Perspektiven ab, die ebenfalls die Welt deuten: So sehe die Alltagsperspektive des Common Sense die Welt naiv-realistisch, orientiere sich also am offensichtlich Gegebenen und leite daraus pragmatische Handlungsstrategien ab (Geertz 1987, 76). Religion wähne dagegen eine Realität hinter dem Offensichtlichen und leite daraus Handlungsmaximen ab. Rituale sind für Geertz der Weg, wie das weder offensichtliche noch intuitiv sinnvolle plausibel gemacht wird. Dazu verweist er auf ein Beispiel aus seiner Forschung in Bali, Indonesien, nämlich den von verkleideten Personen spektakulär aufgeführten Kampf zwischen der Hexe Rangda und dem sympathischen Ungeheuer Barong (Geertz 1987, 80). Für die Teilnehmenden des Rituals werden religiöse Symbole und der Kampf Gut gegen Böse anschaulich und erlebbar gemacht. In der emotionalen Intensität des Rituals werden die religiösen Deutungen plausibel und so mit einer „Aura der Faktizität" umgeben.

2.2 Die Attraktivität dieser Position

In vier Punkten lässt sich zusammenfassen, wieso die Geertz'sche Position für eine kulturwissenschaftliche Religionswissenschaft attraktiv ist: Erstens versteht Geertz Religion als Kultur, Kultur als Symbolsystem und Symbole als etwas, dessen Bedeutung der*die Wissenschaftler*in verstehen kann, beispielsweise durch **teilnehmende Beobachtung**.

Zweitens sieht das Verständnis eine Eigenständigkeit von Religion vor: Sie bildet ein eigenes System und kann nicht auf andere Systeme, zum Beispiel Politik oder Wirtschaft, reduziert werden. Damit wird der Gegenstand der Religionswissenschaft nicht als bloßer Ausdruck psychologischer Dispositionen, wirtschaftlicher oder politischer Verhältnisse gesehen und die Eigenständigkeit und Relevanz der Religionswissenschaft begründet.

Drittens ist die Definition von Geertz in eine umfassende Religionstheorie eingebettet, was für eine anschlussfähige Religionsdefinition entscheidend ist (vgl. Stausberg 2012, 44): Er hält fest, woraus Religion besteht (Symbole), wie sie sich von anderen Bereichen des menschlichen Lebens unterscheidet (allgemeine Seinsordnung), was ihre Funktion ist (Umgang mit existenziellen Fragen, Leiden und moralischer Unsicherheit) und wie sie funktioniert (Rituale).

Diese Theorie ist, viertens, durch Referenzen in Philosophie, Soziologie und Ethnologie interdisziplinär abgestützt. Dabei lässt sich Geertz von wichtigen Theorieangeboten wie Differenzierungstheorie, philosophischer Anthropologie oder Funktionalismus inspirieren, ohne sich in ausufernden Theoriediskussionen aufzureiben.

3 Kritik

3.1 Symbolbezug und Theologie

Die wohl prominenteste Kritik an Clifford Geertz innerhalb von Ethnologie und Religionswissenschaft stammt von Talal Asad (1983, erweitert 1993, 27–54, vgl. auch Schilbrack 2005). Dieser kritisiert die Verortung von Religion auf der Ebene von Symbolen. Damit werde Religion als ein logisches Arrangement von Konzepten gesehen und Faktoren wie Macht und Herrschaft ausgeschlossen. Religion bestehe jedoch nicht bloß aus einem System von zueinander arrangierten Symbolen, sondern aus machtvollen Praktiken, in denen diese Symbole geschaffen, interpretiert und verbreitet werden. Als Referenz für seine Kritik führt Asad Augustinus von Hippo (354–430), Kirchenvater der römisch-katholischen Tradition, an, der kein so naives Bild von Religion vertreten habe wie Geertz. Er habe einen „corrective way of ‚teaching', *eruditio*, and warning, *admonitio*, which might even include fear, constraint, and external inconveniences" (Asad 1993, 34; Hervorhebung im Original) als integralen Teil der Vermittlung von Religion gesehen. Das heißt, dass er sozialem Druck und Drohungen eine Rolle dabei einräumte, Menschen von Religion zu überzeugen. Symbole sind also für Augustinus und Asad immer Teil von machtvollen Praktiken.

Geertz ignoriere die Existenz solcher Praktiken und vertrete eine „primacy of meaning", im Rahmen derer Religion in Form von Konzepten daherkomme, die von den Leuten über Einsicht in die Symbole, also quasi intellektuell, übernommen werde. In so einem Verständnis bestehe die Aufgabe einer Religionswissenschaft dann nur darin, die Symbole zu entziffern, womit sie letztlich den „standpoint of theology" (Asad 1993, 43) übernehme. Zudem zeige diese Betonung von Symbol und Bedeutung eine Beeinflussung des als universal reklamierten Religionsverständnisses durch das Christentum. Denn darin nähmen Glaube, Überzeugung und Theologie eine im Vergleich zu anderen Traditionen wichtige Rolle ein.

Asad kritisiert nicht nur die spezifische Fassung des Religionsverständnisses von Geertz, sondern auch das Vorhaben überhaupt, von Seiten der Wissenschaft einen umfassenden Religionsbegriff einzuführen. Es dürfe nicht darum gehen, zu fragen, was das universale Wesen von Religion sei. Viel eher solle es um die empirische Frage gehen, wie ein expliziter Diskurs sich über eine Praxis anlegt, autoritative Deutungen durchsetzen und dabei etwas als „Religion" klassifizieren könne (Asad 1993, 37).

Letztlich, so lässt sich Asads Kritik zusammenfassen, seien es Einflüsse des christlichen Kontexts, die zu einem solchen an symbolischen Bedeutungen ansetzenden und Universalität reklamierenden Religionsverständnis führten. Die Konzentration auf Symbole bedeute, Machtverhältnisse aus dem Blick zu verlieren.

Diese Kritik gilt es jedoch zu differenzieren, um einerseits feststellen zu können, wo genau das Problem daran liegt, bei „Symbol" und „Kultur" anzusetzen und andererseits, ob das Christentum wirklich die Ursache davon ist. Dafür ist ein Blick auf den Kontext zu legen, in dem Geertz Text entstand.

3.2 Kulturelle Systeme und Strukturfunktionalismus

Geertz studierte und promovierte von 1950–56 am Department of Social Relations in Harvard, das in der Zeit vom Soziologen Talcott Parsons geprägt war. Dessen Soziologie interessierte sich für die Struktur und Funktion von sozialen Systemen und wurde deshalb oft als „Strukturfunktionalismus" bezeichnet (vgl. Parsons 1977, 22–76).

Parsons argumentierte gegen das, was er als „enzyklopädisches Verständnis" von Kultur bezeichnete: Kultur sei nicht die Gesamtheit der menschlichen Aktivitäten und dem, was daraus entstehe, sondern, weitaus spezifischer, gehe es in der Kultur um **Werte**, Ideen und andere symbolische Systeme. In Abgrenzung zu Kultur sei die Gesellschaft (*society*) als soziales System zu verstehen, ein „relational system of interaction among individuals and collectivities" (Kroeber und Parsons 1958: 583). Parsons unterschied also zwischen Kultur als System von Konzepten auf der einen Seite und sozialen Systemen, die aus Interaktionen und Beziehungen bestehen, auf der anderen (vgl. zum Beispiel Parsons [1951] 1964, 4). Diese zwei Typen von Systemen bestehen nicht nur aus unterschiedlichen Dingen, sie ordnen diese Dinge auch auf unterschiedliche Weise: Soziale Systeme seien durch soziale Beziehungen, kulturelle Systeme durch eine Tendenz zur „pattern consistency", also einer Logik der Symbole, geordnet (vgl. Parsons 1964, 378). An dieses Verständnis von Kultur schloss Geertz explizit an (vgl. Geertz 1987, 46).

Talcott Parsons Einfluss geht jedoch über das Kulturverständnis von Geertz hinaus. In Parsons Monographie *The Social System* von 1951 findet sich ein Kapitel „Religious Belief Systems", in dem er Religion als „belief system", charakterisiert, das sich mit den „moral problems of human action", sowie den „features of the human situation, and the place of man and society in cosmos" (Parsons 1964, 368) auseinandersetzt. Dabei habe es die dreifache Funktion, einen Umgang mit dem Bösen, mit den Grenzen des Verstehens und mit dem Tod anzubieten (Parsons 1964, 371).

Die Parallelen zu Geertz sind offensichtlich: Parsons und Geertz sind sich darüber einig, woraus Religion besteht, nämlich aus Konzeptionen, genannt „belief system" oder „symbol system". Diese Konzeptionen haben zwei Aspekte: „model of" und „model for" (Geertz), beziehungsweise Weltanschauung und Ethik (Parsons), und sie leisten den Umgang mit denselben drei Kernproblemen menschlicher Existenz, mit dem einzigen Unterschied, dass bei Geertz allgemeiner vom Umgang mit

Leiden, während bei Parsons spezifischer vom Umgang mit dem Tod die Rede ist. Es überrascht, dass Geertz nicht auf den Text seines Lehrers hinweist.

Auf jeden Fall ist der Schluss zu ziehen, dass ein Grundstein kulturwissenschaftlicher Religionswissenschaft vom soziologischen Strukturfunktionalismus der 1950er Jahre gelegt wurde. In der religionswissenschaftlichen Rezeption blieb dies meist unerkannt oder zumindest unerwähnt.

In der Soziologie wurde Parsons' Ansatz ab den 1950er Jahren breit kritisiert. Aus diesen Kritiken kann die Religionswissenschaft lernen. Der gewichtigste Vorwurf an Parsons lautete, dass er die Rolle von Werten für die soziale Ordnung überschätzte (vgl. Holmwood 1996, 31–32). Tatsächlich verstand Parsons Handeln als prinzipiell wertgeleitet. Diese Werte seien in kulturellen Systemen entlang einer ihnen eigenen Logik organisiert. Ein Parsonsianisches Kulturverständnis würde dabei ein Reich der reinen Signifikation von der Unordentlichkeit des Lebens abtrennen und eine interne Kohärenz und „deep logic" (Sewell 1999, 44) unterstellen. Da Werte und Symbole in diesem Verständnis alltäglichen Angelegenheiten wie Handlungen oder sozialen Beziehungen entrückt sind und einer zeitlosen Logik folgen, kann beispielsweise nicht erfasst werden, wie religiöse Symbole sich verändern. Religion als Symbolsystem zu verstehen, bedeutet demnach, ein statisches Verständnis von Religion zu vertreten.

Dass dieses Kulturverständnis problematisch ist, zeigt sich auch, wenn man es auf das Handeln eines Individuums überträgt. Handeln orientiert sich gemäß Parsons an den Werten, die von kulturellen Systemen angeboten werden. Handelnde müsste dazu jedoch nicht nur all die Konzepte überhaupt erst kennen, sondern auch noch gewillt sein, diese im Handeln umzusetzen. Dies ist, so ein Kritiker, eine „oversocialized conception of man" (Wrong 1961), die den Menschen letztlich als kulturdeterminierten Roboter versteht. Die Folgen für das Individuum wären insbesondere dann verheerend, wenn es mit einer Diversität von Symbolsystemen konfrontiert wäre, die per definitionem nur auf ihre eigene Logik hörend unversöhnlich nebeneinanderstehen. Psychische Probleme von Leuten, die sich entscheiden müssten, oder Konflikte zwischen den kulturdeterminierten Robotern die unterschiedlichen Symbolsystemen folgten, bis hin zum „Clash of Civilizations" (vgl. Huntington 1996, der seinerseits 1951 in Harvard promovierte) wären die zwingende Folge einer Diversität religiöser Symbolsysteme.

4 Neuere Ansätze

Die Auseinandersetzung mit Geertz Religionsdefinition und der Position seines Vorläufers Parsons zeigt, dass ein Verständnis von Kultur, das diese von Gesellschaft und Praktiken getrennt versteht, problematisch ist. Die Bedeutung religiöser Symbole ist nicht davon zu trennen, von wem, wo, wie und warum sie geschaffen, verändert und verbreitet werden. Symbole entstehen nicht aus sich alleine und bedeuten nichts, wenn sie nicht interpretiert werden. Die Bedeutung und Beziehung der Symbole untereinander entstehen aus solchen Praktiken und nicht in einem von diesen abgesonderten kulturellen System. Abschließend sollen drei Ansätze vorgestellt werden, die diese Problematik auflösen.

4.1 Mehr Macht: Poststrukturalistische Diskurstheorien

Der oben zitierte Geertz-Kritiker Talal Asad kann einem Ansatz zugeordnet werden, der als „Poststrukturalismus" bezeichnet wird. An die Stelle des Symbolbegriffs tritt in diesen Ansätzen das Konzept des Diskurses im Anschluss an den französischen Philosophen Michel Foucault. **Diskurse** sind Vorgänge, die Bedeutungen hervorbringen (vgl. Foucault 1981). Ein Beispiel ist das Verständnis von „Religion", das als historisch gewachsenes Konzept verstanden wird, und das erst die Differenz zwischen „Religion" und „Nicht-Religion" hervorgebracht hat. Dieser Religionsdiskurs geht mit machtvollen Arrangements, zum Beispiel kirchlichen Herrschaftsansprüchen und kolonialen Verhältnissen einher. Diskurse sind also keine rein symbolischen, logischen Zusammenhänge, sondern untrennbar mit Macht verknüpft. An die Stelle herrschaftsfreier Symbolsysteme treten somit Diskurse, in denen Wahrheit und Macht untrennbar verbunden sind.

4.2 Mehr Dynamik: Religion als Kommunikation

Der Soziologe Niklas Luhmann, der von 1960–61 bei Talcott Parsons studierte, verwirft dessen Unterscheidung zwischen „sozialen" und „kulturellen Systemen" und verwendet stattdessen „soziale Systeme" als Überbegriff für Systeme wie Wirtschaft, Politik, Religion, Interaktionen vor Ort oder Organisationen. Diese Systeme versteht Luhmann nicht als Symbolsysteme, sondern als Kommunikationssysteme (vgl. Luhmann 1984). Wie alle solche Kommunikationssysteme ist auch Religion als eine „historische", das heißt fortlaufend in der sozialen Wirklichkeit hergestellte Einheit zu verstehen, deren Bedeutungen und Strukturen sich im steten Fluss befinden. Religion ist auch keine universale Angelegenheit, sondern ein Kommunikationssystem, das sich im Laufe der Geschichte ausdifferenziert hat und durch die Art und Weise, wie es kommuniziert, von anderen Systemen unterscheidet (vgl. Luhmann 2000, Kleine 2016).

4.3 Mehr Struktur: Religion als Praxis

Anders setzen Praxistheorien an, die in den letzten Jahren vor allem im Anschluss an Pierre Bourdieu in der Religionswissenschaft prominent wurden (vgl. zum Beispiel Bourdieu 1993; Reuter in diesem Band; Limacher und Walthert 2021). Sie betonen die Strukturiertheit des Handelns. Dieses wird durch die Verfügbarkeit von Ressourcen, die Eingeübtheit von Regeln und sozial vorbestimmten Interessen bestimmt, nicht durch den Rückgriff auf von einem kulturellen System angebotenen Werten. Auch Religion ist als Produkt von solchen Praktiken zu verstehen. Beispielsweise können religiöse Rituale die Reproduktion sozialer Strukturen sein, die der Legitimation des religiösen und nicht-religiösen Establishments dienen: Adlige bezahlen Priester für Rituale, die wiederum die bestehende soziale Ordnung mit Adligen an der Spitze rechtfertigen und damit stabilisieren. Solche praxistheoretischen Ansätze stellen also das Modell von Parsons vom Kopf auf die Füße. Nicht kulturelle Systeme leiten das Handeln der Personen an, vielmehr werden Menschen von sozialen Strukturen, Gewohnheiten und Interessen angeleitet, die symbolische Bedeutungen überhaupt erst hervorbringen.

5 Fazit

„Religion als kulturelles System" gehört zum frühen Werk von Clifford Geertz. Mit Aussagen wie „I don't do systems" (Micheelsen und Geertz 2012) distanzierte sich Geertz später selbst davon. Der Einfluss seines Beitrags auf die Religionswissenschaft wirkt nichtsdestotrotz bis heute nach: Sein Angebot eines in eine ganze Theorie eingebetteten Verständnisses von Religion erwies sich für die Religionswissenschaft als fruchtbar. Es belegte, dass Religion wissenschaftlich definierbar, in ihrer Bedeutung verstehbar und über ihre Funktionen erklärbar ist. Zudem verstand Geertz Religion als einen eigenen Bereich des menschlichen Lebens, der nicht auf Politik oder Wirtschaft reduziert werden könne, was einer eigenständigen Disziplin der Religionswissenschaft entgegenkam. Trotz dieser Errungenschaften sind auch Lehren aus Geertz Vorschlag zu ziehen: Erstens ist zu fragen, inwiefern dieses Religionsverständnis von einer bestimmten Religion beeinflusst ist und ob daraus ein einseitiger Blick resultiert. Zweitens wird Religion als bloßes System von Symbolen zu statisch und intellektualistisch verstanden. Wichtig ist, dass Religion nicht nur aus den Symbolen selbst, sondern aus den sozialen Bedingungen und Beziehungen heraus verstanden wird, die diese Symbole erst hervorbringen.

Um die gegenwärtigen religionswissenschaftlichen Perspektiven zu verstehen, ist die Kenntnis des Ansatzes von Geertz wichtig, da dieser auf das kulturwissenschaftliche Verständnis von Religionswissenschaft, wie es das Fach bis heute prägt, einen grundlegenden Einfluss ausübt. Eine kritische Auseinandersetzung mit seinem Religionsverständnis ist dabei wichtig und gerade die hier diskutierten Kritiken stellen mittlerweile zentrale Gesichtspunkte der Diskussion um den Religionsbegriff dar. Diese Diskussion ist auch über 50 Jahre nach Geertz Beitrag nicht abgeschlossen, was daran liegt, dass Wissenschaft ihrerseits kein statisches System von Konzepten ist, sondern immer nur das vorläufige Resultat dynamisch ablaufender Kommunikation.

Literatur

Asad, Talal. 1983. „Anthropological Conceptions of Religion: Reflections on Geertz." *Man, New Series* 18: 237–259.

Asad, Talal. 1993. *Genealogies of Religion: Discipline and Reasons of Power in Christianity and Islam*. Baltimore: The Johns Hopkins University Press.

Bourdieu, Pierre. 1993. *Sozialer Sinn: Kritik der theoretischen Vernunft*. Frankfurt am Main: Suhrkamp.

Foucault, Michel. 1981. *Archäologie des Wissens*. Frankfurt am Main: Suhrkamp.

Garfinkel, Harold. 1967. *Studies in Ethnomethodology*. Englewood Cliffs: Prentice-Hall.

Geertz, Clifford. [1966] 1987. *Dichte Beschreibung: Beiträge zum Verstehen kultureller Systeme*. Frankfurt am Main: Suhrkamp.

Gladigow, Burhard. 1988. „Gegenstände und wissenschaftlicher Kontext von Religionswissenschaft." In *Handbuch religionswissenschaftlicher Grundbegriffe*, hg. v. Hubert Cancik, Burkhard Gladigow und Matthias Laubscher, 26–40. Stuttgart: Kohlhammer.

Holmwood, John. 1996. *Founding Sociology? Talcott Parsons and the Idea of General Theory*. London: Longman.

Huntington, Samuel P. 1996. *The Clash of Civilizations and the Remaking of World Order*. New York: Simon and Schuster.

Kippenberg, Hans G. und Kocku von Stuckrad. 2003. *Einführung in die Religionswissenschaft: Gegenstände und Begriffe*. München: C.H. Beck.

Kleine, Christoph. 2016. „Niklas Luhmann und die Religionswissenschaft: Geht das zusammen?" *Zeitschrift Für Religionswissenschaft* 24:47–82.

Kroeber, Alfred L. und Talcott Parsons. 1958. „The Concepts of Culture and of Social System." *American Sociological Review* 23:582–583.

Limacher, Katharina und Rafael Walthert. 2021. „Praxistheorien und Religionswissenschaft." In *Praxistheorien und Religionswissenschaft: neuere Theoriediskussionen in der empirischen Religionsforschung*, hg. v. Katharina Limacher and Rafael Walthert, 7–34. Bielefeld: transcript.

Luhmann, Niklas. 1984. *Soziale Systeme. Grundriss einer Allgemeinen Theorie*. Frankfurt am Main: Suhrkamp.

Luhmann, Niklas. 2000. *Die Religion der Gesellschaft*, hg. von André Kieserling. Frankfurt am Main: Suhrkamp.

Micheelsen, Arun und Clifford Geertz. 2002. „,I Don't Do Systems': An Interview with Clifford Geertz." *Method & Theory in the Study of Religion* 14:2–20.
Parsons, Talcott. [1951] 1964. *The Social System*. New York: The Free Press.
Parsons, Talcott. 1977. *Social Systems and the Evolution of Action Theory*. New York: The Free Press.
Schilbrack, Kevin. 2005. „Religion, Models of, and Reality: Are We through with Geertz?" *Journal of the American Academy of Religion* 73:429–452.
Sewell, William H., Jr. 1999. „The Concept(s) of Culture." In *Beyond the Cultural Turn: New Directions in the Study of Society and Culture*, hg. v. Victoria E. Bonnell, Lynn Hunt und Richard Biernacki, 35–61. Berkeley: University of California Press.
Stausberg, Michael. 2012. „Religion. Begriff, Definitionen, Theorien." In *Religionswissenschaft*, hg. v. Michael Stausberg. Berlin; Boston: De Gruyter. https://doi.org/10.1515/9783110258936.33
Wrong, Dennis H. 1961. „The Oversocialized Conception of Man in Modern Sociology." *American Sociological Review* 26:183–193.

Astrid Reuter
I.2 Das religiöse Feld

1 Einleitung

Die religiöse Lage der Gegenwart ist unübersichtlich, der Wandel rasant, analytisch schwer einzuholen und gerade deshalb viel diskutiert. Oft ist dabei vom „religiösen Feld" die Rede. Die Unübersichtlichkeit wird so metaphorisch illustriert, doch ist das „religiöse Feld" weit mehr als eine **Metapher**. Es ist ein soziologisches Konzept mit analytischem Potential für die Religionsforschung.

Es geht zurück auf den französischen Soziologen Pierre Bourdieu (1930–2002). In kritischer Auseinandersetzung mit Max Weber (1864–1920), dessen Religions- und Herrschaftssoziologie er mit Émile Durkheims (1858–1917) Leitvorstellung der sozialen Konstitution allen Denkens und Handelns sowie mit marxistischer Theorie gesellschaftlicher Arbeitsteilung verschränkte, hat Bourdieu seit den 1960er Jahren eine Theorie sozialer Felder entwickelt, für die das *religiöse* Feld Modell stand (Reuter 2018). So entstand ein konflikttheoretisches Konzept von Religion als sozialem Raum, „in dem – noch zu bestimmende – Akteure […] Kämpfe um die Durchsetzung einer legitimen Definition sowohl des Religiösen als auch der verschiedenen Arten, die religiöse Rolle zu erfüllen, austragen" (Bourdieu 2009c, 243).

Eine zentrale Aussage Bourdieus lautet: „In Feldbegriffen denken heißt ***relational denken***" (Bourdieu und Wacquant 2006, 126; Hervorhebung im Original). Das heißt zum einen: Was religiöse Akteur:innen denken, welche Präferenzen sie haben, wie sie ihre religiösen Vorstellungen in Praxis umsetzen und ihr Leben führen – all das ist Resultat ihrer Beziehungen, der diesen Beziehungen zugrundeliegenden sozialkulturellen Strukturen und ihrer historischen Entwicklung. Es heißt aber auch: Was überhaupt Religion ist (oder nicht ist), was und wer zum „religiösen Feld" gehört (oder nicht), das wird im religiösen Feld selbst sowie in „Grenzarbeiten" zwischen dem religiösen Feld und anderen sozialen Feldern stets neu verhandelt (Reuter 2014, 53–58).

Im Folgenden wird zunächst Bourdieus feldtheoretischer Ansatz allgemein skizziert (Abschnitt 2); neben dem Feldkonzept selbst werden dabei zwei weitere Konzepte erläutert, die für seine Theorie sozialer Felder elementar sind: „**Habitus**" und „**Kapital**". Im Anschluss wird Bourdieus Entwurf des „**religiösen Fel-**

des" vorgestellt (Abschnitt 3) und abschließend dessen religionswissenschaftliches Potential diskutiert (Abschnitt 4).[1]

2 Feld, Kapital, Habitus

Pierre Bourdieu beschreibt die Gesellschaft als einen Raum, der sich aus verschiedenen relativ autonomen „Feldern" zusammensetzt: Es gibt ein Feld des Rechts und eins der Politik und der Wissenschaft, es gibt ein literarisches Feld und ein wirtschaftliches, ein Feld des Sports und eins der Medizin, der Kunst und so weiter – und es gibt ein religiöses Feld. Wir haben es also mit einer Variante der Theorie sozialer Differenzierung zu tun. Verschiedene Bereiche der Gesellschaft, so die Grundannahme aller differenzierungstheoretischen Ansätze, folgen je eigenen Regeln und Zielen. Dass Bourdieu diesbezüglich von „Feldern" spricht – und nicht etwa, wie Niklas Luhmann (2002), von „Systemen" – ist programmatisch: Bourdieus Ansatz ist akteurszentriert. Felder sind soziale Räume, in denen Handelnde um die Definition der Eigenart und Grenzen dieser Räume ringen und so soziale Handlungsfelder konstituieren, die als Religion, Wirtschaft, Politik, Kunst und so weiter beschreibbar sind. Das bedeutet auch, dass die Grenzen sozialer Felder ‚elastisch' und ihre Eigenart und Akteur:innen über Zeit und Raum wandelbar sind.

Zur Erläuterung seiner Konzeption beruft sich Bourdieu bisweilen auf die Analogie zum Spiel: Felder sind „autonome Sphären, in denen nach jeweils besonderen Regeln ‚gespielt' wird" (1992, 187). Nun sind zwar im sozialen Handeln, anders als beim Spiel, die Regeln gewöhnlich unbewusst. Ähnlich wie auf dem Spielfeld wird Bourdieu zufolge aber auch in sozialen Feldern um den gewinnbringenden Einsatz von bestimmten – von Feld zu Feld variierenden – Ressourcen gerungen. Bourdieu verwendet dafür den Begriff „Kapital".

Sein Konzept von Kapital ist ein konsequent soziologisches: Kapital ist ganz allgemein das, was „es seinem Besitzer erlaubt, Macht oder Einfluß auszuüben" (Bourdieu und Wacquant 2006, 128). Dass dies nicht nur auf ökonomisches Kapital im engeren Sinne zutrifft, ist offensichtlich. Macht und Einfluss können auch durch akademische Titel, Ämter, spezifische Fähigkeiten, soziale Beziehungen und ähnliches ausgeübt werden. Bourdieus Konzept von Kapital umfasst den gesamten Bereich gesellschaftlichen und kulturellen Handelns. Er entwirft eine

---

[1] Der vorliegende Beitrag ist eng angelehnt an: Reuter 2018; 2014, 43–58. Zum religiösen Feld vgl. auch Karstein 2019; allgemein zu Bourdieu: Barlösius 2011²; Fröhlich und Rehbein 2014, darin besonders Rehbein und Saalmann 2014.

Ökonomie des Symbolischen, in der (abgesehen vom ökonomischen Kapital im herkömmlichen Sinn) drei weitere Kapitaltypen relevant sind: „soziales", „kulturelles" und „symbolisches Kapital" (vgl. Bourdieu 1983; 1993, 205–221; 1998, 173–176; Bourdieu und Wacquant 2006, 128–132).

(1) „Soziales Kapital" erlangt man durch die Zugehörigkeit zu gesellschaftlichen Gruppen (Vereine; Parteien; Berufsverbände; Künstlergruppen; Verwandtschaft; Adel und so weiter). Es basiert also auf dem Set an sozialen Beziehungen, über das Akteur:innen verfügen.

(2) „Kulturelles Kapital" gibt es in drei Gestalten: (a) „Objektiviertes" kulturelles Kapital liegt in Gegenständen des kulturellen Lebens vor (Bücher, Kunstwerke, Instrumente, Kultgegenstände und so weiter). (b) „Internalisiertes" kulturelles Kapital umfasst sämtliche Formen von Bildung und ist entsprechend (anders als objektiviertes kulturelles Kapital) nicht ohne Weiteres übertragbar: Es muss durch persönliche Bildungsarbeit erworben werden.[2] (c) **Institutionalisiertes**" kulturelles Kapital besteht in schulischen, akademischen, kirchlichen und ähnlichen Titeln und Positionen; der Unterschied zum internalisierten kulturellen Kapital liegt in der Transformation von Bildung (die auch autodidaktisch erworben werden kann) in anerkannte Titel und Positionen.

(3) Schließlich spricht Bourdieu von „symbolischem Kapital". Damit ist kein eigenständiger Kapitaltyp bezeichnet. Vielmehr gründet sich symbolisches Kapital immer auf die drei anderen Kapitaltypen: Es bezeichnet die gesellschaftliche Anerkennung, die Handelnden aufgrund der Menge und Zusammensetzung ihres ökonomischen, sozialen und kulturellen Kapitals in einem bestimmten Feld entgegengebracht wird. Welche ‚Kapitalmischung' Anerkennung verschafft, ist von Feld zu Feld verschieden und unterliegt Umwertungen. Dennoch haben soziale Felder in der Regel ein je eigenes Schlüsselkapital: So zählt im Feld der Wirtschaft vor allem ökonomisches Kapital im engeren Sinn (Geld-, Immobilien-, Aktienbesitz und so weiter); im Feld der Wissenschaft geht es um kulturelles Kapital, besonders in seiner internalisierten und institutionalisierten Gestalt (Bildung; akademische Titel). Im religiösen Feld ist es eine von Religion zu Religion variierende Mischung aus vor allem sozialem und verschiedenartigem kulturellen (Initiationswissen, theologische Bildung, Ämter, rituelle Gegenstände, Gebäude, Orte und so weiter), aber auch ökonomischem Kapital.

---

[2] Hier wird deutlich, dass die verschiedenen Kapitaltypen nicht immer trennscharf zu unterscheiden sind: Ein Buch etwa oder ein Kunstwerk kann als objektiviertes kulturelles Kapital oder auch als ökonomisches Kapital vererbt werden; zu internalisiertem kulturellem Kapital wird es aber erst durch Bildungsarbeit, das heißt durch Lektüre, ästhetische oder kunsthistorische Kompetenz.

Die Konzepte „Feld" und „Kapital" sind also eng aufeinander bezogen: Ein Feld wird bestimmt durch diejenige Kapitalform bzw. die spezifische Mischung unterschiedlicher Kapitalsorten, die ihren Inhaber:innen in einem sozialen Raum, der dann ein Feld bildet, Anerkennung verschafft. Auf den verschiedenen Feldern wird also um je spezifisches symbolisches Kapital gerungen. Die Verfügungsmacht, die Akteur:innen, Akteursgruppen oder Institutionen über das jeweils relevante symbolische Kapital erlangen können (und historisch konnten), entscheidet über ihre Position im jeweiligen Feld und dessen internes Beziehungsgefüge.

Doch ist bei dem Begriff ‚Beziehungen' Vorsicht geboten. Ausdrücklich geht es Bourdieu nicht um *persönliche* Beziehungen, nicht um reale Interaktionen zwischen Einzelnen und deren subjektive Befindlichkeiten. Vielmehr geht es um „Relationen": um faktisch bestehende Kräfteverhältnisse. In Bourdieus Worten: „[D]as läßt sich nicht interaktionistisch denken, das sind objektive Relationen, eine objektive Struktur, die den Untergrund für das ‚typische' Handeln der Beteiligten abgeben" (2000, 118).

Für die Sozial- und also auch für die Religionsforschung heißt das: Sie greift zu kurz, wenn sie sich darauf beschränkt, persönliche Interaktionen zwischen (religiösen) Akteur:innen und die darin zum Ausdruck gebrachten (religiösen) Vorstellungen, Handlungsmotivationen und Praktiken zu erforschen. Vielmehr hat sie die Beziehungs*strukturen* zu rekonstruieren, die sich zwischen den Akteur:innen (über lange Zeiträume hinweg) eingestellt haben. Denn diese sind das Fundament, auf dem sich individuelle (religiöse) Interessen und Handlungsdispositionen überhaupt erst einstellen.

Wie aber sind soziale Struktur und individuelles Handeln und Denken vermittelt? Hier kommt der „Habitus" ins Spiel. Bourdieu bestimmt den Habitus als ein (unbewusstes) Set von Wahrnehmungs- und Denkschemata sowie Handlungs-*dispositionen*, das durch die *Positionen* bedingt ist, die diese Akteur:innen in den verschiedenen Feldern, in denen sie sich bewegen, einnehmen. Der Habitus basiert auf der Verinnerlichung der gesellschaftlichen Erfahrungen, die Handelnde aufgrund ihrer jeweiligen Positionierung in den verschiedenen Feldern gemacht haben und machen, und zwar der eigenen ebenso wie der historisch akkumulierten Erfahrungen der sozialen Gruppen, denen sie jeweils angehören (vgl. Bourdieu 1979, 139–202; 1991; 1993, 97–121). Der Habitus ist also verinnerlichte Geschichte und Sozialstruktur – einerseits. Andererseits ist er *generativ*: Indem er kognitive, ethische, ästhetische und religiöse Interpretationsmuster für Erfahrungen liefert, generiert er Weltbilder, Präferenzen und Handlungsdispositionen. Der Habitus ist also ein sozialstrukturell erzeugtes soziales Strukturierungsprinzip, eine Art Scharnier zwischen Sozialstruktur und Handeln: Er übersetzt soziale Strukturen in individuelle Vorstellungen und Praktiken, die ihrerseits wiederum auf die sozialen Strukturen zurückwirken (Bourdieu 1991). Wahrnehmen, Fühlen, Wünschen, Denken und Handeln sind folglich – hier spricht Bourdieu in der Tradition Durkheims – soziale Tatsachen (Durkheim 1984, 114; 1994). Was hat all das mit Religion zu tun?

3 Das religiöse Feld

In Anlehnung an Max Weber weist Bourdieu die Religion als eigenständiges soziales Feld aus, dessen Eigenart darin liegt, dass in ihm ein spezifischer Typ von Arbeit verrichtet wird, der sich von der Arbeit in anderen Feldern unterscheidet: *„religiöse Arbeit"* (Bourdieu 2009a, 7; Hervorhebung im Original). Verrichtet wird sie von „spezialisierten Akteuren" mit dem Ziel, „mittels eines bestimmten Typus von Praktiken und Diskursen eine besondere Kategorie von Bedürfnissen bestimmter gesellschaftlicher Gruppen zu befriedigen" (2009a, 7). Voraussetzung ist, dass „religiöse[] Selbstversorgung" (2009b, 46) (weitgehend) abgeschafft, dass das religiöse Feld also arbeitsteilig organisiert ist. Auf Angebotsseite treten Expert:innen hervor, die je eigene religiös relevante Güter erzeugen und verwalten und damit die große Mehrheit der Akteur:innen im religiösen Feld – die so als Laien definierbar werden – religiös versorgen. Sakramentenspendung etwa wird in diesem Modell als religiöse Versorgungsleistung beschreibbar, die in einem spezifischen religiösen Kontext (christliche Kirchen) von religiösen Expert:innen (Priestern, Pastor:innen) übernommen wird. Beispiele aus anderen Religionen ließen sich ergänzen. Allerdings hat Bourdieu selbst vor allem die katholische Kirche vor Augen gehabt und sein Konzept des religiösen Feldes am Beispiel des französischen Katholizismus empirisch durchgearbeitet (Bourdieu und Saint Martin 2009). Die inzwischen gebräuchliche Vorstellung vom religiösen Feld als einem sozialen Raum, in dem *verschiedene Religionen* operieren, ist Bourdieu fremd. Für ihn bildet zunächst jede einzelne Religion ein eigenes Handlungsfeld, in dem (im Einzelfall zu bestimmende) Akteur:innen miteinander um eine gemeinsame Weltsicht und die dieser Weltsicht angemessene Praxis ringen. Das „katholische Feld" dient ihm dabei (vor dem Hintergrund der historischen Monokonfessionalität Frankreichs) gleichsam als Prototyp (Große Kracht 2019). Andere religiöse Felder nimmt er kaum in den Blick, doch ließe sich analog auch von einem protestantischen, jüdischen, islamischen Feld und so weiter sprechen. Festzuhalten ist: Bourdieus Fokus liegt auf der *internen* Konfliktdynamik *einzelner* Religionen. Mit der **Pluralität** *verschiedener* Religionen und der (konfliktiven) Dynamik, die sich zwischen ihnen in einem gegebenen gesellschaftlichen Kontext entfalten kann, hat er sich weder systematisch noch empirisch befasst. Sein Konzept lässt sich durchaus in diese Richtung weiterentwickeln. Ihm selbst jedoch war diese (in der heutigen Verwendung des Topos vom „religiösen Feld" dominierende) Sicht fremd.

Kehren wir zu den „spezialisierten Akteuren" (2009a, 7) im religiösen Feld und mithin zur religiösen Arbeitsteilung zurück. Weber unterscheidet bekanntlich **idealtypisch**[3] „Priester", „Prophet" und „Zauberer" (Weber 2005). Für die empirische Religionsforschung heute mag diese aus einem spezifischen religionshistorischen Kontext gewonnene Typisierung wenig anschlussfähig sein; sie muss und kann aber in andere Kontexte übersetzt und erweitert werden; auch ist mit Mischtypen zu rechnen. Hier geht es aber zunächst darum, das (modifizierbare) Grundmodell zu verdeutlichen. Danach arbeiten die religiösen Expert:innen auf je eigene Weise daran, religiöse Angebote zu machen, zu verbreiten, zu kontrollieren und zu verwalten, die auf die verschiedenen „Heilsinteressen" der religiösen „Verbraucher:innen" zugeschnitten sind (zugleich zielen sie, wie man ergänzen müsste, auch darauf, gewisse Heilsinteressen überhaupt erst zu wecken). Einerseits sind die Angebote also komplementär: Der Zauberer bedient eine andere Klientel als der Prophet. Andererseits aber stehen die religiösen Spezialist:innen in Konkurrenz: Der Prophet versucht die Autorität des Priesters zu untergaben und umgekehrt. Um ein empirisch aktuelles Beispiel mit Blick auf konfessionelle und religiöse Pluralität zu nennen: In Lateinamerika machen protestantische Pfingstkirchen (deren Pastoren keinem der drei genannten Typen klar zuzuordnen sind, die aber unter anderem Aspekte des Typus Prophet und solche des Typus Zauberer aufweisen) religiöse Angebote (psychische/physische Heilung; Befreiung von dämonischen Mächten; Wohlstandsversprechen), die in direkter Konkurrenz zur traditionalen Frömmigkeitskultur und zum sakramentalen Angebot der katholischen Kirche stehen (Idealtypus Priester). Zudem diskreditieren beide die populären Vorstellungen und (Heil-)Praktiken des **Spiritismus** und afroamerikanischer Religionen (Inkorporation von Geistern und Göttern; Geistheilung) als „Magie" (Idealtypus Zauberer) (Reuter 2003; 2024).

Bourdieu, der die idealtypische Rekonstruktion religiöser Expertenrollen von Weber übernimmt, arbeitet besonders diesen Konkurrenzaspekt deutlich heraus: Priester, Propheten und Zauberer sind in seiner Konzeption Konkurrenten im religiösen **Heils**betrieb. Sie konkurrieren um die Nachfrage ihrer jeweiligen Angebote seitens der Laien. Ein probates Mittel in diesem Ringen ist der Versuch, die Mitkonkurrenten zu delegitimieren (vgl. das erwähnte Beispiel Lateinamerika). Bourdieu (dessen von Weber übernommene Typisierung natürlich ebenso wie jene einer ‚Übersetzung' für die empirische Forschung bedarf) macht deutlich,

---

3 Zum **heuristischen** (nicht normativen!) Konzept des Idealtypus: Albert 2000[2].

dass die verschiedenen Spezialist:innen dabei zu rollentypisch unterschiedlichen Strategien greifen: Der Priester – der (anders als Prophet und Zauberer) seine Legitimität aus der Macht der Institution bezieht, die ihn ins Amt gesetzt hat – versucht, seine Konkurrenten zu diskreditieren, indem er behauptet, dass sie außerhalb der religiösen Gemeinschaft stehen. Er zielt also auf „Exkommunikation" (2000, 118). Der Typus Prophet hingegen – der als „unabhängiger Heilsunternehmer" (2009b, 66) ausschließlich mit seiner Person für seine Heilsbotschaft bürgt – ist bestrebt, die priesterliche Amtsautorität durch sein persönliches **Charisma** und also durch die Macht der Außeralltäglichkeit zu untergraben (vgl. Freudenberg und Schüler in diesem Band). Auch der Typus Zauberer – wie der Prophet ein „unabhängiger Unternehmer außerhalb jeder Institution" (2009b, 68) – stellt den priesterlichen Monopolanspruch auf die Instrumente des Heils infrage. Allerdings antwortet er auf eine ganz andere religiöse Nachfrage als der Prophet. Der Prophet spricht Laien an, die daran interessiert sind, ihre Lebensführung methodisch an ethischen Prinzipien zu orientieren; er erhebt den Anspruch, eine Heilsbotschaft zu verkünden, „die dem Leben und der Welt einen einheitlichen Sinn verleihen kann" (2009b, 68). Das religiöse Interesse, das der Zauberer bedient, ist ein völlig anderes: Der Zauberer ist eine Art Dienstleister, der punktuell auf ebenso punktuelle religiöse Bedürfnislagen antwortet; zu den Laien steht er in einem „Verkäufer-Kunden-Verhältnis" (2009b, 69).

Wir sehen: Bourdieu deutet das religiöse Geschehen konsequent (heils-)ökonomisch: als ein typisch aufeinander bezogenes Konkurrenzverhalten von religiösen Expert:innen, die spezialisierte Heilsangebote erzeugen, pflegen, verwalten und tradieren, die auf verschiedenartige religiöse Interessen von Laien zugeschnitten sind bzw. neue Heils- und Heilungsinteressen wecken sollen. Er arbeitet heraus, dass die religiöse Nachfrage der Laien in Abhängigkeit von ihrer sozialkulturellen Lage und Herkunft variiert. Letztere bildet, wie zitiert, „den Untergrund" (2000, 118), auf dem sich typische (religiöse) Interessenlagen und Handlungsdispositionen entfalten (2009a, 10).

Die Vermittlung zwischen der sozialkulturellen *Stellung* von Akteur:innen und ihrer religiösen *Einstellung* leistet der Habitus; er übersetzt *Position* in *Disposition*: So neigen Bourdieu zufolge vorwiegend sozial und ökonomisch Unterprivilegierte, insbesondere im bäuerlichen Milieu, zu sogenannter magischer Religiosität. Die Prophetie hingegen vermag besonders Intellektuelle zu mobilisieren, in besonderen Krisenlagen aber auch sozialkulturell schwache Schichten. Sozial Privilegierte stehen demgegenüber gewöhnlich amtskirchlicher Autorität nahe, wie sie von der Priesterschaft repräsentiert wird. Der Habitus sorgt, so Bourdieu, für eine „fast schon wundersame Harmonie" (2009b, 59) zwischen sozialkultureller Lage und religiösen Interessen und Praktiken.

Prägnant hat Bourdieu dies in seiner Korrektur von Webers Konzept charismatischer Herrschaft veranschaulicht. Den Typus des charismatischen Führers hatte Weber in seiner Herrschaftssoziologie entwickelt und in der Religionssoziologie auf die idealtypische Charakterisierung des Propheten übertragen. Bourdieu korrigiert das Konzept in einem wichtigen Punkt: Der charismatische Führer, so schreibt er, ist „weniger der ‚außeralltägliche' Mensch [...], von dem Weber spricht, als vielmehr der Mensch außeralltäglicher Situationen" (2009b, 87). Er tritt vor allem in „Zeiten offener oder versteckter Krise" (2009b, 84) auf. Charisma ist demnach für Bourdieu keine persönliche Eigenschaft, sondern eine Autorität, die einem Akteur oder einer Akteurin aus der Struktur der sozialen und (religions-)kulturellen Beziehungen zuwächst: Die Macht des charismatischen Führers bzw. des Propheten basiert „auf der Stärke der Gruppe, die er zu mobilisieren vermag, insofern er die Eignung besitzt, die spezifisch religiösen Interessen der eine bestimmte Stellung innerhalb der Sozialstruktur einnehmenden Laien durch exemplarisches Verhalten und/oder einen mehr oder weniger systematischen Diskurs zu *symbolisieren*" (2009a, 21; Hervorhebung im Original).

War bisher nur von der Binnenstruktur und -dynamik des religiösen Feldes die Rede, so ist ergänzend darauf hinzuweisen, dass diese auch durch dessen Verhältnis zu anderen Feldern geprägt ist. Soziale Felder bringen sich Bourdieu zufolge gegenseitig immer wieder neu als autonome Handlungssphären mit je eigenen Schemata der Wahrnehmung und Bewertung der sozialen Welt hervor: Es sind soziale Räume „mit *dynamischen* Grenzen, die ein im Feld selbst umkämpftes Interessenobjekt darstellen" (Bourdieu und Wacquant 2006, 135, Hervorhebung im Original). Dabei geht es „um die Definition, das heißt die Abgrenzung von Kompetenzen" (Bourdieu 2009c, 244), die das jeweilige Feld gesellschaftlich übernimmt. Im Hinblick auf Religion stand Bourdieu Anfang der 1980er Jahre dabei eine Konstellation vor Augen, in der das religiöse Feld seine Kompetenzen gegenüber der Medizin oder Psychotherapie abzugrenzen hatte (2009c).

4 Schlussüberlegungen

Welches Potential birgt Bourdieus Konzept des religiösen Feldes für die Religionswissenschaft? Hilft es, die unübersichtliche religiöse Lage analytisch zu ordnen? Welche Grenzen hat es, wie kann es sinnvoll weiterentwickelt werden? Dazu werden abschließend thesenartig einige Ideen skizziert.

(1) Die zuletzt angesprochenen Überlegungen Bourdieus zu den dynamischen Grenzen zwischen den Feldern bergen Potential für die Erforschung der sich

wandelnden gesellschaftlichen Rolle von Religion. So könnte man den historischen Wandel des Religiösen auch daran ablesen, welche Grenzbereiche des religiösen Feldes zu einer bestimmten Zeit strittig werden. Jede Epoche, so könnte man sagen, hat ihre eigenen Grenzarbeiten: Im 19. Jahrhundert musste das religiöse Feld Zuständigkeiten an die moderne Wissenschaft abgeben. Um 1900 wurden eifrig die diffusen Grenzen zwischen Religion und Kunst thematisiert. In den 1970er und frühen 1980er Jahren kam es zu Grenzverschiebungen zwischen Religion und Medizin bzw. Psychotherapie. Seit 9/11 stehen die Grenzkonflikte zwischen Religion und Politik bzw. Recht im Fokus (Reuter 2009; 2014).

(2) Bourdieu betont beharrlich die Spannung zwischen Sozialstruktur und Praxis bzw. ideellen Interessen. Für die Religionswissenschaft heißt das: Es greift zu kurz, subjektiv sinnhafte religiöse Interaktionen oder Vorstellungen zu dokumentieren und zu deuten. Eine feldtheoretisch geschulte Religionswissenschaft wird vielmehr auch die historisch gewachsenen Sozialstrukturen rekonstruieren, die – vermittelt über den Habitus – das religiöse Denken, religiöse Präferenzen und Lebensführung sowie die religiöse Angebotsstruktur steuern.

(3) Stichwort Habitus: Bourdieu setzt bei seiner Konzeptualisierung des Habitus im Grunde eine sozialkulturell stabile Erfahrungswelt als Regelfall voraus. Diese gibt es aber immer weniger. Die soziale Welt ist vielfältiger, individuelle Biografien sind brüchiger geworden. Kann sich aber in religiös pluralen Kontexten, in migrationsgeprägten Biografien sowie unter der Bedingung von Globalisierung und Digitalisierung überhaupt ein stabiler (religiöser) Habitus ausbilden?

(4) Bourdieu übernimmt von Weber die idealtypische Rekonstruktion religiöser Akteur:innen, macht aber zugleich deutlich, dass jedes religiöse Feld eigene, sich wandelnde Akteurskonstellationen hat. Was er jedoch nicht berücksichtigt, ist die potentielle Diffusion der Rollen von Expert:innen und Laien. Diffusion soll hier nicht Rückkehr zur religiösen Selbstversorgung heißen. Gemeint ist vielmehr ein (neuer) Akteurstypus, der zugleich religiöser Versorger wie religiöser Verbraucher ist. Als Protagonist:innen dieses Typus könnten etwa religiöse Influencer:innen genannt werden, die neuerdings in vielen religiösen Feldern auftreten.

(5) Bourdieu hat sich nicht mit der Pluralität verschiedener Religionen beschäftigt. Er fokussiert die *interne* Konfliktdynamik einzelner Religionen. Das ist eine Perspektive, die bei der aktuellen Fokussierung auf die (wachsende) Pluralität verschiedener Religionen oft aus dem Blick gerät. Nun kann sein Feldkonzept durchaus auf solche Konstellationen religiöser Pluralität übertragen werden. Dabei entstehen dann neue Fragen, etwa: Bringt die bloße Präsenz verschiedener Religionen in einem gegebenen Kontext notwendigerweise ein plurales religiöses Feld im Sinne Bourdieus hervor? Von einem „Feld" kann Bourdieu zu-

folge nur gesprochen werden, wenn „ein Feldeffekt wirksam ist" (Bourdieu und Wacquant 2006, 131), wenn also die Akteur:innen tatsächlich miteinander um die Definition von Grenzen und Kompetenzen des Religiösen und entsprechende Praxisformen ringen. Das ist gewiss in manchen Konstellationen der Fall (vergleiche etwa das erwähnte Beispiel Lateinamerika). Trifft es aber beispielsweise auf die aktuelle religiöse Lage in Europa zu? Religiöse Pluralität ist zweifellos gegeben. Aber gibt es engagierte Konkurrenz zwischen den Religionen? Es wäre zu untersuchen, unter welchen Bedingungen religiöse Pluralität ein religiöses Feld im Sinne religiöser Konkurrenz hervorbringt und welche Faktoren dies gegebenenfalls verhindern.

Literatur

Albert, Gert. 2020². „Idealtyp." In *Max Weber-Handbuch: Leben – Werk – Wirkung*, hg. v. Hans-Peter Müller und Steffen Sigmund, 84–86. Stuttgart: Metzler.
Barlösius, Eva. 2011². *Pierre Bourdieu*. Frankfurt a. M.: Campus.
Bourdieu, Pierre. 1979. *Entwurf einer Theorie der Praxis auf der ethnologischen Grundlage der kabylischen Gesellschaft*. Frankfurt a. M.: Suhrkamp.
Bourdieu, Pierre. 1983. „Ökonomisches Kapital, kulturelles Kapital, soziales Kapital." In *Soziale Ungleichheiten*, hg. v. Reinhard Kreckel, 183–198. Göttingen: Otto Schwartz.
Bourdieu, Pierre. 1991. „Der Habitus als Vermittlung zwischen Theorie und Praxis." In *Zur Soziologie der symbolischen Formen*, 125–158. Frankfurt a. M.: Suhrkamp.
Bourdieu, Pierre. 1992. *Rede und Antwort*. Frankfurt a. M.: Suhrkamp.
Bourdieu, Pierre. 1993. *Sozialer Sinn. Kritik der theoretischen Vernunft*. Frankfurt a. M.: Suhrkamp.
Bourdieu, Pierre. 1998. *Praktische Vernunft. Zur Theorie des Handelns*. Frankfurt a. M.: Suhrkamp.
Bourdieu, Pierre. 2000. „Mit Weber gegen Weber. Pierre Bourdieu im Gespräch." In *Das religiöse Feld: Texte zur Ökonomie des Heilsgeschehens*, hg. v. Stephan Egger, 111–129. Konstanz: UVK.
Bourdieu, Pierre. 2009a. „Eine Interpretation der Religion nach Max Weber." In *Religion: Schriften zur Kultursoziologie 5*, hg. v. Franz Schultheis und Stephan Egger, 7–29. Berlin: Suhrkamp.
Bourdieu, Pierre. 2009b. „Genese und Struktur des religiösen Feldes." In *Religion: Schriften zur Kultursoziologie 5*, hg. v. Franz Schultheis und Stephan Egger, 30–90. Berlin: Suhrkamp.
Bourdieu, Pierre. 2009c. „Die Auflösung des Religiösen." In *Religion: Schriften zur Kultursoziologie 5*, hg. v. Franz Schultheis und Stephan Egger, 243–249. Berlin: Suhrkamp.
Bourdieu, Pierre und Monique de Saint Martin. 2009. „Die Heilige Familie. Der französische Episkopat im Feld der Macht." In *Religion: Schriften zur Kultursoziologie 5*, hg. v. Franz Schultheis und Stephan Egger, 92–224. Berlin: Suhrkamp.
Bourdieu, Pierre und Loïc J. D. Wacquant. 2006. *Reflexive Anthropologie*. Frankfurt a. M.: Suhrkamp.
Durkheim, Emile. 1984. *Die Regeln der soziologischen Methode*. Frankfurt a. M.: Suhrkamp.
Durkheim, Emile. 1994. *Die elementaren Formen des religiösen Lebens*. Frankfurt a. M.: Suhrkamp.
Fröhlich, Gerhard und Boike Rehbein, Hg. 2014. *Bourdieu-Handbuch: Leben – Werk – Wirkung*. Stuttgart: Metzler.
Große Kracht, Klaus. 2019. „Das ‚katholische Feld': Perspektiven auf den Katholizismus des 19. und 20. Jahrhunderts im Anschluss an Pierre Bourdieu." In *Katholizismus transnational: Beiträge zur*

Zeitgeschichte und Gegenwart in Westeuropa und den Vereinigten Staaten, hg. v. Andreas Henkelmann, Christoph Kösters, Rosel Oehmen-Vieregge und Mark Edward Ruff, 53–72. Münster: Aschendorff.

Karstein, Uta. 2019. „Pierre Bourdieu: Das religiöse Feld. Zur Ökonomie des Heilsgeschehens (2000)." In: *Schlüsselwerke der Religionssoziologie*, hg. v. Christel Gärtner und Gert Pickel, 493–500. Wiesbaden: Springer VS.

Luhmann, Niklas. 2002. *Soziale Systeme: Grundriß einer allgemeinen Theorie*. Frankfurt a. M.: Suhrkamp.

Rehbein, Boike und Gernot Saalmann. 2014. „Feld." In *Bourdieu-Handbuch: Leben – Werk – Wirkung*, hg. v. Gerhard Fröhlich und Boike Rehbein, 99–103. Stuttgart: Metzler.

Reuter, Astrid. 2003. *Voodoo und andere afroamerikanische Religionen*. München: C.H. Beck.

Reuter, Astrid. 2009. „Charting the Boundaries of the Religious Field. Legal Conflicts over Religion as Struggles over Blurring Borders". In *Journal of Religion in Europe* 2 (1): 1–20.

Reuter, Astrid. 2014. *Religion in der verrechtlichten Gesellschaft. Rechtskonflikte und öffentliche Kontroversen um Religion als Grenzarbeiten am religiösen Feld*. Göttingen: Vandenhoeck & Ruprecht.

Reuter, Astrid. 2018. „Praxeologie: Struktur und Handeln (Pierre Bourdieu)." In *Handbuch Religionssoziologie*, hg. v. Detlef Pollack, Volkhard Krech, Olaf Müller und Markus Hero, 171–202. Wiesbaden: Springer VS.

Reuter, Astrid. 2024. „,I am happy to be Catholic': The Catholic Charismatic Renewal and the Dynamics of the Religious Field in Brazil." In *Social Forms of Religion: European and American Christianity in Past and Present*, hg. v. Maren Freudenberg und Astrid Reuter, 79–105. Bielefeld: Transcript.

Weber, Max. 2005. *Wirtschaft und Gesellschaft. Die Wirtschaft und die gesellschaftlichen Ordnungen und Mächte. Nachlaß. Teilband 2: Religiöse Gemeinschaften.* Studienausgabe der Max Weber-Gesamtausgabe Band I/22-2, hg. v. Hans G. Kippenberg. Tübingen: Mohr Siebeck.

Paula Schrode und Eva Spies

I.3 Religion relational: Eine Forschungsperspektive auf Praktiken und Prozesse

1 Einführend

Wir sind es gewohnt, die Welt in abgrenzbare Einheiten einzuteilen, die sich zu Untersuchungsgegenständen machen lassen: Gruppen, soziale (Sub-)Systeme oder Religionen. Von diesen Einheiten („Forschungsobjekten") ausgehend werden dann unter anderem Beziehungen untersucht: Einem Forschungsthema wie „Beziehungen zwischen jüdischen und muslimischen Studierenden" liegt die Idee zugrunde, dass es zwei distinkte Gruppen (Entitäten) gibt, nämlich jüdische und muslimische Studierende, zwischen denen in einem zweiten Schritt Beziehungen entstehen können, die sich dann wiederum untersuchen lassen. Es ist jedoch jederzeit möglich, jede Entität auch isoliert für sich zu betrachten. Auch wenn wir Religion *und* Politik oder Religion *und* Medien untersuchen, impliziert das oft, dass wir von zwei getrennten Feldern ausgehen, die wir aufeinander beziehen. Man denkt die Einheiten oder Gruppen also als der Beziehung vorgängig: Sie existieren (haben Substanz, eine **Essenz**) für sich, unabhängig von Beziehungen (Relationen).

Ein konsequent **relationaler** Ansatz versucht, diese Perspektive umzukehren und *Beziehungen als primär* für die Konstituierung der Welt und unserer Forschungsfelder zu verstehen. Was wir erforschen, sind dann sogenannte Relata, das heißt etwas, das aus Relationen entstanden ist und sich durch Relationen auch kontinuierlich weiter verändert. Relationalität ist für uns eine **epistemologische**, also auf einen bestimmten Erkenntniszugang gerichtete Perspektive: Wir betrachten es als **heuristisch** fruchtbar, die sozialen Realitäten, die wir wahrnehmen, als Produkt von Relationen zu analysieren, um die Dynamiken und stetigen Transformationen gelebter Religion zu erfassen. So trägt eine relationale Perspektive zu einem prozesshaften, nicht-essentialistischen Verständnis von Religion bei. Demgegenüber spricht man bisweilen von Relationalismus oder relationaler **Ontologie**, wenn man Relationalität nicht nur als mögliche Perspektive auf die Welt versteht, sondern als tatsächliche Theorie des Seins, nach der die reale Welt aus nichts als Relationen besteht. Ein relationales Paradigma fordert nicht nur ein vergegenständlichtes Verständnis von Religionen heraus und wirft neue Forschungsfragen auf, sondern ermöglicht auch einen anderen Blick auf Forschung und wissenschaftliche Wissensproduktion insgesamt.

Im Folgenden stellen wir Zugänge zu Relationalität in der Religionswissenschaft vor und zeigen, auf welche breiteren Debatten sie sich beziehen. Dabei werden Relationen nicht nur als zwischenmenschliche Beziehungen verstanden, sondern auch im Sinne logischer, symbolischer, materieller, begrifflicher oder imaginierter Beziehungen, die nicht-menschliche Wesen, Objekte oder Technologien einbeziehen können. Methodisch fokussiert relational ausgerichtete Forschung vorwiegend Prozesse und Praktiken, die akteursorientiert, diskursiv oder strukturgenerierend gedacht werden können (vgl. auch Reuter in diesem Band) und Handlungen von Einzelnen oder Gruppen, logische und begriffliche Verkettungen, oder auch Interaktions- und Kommunikationsmuster umfassen. Praktiken können dabei als Handlungen (Tätigkeiten, routinisierte Alltagspraktiken, performative Akte) verstanden werden, durch die soziale Realität konstituiert wird und die auch Ko-aktivitäten von nicht-menschlichen Teilnehmenden und der materiellen Welt einschließen.

2 Relationale Ansätze in der Religionswissenschaft

Wir unterscheiden im Folgenden relationale Zugänge entlang dreier Forschungsfragen: In welchen relationalen Prozessen werden bestimmte Konfigurationen als Religion (an)erkannt oder als Nicht-Religion, etwa als Magie, säkulare Praxis, Kultur oder Wissenschaft, klassifiziert? (2.1) Wie bilden sich Konfigurationen, die heute als religiöse Traditionen oder Religionen verstanden werden, relational heraus? (2.2) Und schließlich: Welche Fragen ergeben sich für relationale Religionsforschung in der Gegenwart? (2.3)

Die hier vorgestellten Perspektiven präsentieren keine einheitliche konzeptuelle und methodische Herangehensweise, teilen aber einen Fokus auf Praktiken und Prozesse des Bezugnehmens, Verflechtens oder Abgrenzens, in denen und durch die Religion und andere Konfigurationen hervorgebracht werden.

2.1 „Religion" als relationales Konzept und machtvolle Differenzkategorie

Die Rede von Religion bestimmt einen Gegenstandsbereich, der zum „Säkularen", zu „Wissenschaft", „Politik", „Magie", „Atheismus" oder „Spiritualität" abgegrenzt wird und diese Bereiche somit gleichermaßen mitkonstituiert. Jede Definition von Religion bringt also auch ihr Anderes hervor und ist damit relational: Machtvolle **Diskurse** und Praktiken der Verhältnisbestimmung zwischen Religion und

Nicht-Religion sind daher ebenfalls Gegenstand relationaler Religionswissenschaft (Asad 1993; Quack 2014).

Die Differenzierung zwischen etwas, das wir heute als Religion verstehen, und seinem jeweiligen Anderen geht nicht *per se* auf einen europäisch geprägten **Religionsbegriff** zurück: So kannten vormoderne islamische Kontexte durchaus Differenzierungen zwischen einem „religiösen" und einem „weltlichen" (*dunyāwī*) Bereich (Abbasi 2020), und Karenina Kollmar-Paulenz (2012, 2024) zeigt, dass auch für den mongolischen Buddhismus von Religionskonzepten und religiösen Traditionen *avant la lettre* gesprochen werden kann (siehe auch Rezania in diesem Band).[1] Mit dem Beginn der europäischen kolonialen Epoche etablierte sich jedoch ein spezifisches Wissensregime, das bis in die Gegenwart global wirksam ist: Das heutige Sprechen über und Denken im Raster von Religion/en und **Weltreligionen** geht maßgeblich auf koloniale Herrschaftsstrukturen des 19. Jahrhunderts zurück (Alberts in diesem Band) und teilte Religionen eine zentrale Bedeutung für das Wissen über verschiedene Gesellschaften sowie für deren politische Gestaltung zu. Klassifizierende Ordnungen, die Religionen oder Religionstypen unterschieden und hierarchisierend darstellten, halfen die Differenz der Kolonisierten zu definieren, zu begründen und sie schließlich in wissenschaftlichen Theorien zu fixieren. In solchen Prozessen der Veranderung (*othering* oder Alterisierung) wurden die Religionen der Anderen (falls man ihnen eine zugestand) als wild, barbarisch oder „primitiv" der „zivilisierten" christlichen Weltreligion gegenübergestellt. Zugleich inspirierte der globale Religionsdiskurs religiöse Reformprozesse, in denen Traditionen entlang der neuen Norm rekonfiguriert oder gar „erfunden" wurden, wie King (1999) für den Hinduismus argumentierte (vgl. Winter; Strube; Suarsana; Dreßler; Goshadze; Laack in diesem Band; Bergunder 2012; Nehring 2012). Autor:innen, die sich mit solchen Prozessen der Herstellung von Differenz befassen, beziehen sich dabei oft auf die Arbeiten des Philosophen Michel Foucault und seine Methode der Diskursanalyse: Wie er gehen sie davon aus, dass Wissensobjekte und Subjekte nicht an sich existieren, sondern in und durch Interaktionen, Aushandlungen oder Kämpfe entstehen und somit Produkt von Relationen und Machtbeziehungen sind. Macht wird dabei als relationales Kräftefeld verstanden und nicht als gegebene Eigenschaft von Individuen.

Tatsächlich folgten koloniale Prozesse des *othering* und die **Verflechtung** von Macht und Wissen nicht immer einfachen hierarchischen Mustern und Kausalitäten: Auch Kolonialmächte agierten nicht autark. Jörg Haustein (2021) zeigt etwa, wie sich in Deutsch-Ostafrika ein spezifisches Verständnis von Religion und Islam in alltäglichen kolonialen Begegnungen, Austauschbeziehungen, Konflikten

---

1 Vgl. das Projekt Multiple Secularities: https://multiple-secularities.de/.

und Verflechtungen von Praktiken und Wahrnehmungen diverser, auch lokaler, Akteure herausbildete. Die Eingrenzung muslimischer Identität in der Kolonie ist der kolonialen Beziehung demnach nicht vorgängig, sondern entsteht mit und in ihr und wird dann zum politischen Instrument. Haustein greift für seine Analyse auf das von den Philosophen Gilles Deleuze und Felix Guattari ([1980] 1992) entwickelte Denkbild des **Rhizoms** zurück, um die komplexen Relationen zahlreicher materialer und sozialer Faktoren, Absichten und Interpretationen darzustellen, die zur Emergenz der Konfiguration eines „politischen Islam" und „gefährlicher" muslimischer Subjekte in jener Zeit beigetragen haben (Haustein 2021, 334).

Das Rhizom wird häufig als Bild für Relationalität verwendet, da es nicht von gegebenen Einheiten, Hierarchien und Dichotomien ausgeht. In Anlehnung an die horizontal wachsenden Sprossenachsen mancher Pflanzen beschreiben Deleuze und Guattari damit die unendliche und irreduzible Komplexität von Verflechtungen, in und durch die sich heterogene Gefüge (*agencements*; Assemblages) von Akteuren, Institutionen, **Narrativen** und Materialitäten kontinuierlich herausbilden, die dann wiederum Ausgangspunkt neuer Relationen sind. Alles (Wissen, Kultur, das Soziale) ist danach also Relation und Produkt von Relationen, und nichts kann auf ein übergeordnetes Prinzip, eine einzige Logik (das heißt auf eine Wurzel) oder auf für sich bestehende Entitäten zurückgeführt werden.

Wie Hausteins Beispiel zeigt, sind es nicht nur die Wissenschaftler:innen, die Religion als Differenzkategorie konstruieren, sondern auch Religionspolitiken. Heutige säkulare Nationalstaaten schaffen über Prinzipien wie die Religionsfreiheit Gelegenheitsstrukturen, die Anreize für **„religion-making"** (Dressler und Mandair 2011; Dreßler in diesem Band) bieten, also zur Konstituierung von Traditionen als Religionen. Religionsgemeinschaften selbst grenzen sich in solchen Konstellationen teils explizit von „Kultur" und „Politik" ab, etwa wenn sie sich durch politische Akteure vereinnahmt sehen, und säkulare Verbände positionieren sich bewusst zu einem staatlichen Kontext, der Religionsgemeinschaften privilegiert (Schröder 2018). In Migrationskontexten werden in Politik und Zivilgesellschaft relationale Praxisformen wie das „Labeling" oder religiöse Markieren von Gruppen relevant (Eulberg, Jacobsen, Tillessen 2019): So wird etwa das Muslimischsein (statt wie zuvor Herkunft, Ethnizität oder Sprache) zu einer zentralen Kategorie, um Migrant:innen von anderen Gruppen abzugrenzen.

Definitionen von „Religion" und „Religionen" mit universalem Anspruch sind somit immer zu einem gewissen Grad willkürliche Setzungen: Was in spezifischen Machtkonstellationen jeweils als Religion und Nicht-Religion oder als religiöse Tradition gilt, wird durch begriffliche und logische Relationen diskursiv hervorgebracht.

2.2 (Ko-)Konstitutierung „religiöser" Traditionen

Jede Form von Tradition, ob sie nun als „religiös" bezeichnet wird oder nicht, lässt sich als Produkt historischer, kultureller, sozialer und materieller Kontexte verstehen (Berger, Buitelaar und Knibbe 2021). Die Konstituierung von Religion in Relation zu erforschen, kann methodisch bedeuten, das Handeln historischer Akteure zu rekonstruieren, Verflechtungen einer Ideengeschichte herauszuarbeiten, materielle und ideelle Konsequenzen von „Religionskontakten" nachzuzeichnen (Winter in diesem Band)[2] oder die Herausbildung jeweils zeitgenössischer Verständnisse einzelner Traditionen genealogisch als machtvolle Diskurse zu erschließen und zu **kontextualisieren**.

Was wir heute als Religionen beschreiben und so einer spezifischen Perspektive unterwerfen, gehörte aus Sicht der historischen Akteure nicht unbedingt zu einer vergleichbaren Kategorie: Das „Judentum" wurde in der Antike eher als soziale Gruppe im Sinne eines *ethnos* (Volk) oder einer *polis* (politischen Einheit) wahrgenommen und erst durch die spätere christliche Dominanz zu einer „Religion" (Boyarin 2004). In jedem Fall aber lässt sich die historische Herausbildung religiöser Traditionen und Identitäten über relationale Prozesse verstehen. Wesentliche Impulse dazu kamen aus der Sozialanthropologie: Fredrik Barth (1969) beschrieb soziale Identitäten und Vorstellungen von Zugehörigkeit nicht als Ausdruck objektiv gegebener Eigenschaften einer Gruppe, sondern als Ergebnis interaktiver alltäglicher Prozesse des *boundary-making* und der Distinktion. In diesem Sinne argumentiert Niels Reeh, dass sich als „Religionen" wahrgenommene Traditionen und religiöse Gruppen erst in Wechselbeziehung zu „ihrem Anderen" konstituieren (Reeh 2020). Differenzen entstehen dort, wo Menschen Bezüge herstellen und vergleichen: Ist die andere Praxis eine (zulässige oder unzulässige) Variante der eigenen oder bereits eine andere Tradition? Religiöse und andere Traditionen konstituieren sich jedoch keineswegs nur über Abgrenzung. So betont Sarah Stroumsa den regen Austausch und Prozesse gegenseitiger Befruchtung, in denen sich die intellektuellen Traditionen von Muslimen, Juden und Christen im islamischen Mittelalter in Europa formten und beschreibt deren Verflechtungen als das „gemeinsame kulturelle Kaleidoskop der Glaubensgemeinschaften" (Stroumsa 2023, 177). Auch die Überwindung von Differenzen und Integration religiöser Heterogenität über die Betonung von Gemeinsamkeiten ist ein relationaler Prozess in Auseinandersetzung mit sich verändernden politischen Rahmenbedingungen: Unter Aleviten in Deutschland gibt es Strategien, durch Rückgriff auf gemeinsame Symbolbestände wie die zwölf Imame und die Prophe-

---

2 Siehe die Ansätze in der Zeitschrift *Entangled Religion*.

tenfamilie Bezüge zu größeren islamischen Strömungen zu stärken (Weineck 2019). Studien zum **interreligiösen Dialog** zeigen wiederum, wie sich Abgrenzungspraktiken und Initiativen der Verständigung gegenseitig bedingen und zu neuen Konstellationen führen können (Rötting in diesem Band). Traditionen sind also als Relata zu verstehen, als historisch stets vorläufige Ergebnisse von sozialen, materiellen oder symbolischen Beziehungen und Bezugnahmen. Radikal gedacht sind dann also auch Differenzen und Ähnlichkeiten nur Produkte relationaler Prozesse.

Auch Forschende, die sich der **genealogischen** und damit eher begrifflichen Rekonstruktion des modernen Religionsdiskurses und seiner globalen Verflechtungen widmen, verfolgen relationale Perspektiven. Für afrikanische Zusammenhänge werden komplexe Verhandlungs- und Übersetzungsprozesse zwischen christlicher Mission, Kolonialismus, lokalen Praktiken und globalen Diskursen nachgezeichnet, die jene sozialen Realitäten konstituierten, die heute Hexerei (Bachmann 2021) oder **African Traditional Religion (ATR)** genannt werden (Goshadze in diesem Band). Dies macht deutlich, dass die enge Verflechtung von christlicher Mission und Kolonialismus nicht nur Konsequenzen für lokale Traditionen und Selbstverständnisse hatte, sondern auch für die wissenschaftliche Begriffsbildung. Gegenwärtige Dynamiken von „Christentum" und „Islam" zeigen ebenfalls, wie stark diese Traditionen in ihren heutigen Formen durch Austausch und gegenseitige Aneignungen geprägt sind, und dass wissenschaftliche Kontaktmodelle wie **„Synkretismus"** den vielschichtigen relationalen Prozessen nicht gerecht werden. Relationale Forschungsdesigns nehmen daher verstärkt die Begegnung und Ko-Konstitution religiöser Traditionen und Identitäten empirisch-ethnographisch in den Blick (Janson, Pontzen und Kresse 2024).

Religiöse Konfigurationen sind also historisch kontingente, sich wandelnde Erzeugnisse. Während Volkhard Krech betont, dass nichts ständigem Wandel unterworfen sein kann (Krech 2020, 102), lenkt eine konsequent relationale Perspektive den Fokus gerade auf diejenigen Praktiken und Prozesse, durch die Kontinuitäten hergestellt werden. Die Sicht auf Religionen als klar definierte, beständige Einheiten zu überwinden, ist jedoch nicht einfach: Ein relationales Verständnis steht nicht zuletzt häufig in Widerspruch zu Narrativen der Traditionen selbst. Unter dem Terminus „anti-syncretism" beschrieben Rosalind Shaw und Charles Stewart eine Abwehrhaltung, um „religiöse Grenzen" zu verteidigen (Shaw und Stewart 1994, 7). Auch im interreligiösen Dialog gehen die Akteure vorzugsweise von Religionen als fixen Entitäten aus, die dann in Dialog treten (Klinkhammer 2019).

2.3 Relationalität als aktuelle Forschungsperspektive: Vernetzung, Dynamik und Pluralität in einer post-kolonialen Welt

Die relationale Religionsforschung entwickelt angesichts der Dynamiken einer **postkolonialen** Welt neue theoretische, methodische und ethische Zugänge (siehe auch Bretfeld 2012). Sie ist dann noch radikaler als bisher dargestellte Zugänge, wenn sie „Religion" auch als heuristisches Konzept auflöst und stattdessen **Netzwerke** oder Lebenswelten offen als relationale Geflechte erforscht, die keine vorgängige Eingrenzung und Festlegung als religionsbezogen erlauben (Spies 2019). Damit werden die Grenzen zwischen Religion und Kontext aufgelöst und Religion nicht länger als Gegenstand „im Kontext" untersucht.

Vor dem Hintergrund von Globalisierungsprozessen und inspiriert von der relationalen Soziologie (vgl. Emirbayer 1997) und der soziologischen **Netzwerkforschung** (vgl. Fuhse und Mützel 2010) wurden in der jüngeren Religionsforschung verflochtene und multiple Lebenswelten und Fragen von Migration und **Diaspora** zentral (Nagel in diesem Band). Migrantengemeinden werden dabei als Geflecht dynamischer Beziehungen gefasst, deren Identitätsbildung und Religionsverständnisse sich erst in der räumlichen und sozialen Struktur religiöser Netzwerke, aber auch im Verhältnis zu politischen Gegebenheiten konstituieren (vgl. Tweed 2006). Fokus der soziologischen Netzwerkforschung sind oft strukturgenerierende Praktiken. Methodisch bedeutet dies, relationale Situationen oder Mechanismen zu erforschen, die räumliche und soziale Handlungsräume schaffen: Welche Interaktionsmuster sehen wir? Wie und über welche Medien wird kommuniziert, was wird wie ausgetauscht (Information, Materielles etc.), wie werden Kontakte geknüpft und aufrechterhalten? Dabei sind Machtgefälle zu berücksichtigen, die sich auch auf religiöse Identitätskonstruktionen im Migrationskontext auswirken (Vásquez 2008): Wo liegt Handlungsmacht (*agency*), und wer kann verändernd wirken? Netzwerkorientierte Ansätze sehen *agency* dabei weniger an individuelle Akteure gebunden, als vielmehr dynamisch aus Konfigurationen hervorgehen. Anders als die relationale Soziologie schließt die *Actor-Network-Theorie* (ANT) dabei auch die Verbindungen zwischen menschlichen und nicht-menschlichen Akteuren, sogenannten **Aktanten**, in die Analyse mit ein (Latour 2005). Wie in den Ansätzen des *New Materialism* (vgl. Barad 2007) gelten auch hier Akteure/Aktanten als Relata, die durch Relationen zu anderen Relata wie Objekten, Tieren, Technologien, Pflanzen, eventuell auch Göttern und Geistern, entstehen und sich kontinuierlich verändern. Diese Sichtweise impliziert eine Kritik an einem anthropozentrischen Weltverständnis, das auf vorgängigen Differenzierungen zwischen Kultur und Natur, Objekt und Subjekt oder Menschen und anderen Wesen beruht: Radikal relational argumentierende Forschende wie Karen Barad gehen davon aus, dass diese Unterscheidungen selbst nur Ergebnis relationaler Prozesse sind.

Aus kritischer post- und dekolonialer Sicht ist anthropozentrisches Denken ein **Eurozentrismus**, der in einem Gegensatz zu nicht-westlichen Seinsvorstellungen/Ontologien positioniert wird (Mignolo 2011). Entsprechend wird versucht, ein relationales Verständnis von Religion oder Spiritualität jenseits europäisch-kolonialer Traditionen zu entwickeln (Laack in diesem Band; von Stuckrad 2023). Mit Blick auf **planetarische** Umweltkrisen wird dabei auch ethisch argumentiert: Relationale Auffassungen des Menschen und seiner „Mitwelt" würden eine soziale und materielle Ausbeutung weniger begünstigen; gemeinsam mit indigenen Gruppen wirken Wissenschaftler:innen daher teilweise aktiv an alternativen gesellschaftlichen Entwürfen mit (Escobar 2020).

Gesellschaftliche Transformationen oder eine Neuordnung der Welt jenseits bestehender Machtverhältnisse werden natürlich auch im Rahmen religiöser Reformabsichten verfolgt. Auch hier lassen sich wiederum Religion und Reform nicht statisch von säkularer Politik, Wirtschaft oder Technologie unterscheiden: Ob der Bau eines Krankenhauses ein säkulares Entwicklungsprojekt, eine religiöse Aktivität oder beides ist, ergibt sich aus der relationalen Praxis der beteiligten Akteure. In solch einem Projekt wird sowohl Religion als auch Veränderung beispielsweise im Zusammenspiel zwischen Geldgebern, **transnationalen** Nichtregierungsorganisationen, lokalen Bevölkerungen und staatlichen Verwaltungen konstituiert. Der Begriff des „religious engineering" beschreibt in diesem Zusammenhang, wie religiöse Ressourcen von unterschiedlichen – nicht nur „religiösen" – Akteuren zur planvollen Gestaltung der Welt herangezogen und wie religiöse Traditionen dadurch zugleich selbst rekonfiguriert werden (Spies und Schrode 2020). Dieser Forschungsansatz geht dabei sowohl akteursorientiert von Alltaghandlungen aus (zum Beispiel verhandeln, übersetzen, auf Texte Bezug nehmen) und erschließt deren relationale Dimension, als auch von der (Re-)Produktion religionsbezogener Diskurse. Interaktionen und körperliche Praktiken handelnder Subjekte werden also ebenso untersucht wie logische und begriffliche Relationen.

3 Ausblick: Was bedeutet ein relationales Paradigma für die Religionswissenschaft?

Die Beispiele in diesem Kapitel haben gezeigt, dass Relationalität in der Religionswissenschaft mehr oder weniger radikal verstanden werden kann. Ob man Religion als diskursive Differenzkategorie untersucht, Religion im Kontext erforscht oder „Religion" und „Kontext" als vorgängige Unterscheidungen und Bestimmungen des

Forschungsfeldes ganz ablehnt, stets richtet sich das Interesse relationaler Zugänge auf die Prozessualität, kontinuierliche Hervorbringung und damit den stetigen Wandel dessen, was als Religion und religiös gilt. Eine relationale Epistemologie bedeutet, das Untersuchungsfeld – seien es Gruppen, Traditionen, Texte, Institutionen, Individuen oder Objekte – nicht als gegebene Entität und Substanz zu betrachten, sondern immer schon als Produkt von Beziehungen, als Relata. Welche Modalitäten von Relationen man dann erforscht (logische, begriffliche, soziale, materielle, und so weiter) und welchen methodischen Zugang man wählt (Diskurs- oder Netzwerkanalysen, Textinterpretation oder ethnographische Forschung, und so weiter), hängt vom Forschungsinteresse und von den Menschen/Aktanten ab, die in die Forschung involviert sind. Zentral ist, nicht von gegeben Eigenschaften, Merkmalen oder Inhalten des Untersuchungsfeldes auszugehen, sondern das, was als Substanz, Essenz oder dauerhafte Struktur erscheint, als vorläufiges, (sich veränderndes) Ergebnis relationaler Prozesse und Praktiken zu verstehen.

Relationale Perspektiven sind damit ein Versuch, die Einschränkungen eines Denkens in dualistisch gegenübergestellten Entitäten (Mensch-Natur; Immanenz-**Transzendenz**; Religion-**Säkularität**) zu überwinden und die empirische wie theoretisch-konzeptuelle Arbeit der Wissenschaft an die Heterogenität, Mannigfaltigkeit und Komplexität der erfahrbaren Welten anzupassen statt umgekehrt. Nicht zuletzt verweisen sie darauf, dass auch unser Wissen relational entsteht, und machen uns sensibel für forschungsethische Fragen. Indem wir Teil des Beziehungsgeflechts sind, das unser Forschungsfeld ausmacht, und im Austausch mit den Forschungspartner:innen an dessen Bestimmungen beteiligt sind (Schrode 2019), stellt sich die Frage, wie und von wem Wissen produziert wird und welche Machtbeziehungen diesen Prozess bestimmen. Relationale Perspektiven sind heute sicherlich auch deshalb allgegenwärtig, weil sie sich insbesondere für die kritische Auseinandersetzung mit einer postkolonialen Welt, dem imperialen Erbe der Wissenschaft und den Auswirkungen der Globalisierung eignen (Meyer 2020). Wir müssen also fragen: Welche Relationen etablieren, stabilisieren oder dekonstruieren wir durch unsere Forschungsdesigns und die Forschungspraxis? Wie gehen wir mit dem kolonialen Erbe um, das in unseren Begrifflichkeiten und Theorien weiterhin wirksam ist? Aber auch: Wem gehören unsere Forschungsmaterialien, und wie präsentieren und teilen wir Forschungsergebnisse? Noch komplexer werden die ethischen Fragen, wenn wir nicht nur das forschende Selbst als autonom Wissen produzierende Einheit infrage stellen, sondern nicht-anthropozentrische Denk- und Erkenntnisweisen annehmen und auch den Menschen als relational konstituiert verstehen. Nicht zuletzt wird die Vorstellung menschlicher Autonomie und Verantwortung durch neueste Entwicklungen im Bereich künstlicher Intelligenz herausgefordert, die Grenzen zwischen Mensch und Technik deutlicher in Frage stellen als je zuvor. Dadurch ergeben sich neue ethische Fragen, aber auch die Möglichkeiten der Hervorbringung von Religion erweitern sich.[3]

Literatur

Abbasi, Rushain. 2020. „Did Premodern Muslims Distinguish the Religious and Secular? The *Dīn-Dunyā* Binary in Medieval Islamic Thought." *Journal of Islamic Studies* 31/2:185–225.
Asad, Talal. 1993. *Genealogies of Religion: Discipline and Reasons of Power in Christianity and Islam*. Baltimore: Johns Hopkins University Press.
Bachmann, Judith. 2021. *Hexerei in Nigeria zwischen Christentum, Islam und traditionellen Praktiken: Globale Verflechtungen und lokale Positionierungen bei den Yoruba*. Baden-Baden: Nomos.
Barad, Karen. 2007. *Meeting the Universe Halfway: Quantum Physics and the Entanglement of Matter and Meaning*. Durham: Duke University Press.
Barth, Fredrik, Hg. 1969. *Ethnic Groups and Boundaries: The Social Organization of Culture Difference*. Boston: Little, Brown.
Berger, Peter, Marjo Buitelaar und Kim Knibbe, Hg. 2021. *Religion as Relation. Studying Religion in Context*. Sheffield, Bristol: Equinox.
Bergunder, Michael. 2012. „Indischer Swami und deutscher Professor: ‚Religion' jenseits des Eurozentrismus." In *Religionswissenschaft*, hg. v. Michael Stausberg, 95–108. Berlin, Boston: De Gruyter. https://doi.org/10.1515/9783110258936.95
Boyarin, Daniel. 2004. *Border Lines: The Partition of Judaeo-Christianity*. Philadelphia: University of Pennsylvania Press.
Bretfeld, Sven. 2012. „Dynamiken der Religionsgeschichte: Lokale und translokale Verflechtungen." In *Religionswissenschaft*, hg. v. Michael Stausberg, 423–433. Berlin, Boston: De Gruyter. https://doi.org/10.1515/9783110258936.423
Deleuze, Gilles und Felix Guattari. 1992 [franz. 1980]. *Tausend Plateaus: Kapitalismus und Schizophrenie*. Berlin: Merve.
Dressler, Markus und Arvind-Pal S. Mandair. 2011. „Introduction: Modernity, Religion-Making, and the Postsecular." In *Secularism and Religion-Making*, hg. V. Markus Dressler und Arvind-Pal S. Mandair, 3–36. Oxford: Oxford University Press.
Emirbayer, Mustafa. 1997. „Manifesto for a Relational Sociology." *American Journal of Sociology* 103/2:281–317.
Escobar, Arturo. 2020. *Pluriversal Politics: The Real and the Possible*. Durham, N.C.: Duke University Press.
Eulberg, Rafaela, Annika Jacobsen und Petra Tillessen. 2019. *The Label of ‚Religion': Migration and Ascriptions of Religious Identities in Contemporary Europe*. FIW Working Paper 11. Bonn: Forum Internationale Wissenschaft. https://hdl.handle.net/20.500.11811/8509
Fuhse, Jan und Sophie Mützel, Hg. 2010. *Relationale Soziologie. Zur kulturellen Wende der Netzwerkforschung*. Wiesbaden: VS Verlag für Sozialwissenschaften.

---

[3] Diese Arbeit entstand im Rahmen des Exzellenzclusters Africa Multiple an der Universität Bayreuth, gefördert durch die Deutsche Forschungsgemeinschaft (DFG) im Rahmen der Exzellenzstrategie des Bundes und der Länder – EXC 2052/1 – 390713894.

Haustein, Jörg. 2021. „Global Religious History as a Rhizome: Colonial Panics and Political Islam in German East Africa." *Method and Theory in the Study of Religion* 33:321–344.

Janson, Marloes, Kai Kresse, Benedikt Pontzen und Hassan A. Mwakimako, Hg. 2024. *Religious Plurality in Africa: Coexistence, Conviviality, Conflict*. Woodbridge: Boydell & Brewer https://doi.org/10.2307/jj.11589133.

King, Richard. 1999. „Orientalism and the Modern Myth of ‚Hinduism'." *Numen* 46/2:146–185.

Klinkhammer, Gritt. 2019. „Der interreligiöse Dialog als *Boundary Work*." *Zeitschrift für Religionswissenschaft* 27/1:78–102. https://doi.org/10.1515/zfr-2019-0002

Kollmar-Paulenz, Karenina. 2024. „Lamas and Shamans: Mongolian Orders of Knowledge from the Early 17th to the 21st Century: A Contribution to the Debate on Non-European Concepts of Religion." *АЯGOS* 3 (2, Special Issue: Towards a Global History of Religion), 6–47.

Kollmar-Paulenz, Karénina. 2012. „Außereuropäische Religionsbegriffe." In *Religionswissenschaft*, h. v. Michael Stausberg, 81–94. Berlin, Boston: De Gruyter. https://doi.org/10.1515/9783110258936.81

Krech, Volkhard. 2020. „Relational Religion: Manifesto for a Synthesis in the Study of Religion." *Religion* 50/1:97–105.

Latour, Bruno. 2005. *Reassembling the Social: An Introduction to Actor-Network-Theory*. Oxford: Oxford University Press.

Meyer, Birgit. 2020. „What is Religion in Africa? Relational Dynamics in an Entangled World." *Journal of Religion in Africa* 50:156–181.

Mignolo, Walther D. 2011. *The Darker Side of Western Modernity: Global Futures, Decolonial Options*. Durham, NC, London: Duke University Press.

Nehring, Andreas. 2012. „Aneignung von ‚Religion' – Postkoloniale Konstruktionen des Hinduismus." In *Religionswissenschaft*, hg. v. Michael Stausberg, 109–121. Berlin, Boston: De Gruyter. https://doi.org/10.1515/9783110258936.109

Quack, Johannes. 2014. „Outline of a Relational Approach to ‚Nonreligion'." *Method and Theory in the Study of Religion* 26:439–469.

Reeh, Niels. 2020. „Inter-Religious Relations as a New Foundation for Comparative Religion." *Method and Theory in the Study of Religion* 32:47–73.

Schrode, Paula. 2019. „Grenzen, Schwellen, Transfers: Konstituierung islamischer Felder im Kontext." *Zeitschrift für Religionswissenschaft* 27/1:3–26.

Schröder, Stefan. 2018. *Freigeistige Organisationen in Deutschland: Weltanschauliche Entwicklungen und strategische Spannungen nach der humanistischen Wende*. Berlin: De Gruyter.

Shaw, Rosalind and Charles Stewart. 1994. „Introduction: Problematizing Syncretism." In *Syncretism/Anti-Syncretism: The Politics of Religious Synthesis*, hg. v. Charles Stewart und Rosalind Shaw, 1–24. London, New York: Routledge.

Spies, Eva. 2019. „Being in Relation: A Critical Appraisal of Religious Diversity and Mission Encounter in Madagascar." *Journal of Africana Religions* 7/1:62–83. https://doi.org/10.5325/jafrireli.7.1.0062

Spies, Eva und Paula Schrode. 2020. „Religious Engineering: Exploring Projects of Transformation from a Relational Perspective." *Religion* 51/1:1–18. https://doi.org/10.1080/0048721X.2020.1792053

Stroumsa, Sarah. 2023. *Das Kaleidoskop der Convivencia. Denktraditionen des Mittelalters im Austausch zwischen Islam, Judentum und Christentum*. Freiburg: Herder.

Stuckrad, Kocku von. 2023. „Undisciplining the Study of Religion: Critical Posthumanities and More-Than-Human Ways of Knowing." *Religion* 53(4):616–635. https://doi.org/10.1080/0048721X.2023.2258705

Tweed, Thomas A. 2006. *Crossing and Dwelling: A Theory of Religion*. Cambridge, Mass.: Harvard University Press.
Vásquez, Manuel A. 2008. „Studying Religion in Motion. A Networks Approach." *Method and Theory in the Study of Religion* 20:151–184.
Weineck, Benjamin. 2019. „Schiiten, Aleviten und Ehlibeyt-Islam: Grenzziehung und Artikulation im Kontext schiitisch-alevitischer Gegenwartskulturen in Deutschland und der Türkei." *Zeitschrift für Religionswissenschaft* 27/1:125–145.

Markus Dreßler
I.4 Religionisierung: Ein konstruktivistischer Zugang zu Religion und Säkularität

1 Einleitung

Dieser Beitrag versteht Religion als Produkt sozialer Aushandlungsprozesse, das sich in Praktiken, **Diskursen** und **Institutionen** manifestiert. Zur Beschreibung und Analyse von Religion in diesem Sinne werden der **heuristische** Begriff der **Religionisierung** sowie die diesem untergeordneten Begriffe **Religio-Säkularisierung**, **Religio-Säkularismus** und *religion-making* eingeführt. Dies sind allesamt Arbeitsbegriffe, die uns bei der Erschließung der komplexen Zusammenhänge und Dynamiken unterstützen, über die Religion zunächst sprachlich und sozial, dann auch materiell, fassbar wird.

Verhandelt unter verschiedenen Begrifflichkeiten ist Religionisierung schon länger Gegenstand religionswissenschaftlicher Debatte.[1] Jüngere Diskussionen zu dem Thema beziehen sich meist auf die Arbeiten des Anthropologen Talal Asad (Asad 1993; 2003) und dessen Anliegen „to problematize ‚the religious' and ‚the secular' as clear-cut categories but also to search for the conditions in which *they were* clear-cut and were sustained as such" [Hervorhebung im Original]. „I wanted to ask," erklärt er, „what are the conditions in which these dichotomies, these binaries, *do* seem to make sense?" (Asad in Scott 2006, 298).

Man kann eine Parallele ziehen zwischen Asads Überlegungen zu den Bedingungen, unter denen Religion und das Säkulare begrifflich verdinglicht werden und den Bezugsproblemen für **Säkularität**, wie sie der Forschungsentwurf der „Multiplen Säkularitäten" (*Multiple Secularities*) formuliert. Hier werden „Säkularitäten" definiert als „the forms of distinction between the religious and other social domains (which are thereby marked as non-religious) that are institutionalized and in part legitimized through guiding ideas " (Wohlrab-Sahr und Burchardt 2012, 886–87). Für die Erklärung des Auftretens solcher Formen der Säkularität verweisen sie auf Bezugsprobleme als spezifische historische Situationen und gesellschaftliche Umstände, die zu kognitiven Unterscheidungen und strukturellen Differenzierungen zwischen Religion und Säkularem führen. Wohlrab-Sahr und

---
1 Ein moderner Klassiker zur **Reifizierung**, das heißt zur begrifflichen Verdinglichung von „Religion", ist Smith 1963.

Burchardt schlagen vier **idealtypische** Bezugsprobleme für Säkularität vor: (1) individuelle Freiheit vis-à-vis Dominanz sozialer Institutionen, (2) religiöse Heterogenität und hieraus resultierendes Konfliktpotenzial; (3) soziale und nationale Integration und Entwicklung und (4) die unabhängige Entwicklung institutioneller Domänen (Wohlrab-Sahr und Burchardt 2012, 887).

Sowohl der Ansatz der Multiplen Säkularitäten als auch Asads Frage nach den Bedingungen, unter denen binäre Unterscheidungen „Sinn zu machen scheinen" verweisen auf die Bedeutung des historischen Kontexts für ein Verständnis dessen, wie „Religion" in der Moderne gefasst wird (vgl. Yelle in diesem Band). In diesem Zusammenhang begreife ich Religionisierung im modernen Kontext als die Deutung und Markierung von Begriffen, Praktiken und Gemeinschaften/Traditionen als „religiös" in impliziter oder expliziter Unterscheidung von nichtreligiösen/säkularen Begriffen, Praktiken und Gemeinschaften/Traditionen.

2 Religionisierung

Der Begriff der Religionisierung nimmt die Prozesshaftigkeit der sozialen **Konstruktion** von Religion in den Fokus. Religionisierung ist dabei vor allem in der Moderne zu beobachten, aber nicht notwendigerweise auf sie beschränkt (Rezania in diesem Band).

Ein Beispiel für Religionisierung sind die Veränderungen des Begriffs *din* (arabisch *dīn*) in türkisch-türkischen Wörterbüchern im späten Osmanischen Reich seit der Mitte des 19. Jahrhunderts. Dies war eine Zeit politischer Reformen und gesellschaftlicher Veränderungen sowie technischer Neuerungen im Kontext sich intensivierender Globalisierung – Entwicklungen, die auch die Formierung moderner Kollektividentitäten beeinflussten. In den ersten gedruckten osmanischen Wörterbüchern (türkisch-türkisch), die um die Mitte des 19. Jahrhunderts erschienen, folgte der Begriff *din* noch den Konventionen der arabischen lexikographischen Tradition, in der die koranischen Bedeutungen des Begriffs vorherrschend waren. Wir können zwischen drei Bedeutungsfeldern von *din* im Koran unterscheiden: (1) Rechenschaft, Vergeltung (zum Beispiel *yawm ad-dīn*, „Tag des Gerichts", das heißt der Jüngste Tag), (2) gottesdienstliche Handlungen, (3) Brauchtum und soziale Ordnung. Der Eintrag *din* im osmanischen Wörterbuch von Mehmed Şevket (1804–1867) von 1851 veranschaulicht die Kontinuität dieses semantischen Feldes in die Moderne. Er listet mehr als zwanzig verschiedene Bedeutungen auf, von denen die meisten islamisch in dem Sinne sind, dass sie aus Termini bestehen, die im Koran innerhalb des semantischen Feldes von *din* erscheinen. Dazu zählen *ceza*/Vergeltung, *yawm ül-ceza*/Tag des Gerichts, Islam, *adet*/Brauch, *taat*/Gehorsam, *hesap*/Vergeltung, *sultan*/Stärke, *mülk*/Besitz, *hükm*/Urteil, *siret*/Pfad, *millet*/Religion. Diese koranischen Begriffe sind im Eser-i Şevket mit nicht-koranischen Begriffen durchsetzt, die meistens eindeutig dem islamischen Diskursfeld zugeordnet werden können, auch wenn ihre Bedeutungen nicht in jedem Fall darauf begrenzt sind, wie zum Beispiel *tedbir*/Disziplinierung, *tevhid*/Einheit, *galebe*/Sieg, *şeriat*/Scharia, *takwa*/Gottesfurcht, *masiyet*/Sünde, *hizmet*/Dienst, *ihsan*/Güte, *aziz olmak*/heilig sein, *zelil olmak*/erniedrigt sein. Andere Begriffe weisen keinen erkennbaren islamischen Bezug auf, wie *daimi yağan yağmur*/unablässiger Regen und *maraz*/Krankheit (Mehmed Şevket 2015, 287).

Während das Wörterbuch des Şevket Efendi sich noch eng an arabische lexikographische Vorbilder anlehnte, gaben spätere osmanische Wörterbücher ihre Loyalität zu dieser Tradition auf und ebneten den Weg für eine allmähliche Homogenisierung des semantischen Spektrums von *din* durch eine immer stärkere Anpassung an ein implizites Konzept von **(Welt-)Religion** (vgl. Suarsana in diesem Band). Es ist hier eine Entwicklung hin zu einer globalen Definition von Religion nach zeitgenössischen europäischen Vorbildern zu erkennen, die ihren Höhepunkt mit dem Eintrag *din* im „Neuen Türkischen Wörterbuch" (1924) von Mehmet Bahaettin [Toven] (1881–1959) erfuhr: „Glaube, Verehrung, liebevolle Zuneigung, Anbetung und Gehorsam gegenüber einem Schöpfer der ganzen Welt; Handlungen, Ethik und Gefühle, die aus diesem Glauben hervorgehen" (Toven 2004, 149).

Im Zuge dieser Religionisierung des Begriffs *din* in türkischen Wörterbüchern des späten Osmanischen Reiches, können wir zwei Veränderungen feststellen: Zum einen werden Attribute des Begriffs *din*, die nicht mit dem sich an modernen protestantischen Vorbildern eines privatisierten, von säkularen Bereichen abgegrenzten **Religionsbegriffs** vereinbar sind, zunehmend marginalisiert. Zum anderen erhalten die entsprechenden Wörterbucheinträge zu *din* den Charakter von Definitionen. Diese Hinwendung zu Definitionen ist – im Gegensatz zu früheren wenig bis gar nicht strukturierten Sammlungen von Termini – Teil einer Angleichung an europäische lexikographische Konventionen und nicht auf *din* beschränkt, verstärkt hier aber die Verengung und Homogenisierung dieses Begriffs. Ein typisches Beispiel für die Definition von *din*, wie sie sich seit dem späten 19. Jahrhundert in türkischen Wörterbüchern etablierte, ist der Eintrag im berühmten Wörterbuch des Şemseddin Sami (1901), wo *din* als „Pfad einer jeden Religionsgemeinschaft (*millet*) in Bezug auf Gottesdienst und rechtem spirituellen Glauben" gefasst wird (Sami 2017, 645). *Din* wird hier als ein religiöser Weg verstanden, der sich in bestimmten Praktiken und Glaubensvorstellungen ausdrückt und gleichzeitig plural ausgerichtet ist. Letzteres wird eindrücklich durch folgenden Beispielsatz ausgedrückt: „[E]s gibt sehr viele Religionen (*edyan* [Plural von *din*]) auf der Welt" – praktisch eine Einschreibung des arabisch-türkischen Begriffs von *din* in den sich in dieser Zeit von Europa aus globalisierenden Weltreligionendiskurs (Masuzawa 2005; Alberts in diesem Band). Als Folge dieser Religionisierung des Begriffs *din*, und damit des Verständnisses von Islam, wurden die weltlichen Aspekte der islamischen Tradition diskursiv marginalisiert. Das heißt, dass in der islamischen Tradition verankerte Ansprüche auf das Rechtssystem, Prinzipien des Wirtschaftens und der Politik als außerhalb eines eigentlich „religiösen" Kern des Islam neu gedeutet wurden. Der sich seit dem 19. Jahrhundert globalisierende Begriff von Religion als einem auf **Transzendenz** und Innerlichkeit ausgerichteten Bereich beeinflusste somit auch die Deutung des Islam.

3 Religio-Säkularisierung

Die in den Beispielen aus dem türkischen lexikographischen **Diskurs** abgebildete Religionisierung von *din* und dadurch des Verständnisses von Islam seit dem 19. Jahrhundert ging einher mit, beziehungsweise basierte auf einem modernen Verständnis von *din*/Religion in impliziter Abgrenzung von anderen Lebensbereichen. Die Abgrenzung des Religiösen vom Säkularen als Teil von Prozessen der Religionisierung wird durch den Begriff der Religio-Säkularisierung explizit hervorgehoben. Eine weitere begriffliche Transformation parallel zur Religionisierung von *din* mag dies veranschaulichen. Die Untersuchung spätosmanischer türkisch-türkischer Wörterbücher zeigt, dass der mit *din* semantisch verwandte Begriff *millet* (arabisch *milla*) graduell seiner religiösen Bedeutung beraubt und in einer primär säkularen Logik neu gedeutet wurde. In der arabischen lexikographischen Tradition war *milla* noch wie *din* fest in einer islamischen Semantik verankert, die bis zum koranischen Text zurückgeführt werden kann, wo der Terminus die Religion als Tradition und Gemeinschaft, und gleichzeitig auch als Dogma beschreibt (beispielhaft hierfür ist der koranische Terminus der „**Religionstradition Abrahams**", *millatu Ibrāhīm*, S 16,123) (Haußig 1999, 236–43). Diese islamischen Konnotationen blieben im osmanischen lexikographischen Diskurs zunächst unangefochten. Wie andere Wörterbücher ihrer Zeit führt auch das Eser-i Şevket zwei Bedeutungen von *millet* auf: *şeriat*/Scharia und *din* (Mehmed Şevket 2015, 637). Ab der zweiten Hälfte des 19. Jahrhunderts durchlief der Begriff *millet* jedoch gleichzeitig zur Religionisierung von *din* einen Säkularisierungsprozess. Er verlor seine religiösen Konnotationen und wurde zunehmend mit dem westlichen Konzept der „Nation" verbunden. In den 1920er Jahren, zu Beginn der Türkischen Republik, war dieser Prozess abgeschlossen. Der Eintrag *millet* im Neuen Türkischen Wörterbuch von 1924 lautet: „Eine Gruppe von Menschen, die auf demselben Gebiet leben und eine gemeinsame Herkunft und Sprache besitzen" (Toven 2004, 483).

Der Begriff *millet* wurde also säkularisiert und glich sich mehr und mehr dem westlichen Begriff der Nation an. Gleichzeitig wurde der Begriff *din* religionisiert. Religio-Säkularisierung verweist also zum einen auf die wechselseitige Abhängigkeit von Prozessen der Religionisierung und Säkularisierung und zum anderen auf die binäre Struktur der modernen Begriffe von Religion und Säkularem (vgl. Kleine 2012).

4 Religio-Säkularismus

Ich schlage den Begriff „Religio-Säkularismus" vor, um moderne Projekte zu beschreiben, die Prozesse der Religio-Säkularisierung, also die Normalisierung eines privatisierten, unpolitischen Religionsverständnisses ideologisch und politisch vorantreiben und legitimieren. Ein gutes Beispiel hierfür ist die Intervention des ägyptischen Gelehrten Alī Abd al-Razīq (1888–1966). Der umstrittene Gelehrte, Dozent an der renommierten Al-Azhar-Universität in Kairo und Richter an einem Scharia-Gericht, vertrat die Ansicht, dass es im Islam eine klare Trennung zwischen prophetischer und sultanischer Führung und Regierung gebe: „While the former is religion, the latter is the world. The former is divine, the latter is human. The former is a religious leadership, the latter a political one – and there is much distance between politics and religion" (Abd al-Razīq 1998, 31). Auf die politische Bedeutung muslimischer Herrschaft bezogen wird Religion hier mit dem Herrschaftsideal des Kalifats in Verbindung gebracht. Das Kalifat ist ein Herrschaftsmodell das sich nach dem Tod des Propheten Muhammad (632) herausbildete und auf dem Ideal der Führung der gesamten muslimischen Gemeinschaft in Vertretung Muhammads beruht. Sultanate haben sich später als de facto muslimische Herrschaftsform ohne einen solchen Vertretungsanspruch herausgebildet. In der Moderne findet sich dann bisweilen eine Deutung des Sultanats als „säkulare" Herrschaftsform, in Abgrenzung zur „religiösen" Herrschaftsform Kalifat. Al-Razīq präsentierte diese Einschätzung in einer kurzen Broschüre (*Al-Islām wa Usūl al-Ḥukm*, 1925), die kurz nach der Abschaffung des osmanischen Kalifats im Jahr 1924 veröffentlicht wurde. Sie kann daher als eine Intervention zur damals dringlichen Frage der Legitimation muslimischer Herrschaft nach dem Kalifat gelesen werden. Al-Razīqs Argument veranschaulicht, dass Säkularismus einen Religionsbegriff voraussetzt, der semantisch von seiner Gegenüberstellung mit dem Säkularen abhängt. Man kann deshalb auch von einem säkularisierten Religionsbegriff sprechen.

Im Vergleich zu vormodernen Herrschaftsordnungen hat sich in der Moderne die Frage der Legitimation von Herrschaft – hier zusätzlich zu den im ersten Abschnitt erwähnten als ein weiteres Bezugsproblem für Säkularität vorgeschlagen – durch den zunehmenden Einfluss und die Befugnisse sich ausweitender und gleichzeitig zentralisierender Staatswesen verschärft. Das hatte Auswirkungen auch auf Aushandlungsprozesse bezüglich der Rolle von Religion in modernen Gesellschaften. Es zeigt sich hier, wie sehr die gesellschaftliche Rolle von Religion in der Moderne über politische Kriterien definiert wird.[2] Wir müssen uns darüber im Klaren sein, dass religio-säkulare Ordnungen und Religio-Säkularismus zumindest in liberalen westlichen Gesellschaften dermaßen normalisiert sind, dass sie nur in Konfliktfällen explizit zum Ausdruck gebracht werden. Als Folge des letztlich über politische Gesichtspunkte definierten Ortes und der Funktion von Religion, können wir – nicht nur – in der westlichen Moderne Religion nicht mehr unabhängig von einem impliziten säkularen Gegenüber denken, ist unser Vorstellungsraum in Bezug auf Religion mithin von einer religio-säkularistischen Prämisse geprägt.

5 Religion-Making

Als durch soziale Prozesse konstituierte Wissenskonstrukte sind „Religion" und „das Säkulare" abhängig von menschlicher Handlungsmächtigkeit, Agency. Wir wollen uns diese Agency im Folgenden genauer betrachten und die spezifischen Positionen analysieren, aus denen Religion und Säkularität produziert und unterschieden werden. Es wird hier eine Unterscheidung zwischen *religion-making* von oben, von unten und von einem (vermeintlichen) außen vorgeschlagen (Mandair und Dressler 2011, 21–22). Diese Ebenen verweisen auf verschiedene Konstellationen von Akteuren mit unterschiedlichen Interessen und Machtpositionen, die aktiv an Prozessen der Religionisierung beteiligt sind.[3]

Religion-making von oben beschreibt „a strategy from a position of power, where religion becomes an instrument of governmentality[4], a means to legitimize certain politics and positions of power" (Mandair und Dressler 2011, 21). Der Ter-

---

[2] Für weitere Beispiele siehe Zemmin, Yavari, Dressler und Stadler 2024.
[3] Empirisch reichhaltige und theoretisch engagierte Perspektiven auf verschiedene Formen des *religion-making* und ihre Wechselbeziehungen finden sich in Dressler und Mandair 2011.
[4] Der Begriff Gouvernementalität wurde von dem französischen Philosophen Michel Foucault geprägt und thematisiert Techniken der Herrschaftsausübung.

minus markiert autoritative Diskurse and Praktiken, durch die staatliche und staatsnahe Akteure und Institutionen sowie internationale Institutionen mit rechtlicher und politischer Autorität aber auch nicht-staatliche Akteure mit großem öffentlichem Einfluss (zum Beispiel bestimmte Medien) Religion definieren und reifizieren. Auch diese Form des *religion-making* unterstreicht die Bedeutung des Bezugsproblems Legitimation von Herrschaft.

Religion-making von unten kann definiert werden als „politics where particular social groups in a subordinate position draw on a religionist discourse to re-establish their identities as legitimate social formations distinguishable from other social formations through tropes of religious difference and/or claims for certain rights" (Mandair und Dressler 2011, 21). Es ist wichtig zu verstehen, dass Diskurse ihre Dominanz nur durch Unterordnung konkurrierender Diskurse etablieren können. Ob in Form von Übernahme, modifizierender Aneignung oder Subversion hegemonialer Religionsdiskurse, *religion-making* von unten muss in seinem Verhältnis zu *religion-making* von oben analysiert werden. Das zeigt sich, wenn sich religiöse Minderheiten in einen vorherrschenden Religionsdiskurs einschreiben, um dadurch ihre gesellschaftliche Stellung oder ihre Position dem Staat gegenüber zu verbessern (Meinema 2020; vgl. auch Stausberg, van der Haven und Baffelli 2023; Laack, Nagel in diesem Band). Die Erforschung der Möglichkeiten und Grenzen solcher Strategien und ihrer jeweiligen Kontexte (rechtlich, politisch, kulturell und so weiter) sollte eines der Ziele einer Beschäftigung mit Prozessen des *religion-making* von unten sein.

Auch die wissenschaftliche Beschäftigung mit Religion und dem Säkularen muss ihre eigene Position in Prozessen der Religio-Säkularisierung reflektieren. Religionswissenschaft (ko-)produziert religiöse und säkulare Wirklichkeiten, indem sie zum Beispiel bestimmte Praktiken, Materialien oder Texte als religiös oder eben nicht-religiös (säkular) deutet. So haben religionswissenschaftliche Arbeiten teil an der Verdichtung und Naturalisierung von Wissen über Religion und können dadurch für die Rechtfertigung bestimmter religionsbezogener Positionen instrumentalisiert werden. Es handelt sich hier um *religion-making* von (einem vermeintlichen) außen: „scholarly discourses on religion that provide legitimacy to the first two processes [of religion-making, from above and from below,] by systematizing and thus normalizing the religious/secular binary" (Mandair und Dressler 2011, 21). Dass die Rolle von ReligionswissenschaftlerInnen komplexer ist, als es die naive Vorstellung von unparteiischen ErforscherInnen religiöser Phänomene vermuten lässt, und dass sie selbst oft in die diskursive Verdinglichung von Religion verwickelt sind, hat Wilfred C. Smith (1963) schon sehr früh kritisch kommentiert. Dieses Bewusstsein hat sich in der Folge verstärkt und wurde axiomatisch in dem berühmten und provokativen Satz „*there is no data for religion*. Religion is solely the creation of the scholar's study" von Jonathan

Z. Smith (1982: xi) formuliert, der ReligionswissenschaftlerInnen der folgenden Generation dazu motivieren sollte, sich eingehender mit der Rolle der eigenen Disziplin in der Konstruktion von Religion zu befassen (zum Beispiel McCutcheon 1997). Die von dem Literaturwissenschaftler Edward Said angestoßene **Orientalismus**-Diskussion und weitere kritische Beiträge zur Rolle westlicher Wissenschaft in der Rechtfertigung kolonialistischer und imperialistischer Politiken wurden auch in der Religionswissenschaft rezipiert und weiterentwickelt und können als Teil einer reflexiven Beschäftigung mit *religion-making* von (einem vermeintlichen) außen betrachtet werden (siehe auch Beyer 2003). Der **postkoloniale** Ansatz verweist also auf die Verquickung von wissenschaftlichem *religion-making* (von einem vermeintlichen außen) und *religion-making* von oben.[5]

Die Auseinandersetzung mit Kulturkontakten innerhalb aber auch jenseits kolonialer Kontexte und damit einhergehenden Übersetzungspraktiken eröffnet wichtige Forschungsperspektiven. Studien über interkulturellen Austausch seit der Frühen Neuzeit haben viel zu unserem Verständnis der Dynamiken beigetragen, durch die sich moderne Vorstellungen von Religion und dann auch Säkularität weltweit herausgebildet haben. Sie schärfen den Blick auf die vielfältigen Besonderheiten spezifischer Konzepte von Religion in ihren historischen, politischen und kulturellen Zusammenhängen. Die Reflexion über die zunehmende **Verflechtung** sich globalisierender Vorstellungen über Religion in der Moderne eröffnet Perspektiven, die als Korrektiv zu einem zu eng gefassten europäischen Rahmen für Prozesse der Religio-Säkularisierung dienen (zum Beispiel Kleine 2023; Dressler 2022). Mit den diskursiven Dynamiken zwischen *religion-making* von oben, unten und außen vergleichbare Konstellationen können auch in anderen kulturellen und politischen Zusammenhängen beobachtet werden. Bjørn Ola Tafjord hat sich beispielsweise mit den diskursiven Praktiken befasst, durch die die Bribris von Talamanca (Costa Rica) im Kontext verschiedener missionarischer, politischer und/oder wissenschaftlicher Agenden indigenisiert, also mittels des Begriffs der Indigenität begrifflich diszipliniert wurden. Wie er zeigt, haben die Bribris sich diesen Begriff mittlerweile selbst auch angeeignet. Die Kategorien Indigenität und Religion haben gemein, dass sie in hohem Maße dazu verwendet wurden, Terrains zu kartieren, in denen koloniale, missionarische und lokale Modernisierungsakteure sowie Gelehrte in der Lage waren (also diskursive Normierung von oben und außen), fremde soziale Realitäten in ihre eigenen Wissenssysteme einzuschreiben und dadurch diskursiv zu dominieren (Tafjord 2017, 161). Hier ist interessant, dass sich eine Minderheit der Bribris – entgegen der Mehrheit, die sich gegen die Vorstellung

---

5 Die erwähnten Arbeiten von Masuzawa und Asad stehen beispielhaft für diese Perspektive.

wehrt, dass ihre Indigenität mit einer bestimmten Art von „Religion" verknüpft sein sollte – begonnen hat, sich selbst an der Religionisierung ihrer Kultur zu beteiligen (*religion-making* von unten): „Young, well-educated and politically engaged Bribris use academic conversations, literature, and categories as aids to analyse, translate, rearticulate and promote not just their own *cultura indígena* and *tradiciones indígenas*, but now also their own *religion indígena*: externally, for example in political and legal settings" (Tafjord 2017, 169).

6 Zusammenfassung

Das Kapitel erklärt, wie im Kontext der Moderne Prozesse der Religionisierung untrennbar mit Prozessen der Säkularisierung und dem politisch/ideologischen Programm des Säkularismus verbunden sind und dass dies zur Herausbildung interdependenter Begriffe von Religion und Säkularem geführt hat. Der Begriff der Religionisierung verweist dabei auf die Prozesshaftigkeit von Religion als sozialem Konstrukt. Der Begriff *religion-making* stellt explizit die Akteursebene und damit spezifische Motive und Interessen in Prozessen der Religionisierung in den Vordergrund und unterscheidet zwischen unterschiedlichen Akteurspositionen bei der Verdichtung des Wissenskonstrukts Religion. Religionisierung bzw. Religio-Säkularisierung und *religion-making* dienen somit als komplementäre Blickwinkel auf **epistemische** und politische Faktoren, die bei der Konstruktion und Normalisierung von Wissen über Religion wirksam werden. Da sich all diese Konzepte auf die Grenzziehung zwischen religiösen und nichtreligiösen Bereichen beziehen, sind sie gleichzeitig Instrumente zur Analyse der Entstehung und Aufrechterhaltung von Säkularität, also von begrifflichen Unterscheidungen und institutionellen Differenzierungen unter Bezugnahme auf Religion.[6]

Literatur

Al-Raziq, 'Ali 'Abd. 1998. „Message not Government, Religion not State." In *Liberal Islam: A Sourcebook*, hg. v. Charles Kurzman. 29–36. New York: Oxford University Press.
Asad, Talal. 1993. *Genealogies of Religion: Discipline and Reasons of Power in Christianity and Islam*. Baltimore: Johns Hopkins University Press.

---

[6] Dieser Text ist eine überarbeitete und gekürzte Version von Dreßler 2019. Ich danke den HerausgeberInnen für ihre detaillierte und kritische Begleitung bei der Fertigstellung des Essays.

Asad, Talal. 2003. *Formations of the Secular: Christianity, Islam, Modernity*. Stanford: Stanford University Press.

Beyer, Peter. 2003. „Conceptions of Religion: On Distinguishing Scientific, Theological, and ‚Official' Meanings." In *Social Compass* 50 (2):141–160.

Dreßler, Markus. 2019. „Modes of Religionization: A Constructivist Approach to Secularity." Working Paper Series of the HCAS „Multiple Secularities – Beyond the West, Beyond Modernities" 7. www.multiple-secularities.de/media/wps7_dressler_religionization.pdf.

Dressler, Markus. 2022. „Tracing the Nationalisation of Millet in the Late Ottoman Period: A Conceptual History Approach." *Die Welt des Islams* 62 (3–4):360–388.

Dressler, Markus und Arvind-Pal S. Mandair, Hg. 2011. *Secularism and Religion-Making*. New York: Oxford University Press.

Haußig, Hans-Michael. 1999. *Der Religionsbegriff in den Religionen: Studien zum Selbst- und Religionsverständnis in Hinduismus, Buddhismus, Judentum und Islam*. Berlin: Philo.

Kleine, Christoph. 2012. „Zur Universalität der Unterscheidung *religiös/säkular*: Eine systemtheoretische Betrachtung." In *Religionswissenschaft*, hg. v. Michael Stausberg, 65–80. Berlin: De Gruyter. https://doi.org/10.1515/9783110258936.65

Kleine, Christoph. 2023. „When Christianity Became a Shūshi 宗旨: Cultural Encounters and Comparisons Between Europe and Japan and the Origins of a Global History of Religion." *Interdisciplinary Journal for Religion and Transformation in Contemporary Society* 10 (2):1–25.

Mandair, Arvind-Pal S. und Markus Dressler. 2011. „Introduction: Modernity, Religion-Making, and the Postsecular". In *Secularism and Religion-Making*, hg. v. Markus Dressler und Arvind-Pal S. Mandair, 3–36. New York: Oxford University Press.

Masuzawa, Tomoko. 2005. *The Invention of World Religions: Or, how European Universalism Was Preserved in the Language of Pluralism*. Chicago: University of Chicago Press.

McCutcheon, Russell T. 1997. *Manufacturing Religion: The Discourse on Sui Generis Religion and the Politics of Nostalgia*. New York: Oxford University Press.

Mehmed Şevket, es-Seyyid Efendi. 2015. *Eser-i Şevket Tıpkıbasım*, hg. v. Yaşar Alparslan und Lütfi Alıcı. Kahramanmaraş: Noya Medya.

Meinema, Erik. 2020. „Is Giriama Traditionalism a Religion? Negotiating Indigenous African Religiosity in ‚Interfaith' Cooperation in Coastal Kenya." *Journal of Religion in Africa* 50 (3–4):344–372.

Sâmi, Şemseddin. 2017. *Kâmûs-ı Türkî. Öğrenciye Özel Tıpkı Basım*. Istanbul: Çağrı Yayınları.

Scott, David. 2006. „The Trouble of Thinking: An Interview with Talal Asad." In *Powers of the Secular Modern: Talal Asad and His Interlocutors*, hg. v. Charles Hirschkind und David Scott, 243–303. Stanford: Stanford University Press.

Smith, Jonathan Z. 1982. *Imagining Religion: From Babylon to Jonestown*. Chicago: University of Chicago Press.

Smith, Wilfred C. 1963. *The Meaning and End of Religion*. New York: Macmillan.

Stausberg, Michael, Alexander van der Haven und Erica Baffelli. 2023. „Religious Minorities: Conceptual Perspectives." In *Religious Minorities Online*, hg. v. Erica Baffelli, Alexander van der Haven, Michael Stausberg. Berlin, Boston: De Gruyter. Open access: https://www.degruyter.com/database/rmo/html.

Tafjord, Bjørn Ola. 2017. „Scales, Translations, and Siding Effects. Uses of ‚Indígena' and ‚Religión' in Talamanca and Beyond." In *Religious Categories and the Construction of the Indigenous*, hg. v. Christopher Hartney und Daniel J. Tower, 138–177. Leiden: Brill.

Toven, Mehmet Bahaettin. 2004. *Yeni Türkçe Luğat*, hg. v. Abdülkadir Hayber. Ankara: Türk Dil Kurumu.

Wohlrab-Sahr, Monika und Marian Burchardt. 2012. „Multiple Secularities: Toward a Cultural Sociology of Secular Modernities." In *Comparative Sociology* 11 (6):875–909.

Zemmin, Florian, Neguin Yavari, Markus Dressler und Nurit Stadler, Hg. 2024. *Volume II The Middle East and North Africa*. Berlin: De Gruyter (Global Secularity. A Sourcebook). Open access: https://www.degruyter.com/document/doi/10.1515/9783111254067/html#overview.

Kianoosh Rezania
I.5 Die Genese eines Religionsbegriffs im iranischen Feld des Religionskontaktes

1 Einführung

Wenn wir als Religionswissenschaftler:innen die Begriffe „Religion" oder „Religionen" verwenden, gehen wir davon aus, dass es in der untersuchten Gesellschaft etwas namens „Religion" gibt, die sich beispielsweise von Wissenschaft, Medizin, Politik, und so weiter unterscheidet. Die von Religionswissenschaftler:innen vorgenommene Unterscheidung bedeutet jedoch nicht zwangsläufig, dass diese Unterscheidung in den historischen Quellen auch explizit zum Ausdruck kommt. Lassen sich aus den Quellen Hinweise darauf ableiten, dass es eine Kategorie „Religion" gab oder gibt? In welchen historischen Kontexten lässt sich die Entstehung einer Kategorie „Religion" beobachten, die in ihrer Ausgestaltung der heutigen Kategorie „Religion" ähnelt? Seit wann werden verschiedene religiöse Traditionen wie Buddhismus, Christentum, Judentum und Zoroastrismus[1] als Instanzen einer Kategorie „Religion" verstanden? In diesem Zusammenhang wird von einem *generischen* oder *abstrakten* **Religionsbegriff** gesprochen. Er kann in diesem Sinne mit dem biologischen Begriff „Spezies" verglichen werden, der alle Einzelwesen umfasst, die wesentliche Merkmale teilen und sich anhand dieser Merkmale von anderen Einzelwesen unterscheiden. Der generische Religionsbegriff basiert somit auf der Annahme, dass Phänomene, die der Kategorie „Religion" zugeordnet werden, bestimmte Merkmale teilen, die sie zu Religionen machen, und dass sie anhand dieser Merkmale von anderen sozio-kulturellen Kategorien differenziert werden können.

Wie ersichtlich, wird hier eine Differenzierung zwischen einer wissenschaftlichen Ebene und der Ebene des Materials vorgenommen. Diese beiden Ebenen werden in Anlehnung an die Linguistik als objektsprachliche Ebene (**Objektebene**) und metasprachliche Ebene (**Metaebene**) bezeichnet. Das Sprechen der Sprecher:innen einer Sprache fällt in den Bereich der Objektebene. Die Aussagen von Linguist:innen über eine Sprache, beispielsweise über die Grammatik einer Sprache, werden der Metaebene zugeordnet. Diese Unterscheidung trifft auch auf religionswissenschaftliche Untersuchungen zu. Die Aussagen und Schriften der

---

1 Kurzeinführung: Stausberg 2025.

Anhänger:innen einer Religion über ihre Religion gehören der Objektebene an. Wenn Religionswissenschaftler:innen die Objektsprache untersuchen, dann sind ihre Untersuchungsergebnisse der wissenschaftlichen Metaebene zuzuordnen.

Unsere Anfangsfrage kann nun wie folgt umformuliert werden: Inwieweit gibt es ein Konzept namens „Religion" auf der Objektebene? Die **Religionsgeschichte** befasst sich mit der Frage, an welchen Stellen in den Quellen Hinweise auf die Existenz einer Entität namens Religion zu finden sind, die sich von anderen sozio-kulturellen Wirklichkeiten wie Wissenschaft, Medizin oder Wirtschaft unterscheidet.

Im Folgenden werde ich die These vertreten, dass der Kontakt zwischen Religionen eine objektsprachliche Reflexion darüber, was eine Religion ist und was nicht, fordert und fördert. Indem Religionen in der Kontaktsituation ihre Unterschiede betonen, stellen sie ihre Gemeinsamkeiten heraus, die Merkmale, die sie zu Instanzen eines generischen Religionsbegriffs machen. Dabei kann der Kontakt sowohl zwischen zwei oder mehreren Religionen als auch zwischen Religion und ihrer Umwelt, das heißt einem oder mehreren anderen gesellschaftlichen Teilsystemen wie der Medizin, stattfinden.

Der erste Teil dieses Beitrags ist der Darstellung einiger Kritiken am Religionsbegriff gewidmet, die in den letzten Jahrzehnten vorgebracht wurden. Dabei werde ich mich auf die für den zweiten Teil relevanten Kritiken beschränken. Im zweiten Teil werden Belege aus der iranischen Religionsgeschichte präsentiert, welche die These stützen, dass der Religionskontakt im sasanidischen[2] Iran zur Emergenz eines abstrakten Religionsbegriffs beigetragen, ja sogar diesen Prozess vorangetrieben hat. Sie entstammen den zoroastrischen und manichäischen Quellen in drei mitteliranischen Sprachen, Mittelpersisch, Parthisch und Sogdisch, aus dem 3.–10. Jahrhundert. Der Zoroastrismus ist eine dreitausend Jahre alte iranische Religion, die auch heutzutage noch in Iran und Indien aber auch in der **Diaspora** (zum Begriff Nagel in diesem Band) praktiziert wird. Die Verehrung von Ahura Mazdā (Ohrmazd), dem Weisen Herrn, stellt ein Kernelement dieser Religion dar. Sie erlebte eine Blütezeit in der Sasanidenzeit, wobei sie vom sasanidischen Staat wesentlich unterstützt wurde und ein intensiver Austausch mit anderen Religionen stattfand. Eine dieser Religionen war der Manichäismus, der von Mani im 3. Jahrhundert aus Elementen von Zoroastrismus, Judentum, Christentum und Buddhismus gebildet wurde.[3] Wie der Zoroastrismus vertritt auch der

---

2 Die Sasaniden waren eine iranische Dynastie, deren Reich sich zeitlich von 220/4 bis 651 und räumlich hauptsächlich von der Grenze des heutigen Pakistan zu Indien im Osten bis zu einschließlich Mesopotamien im Westen erstreckte.
3 Übersichtsdarstellung: Hutter 2023.

Manichäismus ein dualistisches Gottesbild, also mit zwei ebenbürtigen Gottheiten, die Gut und Böse, Licht und Dunkel repräsentieren.

2 Einige Probleme des Religionsbegriffs

In der zweiten Hälfte des 20. Jahrhundert warfen einige anglophone Religionswissenschaftler:innen die Frage auf, ob die Kategorie „Religion" eine objektsprachliche Entsprechung, besonders im historischen Material, findet. Sie stellten die These auf, die vormodernen Entitäten, die wir als Religion bezeichnen, sprächen nicht von sich selbst als „Religion".

Die Diskussion wurde durch Wilfred C. Smith (1962) initiiert. Seiner Auffassung nach ist „Religion" ein moderner und westlicher Begriff, dessen Verwendung in diesem Kontext seine Bedeutung geprägt hat. Daher ist eine Übertragung auf vormoderne und nicht-westliche Kulturen nicht ohne weiteres möglich. Smith differenziert deutlich zwischen dem modernen Begriff „Religion" und den Konzepten des Glaubens oder der Frömmigkeit. Er betont, dass die als Religion im generischen Sinne oder als eine bestimmte Religion bezeichnete Entität eher als Tradition und/oder Glaube zu verstehen ist. Religion wird ausschließlich aus der metasprachlichen Perspektive identifiziert, indem sie als solche benannt wird (Wilfred C. Smith 1962, 118; ähnlich Jonathan Z. Smith 1998, 269).

Talal Asad (1993) vertritt die Auffassung, dass eine universale Definition von Religion nicht möglich ist. Dies sei zum einen darin begründet, dass ihre konstituierenden Merkmale historisch spezifisch seien. Zum anderen sei eine solche Definition selbst das historische Produkt eines **diskursiven** Prozesses, der im 17. Jahrhundert im Westen begonnen und in dessen Verlauf sich Religion von Naturwissenschaft differenziert habe. Asad hält die Betonung des Glaubens als Kern der Religion für ein modernes Konzept des privatisierten Christentums. Religion in diesem Verständnis lasse sich nicht in allen Kulturen und in allen Zeiträumen nachweisen.

Die Unzulänglichkeit von Religion als einem analytischen Konzept wird unter anderem damit begründet, dass die Verwendung des Wortes „Religion" und somit das Konzept „Religion" von der (ökumenischen) Theologie beherrscht wird. Timothy Fitzgerald (1997) argumentiert, dass die Bedeutung des Wortes „Religion" durch seine theologische Verwendung, insbesondere mit seinen jüdisch-christlichen monotheistischen Assoziationen, zu eng an den Glauben an Gott oder an **Transzendenz** gebunden ist. Religion lasse sich nicht als eine eigene Unterkategorie der Kultur ausmachen, und sei somit analytisch überflüssig. Der einzige Teilbereich, den Fitzgerald für die Religionsforschung als hilfreich erachtet, ist die Soteriologie, eine

Gruppe von kulturell erzeugten Glaubensvorstellungen und Praktiken, die sich mit der Erlösung oder Befreiung des Individuums von einer Welt des Leidens befasst. Fitzgerald behauptet, dass nicht alle nicht-westlichen Gesellschaften äquivalente Wörter zu unserem[4] Begriff „Religion" haben. Auch wenn Begriffe wie „Religion" oder „Religionen" in nicht-westlichen Kulturen eine gewisse autonome Verwendung finden, bedeute das nicht, dass „Religion" eine universelle Gültigkeit zukomme.

Jonathan Z. Smith (1998) weist darauf hin, dass die Verwendung von „Religionen" im Plural ein Interesse an einem generischen Religionsbegriff weckt und damit die Frage nach der Klassifizierung von Religionen aufwirft: Sind Religionen Spezies einer übergeordneten Religionskategorie? Lässt sich die Religion in dieser Taxonomie unter Kultur oder als eine höchste Gattung einordnen? Seine Schlussfolgerung lautet, dass Religion kein objekt-, sondern ein metasprachlicher Begriff ist, der von Wissenschaftler:innen für ihre intellektuellen Zwecke geschaffen wurde, ähnlich wie der Begriff „Sprache" in der Linguistik oder „Kultur" in der Ethnologie.

Die Möglichkeit der Unterscheidung von „Religion" in einer Kultur in einer bestimmten zeiträumlichen Situation ist laut Charles Taylor an die Bedingung geknüpft, dass Glaube, selbst für den treusten Gläubigen, lediglich eine Auswahlmöglichkeit neben vielen anderen darstellt (Taylor 2007, 3). Demnach sollte im historischen Kontext nur dann von Religion gesprochen werden, sofern sie nicht mehr an eine Ethnie gebunden ist. Brent Nongbri (2013, 154–159) geht sogar noch einen Schritt weiter: Auf der Objektebene habe das Wort „Religion" keinen Platz in der Erforschung der antiken Welt. Er hebt hervor, dass unser metasprachliches Verständnis von Religion maßgeblich durch den Protestantismus, den europäischen Kolonialismus und die Entstehung der Nationalstaaten geprägt ist. Eine derartige Religion finde sich jedoch kaum in den Quellen. Im Gegensatz zum westlichen metasprachlichen Religionsbegriff verweisen diese auf Götter oder übermenschliche Wesen und Technologien für eine Interaktion mit ihnen.

Die dargelegten Thesen zum Religionsbegriff lassen sich wie folgt zusammenfassen: Der Begriff „Religion" sei ein moderner, europäischer Begriff, der **eurozentrisch** semantisiert sei. Seine Abstraktion gehe zum Teil auf seine Verwendung im Plural in der Metasprache zurück. Das Religionskonzept sei das Produkt der protestantischen Theologie, in dem die Glaubenskomponente eine unangemessen starke Akzentuierung erfahre. In dieser Ausgestaltung lasse sich Religion

---

[4] In diesem Kontext ist zu hinterfragen, wer mit dem Begriff „wir" gemeint ist. Handelt es sich dabei um Wissenschaftler:innen oder westliche Menschen? Mit anderen Worten: Geht es hier um eine Differenzierung zwischen Objekt- und Metaebene oder zwischen verschiedenen Bereichen auf der Objektebene; hierzu siehe Lincoln 2019, 77–78.

kaum in den historischen Quellen als eine Untermenge der Kultur identifizieren. Historisch könne man von Religion nur dann sprechen, wenn diese nicht mehr an eine Ethnie gebunden sei und die Gläubigen für ihre Religionsausübung eine Auswahlmöglichkeit gehabt hätten.

Im Anschluss an diese knappe Darstellung der Kritik am Religionsbegriff erfolgt im nächsten Abschnitt eine Darlegung der zoroastrischen und manichäischen Quellen. Dabei wird untersucht, ob sich „Religion" nicht doch objektsprachlich identifizieren lässt. Des Weiteren wird gezeigt, dass dieser Religionsbegriff das Resultat eines Religionskontaktes ist.

3 Der iranische Religionsbegriff

Im Kontrast zu den im vorangegangenen Abschnitt erwähnten Untersuchungen identifizieren einige Fallstudien, die in den letzten Jahren veröffentlicht wurden, eine objektsprachliche Kategorie Religion in den iranischen Texten aus dem ersten Jahrtausend. Sie lassen erkennen, wie das historische Material selbst Religion als einen generischen Begriff verwendet, wie es von Religionen im Plural spricht, oder sie als eine Kategorie neben Politik, Medizin oder Wissen versteht. Dies bedeutet jedoch nicht, dass diese Studien die genannten Probleme mit dem Religionsbegriff hinfällig machen. Die im ersten Abschnitt ausgeführten Arbeiten liefern wichtige Anhaltspunkte, die in der religionswissenschaftlichen Forschung Berücksichtigung finden sollten.

Im Folgenden werden zunächst die Religionskontakte im 6. Jahrhundert betrachtet. Dabei werden wir sehen, dass die Quellen zwischen Religion, Wissen und Medizin unterscheiden und sie aufeinander beziehen. Im zweiten Teil werde ich einige Beispiele von Religionskontakten aus zoroastrischen und manichäischen Texten vorstellen, die einen objektsprachlichen generischen Religionsbegriff aufweisen.

3.1 Religion in Kontakt mit ihrer Umwelt

In seiner Auseinandersetzung mit der Genese des Religionsbegriffs im sasanidischen Iran untersucht Thomas Benfey (2023) zwei Texte aus dem 6. Jahrhundert:
1. Die mittelpersische Einleitung des iranischen Mediziners Burzōy zum mittelpersischen *Kalīlag ud Damanag*, einer Sammlung von didaktischen Tierfabeln. Dieses Buch samt der Einleitung wurde allerdings lediglich in der arabischen Übersetzung überliefert.

2. Die ersten Abschnitte des *Traktats über die Logik des Aristoteles* von Paul, dem Perser, eine Einführung in Aristoteles Dialektik. Paul, der Perser, ein Kleriker der Ostsyrischen Kirche, lebte in der zweiten Hälfte des 6. Jahrhundert und war in der Philosophie bewandert. Er konvertierte anscheinend zum Zoroastrismus.

Diese Texte fassen verschiedene Religionen im sasanidischen Iran des 6. Jahrhundert als Exemplare einer Kategorie „Religion" auf. Sie stellen sogar diese Kategorie einem von Religion gesonderten Lebensbereich, das heißt **Säkularität**, gegenüber. Somit lässt sich in diesem Kontext eine Tendenz zu einer Art religiösem Relativismus und einsetzender Säkularität feststellen (Benfey 2023).

Burzōys Einleitung zum *Kalīlag ud Damanag* beinhaltet eine Autobiographie des Autors. (a) Diese lässt die **Pluralität** innerhalb eines im 6. Jahrhundert als Religion ausgemachten Bereichs und die Verwendung eines generischen Begriffs zu seiner Bezeichnung identifizieren. (b) Darüber hinaus weist sie eine einsetzende aber noch nicht abgeschlossene Differenzierung zwischen Religion und Medizin nach. (c) Sie macht ferner eine rationale Moral aus, die sich von der Religion abhebt, und (d) präferiert Vernunft gegenüber religiösen Vorschriften (Benfey 2023). Als Beispiel kann der folgende Abschnitt dieses Textes zitiert werden:

> Danach dachte ich jedoch (weiter) über die Arzneiwissenschaft nach und fand, daß der Arzt bei den Leidenden kein Heilmittel anwenden kann, welches ihn so völlig von der Krankheit befreit [...] ich [sah] ein, daß dagegen das Wissen vom Jenseits für immer gründlich vor allen Krankheiten bewahrt. Ich faßte daher Geringschätzung vor der Arzneiwissenschaft und Sehnsucht nach Religionserkenntnis [*dīn*]. [...] In den medizinischen Schriften fand ich nichts, das mich darauf hinweisen konnte, welche Religion [*dīn*] die allerrichtigste sei. Wie ich ersah, gibt es viele Religionen und Bekenntnisse [*milal*, die Pluralform von *millat*] [...] Bei keinem traf ich so viel Billigkeit und Aufrichtigkeit, daß verständige Leute ihre Worte anerkennen und sich damit zufrieden geben könnten. Als ich das sah, fand ich keine Möglichkeit, einem von ihnen zu folgen [...] Da ich mich also vor dem Schwanken und Wanken fürchtete, beschloß ich, mich der Gefahr nicht auszusetzen und mich ganz auf solche Werke zu beschränken, welche alle Menschen als gut anerkennen in Übereinstimmung mit allen Religionen [*al-adyān*, die Pluralform von *dīn*].[5]

Burzōys Einleitung erkennt die Religionspluralität, die Existenz von vielen „Religionen", an, was bedeutet, dass eine generische Kategorie „Religion" identifiziert wird, zu der viele Religionen gehören. Des Weiteren wird die Vernunft der Kategorie Religion gegenübergestellt und präferiert. Eine ähnliche Präferenz für Vernunft lässt sich im erwähnten Text von Paul, dem Perser, feststellen (Benfey

---

[5] Nöldeke 1912, 14–18; eine englische Übersetzung der relevanten Abschnitte findet sich in Benfey 2023, 344–346.

2023). Wie sein Zeitgenosse, Burzōy, eine Differenzierung zwischen Medizin und Religion vornimmt, unterscheidet Paul zwischen Glauben und Wissen. Seiner Natur gemäß führt Glaube – so Paul – zu Zweifel und Spaltung, anstatt zu Gewissheit und Einstimmigkeit.

Diese Texte belegen die Formierung eines differenzierten Bereichs „Religion", der bestimmte Sachverhalte einschließt, neben anderen sozio-kulturellen Bereichen wie Wissen und Medizin. Die beiden Texte identifizieren eine bestimmte Menge von Angelegenheiten und Fragen im Zusammenhang mit der Natur der Welt und Moral, die von verschiedenen Religionen und Traditionen unterschiedlich beantwortet werden. Die beiden Autoren zeigen eine signifikante Präferenz für Vernunft gegenüber Glauben oder religiöser Autorität, was als Indiz für die einsetzende Formierung einer Säkularität gegenüber pluraler Religiosität oder religiöser Pluralität gewertet werden kann. Der interreligiöse Diskurs, insbesondere die intensiven interreligiösen Debatten im 6. Jahrhundert, lässt sich als treibende Kraft hinter dieser Entwicklung ausmachen (Benfey 2023). Indem die beiden Autoren über die Grenzen zwischen Religion, Wissen und Medizin reflektieren, stellen ihre Texte eine Kontaktsituation zwischen Religion und diesen außerreligiösen Bereichen dar.

3.2 Religionen in Kontakt miteinander

Die zoroastrischen und manichäischen Texte aus dem 3. Jahrhundert belegen ein Religionskonzept, das Einheiten wie den Buddhismus, den Jainismus, den Zoroastrismus und das Christentum einschließt (BeDuhn 2015). Bezeichnend an diesen Texten ist, dass sie sich eine Kontaktsituation darstellen. Ein Abschnitt der Inschriften Kerdīrs, eines angesehenen zoroastrischen Priesters, der vier sasanidischen Königen diente (Skjærvø 2012), schildert seine Bemühungen für die Verbreitung des Zoroastrismus gegen andere Religionen (MacKenzie 1989, Abschn. 11; Back 1978, 411–416):

> In jeder Provinz, in jedem Ort, des ganzen Reiches wurden die Kulthandlungen Ohrmazds und der Götter erhöht. Der mazdayasnischen Religion (*dēn mazdēsn*) und den Priestern wurde im Reich hohe Würde zuteil [...] Ahreman und den Dämonen widerfuhren große Niederlage und Schaden. Die (Irr)lehren (*kēš*) Ahremans und der Dämonen wurden aus dem Reich getilgt und unglaubwürdig (?) gemacht. Juden, Śramaṇas, Brāhmaṇas, Nazarener, Christen, Baptisten und Manichäer wurden bekämpft. Ihre Götzenbilder wurden zerstört und die Wohnstätten der Dämonen vernichtet und zu Thronen und Sitzen der Götter gemacht.

Kerdīr identifiziert innerhalb der indischen Kultur zwei unterschiedliche Gruppen: Śramaṇas und Brāhmaṇas. Folglich dürfen sie nicht mit Kultur gleichgesetzt werden (BeDuhn 2015, 252–253). Des Weiteren erwähnt Kerdīr acht verschiedene und vergleichbare Entitäten (Zoroastrier, Juden, Śramaṇas, Brāhmaṇas, Nazarener, Christen, Baptisten, Manichäer), die in einem einzigen kulturpolitischen Gefüge, dem sasanidischen Reich, nebeneinander existierten.

Ein manichäischer Text, der die Religionen in der Kontaktsituation miteinander vergleicht und somit den Inhalt der generischen Religion bestimmt, ist ein mittelpersisches Textfragment, vermutlich aus dem 3. Jahrhundert:

> Er [d. h. Mani] erwiderte: "Diese Religion, die ich gewählt habe, ist zehnfach großartiger und besser als die anderen Religion(en) der Vorgänger.
> Erstens: Die Religionen der Vorgänger waren in einem Land und in einer Sprache; meine Religion hingegen wird in jedem Land und in jeder Sprache präsent und in fernen Ländern unterrichtet werden.
> Zweitens: Die früheren Religionen [hielten ihre Ordnung] solange ihre reinen Führer existierten. Sobald ihre Führer stiegen [d. h. verstarben], wurde ihre Religion verwirrt. [...] Meine Religion wird jedoch durch die lebendigen Lehrer, Bischöfe, Ausgewählten und Hörer sowie durch Tugend und Handlungen stark bleiben.
> [...]
> Viertens: Diese meine Offenbarung von Zweier Prinzipien, meine lebendigen Bücher, meine Weisheit und mein Wissen sind überlegener und besser als die Religion der Vorgänger.
> Fünftens: Die Weisheit und die Parabel aller Bücher der ehemaligen Religionen, wenn (sie) zu dieser meiner Religion [...] (M 5794 I; s. Lieu 2006, 524–526).

Indem Mani seine Religion mit den anderen Religionen vergleicht, verzeichnet er, wie das Konzept von Religion im 3. Jahrhundert in Iran umrissen wurde: „(1) The product of revelation, (2) authorized by a founder figure, (3) organized as a community, (4) in a particular land, (5) guided by textual resources" (BeDuhn 2015, 268).

Wenn BeDuhns Ergebnisse in die hier präsentierte Differenzierung zwischen Meta- und Objektebene überführt werden, heißt es, dass die Vergegenständlichung der Religionen nicht von Religionswissenschaftler:innen im modernen Westen auf der Metaebene geschieht, sondern von Religionsspezialist:innen in Iran des 3. Jahrhundert auf der Objektebene. Die von Kerdīr erwähnten „Irrlehren" stehen nicht in einem Kontrast zur iranischen Ethnie oder Kultur als Ganzes, sondern zu einer Untermenge davon, nämlich *dēn*. Dennoch werden diese Religionen als eine Menschengruppe, zum Beispiel die Juden, bezeichnet, nicht jedoch vergegenständlicht, wie es in unserer Metasprache mit einer Suffixbildung, beispielsweise Judentum, der Fall ist. Letztere weist einen höheren Abstraktionsgrad auf.

Obgleich die objektsprachliche Identifizierung eines getrennten Bereichs der soziokulturellen Wirklichkeit als Religion im Iran des 3. Jahrhundert angenommen wird, kann diese Formierung dennoch nicht als ein abgeschlossener Prozess betrachtet werden. Kerdīr bezeichnet seine Religion und die seiner Gegner nicht gleich als *dēn*, sondern öffnet zwei Kategorien, ähnlich zu, aber unabhängig von, der aus dem christlichen Diskurs bekannten Dichotomie: *vera religio* (wahre Religion) und *falsae religiones* (falsche Religionen) (BeDuhn 2015, 265). Allerdings hat Mani laut BeDuhn sogar diese Hürde überwunden und von allen Religionen mit demselben Terminus *dēn* gesprochen. Darüber hinaus habe er das Wort *dēn* mehrmals im Plural verwendet. Dieser Sachverhalt lege die Religionspluralität im sasanidischen Iran nahe und stelle *dēn* als einen generischen Religionsbegriff dar.

Die Verwendung des Wortes *dēn* im Plural in manichäischen und zoroastrischen Texten aus dem Zeitraum vom 3.–10. Jahrhundert veranschaulicht den Entwicklungsprozess des Religionsbegriffs in Iran. In einem Aufsatz (Rezania 2020) stellte ich zunächst einen Unterschied in der Häufigkeit der Pluralform in drei verschiedenen Subkorpora von manichäischen Texten fest: Die Pluralform macht im Mittelpersischen und Sogdischen 2–3% aller Belege für das Substantiv *dēn* aus; im Parthischen liegt der Anteil bei etwa 17%. Des Weiteren identifizierte ich einige grammatikalische Unregelmäßigkeiten in Zusammenhang mit der Verwendung der Pluralform von *dēn* im oben zitierten manichäischen Textfragment. Um „die anderen Religionen" im ersten Satz auszudrücken, wird das Adjektiv im Plural, das Substantiv *dēn* hingegen im Singular dekliniert. Der Sachverhalt verdeutlicht die Schwierigkeit des Autors, das Wort *dēn* im 3. Jahrhundert im Plural zu deklinieren. Ein Vergleich dieses Fragments mit einem ähnlichen, um mehrere Jahrhunderte späteren, sogdischen Text zeigt, dass zu dieser Zeit offenbar kein Problem mehr darin bestand, das Wort für Religion im Plural zu verwenden.

Eine ähnliche Entwicklung lässt sich im Zoroastrismus identifizieren: Im 3. Jahrhundert hat Kerdīr *dēn* ausschließlich für den Zoroastrismus reserviert; im 9. Jahrhundert fand der Begriff schließlich Verwendung für alle Religionen. Dennoch lässt sich ein Unterschied zwischen der zoroastrischen und der manichäischen Verwendung des generischen Religionsbegriffs konstatieren: Manis Ansatz, Elemente aus verschiedenen Traditionen zu verschmelzen, scheint eine pluralistische Perspektive auf Religionen, im Sinne miteinander vergleichbarer Entitäten, im Manichäismus geprägt zu haben. Das seltene Vorkommen des Wortes *dēn* im Plural im zoroastrischen mittelpersischen Korpus lässt vermuten, dass die manichäische Entwicklung das zoroastrische Konzept von Religion nicht nachhaltig geprägt hat. Während Mani Religionen hierarchisiert und den Manichäismus an die Spitze der Hierarchie gesetzt hat, wurde im Zoroastrismus mit einer Richtig-Falsch-Dichotomie operiert (Rezania 2020).

Die Religionswissenschaftler:innen, die die Existenz eines Religionsbegriffs in den außereuropäischen Kulturen belegen (Kleine 2012; Kollmar-Paulenz 2012), lassen außer Acht, dass ihre Quellen, wie das hier dargestellte iranische Material, eine interreligiöse Kontaktsituation widerspiegeln. Ihre Forschungsergebnisse stützen deswegen die hier vertretene These implizit. So repräsentieren sie beispielsweise eine Begegnung zwischen Buddhismus, Brahmanismus und weiteren Religionen im japanischen Religionsfeld des 9.–12. Jahrhundert oder eine Interaktion zwischen dem Schamanismus und dem Buddhismus in den mongolischen Gesellschaften des 17. bis 19. Jahrhundert. Wie Knut Stünkel (2013) für die mittelalterlichen europäischen Religionsdialoge aufgezeigt hat, entwickelt sich in der Kontaktsituation eine objektsprachliche Metasprache. Dies eröffnet die Möglichkeit zur Entwicklung eines objektsprachlichen Religionsbegriffs.

4 Schluss

Religionswissenschaftler:innen, wie zum Beispiel Wilfred C. Smith, Asad, Fitzgerald, Jonathan Z. Smith, Taylor und Nongbri, weisen zu Recht darauf hin, dass ein Verständnis von Religion, das sich auf den Glauben konzentriert, der Diversität der religiösen Phänomene in der Geschichte nicht gerecht wird. Wie ersichtlich wurde, umfasst das historische Material in Iran vom 3. bis zum 10. Jahrhundert dennoch eine Kategorie „Religion", die Offenbarung, Stifterfigur, Organisation, textliche Tradition, rituelle Handlung und Verehrung, und auch Glaube als ihre wesentlichen Merkmale ausmacht. Die These, dass jede Definition von Religion das historische Produkt eines diskursiven Prozesses ist, ist zwar zutreffend, doch wurde dieser nicht erst in der europäischen Aufklärung initiiert. Diese Forscher:innen verweisen auf den Zusammenhang zwischen der Verwendung von „Religionen" im Plural und der Genese eines generischen Religionsbegriffs hin. Die Pluraldeklination des Wortes sowie eine pluralistische Sicht auf Religionen sind allerdings kein modernes Phänomen. Bereits im sasanidischen Feld des Religionskontaktes wurde Religion als eine von Ethnie abgelöste Kategorie und Religionen als ihre nebeneinanderstehenden Instanzen verstanden, die den Gläubigen eine Auswahlmöglichkeit boten, wie unter anderem BeDuhn, Lincoln, Rezania und Benfey zeigen.

Literatur

Asad, Talal. 1993. *Genealogies of Religion: Discipline and Reasons of Power in Christianity and Islam*. Baltimore: Johns Hopkins University Press.
Back, Michael. 1978. *Die sassanidischen Staatsinschriften: Studien zur Orthographie und Phonologie des Mittelpersischen der Inschriften*. Leiden: Brill.
BeDuhn, Jason. 2015. „Mani and the Crystallization of the Concept of ‚Religion' in Third Century Iran." In *Mani at the Court of the Persian Kings: Studies on the Chester Beatty Kephalaia Codex*, hg. v. Iain Gardner, Jason BeDuhn, und Paul Dilley, 247–275. Leiden: Brill.

Benfey, Thomas. 2023. „The Conceptualization of Religion and Incipient Secularity in Late Sasanian Iran: Burzōy and Paul the Persian's Parallel Departures from Tradition". *History of Religions* 62 (4):340–372. https://doi.org/10.1086/724560.
Fitzgerald, Timothy. 1997. „A Critique of ‚Religion' as a Cross-Cultural Category". *Method & Theory in the Study of Religion* 9 (2):91–110. https://www.jstor.org/stable/23549638.
Hutter, Manfred. 2023. *Der Manichäismus: Vom Iran in den Mittelmeerraum und über die Seidenstraße nach Südchina*. Stuttgart: Anton Hiersemann.
Kleine, Christoph. 2012. „Zur Universalität der Unterscheidung *religiös/säkular*: Eine systemtheoretische Betrachtung." In *Religionswissenschaft*, hg. v. Michael Stausberg, 65–80. Berlin: De Gruyter. https://doi.org/10.1515/9783110258936.65
Kollmar-Paulenz, Karénina. 2012. „Außereuropäische Religionsbegriffe". In *Religionswissenschaft*, hg. v. Michael Stausberg, 81–94. Berlin: De Gruyter. https://doi.org/10.1515/9783110258936.81
Lieu, S. N. C. 2006. „‚My Church Is Superior … ': Mani's Missionary Statement in Coptic and Middle Persian." In *Coptica, Gnostica, Manichaica: Mélanges Offerts à Wolf-Peter Funk*, hg. v. Wolf-Peter Funk, Louis Painchaud und Paul-Hubert Poirier, 519–527. Louvain: Peeters.
Lincoln, Bruce. 2019. „Before Religion? The Zoroastrian Concept of *Daēnā* and Two Myths about It." In *All Religion Is Inter-Religion: Engaging the Work of Steven M. Wasserstrom*, hg. v. Kambiz GhaneaBassiri und Paul Robertson, 77–86. London: Bloomsbury.
MacKenzie, David N. 1989. *Iranische Denkmäler: Lieferung 13 Enthaltend Reihe II: Iranische Felsreliefs I: The Sasanian Rock Reliefs at Naqsh-i Rustam: Naqshi-Rustam 6, the Triumph of Shapur I (Together with an Account of the Representations of Kerdir)*, hg. v. Georgina Herrmann. Berlin: Dietrich Reimer.
Nöldeke, Theodor. 1912. *Burzōes Einleitung zu dem Buche Kalīla waDimna*. Straßburg: Karl J. Trübner.
Nongbri, Brent. 2013. *Before Religion: A History of a Modern Concept*. New Haven: Yale University Press.
Rezania, Kianoosh. 2020. „‚Religion' in Late Antique Zoroastrianism and Manichaeism: Developing a Term in Counterpoint." *Entangled Religions* 11 (2). https://doi.org/10.13154/er.11.2020.8556.
Skjærvø, Prods Oktor. 2012. „Kartir". *Encyclopædia Iranica* 15:608–628.
Smith, Jonathan Z. 1998. „Religion, Religions, Religious". In *Critical Terms for Religious Studies*, hg. v. Mark C. Taylor, 269–284. Chicago: University of Chicago Press.
Smith, Wilfred Cantwell. 1962. *The Meaning and End of Religion: A New Approach to the Religious Traditions of Mankind*. New York: Macmillan.
Stausberg, Michael. 2025. *Zarathustra und seine Religion*. 4. Auflage. München: C.H. Beck.
Stünkel, Knut Martin. 2013. *Una sit religio: Religionsbegriffe und Begriffstopologien bei Cusanus, Llull und Maimonides*. Würzburg: Königshausen & Neumann.
Taylor, Charles. 2007. *A Secular Age*. Cambridge: Harvard University Press.

Yan Suarsana
I.6 Vom Glauben zur Religion: Liberaler Protestantismus und Religionsbegriff im 19. und 20. Jahrhundert

1 Einleitung

Das Christentum wird heute im Allgemeinen als eine der großen **(Welt-)Religionen** verstanden. In dieser Form wird es mit vergleichbaren Größen wie dem Islam, dem Judentum, dem Buddhismus oder dem Hinduismus auf eine Stufe gestellt. Indes wird auf den zweiten Blick schnell klar, dass sich hinter keiner dieser Kategorien auch tatsächlich ein einheitlicher Gegenstand in der Welt „da draußen" verbirgt. Vielmehr weisen die zahllosen Konflikte, die auch innerhalb der einzelnen Religionen ausgetragen werden, darauf hin, dass diese augenscheinlich aus einer unüberschaubaren Vielfalt unterschiedlicher Strömungen bestehen, die weit davon entfernt sind, eine strukturell zusammenhängende Gruppierung zu bilden. Vor diesem Hintergrund wird deutlich, dass es sich bei der Kategorie (Welt-)Religion weniger um eine tatsächlich existierende Größe in der historischen Wirklichkeit als vielmehr um eine Art und Weise handelt, wie die meisten Menschen (ob sie nun selbst einer dieser Religionen angehören oder nicht) im Alltag die Welt um sich herum ordnen (Alberts in diesem Band). Die damit einhergehende Komplexitätsreduktion erfüllt dabei nicht zuletzt den Zweck, die unübersichtliche historische Wirklichkeit mit Hilfe eines verstehbaren Maßstabs einzuholen.

Dass diese Ordnungskategorie also nicht im Sinne eines „natürlichen Fensters" in die Welt zu verstehen ist, zeigt sich des Weiteren daran, dass Menschen keineswegs schon immer ihre Umwelt auf entsprechende Weise kategorisiert haben. Vielmehr lässt sich zeigen, dass das Konzept der Religion im Sinne der oben skizzierten Ordnungskategorie im Wesentlichen erst in der Hochphase des europäischen Kolonialismus im 19. Jahrhundert entstanden ist (zum Beispiel Kippenberg 1997; Masuzawa 2005), wie auch der als *Globale Religionsgeschichte* zusammengefasste Forschungsdiskurs herausgearbeitet hat (vgl. Hermann in diesem Band). In dieser Zeit war die europäische Öffentlichkeit verstärkt damit konfrontiert worden, dass die in Folge der gewaltsamen Eroberung zunehmend bekannter werdenden außereuropäischen Regionen nicht einfach nur den bisher vorherrschenden, eher stereotypen Vorstellungen einer „heidnischen" Welt entsprachen. Im Zuge der kolonialen Begegnung etablierten sich daher allmählich neue Wissenskategorien, um die verschiedenen Kontexte für alle Beteiligten (beispielsweise politische oder wissenschaftliche Akteure, aber auch Beamte der

Kolonialverwaltung und deren Kooperationspartner vor Ort) vergleichbar und damit verstehbar zu machen. Breite Wirksamkeit entfalteten dabei etwa Kategorien wie *Nation, Kultur* oder eben *Religion*, mit deren Hilfe nun nicht nur Europa, sondern auch Asien oder Afrika in ein gemeinsames Modell der menschlichen Welt eingeordnet werden konnten (Bayly 2008). Dieser interpretative Normierungsprozess bestand indes keineswegs nur darin, dass europäische Denkmodelle einfach in die Kolonien exportiert wurden, und zwar in dem Sinne, dass Europa als schlichte „Kopiervorlage" für nicht-europäische Kontexte fungiert hätte. Dies zeigt sich u. a. daran, dass die gesellschaftlichen und politischen Umwälzungsprozesse, die vielerorts durch die neuen Kategorien ausgelöst wurden, weitgehend zeitgleich in den unterschiedlichen Weltregionen auftraten, etwa in Gestalt von Nationalbewegungen, die im Laufe des 19. Jahrhunderts zahlreiche Kontexte inner- und außerhalb Europas erfassten (Strube in diesem Band). Daher geht man heute von einem wechselseitigen Prozess aus, der sämtliche Regionen der Welt (also sowohl Europa als auch die Kolonialgebiete) gleichzeitig erfasste (Conrad und Randeria 2013, 39–44). Und obgleich viele der neuen Ordnungskategorien durchaus älteren Strömungen der europäischen Geistesgeschichte entstammten, so erfuhren diese im Verlauf ihrer Globalisierung während der Kolonialzeit oftmals eine entscheidende Umdeutung, sodass auch diesbezüglich schwerlich von einem direkten Export europäischer Ideen in die Kolonien gesprochen werden kann.

Der beschriebene Prozess soll im Folgenden am Beispiel der Ordnungskategorie Religion illustriert werden. Während diesbezüglich bereits verschiedene Arbeiten vorliegen, die etwa die Neuformierung einer hinduistischen oder buddhistischen Weltreligion im 19. Jahrhundert zum Gegenstand haben, konzentriert sich der vorliegende Beitrag auf eine einflussreiche *christliche* Denkrichtung, die in dieser Zeit ihre eigene Identität mit Hilfe des Religionsbegriffs neu bestimmte: die protestantische **liberale Theologie**. Um die relative Neuheit der Idee einer christlichen (Welt-)Religion auch für diesen Kontext aufzuzeigen, soll zunächst (im Sinne einer Kontrastfolie) ein Blick auf ein vormodernes Beispiel geworfen werden, und zwar auf den „Begründer" des Protestantismus, Martin Luther (1483–1546). Anschließend werden verschiedene Ansätze und Denktraditionen der liberalen Theologie skizziert, die ab dem 19. Jahrhundert das Konzept einer christlichen Religion maßgeblich mitgeprägt haben: der **innerliche Religionsbegriff**, die **ökumenische Bewegung** sowie die **Theologie der Religionen** mit ihrer praktischen Ausformung im **interreligiösen Dialog**.

2 Vor der Religion: Luthers Schrift Vom Kriege wider die Türken

Luthers Text *Vom Kriege wider die Türken*, der im Angesicht der Belagerung Wiens durch osmanische Heere im Jahre 1529 entstanden ist, eignet sich besonders gut als Beleg für die Art und Weise, wie sich das Reden über Religion im 19. Jahrhundert verschoben hat, weil er sich auf zwei Größen zu beziehen scheint, die wir heute als (Welt-)Religionen bezeichnen würden: Islam und Christentum.

In der Tat lässt der Reformator keinen Zweifel daran, dass er sich selbst als Vertreter der einen „Christenheit" (Luther [1529] 1909, 126) versteht. Allerdings bezieht sich die Kritik an den Osmanen zunächst gar nicht auf theologische Aspekte, die diese als eine andere Religion der Christenheit gegenüberstellen würden. Vielmehr prangert Luther die Brutalität an, mit der „der Turck" seine angeblich willkürlichen Feldzüge durchführe: „Denn er streit nicht aus not odder sein Land im fride zu schutzen, […] sondern er sücht ander land zu rauben und zu beschedigen, die ihm doch nichts thun odder gethan haben, wie ein meer reuber oder strassen reuber" (Luther 1909, 116). Erst sekundär befasst sich der Reformator mit dem Glauben der Anhänger von „Mahomets Alkoran" (Luther 1909, 121) und konstatiert: „[D]ie Türcken [halten] viel höher und grösser von ihrem Mahomet denn von Christo […]. Daraus kan nu ein iglicher wol mercken, das der Mahomet ein verstörer ist unsers herrn Christi und seines reichs" (Luther 1909, 122). Doch anders als man erwarten würde, lässt sich aus dieser Passage kein Bewusstsein dafür ableiten, dass die Osmanen als Muslime dem Christentum gegenübergestellt seien. Denn als Vergleichspunkt dienen Luther ausgerechnet christliche Mönche sowie die katholische Kirche, die er allesamt als Widersacher konzipiert: Die Anhänger Mohammeds

> faren [eben]so daher auff solchen heiligen werken, wie unser Münche eines teils und hoffen das ewige leben am Jüngsten tage. Denn sie gleuben dennoch die aufferstehung der todten, das heilig volck, welchs doch wenig Bapisten gleuben. […] Aber wie der Bapst der Endechrist, so ist der Türck der leibhafftige Teuffel. Widder alle beide gehet unser und der Christenheit gebet (Luther 1909, 123–126).

Wie die hier vorgenommene Grenzziehung zwischen der „Christenheit" auf der einen und den „Bapisten" (also Papsttreuen) beziehungsweise Anhängern „Mahomets" auf der anderen Seite zeigt, ordnet Luther die Welt nicht über die Kategorien der christlichen und muslimischen Religion, sondern über den wahren und falschen Glauben. Dies indes nicht in dem Sinne, dass die eine Religion wahr und die andere falsch sei; er verwendet den Terminus an keiner Stelle. Als „recht gleubige[…]" (Luther 1909, 124) bezeichnet er schlichtweg alle, die nach seiner reformatorischen Theologie als „frume[…] Christliche" (Luther 1909, 123) gelten können; alle anderen sind für ihn „feinde Christi" (Luther 1909, 124), „ungleubige" oder „unchristen" (Luther 1909, 131) – seien sie nun Anhänger Mohammeds oder des katholischen Papstes.

3 Jenseits der Vernunft: Religion als Innerlichkeit

Wie die Zitate andeuten, war Luthers Verständnis des „rechten Glaubens" in erster Linie dogmatisch geprägt und daher mit einem normativen Wahrheitsanspruch der eigenen Glaubenssätze verbunden. Aufgeweicht wurde diese Sichtweise in Teilen des Protestantismus spätestens mit dem Aufkommen der liberalen Theologie gegen Ende des 18. Jahrhunderts. Wegweisend war diesbezüglich deren Begründer Friedrich Schleiermacher (1768–1834): In Abgrenzung zum Konzept der *Vernunftreligion* der Aufklärung, die den Gottesgedanken letztlich aus dem Bereich möglicher Erkenntnis ausgeschlossen hatte (Barth 2004, 271), vertrat dieser die These, dass es sich bei Religion um ein *jenseits* der Vernunft angesiedeltes „selbstständiges anthropologisches Phänomen" (Barth 2004, 272) handele, und zwar im Sinne eines subjektiven „Gefühl[s] des Unendlichen und Ewigen" (Schleiermacher [1821] 2012, 23): „Dass die Frömmigkeit aus dem Inneren jeder besseren Seele notwendig von selbst entspringt, dass ihr eine eigene Provinz im Gemüt angehört, in welcher sie unumschränkt herrscht [...]; das ist es, was ich behaupte [...]" (Schleiermacher 2012, 30). Religion hat nach Schleiermacher also eine „Eigenwürde" (Barth 2004, 272) in Form eines eigenen Bereichs menschlichen Empfindens und ist damit nicht einfach dem Verstand oder der Moral zugeordnet.

Breitere Wirkung entfaltete dieses innerliche Religionskonzept in der zweiten Hälfte des 19. Jahrhunderts. Auslöser war im Wesentlichen die Etablierung der neuen Naturwissenschaften an europäischen und US-amerikanischen Universitäten (Bergunder 2016, 87). Deren Vertreter forderten die älteren theologischen Lehrgebäude mit teilweise recht radikalen materialistischen Positionen heraus, nach denen nur das als *wirklich* (und damit als Gegenstand von Wissenschaft) gelten könne, was sich auch empirisch beobachten ließe (Bergunder 2016, 88–93). Vor diesem Hintergrund formierte sich innerhalb der protestantischen Theologie eine Denkrichtung, die eine Verhältnisbestimmung von Wissenschaft und Religion vornahm, indem sie (unter Rückgriff auf den innerlichen Religionsbegriff Schleiermachers) eine friedliche Koexistenz beider Größen propagierte. So schreibt etwa der protestantische Theologie Martin Rade in seinem Buch *Die Religion im modernen Geistesleben* von 1898:

> Die Naturwissenschaft [...] hält sich an das Einzelne der Erscheinungswelt. Davon geht sie aus. Auf die Summe der Beobachtungen baut sie ihre Erkenntnisse, davon abstrahiert sie

ihre Gesetze. [...] Dagegen Religion hat ihre Tendenz aufs Ganze. [...] Kein Stäublein der geschaffenen Welt, das sie nicht zu diesem Weltganzen in dienende Beziehung setzte (Rade 1898, 24–25).

Während also der Naturwissenschaft die Aufgabe zukomme, die äußere Welt *objektiv* zu vermessen, so charakterisiert Rade Religion (im expliziten Rückgriff auf Schleiermacher) als „schlechthinniges Abhängigkeitsgefühl" (Rade 1898, 94) in Bezug auf das Unendliche: „Religion hat mit der Kunst gemein das Subjektiv-Persönliche. Man kann Religion haben und man kann sie nicht haben [...]. Sie ist ‚Geschmackssache', und über den Geschmack muß man nicht streiten" (Rade 1898, 95). Religion ist also ein der wissenschaftlichen Erkenntnis entzogener, gänzlich eigener Bereich, der im Innern des einzelnen Menschen angesiedelt ist. Ihre Geltungskraft hängt daher nicht an der allgemeinen Vernunft oder an der darauf aufbauenden Wissenschaft, sondern, um einen anderen prominenten liberalen Theologen, Ernst Troeltsch (1865–1923), zu zitieren, an einem „nicht weiter zu analysierende[n] Erlebnis, ein[em] letzte[n] Urphänomen, das ähnlich wie das sittliche Urteil und die künstlerische Anschauung eine einfache letzte Tatsache des Seelenlebens, von beiden aber ganz charakteristisch verschieden ist" (Troeltsch 1913, 339).

4 Kirche als Religion: Die ökumenische Bewegung

Der innerliche Religionsbegriff war um die Wende zum 20. Jahrhundert längst nicht mehr auf die liberale Theologie im engeren Sinne beschränkt. Denn einige ihrer Vertreter taten sich auch als Repräsentanten jener neuen akademischen Disziplin hervor, die sich anschickte, Religion nun auch unabhängig und jenseits von christlicher Theologie zu erforschen – die Religionswissenschaft. Maßgebende Subdisziplin war in diesem Zusammenhang die sogenannte **Religionsphänomenologie**: Darunter ist ein Ansatz zu verstehen, der Religion konzeptuell so fasste, wie sie sich den Forschenden sozusagen *in Reinform* (das heißt befreit von allen kulturellen Überformungen) zeige: als religiöses Gefühl, das aber „trotz aller Ähnlichkeiten und Analogien in sich *qualitativ* anders" (Otto [1917] 2014, 9) ist als alle anderen Gefühle. In diesem Sinne stellte der Marburger Theologe Rudolf Otto (1869–1937) klar: „[W]er sich zwar auf seine Pubertäts-gefühle[,] Verdauungs-stockungen oder auch Sozial-gefühle besinnen kann, auf eigentümlich religiöse Gefühle aber nicht, mit dem ist es schwierig Religionskunde zu betreiben" (Otto 2014: 8).

Einer der international prominentesten Vertreter der Religionsphänomenologie war der schwedische Religionshistoriker und (seit 1914) lutherische Erzbischof von Uppsala Nathan Söderblom (1866–1931), der zuvor (ab 1912) den ersten Lehrstuhl für Religionswissenschaft in Deutschland an der Universität Leipzig innehatte (Sharpe 2010, 160–61). In seinen Augen habe das religiöse Urerlebnis in allen Völkern „großer geistiger Kultur" (Söderblom 1919, 3) gleichermaßen zur Ausprägung „höhere[r] Religionen" (Söderblom 1920, 7) geführt, was das Vorhandensein verschiedener Religionen in allen Teilen der Welt erkläre. Der Buddhismus bilde dabei beispielsweise die „lebendige und innig-tiefe" (Söderblom 1919, 4) Religion Indiens und das Christentum „die Religion unserer abendländischen Kultur" (Söderblom 1920, 6).

Das innerliche Religionsverständnis bildete ab 1919 auch die konzeptuelle Basis von Söderbloms Engagement für die weltweite Einheit des damals wie heute in unzählige Konfessionen und Gruppierungen aufgespaltenen Christentums. Seine Rolle kann in diesem Kontext kaum überschätzt werden: Denn nach seiner Ernennung zum Erzbischof etablierte sich Söderblom als zentraler Vordenker der ökumenischen Bewegung; bis heute existiert sie in Form des *Ökumenischen Rats der Kirchen* (ÖRK), in dessen Rahmen eine Vielzahl von kirchlichen Gemeinschaften aus Protestantismus und Orthodoxie eine überkonfessionelle Zusammenarbeit pflegt. Seine Pionierarbeit für die Einheit des Christentums hat dem Schweden daher auch den Ruf als „ökumenischer Kirchenvater" (Ernesti 2007, 23) sowie den Friedensnobelpreis (1930) eingebracht.

Söderbloms argumentativer Ausgangspunkt war die Annahme, dass Jesus nur eine einzige Kirche gestiftet habe; die faktische Zersplitterung der Christenheit in Geschichte und Gegenwart stelle daher ein permanentes Ärgernis dar, das überwunden werden müsse. In diesem Zusammenhang behauptete er, dass die heute bestehenden Konfessionen (orthodox, römisch-katholisch und protestantisch) bereits jetzt – freilich auf unterschiedliche Weise – allesamt die eine Kirche Christi verkörperten, weshalb der Fokus in der Zusammenarbeit auf das Einende und nicht das Trennende zu legen sei (Brandt 2005, 26–28).

Die hier skizzierte Idee, dass sich die eine, von Christus gestiftete Kirche in den verschiedenen christlichen Gemeinschaften, die in der historischen Welt existieren, manifestiere, ist dabei maßgeblich von Söderbloms Religionsbegriff geprägt. Denn für ihn ist die auf Christus zurückgehende „Eine, Einzige, Heilige, Katholische und Apostolische Kirche" (Söderblom 1925, 4) nicht ausschließlich in „irgendeiner bestehenden Körperschaft" (Söderblom 1925, 4) verwirklicht. Denn die Kirche Christi sei „nicht von Menschenhand gemacht" (Söderblom 1925, 4): „Jesus spricht von einer weit wichtigeren und tieferen Einheit als bloß von einer solchen, die durch verbundenes Handeln zum Zweck gemeinsamen Dienstes in einer Sache sich ausdrückt. Er spricht von einer geistigen und innerlichen Gemeinschaft" (Söderblom 1925, 3), die „mehr wert ist als irgendeine Organisation" (Söderblom 1925, 3–4). Diese werde gebildet durch die „aufrichtig betenden und liebenden Herzen" (Söderblom 1925, 4), die „zusammen dies Haus Gottes [bauen], das Christi wahre Kirche und Gemeinde ist" (Söderblom 1925, 4). Dementsprechend habe es „[i]m rein religiösen Umkreis [...] noch kein Schisma gegeben [...]; und darum gibt es nirgends ein tatsächliches Hindernis, das die Christen abhalten könnte, durch ihre Gemeinschaft mit Jesus zur Gemeinschaft miteinander zurückzukehren" (Söderblom 1925, 9). Umgekehrt gesagt: Die eine Kirche existiert bereits heute, und zwar in Form der christlichen Religion.

5 Das Christentum als Religion unter vielen: Interreligiöser Dialog und Theologie der Religionen

Wie das Beispiel Söderbloms zeigt, hatte der innerliche Religionsbegriff in der liberalen Theologie seit der zweiten Hälfte des 19. Jahrhunderts fast zwangsläufig die Praxis des **Religionsvergleichs** nach sich gezogen, weil die vermeintlich verschiedenen kulturellen Ausprägungen des Religiösen nun zueinander ins Verhältnis gesetzt und miteinander ins Gespräch gebracht werden konnten. Internationaler Ausdruck dieser Tendenz ist das 1893 in Chicago abgehaltene *Weltparlament der Religionen*, zu dem Repräsentanten aller damals als Religion verstandenen Strömungen eingeladen waren, etwa des Hinduismus, des Buddhismus, des Islam, des Judentums oder des Christentums (Lüddeckens 2002, 161–264). Auch wenn die US-amerikanischen Veranstalter sicherlich nicht im engeren Sinne der liberalen Theologie zugerechnet werden können, so war der Kongress dennoch einem ähnlichen Interesse verpflichtet. Dies gilt in besonderer Weise für den Generalsekretär des Kongresses, Jenkin Lloyd Jones (1843–1918): Dieser war Pfarrer der US-amerikanischen Unitarier, einer protestantisch-freireligiösen Gruppierung, die im engen Kontakt mit liberal-theologischen Akteuren in Europa stand (Suarsana 2021, 270). „Auf seinen Pfarrstellen bemühte er sich, verschiedene religiöse Traditionen miteinzubeziehen. In seiner Chicagoer Gemeinde hieß er alle Interessierten willkommen, gleich welchen Glaubens" (Lüddeckens 2002, 184). Vor diesem Hintergrund wird verständlich, warum das Weltparlament maßgeblich zur globalen Etablierung der neuen Ordnungskategorie *Religion* beigetragen hat. Denn hier manifestierte sich „die grundlegende Konstellation, die die Religionsgeschichte des 20. Jahrhunderts prägen sollte: die öffentlich kommunizierte und weithin geteilte Annahme, dass es auf der Welt eine Vielzahl Religionen gibt, die sich untereinander als Mitglieder *einer* Klasse wahrnehmen" (Stausberg 2020, 17–18).

Ihren akademisch-theologischen Niederschlag fand diese Annahme im frühen 20. Jahrhundert auch in einer später als *Theologie der Religionen* bezeichneten Denkrichtung, die bis heute das Verhältnis des Christentums zu den nichtchristlichen Religionen reflektiert. Dass auch hier zunächst der innerliche Religionsbegriff zum Tragen kam, zeigt das Beispiel des bereits zitierten Ernst Troeltsch (Thurner 2021). Für ihn „bilden die Religionen eine im Ganzen aufsteigende Einheit und ist eine allgemeine Tendenz erkennbar, die auf zunehmende Vergeistigung, Verinnerlichung, Versittlichung und Individualisierung [...] gerichtet ist. [...] In allen großen Religionen finden die hiermit gekennzeichneten Entwicklungen statt" (Troeltsch 1913, 353–54), auch wenn bisher allein das Christentum „die Tendenz auf rein innerliche Allgemeingültigkeit vollendet hat" (Troeltsch 1913, 355). Man könne daher prinzipiell „von einer Religion zur anderen übergehen, [und] die entgegengesetztesten Religionen können bei einiger Sorgfalt ihre religiöse Sprache verstehen. Es ist ein und dieselbe Wirklichkeit, die in verschiedenem Grade und von verschiedenen Seiten erfaßt wird" (Troeltsch 1913, 340).

Die religionsvergleichende Praxis der liberalen Theologie kam später auch in solchen religionstheologischen Ansätzen zum Tragen, die zwar nicht (mehr) auf einen innerlichen Religionsbegriff zurückgriffen, die verschiedenen Religionen der Welt aber dennoch als mehr oder weniger legitimen Ausdruck ein und derselben göttlichen Wirklichkeit verstanden. Einschlägiges Beispiel dafür ist das Werk des englischen Presbyterianers John Hick (1922–2012), der als maßgeblicher Mitbegründer der pluralistischen Religionstheologie gilt. Hick verstand das Göttliche als „eine Wirklichkeit [...], die auf den menschlichen Geist einwirkt, die vom Menschen erkannt werden und eine Antwort erhalten will" (Hick [1980] 2002, 52). Dieses „Ewig Eine" sei jedoch nicht „an sich" (Hick 2002, 57) erkennbar, weil es „die Reichweite menschlichen Denkens übersteigt" (Hick 2002, 58); vielmehr offenbare es sich den Menschen in verschiedenen „Phainomena" (Hick 2002, 58), also der Erkenntnis zuhänglichen Erscheinungsformen wie Allah, dem Gott Jesu Christi oder auch Brahman im Hinduismus. Aus dieser These leitete Hick ab, dass das Göttliche „innerhalb unterschiedlicher Kulturen in unterschiedlichen, personalen wie auch nicht-personalen, Formen wahrgenommen wird und dass aus diesen unterschiedlichen Wahrnehmungen die religiösen Lebensweisen, die wir die großen Weltreligionen nennen, entstanden sind" (Hick 2002, 64). Noch mehr als Troeltsch setzte Hick also die christliche Religion mit den übrigen Religionen äquivalent, und zwar in dem Sinne, dass es sich bei all diesen Größen um unterschiedliche, jedoch gleichermaßen legitime Formen menschlicher Gotteserkenntnis handele, die „für sich gültig und wirksam [sind], trotz ihrer Verschiedenheit" (Hick 2002, 61).

6 Fazit

Obgleich der liberale Protestantismus im 19. und 20. Jahrhundert also eine vergleichsweise große Wirkung entfaltet hat, stellt der Religionsbegriff heute keineswegs die Norm innerhalb des Christentums dar, wenn es um die Bestimmung des jeweils eigenen Selbstverständnisses in den verschiedenen Untergruppen und Konfessionen geht. In diesem Zusammenhang ist zunächst der römische Katholizismus zu nennen, der mit seinen etwa 1,2 Milliarden Anhängerinnen und Anhängern immerhin fast die Hälfte der weltweiten Christenheit umfasst. Obschon offizielle Dokumente des Katholizismus von diesem auch als Religion sprechen, ist der Religionsbegriff für das Selbstverständnis des Katholizismus als Verkörperung der einen Kirche Christi nicht zentral. Im Mittelpunkt steht vielmehr das Konzept der *apostolischen Sukzession*, also die Idee einer ununterbrochenen Weitergabe des Bischofsamtes von den Aposteln bis zum heutigen Tag. In diesem Sinne besteht die Kirche gemäß den Beschlüssen des Zweiten Vatikanischen Konzils (1962–1965) nicht nur (wie Söderblom angenommen hatte) in Form einer „innerlichen" Gottesgemeinschaft, also der christlichen Religion; vielmehr existiert sie als „sichtbares Gefüge" in Gestalt einer „mit hierarchischen Organen ausgestattete[n] Gesellschaft" (Consilium Vaticanum 1964, Kapitel 1, Abschnitt 8), also der römisch-katholischen Bischofskirche. Und auch im protestantischen Feld, etwa im weltweiten Evangelikalismus, stehen viele Menschen der Identifikation der eigenen Gruppierung als Religion distanziert gegenüber oder lehnen sie sogar dezidiert ab. Dazu passt auch der Umstand, dass der globale evangelikale Dachverband, die *World Evangelical Alliance* (WEA), sich traditionell – ebenso wie die katholische Kirche – vom oben genannten *Ökumenischen Rat der Kirchen* abgrenzt (Suarsana 2017, 99), auch wenn hier in jüngerer Zeit verschiedentliche Annäherungen zu verzeichnen sind.

Trotz dieser innerchristlichen Pluralität zeigen die dargestellten Prozesse, dass die oben beschriebene, durch den Kolonialismus initiierte konzeptuelle Neuordnung der Welt nicht nur in den nicht-christlichen Religionen, sondern eben auch innerhalb des Christentums zu einer Neubestimmung des eigenen Selbstverständnisses geführt hat, wenngleich hier (wie oben skizziert) nicht alle konfessionellen Gruppierungen gleichermaßen betroffen sind. Dass das auf Innerlichkeit abzielende Verständnis der liberalen Theologie dabei keineswegs die einzige Form darstellt, das Christentum als Religion zu begreifen, versteht sich von selbst; dass das Konzept dennoch durchaus breiteren Einfluss ausgeübt hat, zeigt sich darin, dass sich ähnliche Ideen teilweise auch in zeitgenössischen religionswissenschaftlichen oder ethnologischen Entwürfen finden – ganz zu schweigen von nicht-christlichen religiösen Strömungen wie dem Hinduismus oder dem Buddhismus (Bergunder 2016, 107–117). Die vielfältigen wechselseitigen Verbindungen, die sich zwischen liberaler Theologie und anderen religiösen oder wissenschaftlichen Kontexten ziehen lassen, weisen darauf hin, dass es sich dabei vermutlich nicht nur um zufällige Parallelen handelt. Eine umfassende systematische Untersuchung dieser **Verflechtungen** steht allerdings noch aus.

Literatur

Barth, Ulrich. 2004. *Aufgeklärter Protestantismus*. Tübingen: Mohr Siebeck.
Bayly, Christopher A. 2008. *Die Geburt der modernen Welt: Eine Globalgeschichte 1780–1914*. Frankfurt a. M. und New York 2008.
Bergunder, Michael. 2016. „,Religion' and ,Science' within a Global Religious History." *Aries* 16:86–141.
Brandt, Hermann. 2005. „Ein ‚Klassiker der Religionswissenschaft' als ‚ökumenischer Kirchenvater'." In *Wegbereiter der Ökumene im 20. Jahrhundert*, hg. v. Christian Möller, Christoph Schwöbel, Christoph Markschies und Klaus von Zedtwitz, 14–31. Göttingen: Vandenhoeck & Ruprecht.
Conrad, Sebastian und Shalini Randeria. 2013. „Geteilte Geschichten – Europa in einer postkolonialen Welt." In *Jenseits des Eurozentrismus: Postkoloniale Perspektiven in den Geschichts- und Kulturwissenschaften*. 2. Aufl., hg. v. Sebastian Conrad, Shalini Randeria und Regina Römhild, 32–70. Frankfurt a. M.: Campus.
Consilium Vaticanum II. 1964. *Lumen Gentium: Dogmatische Konstitution über die Kirche*, Rom. https://www.vatican.va/archive/hist_councils/ii_vatican_council/documents/vat-ii_const_19641121_lumen-gentium_ge.html.
Ernesti, Jörg. 2007. *Kleine Geschichte der Ökumene*. Freiburg: Herder.
Hick, John. 2002. *Gott und seine vielen Namen*. 2. Aufl. Frankfurt a. M.: Lembeck.
Kippenberg, Hans Gerhard. 1997. *Die Entdeckung der Religionsgeschichte: Religionswissenschaft und Moderne*. München: C.H. Beck.
Lüddeckens, Dorothea. 2002. *Das Weltparlament der Religionen von 1893: Strukturen interreligiöser Begegnung im 19. Jahrhundert*. Berlin und New York: De Gruyter.
Luther, Martin. 1909. „Vom Kriege wider die Türken." In *D. Martin Luthers Werke: Kritische Gesamtausgabe*. Bd. 30, Abt. II, 107–148. Weimar: Böhlau.
Masuzawa, Tomoko. 2005. *The Invention of World Religions*. Chicago und London: The University of Chicago Press.
Otto, Rudolf. 2014. *Das Heilige: Über das Irrationale in der Idee des Göttlichen und sein Verhältnis zum Rationalen*. München: C.H. Beck.
Rade, Martin. 1898. *Die Religion im modernen Geistesleben*. Freiburg, Leipzig und Tübingen: Mohr Siebeck.
Schleiermacher, Friedrich. 2012. *Über die Religion: Reden an die Gebildeten unter ihren Verächtern: 1799 | 1806 | 1821: Studienausgabe*. Zürich: TVZ.
Sharpe, Eric J. 2010. „Nathan Söderblom (1866–1931)." In *Klassiker der Religionswissenschaft: Von Friedrich Schleiermacher bis Mircea Eliade*. 3. Aufl., hg. v. Axel Michaels, 157–169. München: C.H. Beck.
Söderblom, Nathan. 1919. *Die Religionen der Erde*. 2. Aufl. Tübingen: Mohr Siebeck.
Söderblom, Nathan. 1920. *Einführung in die Religionsgeschichte*. Leipzig: Quelle & Meyer.
Söderblom, Nathan. 1925. *Einigung der Christenheit: Tatgemeinschaft der Kirchen aus dem Geist werktätiger Liebe*. 2. Aufl. Halle: Müllers Verlag.

Stausberg, Michael. 2020. *Die Heilsbringer. Eine Globalgeschichte der Religionen im 20. Jahrhundert.* München: C.H. Beck.
Suarsana, Yan. 2017. „Die globale Ausbreitung des Evangelikalismus ab 1950." In *Handbuch Evangelikalismus*, hg. v. Frederik Elwert, Martin Radermacher und Jens Schlamelcher, 95–107. Bielefeld: Transcript.
Suarsana, Yan. 2021. „Religionizing Christianity: Towards a Poststructuralist Notion of Global Religious History." *Method and Theory in the Study of Religion* 33 (3–4):259–288.
Thurner, Mathias. 2021. *Die Geburt des „Christentums" als „Religion" am Ende des 19. Jahrhunderts: Ernst Troeltschs Theologie und ihre Quellen im Kontext einer Globalen Religionsgeschichte.* Berlin, Boston: De Gruyter.
Troeltsch, Ernst. 1913. „Christentum und Religionsgeschichte." In *Zur religiösen Lage, Religionsphilosophie und Ethik.* Bd. 2, Gesammelte Schriften, 328–363. Tübingen: J.C.B. Mohr.

Mariam Goshadze

I.7 African Traditional Religion (ATR): A Model in the Study of African Religions

1 Introduction

Students of African religions are familiar with the conundrum of finding the right words to refer to the object of their study. If they have been educated at more than one institution, they will have developed the ability to identify the topic of their interest in the course catalog, even though it rarely comes under a standard title. Courses they take will be listed as 'African Traditional Religion,' 'African Religions,' 'African Indigenous Religions,' or 'Traditional African Religions,' to name just a few. These titles may sound different, but they will cover similar themes. Scholars in the field face comparable challenges because there is no standard term to outline their area of study. A crucial task is to make sense of the existing labels, to understand the information they convey about their object of study, and to capture the differences between them. This exercise, which involves accounting for the historical developments that give rise to the terms in question, is also relevant to the history of our discipline, especially on a global scale (Hermann in this volume).

One way to bring more clarity to the discussion is to differentiate the existing terms and the discourses associated with them. In what follows, I will focus on one of the most established terms in the study of African religions – **African Traditional Religion** (hereafter ATR) – by introducing its history and content. ATR is often used in both academic and non-academic circles to describe the unity of over two thousand 'traditional religions' found on the African continent and to represent them as one overarching religion for all Africans, united by the idea of one common God and basic moral principles, and comparable to other 'world religions.'[1] The ATR model is known for minimizing the ritual, performance, and social elements of African religions and overemphasizing beliefs (Olupona 1996, 198). It originated in the literature produced by African scholars in Anglophone Africa in the 1960s, but has since become widespread in the English-language

---

[1] The term refers to the established, if outdated, paradigm in the study of religion of grouping religions that are said to be of global significance into a single category of 'world religions.' See Alberts and Laack, both in this volume.

Open Access. © 2025 the author(s), published by De Gruyter. This work is licensed under the Creative Commons Attribution 4.0 International License.
https://doi.org/10.1515/9783111458892-009

scholarship on African religions, which is the focus of this article.[2] Because of its prevalence in both scholarly literature and public discourse, ATR is often confused with the general descriptive category of 'traditional religions of Africa,' which is intended as a neutral reference for the multiplicity of **indigenous religions** on the African continent. There is no consensus on how to label this broader category of African religions. While I prefer the term 'traditional religions of Africa,' other equally established terms are 'African indigenous religions' and 'African religions.' Even if the adjective 'traditional' has been criticized for suggesting outdatedness, immutability, and geographical confinement, a similar criticism can be leveled against the other common signifier 'indigenous,' yet 'traditional' has richer history in the Anglophone African context and is established in everyday use.

The goal of this article is not to criticize the ATR model, but rather to identify its contours and distinguish it from other concepts, particularly from the more neutral designation for the multiplicity of traditional religions on the continent. For students just beginning to learn about African religions, such a differentiation will reveal the contestations, nuances, and discourses associated with popular and scholarly conceptions of African religions and the historical circumstances in which they have emerged.

2 What is the History of the Study of African Religions?

In order to disentangle the various understandings of African religions that scholars and students have to navigate today, it is crucial to consider the history of the study of religion in Africa. Some authors divide this history into three broad periods (Ray 1976; Chidester 1996): the frontier stage, the colonial stage, and the postcolonial stage. The frontier stage, which marks the period of active encounter between Africans and Europeans, was characterized by an outright rejection of the capacity of Africans to comprehend God. The colonial stage, from the nineteenth to the mid-twentieth century, overlapped with the establishment of anthropology and the study of religion as academic disciplines, and the subsequent recognition that religions could indeed be found in Africa, albeit in their elemental form.

---

[2] See Wilkens and Goshadze 2023 for a general overview of African religions and references to Francophone contexts. There is no equivalent to ATR in the German language since, as noted, this is a term that is typical of anglophone contexts. As in English-language literature, the German terms used to refer to traditional religions of Africa are not standardized and vary between *Afrikanische Religionen, traditionelle/traditionale afrikanische Religionen, indigene* or *lokale Religionen in Afrika.*

Against the backdrop of the post-independence spirit of liberation and the resolve to put African countries on the map as active players, the third phase was characterized by the determination to demonstrate that African religions were indeed worthy of the status of 'world religions.'

Alternatively, Jan Platvoet proposed to divide the discipline into "Africa as object," when religions of Africa were studied by outside observers, and "Africa as subject," when they began to be studied by African scholars (Platvoet 1996; Danfulani 2012). The "Africa as subject" phase, in turn, consists of three categories – the study of religions of Africa by 1) African anthropologists, 2) African Christian scholars in religious studies departments, and 3) African historians. Based on these classifications, ATR is the product of the post-independence study of African religions by African scholars with a strong Christian interest who were employed in religious studies departments throughout Anglophone Africa between the 1960s and the 1980s. Since its emergence, however, the ATR model has been adopted by both African and non-African scholars, and it continues to co-exist with other conceptualizations of African religions, such as anthropological and historical works that focus on individual communities and their religious practices.

3 What is ATR?

The earliest intentional use of the term African Traditional Religion can be traced back to the 1954 monograph, *African Traditional Religion*, by the British scholar of comparative religion, Geoffrey Parrinder. However, Parrinder used the term loosely, simply to refer to the old beliefs of African peoples, as opposed to their contemporary beliefs, by which he meant Christianity and Islam. It was only in the works of African scholars of religion that the term took on a new meaning. To give the reader a sense of the ATR model, I break it down into key components and provide examples from the works of prominent ATR scholars. In reading these, one will notice the echoes of Christian theological assumptions, which is not surprising given that the model was primarily formulated by African **liberal Christian theologians** active in religious studies departments of Anglophone Africa. The reader should keep in mind that not all of the components listed are represented in the works of the authors who advanced the ATR model, but they all constitute a recognizable dimension of the discourse.

In order to avoid referring to multiple authors from different national contexts with which undergraduate students may not be familiar, I will limit the examples below to three Nigerian scholars whose works clearly represent the

ATR model. Bolaji Idowu (1913–1993) is by far one of the best-known architects of ATR, whose *African Traditional Religion: A Definition* (1973) inaugurated ATR as a unifying concept. Trained as a theologian in Nigeria and the United Kingdom, Idowu served as professor and head of the Department of Religious Studies at the University of Ibadan from 1958 until his retirement in 1976; he was also a prominent leader in the Methodist Church of Nigeria. His successor at the University of Ibadan, Joseph Omosade Awolalu (1929–unknown), is the second author whose work I cite. Educated in Accra, New York, and London, Awolalu wrote extensively on ATR and contributed significantly to the **reification** of the category. Finally, Emefie Ikenga-Metuh (died 2000), a professor of African Traditional Religion[3] at the University of Jos in Nigeria, was another important figure in shaping the ATR model. All three of these scholars have written about ATR in general, as well as about specific religious traditions in Nigeria through the lens of ATR – Idowu and Awolalu researched Yoruba religion, and Ikenga-Metuh studied Igbo religion.

Here are the five main components of the ATR model:

(1) *The unification of all African religions into a single category shared by all Africans and often described as a 'world religion.'* Joseph O. Awolalu argues that African religion must be referred to in the singular because

> there are many basic similarities in the religious systems – everywhere there is the concept of God (called by different names); there is also the concept of divinities and/or spirits as well as beliefs in the ancestral cult. Every locality may and does have its own local deities, [...] its own name or names for the Supreme Being, but in essence the pattern is the same. There is that noticeable 'Africanness' in the whole pattern. (1976b, 53)

According to Bolaji Idowu, it is the common concept of God that makes it possible to "speak of the religion of Africa in the singular" (1973, 104).

The singular reference to African religion contrasts with historical and anthropological approaches, which emphasize the **plurality** of African religions and the need to study them as entities unique in themselves, with individual characteristics that emerge from the particular circumstances in which they thrive.

(2) *The centrality of a benevolent, omniscient, and omnipotent supreme God who, despite the differences in regional expressions, is ultimately the same not only for all Africans, but also for all adherents of so-called* **Abrahamic religions**. "The big truth that the whole world still has to learn," writes Idowu, "is that there is only

---

[3] As this title suggests, in some African universities 'African Traditional Religion' has been adopted in the designation of chairs and programs of study, which speaks to its ubiquity. The University of Jos (Nigeria) also offers degrees in African Traditional Religion.

one God, and not many; the god is not a monopoly of any particular race or nation" (Idowu 1963, 9). This God is creator of everything, is omnipotent, **transcendent**, omniscient, just, and benevolent (Ikenga-Metuh 1981, 16, 33–45). The ultimacy accorded to God differs from the observation of non-ATR scholars that the importance and centrality of the Supreme Being is not universal to Africa, and that there are communities that do not find the Supreme God relevant to their daily lives. The ATR tendency to "activate God," to use David Westerlund's (1985, 32) formulation, can also be seen in the context of the general concern of ATR scholars to decolonize the study of African religions, especially in light of the fact that most of the scholarship prior to the ATR model was produced by either missionaries or colonial anthropologists (Shaw 1990). From this perspective, the insistence on the supremacy of God is a counter-argument to the widespread Protestant missionary idea in Anglophone Africa that the God of Africans is either withdrawn (*deus otiosus*)[4] or irrelevant to their daily lives.

(3) *The peripherality of deities and ancestors.* This is most evident in the pronouncement of ATR as monotheistic rather than as polytheistic or henotheistic[5]. In the ATR model, deities and ancestors appear as derivatives of God and/or as intermediaries between God and humans (Awolalu 1976b, 60). This complex arrangement between the deities and the Supreme God is captured in terms of "**diffused monotheism**" (Idowu 1973, 171) or "modified monotheism" (Awolalu 1976b, 61). Idowu formulates this approach succinctly in the following quotation:

> African traditional religion cannot be described as polytheistic. Its appropriate description is monotheistic, however modified this may be. The modification is, however, inevitable because of the presence of other divine beings within the structure of the religion. But 'beings' in their case can only be spelt with the initial small letter 'b'; 'power', when they are so described, can only be spelt with the initial small letter 'p'; this is because, in fact, they have no absolute existence and the African world is under a unitary theocratic government (1973, 168).

(4) *The belief that there is a (better) life after death, similar to the Christian idea of paradise.* While not all ATR authors emphasize the afterlife, the majority speak of a special place where the deceased go after death.[6] Bolaji E. Idowu, for instance,

---

4 *Deus otiosus* refers to the idea of a Creator God who withdraws from the human world after the creation of the universe.
5 Henotheism refers to the practice of favoring one supreme deity over others in a pluralistic theology that acknowledges the existence of other deities.
6 Of the three authors discussed here, Ikenga-Metuh is an exception because he argues that due to the life-affirming orientation of Igbo religion, reincarnation as an ancestor is the most desired state after death; see Ikenga-Metuh 1985, 106–107.

speaks of the Yoruba "abode of the Deity," "heaven," or "paradise." This stands in contrast with historical and anthropological studies of individual traditional religions, which often find a relative lack of emphasis on what happens after death.

(5) *The understanding of humans as moral agents guided by God.* In his study of Igbo religion, Ikenga-Metuh asserts that morality is part of the order created by God. In this frame of reference, God endows humans with "the voice of conscience" (Ikenga-Metuh 1981, 115), which gives them "the ability to distinguish right from wrong" (Awolalu 1976a, 275), but when evil is done, punishment always follows (Ikenga-Metuh 1973, 4). The interpretation of the moral order as the fruit of religion clearly reveals Judeo-Christian influences on ATR. **Postcolonial** historical and anthropological studies tend to suggest a greater historical and geographical variation in the concern with right and wrong in individual African religions.

Most of the literature produced on African religions in the contemporary context combines the ATR model with other lenses. While it is easier to avoid sweeping claims about any single African religion in focused ethnographic studies of particular communities, it is difficult to keep away from the widespread ATR model when the subject is approached through a general or comparative lens.

4 How Was ATR Formed?

The ATR model has been sharply criticized, most notably by the Ugandan scholar Okot p'Bitek, for seeking to validate the civility of Africans by dressing up "African deities with Hellenic robes" and parading them before the Western world (p'Bitek 1971, 41). The insistence on the civility of ATR, p'Bitek argued, is simply a restatement of the familiar **myth** of the primitive. While it is important to keep this critique in mind, what it fails to recognize is that ATR is a product of its time; as such, it reflects the historical developments on the continent and the active attempts by African scholars to make sense of them. In the words of Jan Platvoet and Henk van Rinsum, ATR represents a counter-invention to the European invention of Africa as "primitive, savage, without religion, pagan, superstitious, full of witchcraft, witch hunts, sorcery and black magic" (2003, 135). While it is impossible to address all the historical junctures that gave rise to ATR, I would like to briefly consider the three major influences on the model: missionary discourses on African religions, Pan-Africanism, and nation-building.

Missionaries of liberal theological persuasion active in Anglophone Africa in the early twentieth century were particularly important in disseminating theological ideas that would find their way into the ATR concept.[7] Most notable for our purposes are theological ideas such as *logoi spermatikoi* ('pagan' religions as 'seed words' for Christianity), *praeparatio evangelica* (preparation for the gospel), and continuity between 'pagan' and 'true' religions that would be eagerly embraced by ATR autors. It was these missionaries who laid the groundwork for the Judeo-Christian interpretation of traditional religions of Africa that would become the primary feature of the ATR model. Some have argued that the model clearly reiterates some of the ideals of liberal Protestantism, namely the apparent discursive preference for philosophical and intellectualist interpretation of the divine at the expense goal-oriented ritual practice (p'Bitek 1971; Horton 1984). Such emphasis on the similarities between ATR and Christianity, in turn, served as the basis for the theological argument that the former would facilitate the eventual spread of Christianity on the continent (Chitando 2005; Bediako 1996).

The second undeniable influence on ATR is Pan-Africanism, the notion that there are cultural and ideological commonalities among the peoples of African descent. Pan-Africanism manifested itself as a mixture of literary, historical, political, and cultural movements in the Black Atlantic[8] in the late nineteenth century and became a major intellectual force behind the anti-colonial self-determination movements in twentieth century Africa. Notable Pan-Africanists from the continent include Kwame Nkrumah of Ghana, Léopold Senghor of Senegal, and Jomo Kenyatta of Kenya. Educated abroad and active in the intellectual networks of the Black Atlantic, these leaders advocated the overthrow of European colonial rule and the economic and political unification of Africa. Along with Negritude, a cultural movement led by French-speaking African and Caribbean intellectuals based in Paris, Pan-Africanism was influenced by African American ideological currents, including the Harlem Renaissance, and called for a reclaiming of pride in African(-American) identity. The claim that despite diverse religious expressions on the continent, one can recognize "the African kernel" of thought and expression typical of the ATR model echoes some of the Pan-Africanist ideas about the commonality of all African peoples in terms of **race**, customs, and culture (Magesa 1997, 27).

Pan-Africanism overlapped with national independence movements on the continent and shared with them a commitment to re-establish African culture and civilization as worthy of a respectable place in the world. A key dimension of this new vision of Africanness was a rethinking of African religion as the spiritual core of the African people. These broader postcolonial goals resonated in the newly es-

---

7 For example, Junod [1919] 1927, Willoughby 1928, Smith 1927.
8 Introduced by Paul Gilroy 1993, this term emphasizes the cultural interconnectedness of the Americas, Africa, the Caribbean, and Britain based on a shared transoceanic experience tied to the slave trade and the subsequent formation of a transatlantic culture.

tablished African universities, where scholars of religion eagerly took up the task of devising models of African religion to which newly minted state leaders could appeal. The interplay of these scholarly, political, and popular considerations provided the foundation for the introduction of ATR, a unified category of religion for all of Africa that could also function as a 'world religion.' The ATR model was a great success among postcolonial African university students and youth since it provided "a new identity construct" (Platvoet and van Rinsum 2003, 131).

5 Why Should ATR Be Discussed as a Separate Category?

The emergence of ATR as a category has received little systematic attention. In most cases, the subject has been treated as part of general histories of the study of African religions, or in article-length critiques of ATR as a product of the Judeo-Christian tradition.[9] This article defined and historicized ATR as a model that is distinct from, though united under, the broader category of traditional religions of Africa. Such a distinction is necessary to avoid the interchangeable use of ATR with such labels as African religions, indigenous and/or traditional religions of Africa, which contributes to historical and conceptual inaccuracies.

Recognizing ATR as a historical category allows students to see its impact on the self-representations, beliefs, and practices of the practitioners of African religions, and to recognize it as an outcome of the active engagement of post-independence African scholars with Pan-African, nationalist, missionary, and modernist discourses. More generally, understanding the roots and significance of the ATR discourse is crucial to making sense of the state of African religions today, both inside and outside of academia. After all, ATR remains the dominant model not only in the study of African religions by African and foreign scholars, but also in the way African religions are conceptualized in the public sphere – in political discourse, the educational system, cultural policies, and so on. The broader influence of ATR as a category has been most evident in the reframing of traditional religions in terms of Africa's 'spiritual' heritage in the course of Pan-Africanism, and even more so in the philosophies of identity that provided the ideological scaffolding for nationalist movements leading up to independence in the second half of the twentieth century.

---

[9] For general histories of the subject, see Platvoet 1996, Platvoet and van Rinsum 2003, and Westerlund 1985; for critical approaches to ATR see Horton 1984 and Shaw 1990.

Literature

Awolalu, Joseph Omosade. 1976a. "Sin and Its Removal in African Traditional Religion." *Journal of the American Academy of Religion* 44(2): 275–287. DOI: 10.1093/jaarel/XLIV.2.275.

Awolalu, Joseph Omosade. 1976b. "What is African Traditional Religion." *Studies in Comparative Religion* 10 (2):52–62.

Bediako, Kwame. 1996. "Five Theses on the Significance of Modern African Christianity: A Manifesto." *Transformation* 13 (1):20–29. DOI: 10.1177/026537889601300104.

Chidester, David. 1996. *Savage Systems: Colonialism and Comparative Religion in Southern Africa*. Charlottesville: University of Virginia Press.

Chitando, Ezra. 2005. "Phenomenology of Religion and the Study of African Traditional Religions." *Method & Theory in the Study of Religion* 17 (4):299–316. DOI: 10.1163/157006805774550974.

Danfulani, Umar Habila Dadem. 2012. "African Religions in African Scholarship: A Critique." In *African Traditions in the Study of Religion in Africa: Emerging Trends, Indigenous Spirituality and the Interface with Other World Religions*, edited by Afe Adogame, Ezra Chitando, and Bolaji Bateye, 17–35. London: Routledge.

Gilroy, Paul. 1993. *The Black Atlantic: Modernity and Double Consciousness*. Cambridge: Harvard University Press.

Horton, Robin. 1984. "Judeo-Christian Spectacles: Boon or Bane to the Study of African Religions?" *Cahiers d'Etudes Africaines* 96: 391–436. DOI: 10.3406/cea.1984.2194.

Idowu, Bolaji E. 1963. *God in Nigerian Belief*. Lagos: Federal Ministry of Information.

Idowu, Bolaji E. 1973. *African Traditional Religion: A Definition*. London: SCM Press Ltd.

Ikenga-Metuh, Emefie. 1985. *African Traditional Religion in Western Conceptual Scheme: The Problem of Interpretation – Studies in Igbo Religion*. Ibadan: Pastoral Institute.

Ikenga-Metuh, Emefie. 1981. *God and Man in African Religions. A Case Study of the Igbo in Nigeria*. London: Chapman.

Ikenga-Metuh, Emefie. 1973. "The Supreme God in Igbo Life and Worship." *Journal of Religion in Africa* 5 (1):1–11. DOI: 10.1163/157006673X00014.

Junod, Hendri-Alexandre. [1919] 1927. *The Life of a South African Tribe*. London: Macmillan.

Magesa, Laurenti. 1997. *African Religion: The Moral Tradition of Abundant Life*. New York: Orbis Books.

Olupona, Jacob. 1996. "The Study of Religions in Nigeria: Past, Present, and Future." In *The Study of Religions in Africa: Past, Present, and Prospects*, edited by Jan Platvoet, James Cox, and Jacob K. Olupona, 185–211. Cambridge: Roots and Branches.

Parrinder, Geoffrey. [1954] 1968. *African Traditional Religion*. London: Hutchison.

p'Bitek, Okot. 1971. *African Religions in Western Scholarship*. Nairobi: East African Literature Bureau.

Platvoet, Jan. 1996. "From Object to Subject: A History of the Study of Religions of Africa." In *The Study of Religions in Africa: Past, Present, and Prospects*, edited by Jan Platvoet, James Cox, and Jacob K. Olupona, 105–139. Cambridge: Roots and Branches.

Platvoet, Jan, and Henk van Rinsum. 2003. "Is Africa Incurably Religious? Confessing and Contesting an Invention." *Exchange* 32 (2):123–153.

Ray, Benjamin C. 1976. *African Religions: Ritual, Symbolism and Community*. Englewood Cliffs Prentice Hall.

Shaw, Rosalind. 1990. "The Invention of 'African Traditional Religion.'" *Religion* 20 (4):339–353. DOI: 10.1016/0048-721X(90)90116-N.

Smith, Edwin W. 1927. *The Golden Stool: Some Aspects of the Conflict of Cultures in Modern Africa*. London: Edinburgh House Press.

Westerlund, David. 1985. *African Religion in African Scholarship: A Preliminary Study of Religious and Political Background.* Stockholm: Almqvist & Wiksell International.

Wilkens, Katharina and Mariam Goshadze. 2023. "Indigenous Religions in West Africa." In *The Oxford Research Encyclopedia of Religion.* Oxford University Press. DOI: 10.1093/acrefore/9780199340378.013.1133.

Willoughby, Charles William. 1928. *The Soul of the Bantu: A Sympathetic Study of the Magico-Religious Practices and Beliefs of the Bantu Tribes of Africa.* London: SCM.

Wanda Alberts
I.8 Das Weltreligionenparadigma

„**Weltreligionen**" scheinen in unterschiedlichen Kontexten natürlich gegeben. Das dieser Einteilung zugrunde liegende Konzept „Weltreligion" wird daher in der Regel nicht hinterfragt. Weil dieses Konzept das Nachdenken und Sprechen über Religion entscheidend prägt, wird es in der Religionswissenschaft in jüngerer Zeit als Paradigma bezeichnet, das heißt als ein (weitgehend unbewusstes) Denkmuster, welches der Produktion von Wissen zugrunde liegt. Im Rahmen einer **diskursiven** Perspektive, die untersucht, wie Wissen über Religion gesellschaftlich konstruiert wird, soll im Folgenden die Bedeutung dieses Paradigmas, sowohl innerhalb der Wissenschaft als auch in der schulischen **Religionskunde**, einem zentralen Ort seiner Reproduktion, beschrieben und aufgrund seiner problematischen gesellschaftlichen Konsequenzen kritisiert werden.

1 Das Weltreligionenparadigma

Der Begriff **Weltreligionenparadigma** (WRP, englisch *world religions paradigm*) bezeichnet die paradigmatische Konzeptualisierung einzelner Religionen als „Weltreligion", der ein spezielles, hegemoniales Verständnis von Religion zugrunde liegt. Was dies genau bedeutet, möchte ich auf zwei Ebenen verdeutlichen: erstens auf der Ebene des Alltagsverständnisses von Weltreligion und zweitens auf der Ebene der Funktion, die dieses Konzept im Kontext der Religionswissenschaft bis in die jüngste Zeit erfüllt hat.

1.1 Das Alltagsverständnis von Weltreligion

Im Alltagsverständnis stellt man sich Religion – ohne weiteres Nachdenken – als etwas vor, das sich in Form der Weltreligionen materialisiert, die je nach Kontext in unterschiedlicher Anzahl oder Zusammensetzung „natürlich" gegeben erscheinen. Die Ordnungskategorie selbst wird dabei in der Regel nicht in Frage gestellt, auch wenn – wiederum je nach Kontext – diskutiert wird, wer dazugehört und wer nicht. Bei dieser Frage kann es in Bezug auf den Wortteil „Welt" um Fragen nach Mitgliederzahlen (*Ist die Religion groß genug?*) oder der regionalen Ausbreitung (*Ist die Religion wirklich weltweit verbreitet?*) gehen, beim Wortteil „Religion" um die Frage, ob es sich tatsächlich um eine Religion handelt.[1] Unabhängig davon, wie diese Fragen jeweils beantwortet werden, gibt es in unterschiedlichen Kontexten ein intuitives Grundverständnis davon, dass eine Beschäftigung mit Religion, wenn sie über den unmittelbaren und gegebenenfalls eigenen religiösen Kontext hinausgeht, eine Beschäftigung mit „den Weltreligionen" sei. Dies findet sich häufig im Rahmen einer Beschäftigung mit „den *anderen* Religionen", die einem „*Eigenen*" gegenübergestellt werden – etwa im Kontext von Theologien oder konfessionellem Religionsunterricht, jedoch auch in säkularen Kontexten, in denen die Vielfalt der Religionen Thema ist – etwa in Ersatzfächern für den konfessionellen Religionsunterricht wie *Ethik* oder *Werte und Normen*, aber bis in die jüngste Zeit auch in der Religionswissenschaft. In Bezug auf dieses intuitive Verständnis von „Weltreligion"[2], in und insbesondere auch außerhalb des (religions-)wissenschaftlichen Kontextes, kann der Paradigma-Begriff als eine grundlegende Ordnungskategorie, ein zumeist unbewusstes Denkmuster, interpretiert werden. In vielen Kontexten orientiert sich das Sprechen über „Religion", vor allem, wenn es nicht nur um eine einzige Religion geht, *im Prinzip automatisch* an der Kategorie Weltreligion.

1.2 Das Weltreligionenparadigma im Kontext der Religionswissenschaft

Auch wenn es seit den Anfängen der Religionswissenschaft rege Diskussionen um den **Religionsbegriff** gibt, der als Grundlage einer Gegenstandsbestimmung des Faches dient (vgl. Stausberg 2012), kann das Konzept Weltreligion, durchaus auch im oben beschriebenen vorwissenschaftlichen, intuitiven Sinne, als strukturprägend für die Religionswissenschaft bezeichnet werden. Umgekehrt hat die Religionswissenschaft als Disziplin selbst maßgeblich zur Festigung und Verbreitung dieses Konzepts beigetragen, als Wissenschaft, die die Quellen erforscht, welche für ein Verständnis der einzelnen Weltreligionen und damit auch von „Religion an sich" angesehen werden. Damit stellen sich bereits erste theoretische und methodologische Fragen, auch bezüglich des zugrundeliegenden Religionsbegriffs:

---

[1] Vgl. zu Beispielen der Geschichte der Beantwortung dieser Fragestellungen auch Koch 2021, 279–280.
[2] Eigentlich müsste ich den Begriff „Weltreligion" konsequent in Anführungszeichen setzen, weil es mir immer um den (empirisch) verwendeten Begriff geht und ich nicht den Eindruck erwecken möchte, dass ich ihn für eine sinnvolle analytische Kategorie halte. Da dies in diesem Artikel aber ohnehin deutlich werden sollte, verzichte ich aus Lesbarkeitsgründen weitgehend – es sei denn zur besonderen Hervorhebung – auf die Anführungszeichen.

Was genau ist Religion? Wie wird der Zusammenhang von Religion und Weltreligion gesehen? Was ist genau das Gemeinsame der Weltreligionen, das die Kategorie überhaupt erst entstehen lässt? Wann, wie, und unter welchen Umständen ist der Begriff „Weltreligion" entstanden? Ohne Frage gibt es auch hierzu eine rege Diskussion in der Religionswissenschaft, die für die Diskussion des WRP durchaus relevant ist. Interessant ist aber vor allem, dass diese grundsätzlichen Fragen häufig vom „Tagesgeschäft" der Religionswissenschaft, insbesondere in der Lehre, abgetrennt werden, und dort in den Hintergrund treten. So blieben diese Anfragen lange Zeit ohne deutliche Konsequenz für den Lehrbetrieb der Religionswissenschaft, der ganz im Sinne des *business as usual* am Weltreligionenparadigma orientiert war. Zugespitzt findet sich diese Tendenz in Bezug auf „Religionskunde" in der Schule, in der die theoretischen und methodologischen Fragen noch weiter in den Hintergrund treten. Religionskunde wurde bis in jüngste Zeit häufig, zuweilen auch innerhalb unseres eigenen Faches, ohne jegliche Diskussion zur Problematik dieser Kategorisierung als „Weltreligionendidaktik" bezeichnet.

Auch im breiteren akademischen Kontext, das heißt in anderen universitären Fächern, ist die Konzeptualisierung von Religion als Weltreligion bis heute weit verbreitet, obwohl sie im Rahmen der Religionswissenschaft zunehmend problematisiert und als Kategorie auf der **Objektebene**, nicht der wissenschaftlichen Metaebene betrachtet wird (vgl. Alberts 2017). Das Problem ist hierbei jedoch, dass die Religionswissenschaft – im Gegensatz zu den Theologien – noch immer ein kleines und in verschiedenen Kontexten wenig wahrgenommenes Fach ist. Zudem ist der Begriff „Religionswissenschaft" nicht geschützt und es findet, nicht zuletzt in theologischen Kontexten, viel Forschung und Lehre statt, die religionswissenschaftlich erscheint, aber Grundprinzipien der Religionswissenschaft (etwa im Sinne der religionswissenschaftlichen Fachverbände, vgl. DVRW 2023, IAHR 2024) nicht entspricht oder neuere religionswissenschaftliche Forschung schlichtweg ignoriert. So existiert beispielsweise eine relativ aktuelle, ausdrücklich auch an Lehramtsstudierende gerichtete Einführung in die Religionswissenschaft (Schmitz 2021), die die theoretischen und methodologischen Diskussionen der letzten 20 Jahre in der Religionswissenschaft vollständig ausblendet[3] und wie folgt vorgeht:

> Diese *Einführung in die Religionswissenschaft* zeigt am Beispiel der Weltreligionen, wie unterschiedliche Religionen in ihren Zusammenhängen, Differenzen und ihrer je spezifischen Religiosität, eigenen Struktur, Geschichte und Intention wissenschaftlich reflektiert, kritisch

---

[3] Im Literaturverzeichnis gibt es keinen einzigen Verweis auf Literatur zu theoretischen oder methodologischen Diskussionen in der Religionswissenschaft der letzten 20 Jahre.

nachvollzogen, analysiert und verglichen werden können. Übergreifende Themenstellungen wie zentrale Schriften, Personen, Lebensordnungen und Ziele zeigen, wie diese Religionen sich gestalten. Damit wird eine inhaltliche wie auch systematische Einführung in das Fach gegeben. (Schmitz 2021, 15)

Die umfangreiche fachinterne Diskussion um die Problematik der Kategorie Weltreligion, die hier weiterhin als Ordnungskategorie für den exemplarischen Inhalt des universitären Faches Religionswissenschaft zugrunde gelegt wird, erwähnt der Autor nicht, sondern merkt diesbezüglich lediglich in einer Fußnote Folgendes an: „Auch der Terminus ‚Weltreligionen' ist nicht unproblematisch, zumal die Anzahl von fünf bis neun schwankt, je nachdem, ob die chinesischen Religionen mitgezählt werden, oder die Religion der Yoruba, wie es Prothero 2011 mit einer überzeugenden Argumentation vertritt." (Schmitz 2021, 16)

Für Studierende, die diese Einführung lesen, entsteht so der Eindruck, dass hier zwar, wie häufig in der Wissenschaft, eine Begriffsproblematik vorliegt, welche jedoch für die weitere Darstellung des Faches nicht weiter relevant zu sein scheint und zudem weniger den paradigmatischen Charakter des Konzepts Weltreligion betrifft als die Frage, welche Religion dazugezählt wird und welche nicht. Religionswissenschaft erscheint, ungeachtet der tatsächlichen regen theoretischen und methodologischen Diskussionen in den einschlägigen nationalen und internationalen Publikationsorganen, in dieser Einführung als weitgehend theoriefreies Fach, das maßgeblich durch den Gegenstand „die Weltreligionen", die als gegeben vorausgesetzt werden, konstituiert wird. Im Folgenden möchte ich im Gegensatz dazu verdeutlichen, inwiefern der religionswissenschaftliche Fachdiskurs bezüglich der Kategorie Weltreligion für ein Verständnis der Geschichte und gegenwärtigen Situation der Disziplin Religionswissenschaft unverzichtbar ist.

In der Tat fungierte die Konzeptualisierung von Religion als Weltreligion in der Geschichte der Religionswissenschaft im Sinne der modernen Wissenschaftsphilosophie als Paradigma, das heißt als ein mehr oder weniger bewusstes Vorverständnis von Grundannahmen der jeweiligen Wissenschaft. Dieses Vorverständnis bleibt nach Thomas Kuhn unangetastet und zumeist unreflektiert, bis Anomalien auftreten und „normale Wissenschaft" und deren herrschende Paradigmata durch neue Forschungsergebnisse relativiert werden (vgl. Kuhn [1969] 2009). Das WRP wurde spätestens mit Tomoko Masuzawas einschlägigem Buch *The Invention of World Religions: Or, how European Universalism was Preserved in the Language of Pluralism* (Masuzawa 2005) grundlegend in Frage gestellt.[4] Masuzawa analysiert die Entstehung und Verbreitung der Kategorie „Weltreligion" und zeigt, wie aus dem Untertitel des Buches bereits hervorgeht, die damit ver-

---

4 Für den deutschsprachigen Kontext vgl. auch Auffarth 2005.

bundene Problematik auf: Die scheinbar pluralistische Konzeption und Darstellung der Kategorie Religion als Konglomerat von Weltreligionen basiert auf einer Universalisierung europäischer Ideen über Religion, die einerseits einen europäische Perspektiven voraussetzenden „*othering*"-Diskurs[5] erzeugt und andererseits europäische Kategorien als Ordnungsmuster und Maßstab für die Darstellung der „anderen" Religionen zugrunde legt (vgl. hierzu auch die Artikel von Dreßler; Goshadze und Laack in diesem Band). Die Probleme der daraus entstehenden Kategorisierungen und Stereotypisierungen von Religion und einzelnen Religionen sollen im Folgenden dargestellt werden, um zu verdeutlichen, welche Verantwortung der Religionswissenschaft bei der Kommunikation dieses Paradigmenwechsels in die Gesellschaft zukommt.

2 Kritik am Weltreligionenparadigma

In ihrer Einleitung zu dem Buch *After World Religions: Reconstructing Religious Studies* beschreiben Christopher R. Cotter und David G. Robertson (2016, 7–9), wie das Weltreligionenparadigma innerhalb der Religionswissenschaft seit vielen Jahren grundlegend in Frage gestellt wird, wobei sie vor allem auf drei Kritikstränge verweisen: Der erste Kritikstrang beschäftigt sich mit der Remodellierung nichtchristlicher Religionen auf der Grundlage westlicher **protestantisch-christlicher liberaler Werte** (vgl. Owen 2011), die mit einer Universalisierung der Kategorie „Glaube" einhergeht (vgl. hierzu auch Suarsana in diesem Band). Glaube als zentrales Kriterium für Religion scheint daher in vielen Kontexten, innerhalb und außerhalb der akademischen Beschäftigung mit Religion, als natürlich gegeben. Cotter und Robertson halten vor diesem Hintergrund fest, dass man nur darüber spekulieren kann, wie sich die Religionswissenschaft anders entwickelt hätte, wenn sie in Kontexten entstanden wäre, in denen andere Traditionen dominant waren (Cotter und Robertson 2016, 8).

Der zweite Kritikstrang, eng verknüpft mit dem ersten, fokussiert dominante **Narrative** der Moderne im Kontext ungleicher Machtverteilung, denen spezifische, Ungleichheit reproduzierende Kategorisierungen zugrunde liegen, sei es in Bezug auf sozialen Status, Gender oder im Kontext des verbreiteten „West vs. the rest"-Diskurses (vgl. zu Letzterem Hall 2016). Hier dient ein Zitat von Jonathan

---

[5] Die englische Wortneuschöpfung *Othering* beschreibt den Prozess, in dem *das Andere zum Anderen gemacht* wird, im Rahmen eines identitätsstiftenden Prozesses, in dem ein (häufig implizites) „Wir" von diesem Anderen unterschieden wird.

Z. Smith als Illustration, der folgendermaßen beschreibt, was als Weltreligion betrachtet wird:

> a tradition that has achieved sufficient power and numbers to enter our history to form it, interact with it, or thwart it. We recognize both the unity within and the diversity among the world religions because they correspond to important geopolitical entities with which we must deal. All 'primitives,' by way of contrast, may be lumped together, as may the 'minor religions,' because they do not confront our history in any direct fashion. From the point of view of power, they are invisible. (Smith 1998, 280, zitiert in Cotter und Robertson 2016, 8)

In modernen Narrativen über Religion und Weltreligion werden also bestimmte Formen von Religion autorisiert und naturalisiert, während andere marginalisiert werden oder im Gegensatz dazu als „die Anderen" erscheinen (vgl. Cotter und Robertson 2016, 9).

Der dritte Kritikstrang betrifft die dem Konzept Weltreligionen inhärente **Essentialisierung von Religion**. Durch die Einteilung in „-ismen" werden Religionen dargestellt, als läge ihnen eine Essenz zugrunde, von der dann auch eine bestimmte Handlungsmacht ausgehe. Dies ermöglicht Formulierungen wie „der Buddhismus lehrt ...", „was sagt der Islam zu ...?" und so weiter. Dadurch erscheint es, als wären es nicht Menschen, die in bestimmten Kontexten agieren, sondern Hinduismus, Buddhismus, Islam und so weiter, die im Prinzip wie autonome Wesen bestimmte Dinge lehren und auf bestimmte Weise handeln. Dies wird häufig als das *sui generis* Modell von Religion bezeichnet, in dem die Religionen zugeschriebene Essenz nicht weiter hinterfragt wird und es dadurch erscheint, als drücke sie sich unabhängig von menschlicher Handlungsmacht aus. So werden Unterschiede, historische Entwicklungen und soziopolitische Kontexte zugunsten der **Konstruktion** von Einheitlichkeit vernachlässigt (vgl. Cotter und Robertson 2016, 9).

Zusammenfassend kann man sagen, dass dem Weltreligionenparadigma die hegemoniale Einteilung der Welt aus einer speziellen Perspektive zugrunde liegt, die (1.) auf problematischen Voraussetzungen aufbaut, (2.) durch ihre konzeptuelle Wirkmächtigkeit als selten hinterfragtes „Allgemeinwissen" selbst Ungleichheit produziert und (3.) durch ihre massive Komplexitätsreduktion eine umfassend stereotypisierende Funktion hat. Angesichts dieses Befundes sind Religionswissenschaftler*innen herausgefordert, die Reproduktion von und den Umgang mit der *Kategorie* – das heißt dem Ordnungsprinzip und nicht etwa nur dem Begriff – Weltreligion innerhalb der akademischen Disziplin Religionswissenschaft und die daraus resultierenden gesellschaftlichen Konsequenzen kritisch zu hinterfragen. Cotter und Robertson beschreiben diese Aufgabe folgendermaßen:

> The WRP is [...] *[a] construction [...] which has gained the hegemonic status of ahistorical, universal 'common sense'. This makes our mission of* **deconstruction** *simultaneously all the*

more difficult and all the more important. The non-confessional social-scientific study of religion must be self-reflexive and self-critical, and cognizant of the political and social implications of its influence upon media discourse and state apparatuses such as censuses [...]. (Cotter und Robertson 2016, 10, Hervorhebung WA)

Im Folgenden möchte ich die Wirkmächtigkeit dieses hegemonialen Status des Konzepts „Weltreligion" als Allgemeinwissen am Beispiel seiner Funktion in Bildungskontexten aufzeigen.

3 Das Weltreligionenparadigma in Bildungskontexten

Die Struktur und die Inhalte der Vermittlung religionsbezogener Themen im Bildungsbereich sind einerseits vom WRP geprägt und tragen andererseits maßgeblich zu seiner Reproduktion und seinem Erhalt bei. Die diesem Paradigma inhärente Problematik und die damit verbundenen gesellschaftlichen Konsequenzen, etwa in Bezug auf die Wirkmacht von *Othering*-Diskursen oder auf Essentialisierung beruhenden Stereotypisierungen bestimmter Menschengruppen, sind außerhalb der akademischen Disziplin Religionswissenschaft bisher wenig bekannt. In den letzten Jahren sind jedoch Analysen erschienen, die diese Zusammenhänge in unterschiedlichen Bildungskontexten analysieren und erste Wege zur Überwindung des WRP in diesen Kontexten aufzeigen.

Zum einen diente das Weltreligionenparadigma lange als Muster für die Darstellung „der anderen" Religionen im christlich-konfessionellen Religionsunterricht. Dieses Muster der Kontrastierung des Christentums mit „den anderen Weltreligionen" hält sich ebenfalls im nicht-konfessionellen religionsbezogenen Unterricht, wie beispielsweise in den Ersatzfächern zum Religionsunterricht in vielen deutschen Bundesländern (vgl. Alberts et al. 2023).

Ricarda Darm (2020) zeigt mit Beispielen aus dem niedersächsischen Ersatzfach für den konfessionellen Religionsunterricht *Werte und Normen*, wie wirksam das WRP in diesem Kontext ist. Sie setzt sich mit Schulbüchern auseinander, die diese „Weltreligionen-Schubladen" zugrunde legen, und schlussfolgert, dass diese Vereinfachungen und Generalisierungen im Sinne kritischer Praxis zum Analysegegenstand gemacht und problematisiert werden müssen, „indem man das darin repräsentierte Wissen mit differenzierteren Perspektiven konfrontiert" (Darm 2020, 43).

Julia Becker (2023) zeigt mit einer kritischen Diskursanalyse eines Kapitels des Lehrbuchs (Paßler 2020) und des Lehrerbandes (Pfeiffer 2019) *Werte – Normen – Weltanschauungen* des Militzke-Verlags, eines aktuellen Schulbuchs für *Werte und Normen* auf, wie durch die Wirkmächtigkeit dieses Paradigmas symbolische Gewalt und „small-i-indoctrination"[6] produziert werden. Die dem WRP inhärente Essentialisierung von Religion, die Naturalisierung des Christentums und das implizite, und teils auch explizite *Othering* der „anderen Religionen" wird in Schulbüchern besonders deutlich. So wird in einem Begleitband für Lehrkräfte trotz des religiös und weltanschaulich neutralen Anspruchs des Faches festgehalten, dass der Islam „vielen fremd erscheint" und dass ein „Einblick in die Erscheinungsformen des Islam und in seine Kultur" (Pfeiffer 2019, 64) gewährt werden soll. Muslime erscheinen zudem als Beispiel für „Andersgläubige" (Paßler 2020, 184–185). Elemente christlicher Tradition werden im Gegensatz dazu als „in unserem christlich geprägten Kulturraum" als „allbekannt" (Pfeiffer 2019, 72) oder „selbstverständliches Allgemeingut" (Paßler 2020, 168) vorausgesetzt. Es werden verallgemeinernde Formulierungen verwendet wie „die Christen glauben", „die Muslime glauben" (Paßler 2020, 155) „für jeden Christen ..." (Paßler 2020, 170), wobei diese Pauschalisierungen dann als Grundlage für Vergleiche dienen. Becker zeigt, wie das Vergleichen von Religionen und Weltanschauungen auf der Grundlage von christlich-westlichen Kategorien einen ethnozentrischen Blickwinkel fördern kann, der andere Religionen und Weltanschauungen bewertet und herabwürdigt (vgl. Becker 2023, 53).

Zu einem ähnlichen Ergebnis kommt Anne Koch, die Kinderbücher zum Thema Weltreligionen analysiert. Sie bezeichnet Weltreligionen als Anachronismus und sieht dringenden Nachholbedarf in der Didaktik des religiösen Pluralismus (Koch 2021). Koch betrachtet die Kategorie Weltreligion als „Denk-, Anerkennungs- und Ausschlussform eines großen Teils der Bevölkerung" (Koch 2021, 278) mit nachhaltiger gesellschaftspolitischer Bedeutung und hält fest: „Gerade da die performative Kraft dieser Denkform nicht so offensichtlich ist, wirkt sie umso ungebrochener und unbemerkt" (Koch 2021, 278). Koch zeigt anhand von Beispielen die problematischen Konsequenzen des WRP für die Darstellung von Religionen in Kinderbüchern auf, inklusive „des Angleichens anderer Religionen an das Christentum als Prototyp, wie es sich im alltagssprachlichen Verständnis von ‚Religion' niedergeschlagen hat: ein domestifizierter Exotismus, die Ethnisierung und Kulturalisierung des Anderen, die **Reifizierung** von Religion" (Koch 2021, 284). Koch stellt die für die Religionswissenschaft hochrelevante Frage, warum die Mehrheit der religionsbezogenen Bildungsmaterialien vom Kinderbuch bis hin zu einigen wissenschaftlichen *Religious Studies* Handbüchern am WRP festhalten, obwohl damit „eine Welt-Imagination, die weder mit der Lebenswelt der

---

[6] *Small-i-indoctrination* bezeichnet in diesem Zusammenhang einen Prozess, der in Systemen entsteht, die traditionelle etablierte Religionen privilegieren, Wahlmöglichkeiten, Themen und Rahmungen auf vielfältige Weise einschränken, und in denen verschiedene Mechanismen von Inklusion, Exklusion, Othering und Stereotypisierung wirksam sind; vgl. Alberts 2019, 64.

LeserInnen/Studierenden, dem gegenwärtigen **religiösen Feld** noch mit **kulturwissenschaftlichem** Problembewusstsein zu tun hat" (Koch 2021, 288), reproduziert wird. Sie zeigt auf, dass das, was zunächst als sinnvolle didaktische Komplexitätsreduktion naheliegend scheinen mag, bei kulturellen Gegenständen, die in ständiger Veränderung und Verhandlung (re-)produziert werden, hier didaktisch kontraproduktiv ist: „Eine falsche Schablone am Anfang wird auch später nicht zu richtigem Transfer führen. Hinzu kommt, dass eine Didaktik des Wissenstransfers da wenig angemessen ist, wo es, wie angesichts kulturwissenschaftlicher Gegenstände, gerade um das Erlernen des Infragestellens von Wissen ginge" (Koch 2021, 289). Sie fordert für didaktische Darstellungen zum Pluralismus der Religionen einen grundlegenden Richtungswechsel, der die Kritik des WRP sowie **intersektionale** Bezüge, das heißt das Zusammenwirken unterschiedlicher Differenzkategorien, berücksichtigt.

4 Popularisierung der Kritik am Weltreligionenparadigma als Aufgabe der Religionswissenschaft

Angesichts dieser Befunde innerhalb und außerhalb des akademischen Rahmens möchte ich argumentieren, dass die Religionswissenschaft Verantwortung dafür trägt, diesen Richtungswechsel auf verschiedenen gesellschaftlichen Ebenen anzustoßen und wissenschaftlich zu begleiten. In diesem Prozess muss sie jedoch auch intern noch „ihre Hausaufgaben machen", sei es in Bezug auf ihre Selbstdarstellung als Disziplin oder in Bezug auf eine Gestaltung von Studiengängen, die das theoretische Niveau des Faches reflektiert.

Dies betrifft zunächst klare Formulierungen des Fachverständnisses der Religionswissenschaft in unterschiedlichen Kontexten (etwa nach dem Vorbild der Fachverbände, siehe oben), auch und vor allem in Abgrenzung zu diversen anderen – teils in der Gesellschaft wesentlich bekannteren und aufgrund der Wirkmächtigkeit des WRP intuitiv einleuchtenderen – Arten, sich mit Religion zu beschäftigen. Auch wenn die Religionswissenschaft von außen häufig als eine Art Lieferantin von Fakten über gegeben scheinende Gegenstände (wie Weltreligionen) gesehen wird, ist es ihre zentrale Aufgabe, die dieser Gegenstandskonstruktion zugrunde liegenden Religionsbegriffe und ihre gesellschaftlichen Konsequenzen zu analysieren, statt sie als gegeben vorauszusetzen. Dies schließt die Reflexion der eigenen Geschichte und Voraussetzungen mit ein. Auf dieser Grundlage kann der spezifisch religionswissenschaftliche Ansatz in unterschiedlichen Kontexten herausgearbeitet werden. Darauf aufbauend können Schnittstellen mit und Unterschiede zu anderen in unterschiedlichen gesellschaftlichen Arenen vorhandenen Religionskonzepten aufgezeigt werden. So kann der omnipräsente Weltreligionen-Diskurs herausgefordert werden, ähnlich wie durch Forschung in den Gender Studies die in vielen Kontexten gegeben scheinende Binarität der Geschlechter oder Heteronormativität herausgefordert wird. Die sehr polarisierten gesellschaftlichen Diskussionen um dieses Thema zeigen, dass die Herausforderung und Infragestellung zentraler Ordnungskategorien unserer Gesellschaften unbequem und nicht konflikt- und widerstandsfrei sind.

Das ist vielleicht eine weitere Erklärung dafür, dass sich das WRP so beständig hält: Während das Erzählen schöner Geschichten über einen exotisierten, alltagsfernen und essentialisierten Gegenstand „Religion" in vielen Kontexten als unhinterfragtes Bildungsgut willkommen ist, schafft die Kritik am WRP Unruhe, stellt Gewissheiten in Frage und macht letztendlich eine Revision des diesbezüglichen Wissenskanons notwendig. Sie stellt die Idee des „Kanons" selbst in Frage. Gerade im bildungspolitisch hochumstrittenen Bereich des religionsbezogenen Schulunterrichts wäre hier eine völlige Umstrukturierung der Vermittlung religionsbezogenen Wissens notwendig, da Religionskunde in vielen Kontexten immer noch intuitiv weitgehend als eine Art Didaktik des WRP missverstanden wird (vgl. Alberts et al. 2023). Mit Rückgriff auf den südafrikanischen Kontext bringt es Beverly Vencatsamy auf den Punkt: „it is essential to dismantle the archaic and harmful paradigm and embrace an educational approach that truly respects diversity and promotes critical thinking" (Vencatsamy 2024, 23). Dies bezeichnet sie zu Recht als nichts weniger als eine „pädagogische Revolution", die Diversität, Inklusion und Dekolonisierung ernst nimmt (vgl. Vencatsamy 2024: 22).

Literatur

Alberts, Wanda. 2017. „Reconstruction, Critical Accommodation or Business as Usual? Challenges of Criticisms of the World Religions Paradigm to the Design of Teaching Programmes in the Study of Religions." *Method & Theory in the Study of Religion* 29 (4–5):443–458.

Alberts, Wanda. 2019. „Religious Education as Small ‚i' Indoctrination: How European Countries Struggle with a Secular Approach to Religion in Schools." *Center for Educational Policy Studies Journal* 9 (4):53–72. https://doi.org/10.26529/cepsj.688.

Alberts, Wanda, Horst Junginger, Katharina Neef und Christina Wöstemeyer, Hg. 2023. *Handbuch Religionskunde in Deutschland*. Berlin und Boston: De Gruyter.

Auffarth, Christoph. 2005. „‚Weltreligion' als ein Leitbegriff der Religionswissenschaft im Imperialismus." In *Mission und Macht im Wandel politischer Orientierungen: Europäische Missionsgesellschaften in politischen Spannungsfeldern in Afrika und Asien zwischen 1800 und 1945*, hg. v. Ulrich van der Heyden und Holger Stoecker, 17–36. Stuttgart: Steiner.

Becker, Julia. 2023. *Das Weltreligionenparadigma im Werte und Normen Unterricht: Eine kritische Analyse ausgewählter Schulbücher*. Masterarbeit, Hannover: Gottfried Wilhelm Leibniz Universität. https://doi.org/10.15488/13854.

Cotter, Christopher R. und Robertson, David G. 2016. „Introduction." In *After World Religions: Reconstructing Religious Studies*, hg. v. Christopher R. Cotter und David G. Robertson, 1–20. London und New York: Routledge.

Darm, Ricarda. 2020. „Das Weltreligionenparadigma: Zentrale Probleme des Konstrukts für den inklusiven Werte- und Normen-Unterricht." *Schule Inklusiv* 8:41–45.

DVRW (Deutsche Vereinigung für Religionswissenschaft). 2023. „Das Fach Religionswissenschaft." 2023. https://www.dvrw.uni-hannover.de/de/standorte (zuletzt eingesehen am 27.9.2024).

Hall, Stuart. 2016. *Rassismus und kulturelle Identität*. Sechste Auflage. Hamburg: Argument Verlag.

IAHR (International Association for the History of Religions). 2024. „What Is the IAHR?", https://www.iahrweb.org/about.php (zuletzt eingesehen am 27.9.2024).

Koch, Anne. 2021. „Dringender Nachholbedarf." *Österreichisches Religionspädagogisches Forum* 29 (1):275–291. https://doi.org/10.25364/10.29:2021.1.17.

Kuhn, Thomas S. [1969] 2009. *Die Struktur wissenschaftlicher Revolutionen*. 2., rev. und um das Postskriptum von 1969 erg. Aufl., [Nachdr.]. Frankfurt am Main: Suhrkamp.

Masuzawa, Tomoko. 2005. *The Invention of World Religions: Or, How European Universalism Was Preserved in the Language of Pluralism*. Chicago: The University of Chicago Press.

Owen, Suzanne. 2011. „The World Religions Paradigm: Time for a Change." *Arts and Humanities in Higher Education* 10 (3):253–68. https://doi.org/10.1177/1474022211408038.

Schmitz, Bertram. 2021. *Religionswissenschaft: Einführung*. Baden-Baden: Nomos.

Paßler, Jana. 2020. „Religionen unserer Welt: Judentum, Christentum, Islam". In *Werte – Normen – Weltanschauungen. Lehrbuch*, hg. v. Silke Pfeiffer, 150–187. Magdeburg: Militzke.

Pfeiffer, Silke. 2019. *Werte – Normen – Weltanschauungen. Lehrerband*. Magdeburg: Militzke.

Smith, Jonathan Z. 1998. „Religion, Religions, Religious". In *Critical Terms for Religious Studies*, hg. v. Mark C. Taylor, 269–284. The University of Chicago Press.

Stausberg, Michael. 2012. „Religion: Begriff, Definitionen, Theorien". In *Religionswissenschaft*, hg. v. Michael Stausberg, 33–47. Berlin: De Gruyter. https://doi.org/10.1515/9783110258936.33.

Vencatsamy, Beverly. 2024. „The World Religions Paradigm: Why Context Matters in Religious Studies." *Critical Research on Religion* 12 (1):12–25. https://doi.org/10.1177/20503032241226966.

Michael Stausberg und Katharina Wilkens
Zwischenstück II

Abbildung 3: Eine hölzerne Helmmaske, vermutlich von den Vitu-Inseln, Papua-Neuguinea.

Über den Ursprung und die Verwendung dieser Maske, die *kakaparaga* genannt wurde, ist nicht viel bekannt. Im Rahmen einer Lehrveranstaltung, die Dr. Susanne Rodemeier als Kuratorin der Religionskundlichen Sammlung leitete, erforschten Studierende die Erwerbsgeschichte dieses Objekts und brachten einiges in Erfahrung: Der Allgäuer Kapitän Karl Nauer befehligte von 1903 bis 1912 das Postschiff Sumatra für die Norddeutsche Lloyd in den deutsch-pazifischen Kolonien und erwarb dort viele Objekte aus eigenem Interesse und auch im Auftrag von deutschen völkerkundlichen Museen. Diese Maske kam 1912 an das Münchner Museum Fünf Kontinente (damals: Völkerkundemuseum) und wurde 1934 über den Kuriositätenhändler Gustav Umlauff an die Religionskundliche Sammlung verkauft. Wissen zu den kulturellen oder religiösen Traditionen der Bewohner:innen Melanesiens kann das Objekt aufgrund der kolonialen De-Kontextualisierung kaum oder gar nicht vermitteln. Stattdessen ist es ein Lehrstück für Objektbiografien, die zunächst koloniale, und dann museale Re-Kontextualisierungen aufweisen. [KW]

Religionskundliche Sammlung, Inv.-Nr. As 043, Zugangsnummer 0859, Erwerb 1934; Höhe 43 cm, Breite 21 cm.

Foto: Vanessa Obermair, © Religionskundliche Sammlung, Philipps-Universität Marburg (CC-BY-NC-SA)

Abbildung 4: Schutzbild gegen den Bösen Blick, Israel, erstes Drittel des 20. Jahrhunderts.

Religionsforschung „im Feld" oder „vor Ort" wurde und wird vielfach von Nicht-Akademiker:innen betrieben, die für die Wissenschaft wichtige Quellen generieren und Ansprechpartner:innen darstellen. Die Missionarstochter und Sanitätsrätin Lydia Einsler etwa veröffentlichte 1898, im Druck des Syrischen Waisenhauses von Jerusalem, ein Buch mit dem Titel *Mosaik aus dem heiligen Lande: Schilderung einiger Gebräuche der arabischen Bevölkerung Palästinas*. Der zweite Leiter der Religionskundlichen Sammlung, der Missionswissenschaftler Heinrich Frick, bat Einsler, eine Auswahl jüdischer, christlicher und muslimischer Amulette (Schutzobjekte) zusammenzustellen; 1934 trafen dann 123 Amulette aus Jerusalem in Marburg ein, darunter dieses auf bemalter Alufolie, dessen Rahmen Abnutzungsspuren zeigt. Einsler fügte dieser Sendung eine „Einleitung zur Amulettensammlung" bei, in der sie unter anderem feststellte: „Mit der Zeit fand ich immer größeres Interesse an der Sammlung, besonders da ich sah, dass der Glaube an solche Schutzmittel [...] ganz gewaltig abnimmt" (zitiert in Meininghaus 2017, 99). Sammlung und Musealisierung erlangten an dieser historischen Schnittstelle damit eine Art Konservierungsauftrag. Ob die Nachfrage nach derartigen Objekten tatsächlich abnahm, und inwieweit sich ihre Funktion veränderte, sind Forschungsfragen. Amulette sind ein weltweites Phänomen, ebenso wie die Angst vor dem Bösen Blick, zu dessen Abwehr diese Schutzurkunde (*Shemira*) dient, indem sie ein etabliertes religiöses Repertoire mobilisiert. Dazu zählen der visuell prominente Segnungs- und Schutzgestus der ausgestreckten Hand mit gespreizten Fingern und der Davidstern, aber auch Namens- und Textreferenzen, so Gottesbezeichnungen (He und Shaddaj) und Tora-Zitate. (Für eine Analyse der Motive, vgl. Meininghaus 2017.) [MS]

Religionskundliche Sammlung, Inv.-Nr. Gk 013; Erwerb 1934; 27 cm x 22 cm

Literatur: Meininghaus, Alisha. 2017. „Shemira gegen den Bösen Blick: Religionsgeschichtliche Annäherung an ein magisches jüdisches Objekt." In *Objekte erzählen Religionsgeschichte(n): Eine religionswissenschaftliche Spurensuche in der Religionskundlichen Sammlung*, hg. v. Edith Franke, 91–101. Marburg: Religionskundliche Sammlung der Philipps-Universität Marburg.

Foto: Georg Dörr, © Religionskundliche Sammlung, Philipps-Universität Marburg (CC-BY-NC-SA)

Teil II: **Begriffe**

Maren Freudenberg und Sebastian Schüler
II.1 Charisma: Genese, Erhalt und Veralltäglichung von Autoritätsbeziehungen in Religion

1 Einführung

Charisma ist sowohl innerhalb der Religionswissenschaft als auch in der Alltagssprache ein häufig verwendetes Konzept, dessen jeweilige Bedeutungen sich klar unterscheiden. Alltagssprachlich wird damit meist die Fähigkeit einer Person bezeichnet, sich gut zu inszenieren, ein sicheres Auftreten zu haben oder rhetorisch zu überzeugen. Häufig gelten religiöse und politische Persönlichkeiten als charismatisch, genauso wie Stars in Film, Musik oder Technologiefirmen. Nicht wenige Lebenshilfebücher bieten Tipps an, um das eigene Charisma zu entwickeln oder zu steigern. Charisma wird alltagssprachlich also als eine bestimmte Fähigkeit von Personen bzw. als ein Potential oder eine Gabe gedacht, welche(s) sich ausbauen und trainieren ließe.

Davon unterscheidet sich die wissenschaftliche Verwendung des Begriffs, die nach den sozialen Bedingungen der Herstellung von Charisma fragt. Charisma ist wissenschaftlich gesehen keine inhärente oder angeborene Eigenschaft oder Fähigkeit einer Person, sondern eine soziale Zuschreibung; einer Person werden dabei bestimmte, manchmal auch übermenschliche Eigenschaften zugesprochen. Das kann als Anfangspunkt für einen Prozess der Charismatisierung gelten, in dessen Zuge Charisma durch eine Anhängerschaft zugeschrieben, bestätigt und bekräftigt wird. In diesem Sinne liegt Charisma im Auge der Betrachter:innen und ist immer von deren Erwartungen und Einstellungen abhängig; es kann also prinzipiell jedem Menschen Charisma zugeschrieben werden.

Der Charisma-Begriff hat in der Religionsforschung an ganz unterschiedlichen Fallbeispielen Anwendung gefunden. Die ab den 1960er Jahren im Kontext des *New Age* und der *Counterculture* aufkommenden sogenannten **Neuen Religiösen Bewegungen** (NRB) haben in der Religionssoziologie eine Konjunktur der Erforschung von charismatischen Anführer:innen ausgelöst (Wilson 1970; Wallis 1982; Barnes 1978). Für die Analyse sind dabei insbesondere die Faktoren und Bedingungen sozialer Interaktion und Gruppendynamiken von Bedeutung, welche die Herstellung von Charisma erst ermöglichen. Charisma sollte daher aus religionswissenschaftlicher Sicht entsprechend neutral gegenüber religiösen Positionen erforscht werden. In der wissenschaftlichen wie alltagssprachlichen Auseinandersetzung mit Charisma/Autorität kommt es jedoch nicht selten auch zu normativen Bewertungen, zum Beispiel bei der Frage möglicher Machtmissbrauchs durch charismatische Autorität. Insbesondere Aussteigerberichte aus Neuen Religiösen Bewegungen können solche Aspekte beinhalten und öffentliche Diskurse beeinflussen. So ernst zu nehmen solche Vorwürfe sind, so sind **Sektendiskurse** nicht Teil religionswissenschaftlicher Forschung, sondern selbst deren Gegenstand. Die Analyse solcher **Diskurse** behandelt dann unter anderem Fragen der Autorität im Sinne von Deutungsmacht im öffentlichen Raum. Es geht zum Beispiel darum, inwiefern charismatische Anführer:innen als gesellschaftlich deviant und somit als „Störer gesellschaftlicher Ordnung" (Wustmann und Neef 2012) von anderen Diskursteilnehmer:innen wahrgenommen werden. Jedoch muss diese Frage nach den Diskursen von der nach der Genese von charismatischer Autorität und dem möglichen Wandel von Autorität in **Institutionalisierungsprozessen** unterschieden werden.

2 Begriffsgeschichte

Der Begriff Charisma stammt ursprünglich aus dem christlichen Kontext und bezeichnet individuelle Begabungen, von denen es in neutestamentlichen Texten (Röm 12,6–8, 1 Kor 12,8–10, 1 Kor 12,28–31) heißt, dass Gott diese verleihe und sie der Gemeinschaft der Christ:innen dienlich seien. Dazu gehören zum Beispiel Weisheit, Heilung von Krankheiten, Wunderkräfte oder prophetisches Reden. Diese sogenannten „Geistesgaben" spielen im pfingstlerisch-charismatischen Christentum auch heute noch eine große Rolle – daher ihr Name (Reuter in diesem Band). Im 19. Jahrhundert wurde der Begriff als wissenschaftliche Kategorie – das heißt als **metasprachliches** Konzept – eingeführt. Eine erste Verwendung findet sich bei dem Rechtshistoriker und Kirchenrechtler Rudolph Sohm (1841–1917), der Charisma aber noch eng am christlichen Verständnis angelehnt als eine inhärente, spirituelle Kraft unabhängig von der Zuschreibung durch andere versteht. Eine größere Bekanntheit erhält der Begriff durch den Soziologen Max Weber (1864–1920), der von charismatischer Herrschaft[1] als einer von drei zentralen Typen von Herrschaft spricht. In Webers früher Arbeit zu Charisma – postum veröffentlicht im Abschnitt „Religionssoziologie" seines umfassenden Werks *Wirtschaft und Gesellschaft: Grundriss der verstehenden Soziologie* ([1919/20] 2005) – definiert er den Begriff in Anlehnung an Sohm selbst noch stark **essentialistisch** als eine „Gabe," die nicht allgemein zugänglich, sondern auserwählten Individuen vorbehalten ist. Im später

---

[1] Der Begriff der Herrschaft wird bei Weber teilweise synonym mit dem Begriff der Autorität verwendet und nicht klar voneinander unterschieden.

verfassten Abschnitt „Die Typen der Herrschaft" in *Wirtschaft und Gesellschaft* behandelt er jedoch Charisma zunehmend als **relationales** Konzept, das fortwährender Legitimierung bedarf:

> »Charisma« soll eine als außeralltäglich [...] geltende Qualität einer Persönlichkeit heißen, um derentwillen sie als mit übernatürlichen oder übermenschlichen oder mindestens spezifisch außeralltäglichen, nicht jedem andern zugänglichen Kräften oder Eigenschaften oder als gottgesendet oder als vorbildlich und deshalb als »Führer« gewertet wird. Über die Geltung des Charisma entscheidet die durch Bewährung — ursprünglich stets: durch Wunder — gesicherte freie, aus Hingabe an Offenbarung, Heldenverehrung, Vertrauen zum Führer geborene, Anerkennung durch die Beherrschten. (Weber [1919/20] 2005, 179)

Dadurch ist laut Weber die „genuine" charismatische Herrschaft (so der Fachbegriff bei Weber) als spezifische Autoritätsform zu unterscheiden von legaler (bürokratischer) und traditionaler Herrschaft ([1919/20] 2005: 179). Letztere stellen bereits die Veralltäglichung bzw. Routinisierung von Charisma dar und verdeutlichen, dass genuines Charisma sehr flüchtig ist und schnell Institutionalisierungsdynamiken unterliegt, die zum Beispiel in Amtscharisma (legale/bürokratische Herrschaft) oder Erbcharisma (traditionale Herrschaft) münden. Weber geht dabei von drei sogenannten **Idealtypen** aus, die analytische Kategorien darstellen und in reiner Form empirisch nicht existieren (Weber [1919/20] 2005: 14 f.).

Webers mittlerweile klassische Definition beeinflusst die Forschung zu Charisma bis heute und wurde entsprechend häufig rezipiert und kritisiert. So wurde immer wieder auf die uneindeutige Verwendung des Begriffs bei Weber hingewiesen (Riesebrodt 1999, Freudenberg und Weitzel 2019). Auch die Antwort auf die Frage nach dem *Wie* des Vorgangs der Zuschreibung und Anerkennung von Charisma bleibt Weber schuldig (Weitzel 2022). Und der Verweis auf „außeralltägliche" Eigenschaften, die „magisch bedingt" oder Zeichen der Gottgesandheit seien (Weber [1919/20] 2005: 179), brachte Weber die Kritik eines möglichen **Transzendenzbezugs** oder gar romantisch-irrationaler Züge ein (Smith 1998: 35).

Im Weiteren wollen wir daher der Frage nachgehen, wie genau Charisma erzeugt wird. Welche Bedingungen müssen gegeben sein, damit Charisma sozial zugeschrieben werden kann? Welche Versuche werden von religiösen Gemeinschaften und Institutionen unternommen, um sie auf Dauer zu stellen? Der Zustand von Charisma kann dafür zu analytischen Zwecken in drei Prozessphasen unterteilt werden: die Genese, den Erhalt sowie die Veralltäglichung von Charisma. Im Folgenden sollen diese drei Phasen als mögliche Grundlage für die Analyse von Charisma näher beleuchtet werden.

3 Genese

Weber spricht zwar von den außeralltäglichen Qualitäten des charismatischen Anführers, jedoch wird auch deutlich, dass es – unabhängig von den tatsächlichen Handlungen und Fähigkeiten einer Person – vor allem darauf ankommt, dass andere an solche Fähigkeiten (und deren Bedeutung) glauben. Charisma ist entsprechend eine Kategorie, die nur als Produkt der wechselseitigen Beziehung zwischen Anführer:innen und Anhänger:innen zu bestimmen ist. Charisma wird in diesem wechselseitigen Verhältnis produziert. Dabei setzt der aktive Herstellungsprozess die willentliche Unterordnung der Anhänger:innen voraus. Aus religionswissenschaftlicher Perspektive ermöglicht diese Beobachtung, das wechselseitige Verhältnis zwischen Anführer:in und Anhänger:innen in seiner Dynamik zu verstehen. Im Zusammenhang mit der wechselseitigen Produktion von Charisma schlägt Ackermann (2015) vor, Personen, denen Charisma zugeschrieben wird, besser als „Charismatisierte" und deren Anhänger:innen als „Charismatisierende" zu bezeichnen, um die Relationalität dieser Dynamik stärker hervorzuheben. Dadurch wird auch die aktive Rolle der Anhänger:innen als die das Charisma produzierende Gruppe betont, im Gegensatz zur üblichen Deutung im Rahmen eines Sektendiskurses, nach der Anhänger:innen ihren Anführer:innen ‚blind' folgen würden. Charismatische Anführer:innen müssen zunächst als glaubwürdig anerkannt werden, wobei Glaubwürdigkeit immer von konkreten sozialen Kontexten und gegenseitigen Erwartungen abhängt (Wallis 1982). Die Wahrnehmung vom Charisma einer Person wird also nicht von allen Menschen gleichermaßen geteilt, sondern nur von einer bestimmten Gruppe.

Dabei kommt es in einem zweiten Schritt häufig zu Vergemeinschaftungsprozessen und zur Ausbildung organisatorischer Strukturen. Charismatische Anführer:innen haben oftmals eine Botschaft, die aus Protest-, Umkehr- und Reformgedanken oder auch aus übernatürlichen Eingebungen (zum Beispiel „Visionen") besteht. Die Botschaft kann über verschiedene Formate gestreut werden, ob mündlich oder schriftlich, ob im direkten Austausch oder (massen-)medial vermittelt. Dazu gehören in Geschichte wie Gegenwart Kundgebungen und Protestaktionen, Flugblätter, Traktate und weitere Printpublikationen sowie Radio, Fernsehen und digitale Medien (Hoover 2017).

Die Glaubwürdigkeit einer verkündeten Botschaft und das Gelingen ihrer Verbreitung hängen jedoch nicht nur von den Inhalten ab, sondern bedürfen des Zusammenspiels mehrerer Faktoren, wie etwa dem äußeren Auftreten der Person, ihrer spezifischen Handlungen (wie zum Beispiel Heilungswunder), der für das Publikum passenden Rhetorik und einer Empfänglichkeit des Publikums für diese Botschaft. Hier können materielle Dinge wie Kleidung, (Körper-)Schmuck, Haartracht, Utensilien, aber auch Gestik, Stimme, Körperhaltungen und Mimik eine entscheidende Rolle spielen. Zudem muss die Person in ihrer Rhetorik die Menschen abholen und begeistern können (Freudenberg 2024). Dazu zählen aus der Perspektive der Anhänger:innen neben anregenden **Metaphern** und überzeugenden Argumenten auch milieuspezifische Begriffe. Nicht zuletzt muss die Botschaft Interesse wecken und Wünsche oder Probleme ansprechen, die die Menschen als existentiell erleben.

Übernatürliche Begegnungen und Kommunikation mit transzendenten Wesen liefern dabei nicht nur neue religiöse Botschaften im inhaltlichen Sinne. Religionswissenschaftlich betrachtet dienen diese Erfahrungen charismatischen Anführer:innen dazu, sich selbst in der Rolle als Auserwählte zu legitimieren. Dazu kommen weitere von den Anhänger:innen wahrgenommene besondere Fähigkeiten, wie etwa Wunderheilungen, Prophetie, Weisheit und ähnliches. Die Zuschreibung von Charisma erfolgt allerdings nicht allein kognitiv, sondern auch über ästhetische und emotionale Faktoren (Witte et al. 2015). In der unmittelbaren Präsenz von charismatischen Anführer:innen erleben Anhänger:innen häufig eine innige Verbundenheit und Hingabe oder ein Gefühl der Ehrfurcht. So werden etwa religiösen Anführern wie dem kanadischen John de Ruiter (*1959) oder dem kroatischen Braco „The Gazer" (*1967) übernatürliche Fähigkeiten allein durch Blickkontakt zugeschrieben (Joosse 2012, Ackermann 2015). Die körperliche Berührung durch charismatische Anführer:innen in rituellen Kontexten kann sich affektiv auf die eigene Körperwahrnehmung auswirken und als ‚energetisierend' wahrgenommen werden. Manchmal werden auch Alltagsgegenstände oder Kleidungsstücke aus dem Besitz der charismatischen Anführer:innen als Träger von Charisma verehrt. Hier wird seitens der Anhänger:innen Charisma als eine Substanz verstanden, die sich vom Körper auf Dinge überträgt und dann davon ausstrahlt (Radermacher 2019).

Gilt eine Botschaft aus Sicht der Anhänger:innen als glaubwürdig und wird die außeralltägliche Qualität der Eigenschaften einer Person durch die Gruppe bestätigt, wird Charisma zugeschrieben. Im Rahmen dieses sozialen Geschehens bleibt die Dauerhaftigkeit dieser Zuschreibung fragil. Charisma muss sich nun weiter bewähren. Gerade am Anfang der Entstehung einer religiösen Bewegung steht noch häufig eine euphorische Gruppendynamik, die das Charisma trägt. Mit dem Wachsen der Anhängerschaft müssen jedoch auch neu hinzugekommene Anhänger:innen überzeugt und das Charisma gefestigt werden. Es bedarf andauernder Legitimation durch die Anhänger:innen. Damit beginnt die zweite Phase, der Erhalt von Charisma.

4 Erhalt

Besonders bei der Erforschung Neuer Religiöser Bewegungen wurde immer wieder beobachtet, dass die zugeschriebenen übernatürlichen Fähigkeiten charismatischer Anführer:innen von Anhänger:innen wie auch Außenstehenden in Frage gestellt oder angezweifelt werden können (Joosse 2012, Immergut 2014, Hammer/Swartz 2020). Entsprechend gilt es aus Perspektive der Anführer:innen, das Charisma zu erhalten und gegen Zweifel abzuschirmen. Weber spricht davon, dass sich Charisma „bewähren" muss (Weber 2005, 179): Die als außeralltäglich wahrgenommene Qualität der charismatisierten Personen schürt Erwartungen, dass diese der besonderen Rolle performativ in jeder Lebenssituation gerecht werden und sich dadurch von ‚normalen' Menschen unterscheiden. Von charismatischen Anführer:innen wird explizit oder implizit erwartet, dass sie sich dauerhaft in dieser Rolle bewegen und sowohl ‚vor' als auch ‚hinter der Bühne' authentisch sind (Joosse 2012). Entsprechend kann es Anhänger:innen enttäuschen, wenn Anführer:innen einer Vorbildfunktion nicht gerecht werden. Je länger die Anhängerschaft aber besteht, desto mehr Rollenabweichungen können sich charismatische Anführer:innen erlauben (Immergut 2014).

In vielen Neuen Religiösen Bewegungen lässt sich beobachten, dass charismatische Anführer:innen soziale Distanz zu ihren Anhänger:innen einnehmen und dabei zugleich einen engen Kreis von ausgewählten Anhänger:innen um sich organisieren (Wallis 1982). Während charismatische Anführer:innen anfangs meist unmittelbaren Kontakt zu ihren Anhänger:innen suchen und direkt auf sie zugehen, kann der Entzug von Nähe und Zugänglichkeit zu einem wichtigen sozialen Mechanismus für den Erhalt von Charisma werden. Charismatische Anführer:innen zeigen sich dann seltener in der Öffentlichkeit und die Auftritte werden nach innen (halböffentlich) und nach außen (öffentlich) sorgfältig inszeniert, sodass nur noch wenige Anhänger:innen in direkten und dauerhaften Kontakt mit der Führungsperson kommen (so zum Beispiel Osho [1931–1990], Gründer der *Bhagwan*-Bewegung). Dadurch wird die Anziehungskraft der charismatischen Anführer:innen und die Treue der Anhänger:innen erhöht.

Ein weiterer Mechanismus zum Erhalt von Charisma kann die Anpassung der Botschaft etwa durch die Verkündung neuer Eingebungen und Visionen sein. Solche Momente der religiösen Kommunikation sind oftmals Teil einer öffentlichen Inszenierung, die mit emotionalen und körperlichen Aspekten wie Besessenheit oder Trance einhergeht und charismatische Anführer:innen weiter legitimiert. Insbesondere in religiösen Bewegungen mit einer ausgeprägten Endzeiterwartung können prophetische Figuren Charisma erlangen; denn spätestens, wenn die angekündigte Apokalypse oder die versprochene Rettung der Auserwählten ausbleibt, müssen übernatürliche Botschaften und Visionen angepasst werden, um den bevorstehenden Weltuntergang neu zu deuten. Ein neuer Endzeittermin steigert dann unter Umständen das Charisma (oder lässt Anhänger:innen abspringen), wie in einer Studie zur UFO-Gemeinschaft „The Seekers" in den USA in den 1950er Jahren deutlich wird (Festinger et al. 1956).

Exklusive Veranstaltungen können dazu dienen, die soziale Abgrenzung zu erhöhen und das Charisma zu steigern. Schon aus organisatorischen Gründen wird meist ein enger Kreis an Personen ernannt, an die bestimmte Aufgaben für die Gruppe delegiert werden. Häufig treten diese Personen dann stellvertretend für charismatische Anführer:innen in der Öffentlichkeit auf und geben deren Lehre weiter, wie es Roy Wallis am Beispiel von David Berg (1919–1994), dem Gründer der *Children of God*, eindrücklich demonstriert (1982, 33–34). Ihnen kann dann ebenfalls Charisma zugeschrieben werden. An dieser Stelle zeigt sich bereits eine erste Institutionalisierung von Charisma, da die ursprüngliche Botschaft in Form von sich konsolidierenden Lehren ins Zentrum rückt. Ob jedoch tatsächlich die Botschaft oder doch eher die verkündende Person charismatisiert wird, muss von Fall zu Fall untersucht werden (Cavalli 1993). Es kommt schrittweise zur Ausbildung von sozialen Hierarchien – eine religiöse Elite entsteht – und die Form der Autorität verändert sich mit der Verlagerung von charismatischen Anführer:innen hin zur Lehre, verkündet durch einen ausgewählten Kreis von Anhänger:innen. Weber spricht in diesem Zusammenhang auch von einem „Verwaltungsstab" (Weber [1919/20] 2005, 184–185).

In allen diesen Fällen ist die Legitimationsfunktion der Anhängerschaft zentral. Für den Erhalt von Charisma – das heißt für seine fortlaufende Zuschreibung durch die Anhänger:innen – müssen sich charismatische Anführer:innen also kontinuierlich bewähren, um sich die Unterstützung durch ihre Anhänger:innen zu sichern. Dieser Mechanismus ist aus religionswissenschaftlicher Perspektive deswegen so wichtig, da er es ermöglicht, analytisch über normative Bewertungen von eventuellem Machtmissbrauch und psychologisierende Interpretationen wie Manipulation hinauszugehen. Man kann stattdessen nachzeichnen, wie ein mitunter sehr hohes Maß an Überzeugung, Hingabe und Über- bzw. Unterordnung in sozialer Interaktion zwischen Anführer:innen und Anhänger:innen entsteht.

5 Veralltäglichung

Die Beständigkeit von Charisma ist also stets prekär und kann nur durch hohen sozialen Aufwand erhalten werden. Einige charismatische Anführer:innen können ihren Status bis zu ihrem Lebensende bewahren. Andere verlieren diesen schon vorher oder können ihn lediglich bei einer kleineren Anhängerschaft aufrechterhalten. Die zugeschriebene Außeralltäglichkeit der charismatischen Anführer:innen kann stets hinterfragt und sogar offen angefeindet werden. Verliert die Person an Glaubwürdigkeit (etwa durch Vorwürfe, den für die Gruppe aufgestellten moralischen Regeln oder der methodischen Lebensführung selbst nicht zu folgen), kann sie sich nicht länger bewähren und ihr wird ggf. die Legitimation entzogen. Während sich einige Anhänger:innen abwenden, kann der Zweifel an der Glaubwürdigkeit bei anderen den umgekehrten Effekt haben und den Willen steigern, an die charismatische Anführerin bzw. den Anführer zu glauben (Festinger et al. 1956). Hierbei werden entsprechende Deutungen und Rationalisierungen hervorgebracht, zum Beispiel dass charismatische Anführer:innen auch eine ‚weltliche' Seite haben (was sie nur nahbarer erscheinen lasse) oder aber ihre Schwächen als übernatürliche Prüfungen zu verstehen seien (Immergut 2014).

Charisma unterliegt über kurz oder lang dem Prozess der **Veralltäglichung**. Spätestens jedoch mit dem Ableben charismatischer Anführer:innen steht die Frage an, wie es mit einer Glaubensgemeinschaft weitergeht, wer die Führung übernimmt und wie genau die Botschaft der verstorbenen Meisterin oder des Meisters zu deuten sind (Miller 1991), um zukunftsfähig zu sein. Anführer:innen können vor ihrem Tod eine Nachfolge benennen, oder der Verwaltungsstab benennt die Nachfolge nach dem Tod. Es kann spontan zu einer religiösen Erfahrung (Vision, „Offenbarung" und ähnliches) innerhalb der Gruppe kommen, die auf eine neue Anführerin oder einen neuen Anführer hinweist, oder die Nachfolge wird durch Spezialist:innen der Gruppe aktiv anhand von bestimmten, bereits etablierten Vorgaben gesucht (wie zum Beipiel im Fall des Dalai Lama). Dieser Übergang führt nicht selten zu internen Konflikten, Abspaltungen und Schulbildungen, bei der jede Richtung für sich behauptet, die ursprüngliche Botschaft zu bewahren.

Weber führt zwei weitere Typen von Charisma ein, die auch in der **Religionsgeschichte** zu beobachten sind: einerseits Erbcharisma – Charisma, das durch direkte Verwandtschaft von Generation zu Generation vererbt wird – und andererseits Amtscharisma. Hier verlagert sich das Charisma auf das religiöse Amt und nicht auf dessen Träger:innen (wie zum Beispiel beim Papst). So gehen die unterschiedlichen Formen der Veralltäglichung des Charismas immer auch mit Routinisierung, Traditionalisierung und Verrechtlichung der ursprünglichen religiösen Botschaft einher. Dabei spielt häufig Verschriftlichung eine Rolle. Es bilden sich außerdem Rituale und weitere Kernpraktiken heraus, die ebenfalls mit der Zeit in **Kanonisierungsprozessen** institutionalisiert werden, d. h. formell in die Tradition aufgenommen werden. Die Erinnerung an die ursprüngliche Botschaft der charismatischen Anführerin bzw. des Anführers erfolgt über zentrale Geschichten, die die Besonderheit dieser Person hinsichtlich ihrer Taten und Fähigkeiten herausstellen (Hagiographie). In der Katholischen Kirche werden manche charismatische Anführer:innen offiziell heiliggesprochen, was ihr Charisma konserviert (Lainer-Vos und Parigi 2014). Zudem kann auch in bereits stark institutionalisierten und traditionalistischen religiösen Organisationen immer wieder genuines Charisma aufkeimen (zusätzlich zu bereits etabliertem Erb- oder Amtscharisma), wie es etwa bei dem Medienstar Johannes Paul II. zu beobachten war (Schlott 2008; siehe auch Stausberg 2020, 515–517).

Die Veralltäglichung des Charismas stellt also den ersten Schritt des Wandels von charismatischer Autorität dar. Charismatische Autorität ist aufgrund ihres fragilen Zustandes kurzlebig und steuert unweigerlich auf Institutionalisierung oder, wesentlich häufiger in der Religionsgeschichte, auf ihr eigenes Scheitern zu. Denn die Institutionalisierung von Charisma ist mitnichten ein Automatismus; die meisten charismatischen Bewegungen werden nicht erfolgreich auf Dauer gestellt. Dort, wo Veralltäglichung gelingt, nimmt der Institutionalisierungsprozess je nach Kontext unterschiedliche Formen an. Religiöse Autorität wird in diesem Zuge durch Traditionsbildung und hierarchische Ämter gefestigt. Im Laufe der Zeit werden mitunter neue religiöse Botschaften und Offenbarungen verkündet, die wiederum zur Entstehung neuer charismatischer Bewegungen führen können. Weber – und im Anschluss an ihn auch der Soziologe Pierre Bourdieu (2000; Reuter in diesem Band) – unterscheiden in diesem Prozess idealtypisch die Rolle des Propheten von der des Priesters: Ersterer stellt etablierte Lehren in Frage und verkündet neue Botschaften, die dann zu Abspaltungen führen und in Neuformierungen religiöser Gruppierungen münden können, welche wiederum im Laufe der Zeit Institutionalisierungsdynamiken (und die Herausbildung einer Priesterschaft) unterliegen. Das ist bei Weber als ein sich stetig wiederholender Zyklus gedacht.

6 Ausblick

In diesem Beitrag haben wir bewusst den Fokus auf den idealtypischen Prozess von Herstellung, Veralltäglichung und Verfall von Charisma gelegt, wie er sich häufig in der Religionsgeschichte beobachten lässt. Auf weitere Aspekte von Charisma, auf die wir hier aus Platzgründen nicht eingehen konnten, die aber ebenfalls für die Auseinandersetzung mit dem Thema interessant sind, möchten wir hier noch kurz verweisen. So zeigt sich etwa in der Religionsgeschichte, dass aufgrund strukturell verankerter Geschlechterungleichheit wesentlich mehr Männer als Frauen in der Rolle des Propheten, Reformers bzw. charismatischen Anführers auftreten. Entsprechend stellt das Thema Charisma und Gender ein eigenes Forschungsfeld dar (van Osselaer et al. 2020). Für das in vielen Religionen ebenfalls wichtige Meister-Jünger-bzw. Lehrer-Schüler-Verhältnis möchten wir auf die Arbeit von Almut-Barbara Renger (2012) verweisen. Forschungen zu Charisma auch in anderen Bereichen als der Religion, so etwa in Politik, Populärkultur, Unternehmen, oder in der Wissenschaft, bereichern zudem nachhaltig die religionswissenschaftliche Charisma-Forschung.

Literatur

Ackermann, Martin. 2015. „Das Charisma-Netzwerk von Braco." *Zeitschrift für junge Religionswissenschaft* 10:1–2.
Barnes, Douglas F. 1978. „Charisma and Religious Leadership: An Historical Analysis." *Journal for the Scientific Study of Religion* 17:1–18.
Bourdieu, Pierre. 2000 *Das religiöse Feld: Texte zur Ökonomie des Heilsgeschehens.* Konstanz: UVK.
Cavalli, Luciano. 1993. „Charisma, Gemeinde und Bewegung: Zwei Paradigmata für den charismatischen Prozeß." In *Charisma: Theorie – Religion – Politik*, hg. v. Michael N. Ebertz, Winfried Gebhardt und Arnold Zingerle, 33–45. Berlin: De Gruyter.
Festinger, Leon, Henry W. Riecken und Stanley Schachter. 1956. *When Prophecy Fails*. Minneapolis: University of Minnesota Press.
Freudenberg, Maren. 2024. „Joel Osteen's Prosperity Gospel and the Enduring Popularity of America's ‚Smiling Preacher'." In *Ritual and Social Dynamics in Christian and Islamic Preaching*, hg. v. Ruth Conrad, Roland Hardenberg, Hanna Miethner und Max Stille, 105–126. London: Bloomsbury.
Freudenberg, Maren, und Tim Weitzel. 2019. „Introduction to the Special Issue on ‚Charisma'." *Journal of Religion in Europe* 12:99–114.
Hammer, Olav, und Karen Swartz. 2020. „Altered States of Consciousness and Charismatic Authority: The Case of Judith von Halle." *AURA* 11:4–22.
Hoover, Stewart M., Hg. 2017. *The Media and Religious Authority*. Penn State University Press.
Immergut, Matthew. 2014. „When Charisma Doesn't Fail: Charismatic Authority and Dissonance Management in the Case of Diamond Mountain." *Interdisciplinary Journal of Research on Religion* 10 (7): 2–23.
Joosse, Paul. 2012. „The Presentation of the Charismatic Self in Everyday Life: Reflections on a Canadian New Religious Movement." *Sociology of Religion* 73:174–199.
Lainer-Vos, Dan, und Paolo Parigi. 2014. „Miracle Making and the Preservation of Charisma." *Social Science History* 38:455–481.
Miller, Timothy, Hg. 1991. *When Prophets Die: The Postcharismatic Fate of New Religious Movements*. Albany: SUNY Press.
Radermacher, Martin. 2019. „From ‚Fetish' to ‚Aura': The Charisma of Objects?" *Journal of Religion in Europe* 12:166–190.
Renger, Almut-Barbara. 2012. „Meister-Jünger- und Lehrer-Schüler-Verhältnisse in der Religionsgeschichte." In *Religionswissenschaft*, hg. v. Michael Stausberg, 313–325. Berlin: De Gruyter. https://doi.org/10.1515/9783110258936.313
Riesebrodt, Martin. 1999. „*Charisma* in Max Weber's Sociology of Religion." *Religion* 29:1–14.

Schlott, René. 2008. „Der Papst als Medienstar". In *Aus Politik und Zeitgeschichte*. Bundeszentrale für politische Bildung. https://www.bpb.de/shop/zeitschriften/apuz/30763/der-papst-als-medienstar/ (zuletzt geöffnet am 28.3.2024).
Smith, David Norman. 1998. „Faith, Reason, and Charisma: Rudolf Sohm, Max Weber, and the Theology of Grace." *Sociological Inquiry* 68:32–60.
Stausberg, Michael. 2020. *Die Heilsbringer: Eine Globalgeschichte der Religionen im 20. Jahrhundert*. München: C.H. Beck.
Wallis, Roy. 1982. „The Social Construction of Charisma." *Social Compass* 29:25–39.
Van Osselaer, Tine, Leonardo Rossi, Kristof Smeyers, and Andrea Graus. 2020. „Charismatic Women in Religion. Power, Media, and Social Change." *Women's History Review* 29 (1):1–17.
Weber, Max. [1919/20] 2005. *Wirtschaft und Gesellschaft: Grundriss der verstehenden Soziologie*. Frankfurt am Main: Zweitausendeins.
Weitzel, Tim. 2022. „Charisma oder die Macht einer Unterscheidung." *Zeitschrift für Religionswissenschaft* 30:255–278.
Wilson, Bryan R. 1970. *Religious Sects: A Sociological Study*. London: Weidenfeld & Nicolson.
Witte, Marleen de, Martijn de Koning und Thijl Sunier. 2015. „Aesthetics of Religious Authority: Introduction." *Culture and Religion* 16:1–8.
Wustmann, Claudia, und Katharina Neef. 2012. „Störer gesellschaftlicher Ordnung: Über inhaltliche Kontinuitäten in Sektenbeschreibungen." *Zeitschrift für Religionswissenschaft* 19:56–85.

Alexander-Kenneth Nagel

II.2 Diaspora: Migration und religiöser Wandel

1 Einführung

Das Wort „**Diaspora**" stammt aus dem Altgriechischen (mit der Bedeutung „Verstreuung"). Der Begriff meint die Verteilung einer religiösen Tradition über weite räumliche Distanzen, zum Beispiel durch erzwungene oder freiwillige Migrationsbewegungen, wobei sie dann in den Migrationskontexten den Status einer Minderheit hat. Als religionsgeschichtlicher Ausgangspunkt gilt das babylonische Exil des jüdischen Volkes nach dem Untergang des Reiches Juda im Jahr 586 vor Christus. Als religionswissenschaftlicher Analysefokus bezeichnet Diaspora einen **transnationalen** religiösen Sozial- und Erfahrungsraum und einen wichtigen Ausgangspunkt für religiöse Transformation und Innovation. Im ersten Teil dieses Beitrags zeichne ich die Diskussion in den sozialwissenschaftlichen Diaspora Studies nach und erörtere die verschiedenen Dimensionen von Diaspora als religionswissenschaftlichem Analysebegriff. Im zweiten Teil stelle ich exemplarisch aktuelle Forschungsthemen zu Religion in der Diaspora vor, um die Chancen und Herausforderungen von Diaspora-Konzepten zu illustrieren. Dabei konzentriere ich mich hauptsächlich auf den westeuropäischen Kontext.

2 Diaspora als Analysekonzept

Die Ausweitung von Diaspora vom jüdischen Exil auf religiöse und ethnische Mehrheit-Minderheiten-Konstellationen unterschiedlichster Art ist eng verbunden mit der Entstehung der sogenannten Diaspora Studies. Im Folgenden liegt der Akzent vor allem auf soziologischen und sozialanthropologischen Ansätzen, die darauf gerichtet sind, das komplexe Konzept Diaspora in unterschiedliche, empirisch handhabbare, Dimensionen zu zerlegen. Während der Fokus hier vorrangig auf den grenzüberschreitenden Beziehungen und Bezugnahmen von Diaspora-Gemeinschaften liegt, haben kulturwissenschaftlich ausgerichtete Zugänge Diaspora in erster Linie als dynamische Geisteshaltung oder Bewusstseinszustand erschlossen (Vásquez 2008). Vor diesem Hintergrund wurden die sozialwissenschaftlichen Ansätze dafür kritisiert, dass sie ein komplexes Phänomen unzulässig vereinfachen würden (Neumaier-Dargay 1995, 192; als Antwort auf Baumann 1994). Auch wenn es wichtig ist, dies als Mahnung im Hinterkopf zu haben, bieten solche Unterscheidungen doch einen guten Ausgangspunkt, um sich Diaspora als religionswissenschaftlichem Konzept zu nähern.

Ein wichtiger Meilenstein der sozialwissenschaftlichen Diaspora-Forschung war ein Beitrag des US-amerikanischen Politikwissenschaftlers William Safran (Safran 1991). Ausgehend von der jüdischen Diaspora fragt er nach allgemeinen Strukturmerkmalen, die eine Diaspora-Situation ausmachen. Im Zentrum stehen dabei neben der Zerstreuung der Gemeinschaft an mehrere **Orte** die gemeinsame Erinnerung an die verlorene Heimat und ihre **mythische** Verklärung sowie das Bewusstsein, in der Aufnahmegesellschaft nicht akzeptiert zu sein (Safran 1991, 83–84). Safran betont, dass sich seine Systematik prinzipiell auf alle ethnischen oder religiösen Minderheiten anwenden lässt, auch wenn keine davon vollständig mit der jüdischen Diaspora übereinstimmt. Obwohl er einen wichtigen Beitrag zur vergleichenden Diaspora-Forschung vorgelegt hat, erscheinen einige von Safrans Überlegungen aus heutiger Sicht kritikwürdig. Das gilt zum einen für die Überbetonung der Selbstisolation und Fremdsteuerung von Diaspora-Communities und zum anderen für Fallbeispiele wie die „Gypsies", denen er unter anderem eine „Verweigerung des sesshaften Lebens" attestiert (Safran 1991, 87).

Eine Weiterentwicklung von Safrans Ansatz war das Buch *Global Diasporas* des britischen Soziologen Robin Cohen (Cohen 2008). Darin stellt sich Cohen gegen eine einseitige Lesart der babylonischen Gefangenschaft als Opfermythos und betont demgegenüber die kreativen Potentiale einer multikulturellen und multireligiösen Gesellschaft. Belege dafür sind nicht nur die zahlreichen Aufstiegs- und Erfolgsgeschichten von Angehörigen der Diaspora, sondern auch die theologischen Innovationen und Impulse der Diaspora-Gemeinden mit der Entstehung des Babylonischen Talmud als Paradebeispiel (Cohen 2008, 23–24). Im Einzelnen unterscheidet Cohen neun Dimensionen von Diaspora:

1. Zerstreuung aus der ursprünglichen Heimat, oft auch traumatisch, in mindestens zwei fremde Regionen
2. Alternativ oder zusätzlich: Ausweitung des Homelands auf der Suche nach Arbeit, Handel oder aufgrund kolonialer Ambitionen
3. Gemeinsame Erinnerung und Mythos der Heimat, bezogen auf den Ort, Geschichte, Leiden und besondere Leistungen
4. Idealisierung der Heimat der Vorfahren und eine gemeinsame Anstrengung, ihren Erhalt, Wiederherstellung oder Neuerrichtung ins Werk zu setzen
5. Herausbildung einer Rückkehrbewegung, teils auch nur in Form zeitweiliger Besuche
6. Starkes und dauerhaftes ethnisches Gruppenbewusstsein auf der Basis der eigenen Unterschiedlichkeit, gemeinsamen Geschichte und eines geteilten Schicksals
7. Gestörtes Verhältnis zur Aufnahmegesellschaft, gegründet auf der Wahrnehmung, nicht akzeptiert zu sein

8. Empathie und Verantwortung für Angehörige der ethnischen oder religiösen Eigengruppe, auch in anderen Ländern
9. Möglichkeit für ein in der Unterschiedlichkeit kreatives und bereicherndes Leben in den Gastländern, verbunden mit einer pluralistischen Haltung

Die Dimensionen 1 und 2 beziehen sich auf die räumliche Zerstreuung und ihre Hintergründe. Hier öffnet Cohen das Konzept von der erzwungenen Migration im Rahmen von Flucht und Vertreibung hin zu formal freiwilliger Arbeits- und Wirtschaftsmigration. Mit dieser Ausweitung verändert sich auch der Blick auf die Diaspora-Gemeinschaft: Im ersten Fall liegt der Fokus auf ihrem Opferstatus und Passivität, im zweiten Fall hingegen auf ihrer Eigeninitiative und Aktivismus.

Die Dimensionen 3 bis 5 sind vor allem auf das Verhältnis der Diaspora-Gemeinschaften zu ihren Herkunftsländern gerichtet. Ähnlich wie bei Safran stehen hier die kollektive Erinnerungskultur, die Idealisierung der ursprünglichen Heimat, Rückkehrwünsche sowie ein politischer Aktivismus mit Blick auf die Herkunftsländer im Vordergrund.

Die Dimensionen 6 bis 9 betreffen schließlich den inneren Zusammenhalt der Diaspora-Gemeinschaften und ihr Verhältnis zur Mehrheitsgesellschaft. Cohen betont hier zunächst die starke Binnenorientierung, die sich in relativ geschlossenen religiösen oder ethnischen Gruppierungen und einer Pflege kultureller Unterschiede äußert. Ähnlich wie Safran verweist er auf Akzeptanzprobleme und ein „gestörtes Verhältnis" zur Aufnahmegesellschaft, bekräftigt aber auch die Potentiale religiös pluraler Gesellschaften. Im Grunde handelt es sich bei dem neunten Punkt weniger um eine analytische Dimension als um einen optimistischen Denkanstoß: So wie schon Babylon nicht nur eine Stätte der Unterdrückung, sondern vor allem ein Raum für religiöse Innovation war, so können auch heute Diaspora-Gemeinden als Laboratorien religiösen Wandels begriffen werden, und sowohl in Richtung der Herkunftsländer als auch der Residenzländer positive Wirkungen entfalten.

Die genannten Dimensionen lassen sich als Versuch verstehen, den religiösen Erfahrungsraum der jüdischen Diaspora in ein systematisches Analysemodell zu übersetzen. Wie aber können sie für die angewandte empirische oder historische Religionsforschung nutzbar gemacht werden? Cohen und Safran haben deutlich gemacht, dass sie ihre Merkmale nicht als eine Art Index verstanden wissen wollen, um ein bestimmtes Phänomen abschließend als „Diaspora" zu klassifizieren oder ihm diesen Status abzusprechen. Insofern ist die zugrundeliegende Forschungslogik nicht auf Bestätigung ausgerichtet. Vielmehr lässt sich das Modell als Einladung zu einem analytischen *Gedankenexperiment* verstehen: Was erfahre ich über eine bestimmte aktuelle oder historische Konstellation (mehr), wenn ich sie unter dem Blickwinkel der Diaspora betrachte? Insoweit hier das Auffinden neuer Facetten im Vordergrund steht, kann man daher von einer *heuristischen Perspektive* sprechen (von altgriechisch *heurísko* = „ich finde").

Etwas anders gelagert ist der Systematisierungsversuch von Steven Vertovec. Statt einer Liste von Dimensionen unterscheidet er zwischen drei Perspektiven auf Diaspora (Vertovec 1997, 277–278): (1) Als *Sozialform* wird Diaspora durch ein charakteristisches Muster sozialer Beziehungen, politischer Orientierung und Mobilisierung sowie wirtschaftlicher Strategien bestimmt. Wichtig ist dabei vor allem die triadische Struktur, die neben dem Herkunftsland mindestens zwei Diaspora-Standorte umfasst, zwischen denen ebenfalls Austauschbeziehungen bestehen. (2) Als *Form des Bewusstseins* prägt ein Leben in der Diaspora Erfahrungen und Identitäten. Ein besonderes Kennzeichen ist dabei nach Vertovec das Bewusstsein der „Multilokalität" (Vertovec 1997, 282) und die damit verbundene Notwendigkeit der Selbst-Positionierung zwischen Herkunfts- und Aufnahmeland. Als *Modus kultureller Produktion* bildet Diaspora eine eigene hybride materielle Kultur aus, etwa in Form von Modetrends (zum Beipiel „Islamic Fashion") oder neuen Geschmackskreationen („Fusion Kitchen").

Es sollte deutlich geworden sein, dass Diaspora als Perspektive auf transnationale Konstellationen in verschiedenen sozial- und kulturwissenschaftlichen Disziplinen eine Rolle spielt. Für die Religionswissenschaft lassen sich dabei grob drei Anwendungsfelder umreißen, die jeweils unterschiedliche Diaspora-Dimensionen hervorheben und die ich im folgenden Abschnitt anhand von Beispielen weiter vertiefen möchte: Das erste Anwendungsfeld sind grenzüberschreitende religiöse Sozialräume und die Austausch- und Aushandlungsprozesse, die sich in ihnen vollziehen. Der Akzent liegt hier auf der räumlichen Dimension und der Mobilität von Personen und Ideen. Das zweite Anwendungsfeld zielt auf Diaspora als Motor religiöser Transformation und Innovation. Der Akzent liegt dabei auf der Dynamik und dem Wandel religiöser Symbolsysteme und Praktiken. Das dritte Anwendungsfeld bezieht sich auf religiöse Diaspora-Gemeinschaften und ihre Verhältnisbestimmung mit der Mehrheitsgesellschaft. Der Akzent liegt in diesem Fall auf der Aushandlung von Zugehörigkeit und Fragen der strukturellen und sozialen **Integration**.

3 Exemplarische Anwendungen

3.1 Migration und grenzüberschreitende religiöse Sozialräume

Auch wenn verschiedene Religionsgemeinschaften immer wieder die Nähe zu Nationalstaaten gesucht haben und religiöse Traditionen stets in der lokalen Kultur verankert sind, ist das kollektive religiöse Selbstverständnis doch in der Regel grenzüberschreitend, wenn nicht gar global ausgeprägt. So bringen die christliche **Ökumene** und die islamische Umma den Anspruch zum Ausdruck, dass die Gläubigen durch geteilte religiöse Vorstellungen und Praxisformen weltweit miteinander verbunden sind. In der Tat wird diese Gemeinschaft auch in zentralen religiösen Ritualen beschworen, wenn etwa die Blicke von Muslim:innen weltweit sich in Mekka treffen oder Christ:innen das Vaterunser in dem Bewusstsein sprechen, „gemeinsam mit der gesamten Christenheit" zu beten. Die beiden wesentlichen Triebkräfte für die Entstehung transnationaler religiöser Sozialräume sind und waren Migration und Mission. Aus Sicht der Diaspora-Forschung liegt das Augenmerk auf den Strukturen des transnationalen religiösen Sozialraums und den Austauschprozessen zwischen dem ursprünglichen Herkunftsort und verschiedenen Diaspora-Standorten.

Im Fall der jüdischen Diaspora wurde mit dem ersten Jerusalemer Tempel das religiöse Zentrum zerstört und Teile der Bevölkerung nach Babylon zwangsumgesiedelt. Zugleich bestanden andere jüdische Gemeinden, etwa im ägyptischen Elephantine, wobei über die Beziehungen zwischen diesen Diaspora-Standorten keine Quellen vorliegen. Auch heute sehen sich Angehörige religiöser Minderheiten in ihren Herkunftsländern mitunter Verfolgung und Vertreibung ausgesetzt. Beispiele wären etwa Yezid:innen und orientalische Christ:innen im Nahen Osten, aber auch Angehörige der Ahmadiyya, einer muslimischen Sondergruppe, in Pakistan. Ihnen allen ist gemein, dass der größere Teil der Anhänger:innen ihre Herkunftsländer verlassen und sich an anderen Orten ansiedeln mussten. Bei den Yezid:innen ging die erzwungene Emigration zudem mit dem zeitweiligen Verlust des Zugangs zu ihrem zentralen Heiligtum in nordirakischen Lalish einher. Ähnlich wie im antiken Judentum führte dieser Verlust zu einer tiefgreifenden Neuorientierung des religiösen Lebens und religiöser Autoritätsstrukturen (Wettich 2020, 341–345; Omarkhali 2024). Wie von Safran beschrieben, bleibt die Herkunftsregion in diesen Fällen ein wichtiger Ankerpunkt für das kollektive Gedächtnis, es finden aber nur wenige grenzüberschreitende Beziehungen statt. In anderen Fällen bleiben die religiösen Strukturen im Herkunftsland hingegen bedeutende Knotenpunkte im transnationalen religiösen **Netzwerk**. So hat Martin Baumann herausgearbeitet, wie tamilische Migrant:innen in Deutschland repräsentative Tempel errichten und dabei intensiv auf religiöse Würdenträger und spezialisierte Handwerker aus Indien zurückgreifen (Baumann 2000). Ein weiteres Beispiel sind nationale Behörden wie das türkische Präsidium für Religionsangelegenheiten, das durch die Entsendung von Imamen und die zentrale Verbreitung von Freitagspredigten Einfluss auf das Islamverständnis in der Diaspora nehmen will (dazu mehr im folgenden Abschnitt). Und auch die engen Beziehungen von neugegründeten christlichen Filialkirchen zu ihren missionarischen Mutterkirchen, zum Beispiel in Korea, wären hier zu nennen (Weiß 2014, 386–99).

In der soziologischen Forschung zu transnationaler Vergesellschaftung steht Diaspora zum Teil sinnbildlich für eine Zentrum-Peripherie-Struktur, in der die Diaspora-Standorte wie Satelliten auf das Herkunftsland ausgerichtet, untereinander aber kaum verbunden sind (Pries 2008, 156). Die oben genannten Beispiele machen allerdings deutlich, dass diese Sternstruktur nur eine von mehreren Ausprägungen des transnationalen religiösen Sozialraums ist. Gerade wenn nur noch ein kleiner Teil der Anhänger:innen im Herkunftsland verblieben oder eine Rückkehr unmöglich geworden ist, intensivieren sich die Austauschprozesse zwischen den Diaspora-Standorten. Ein Beispiel dafür ist die Tatsache, dass der Erzbischof der syrisch-orthodoxen Kirche im deutschen Warburg seine Ausbildung in Schweden erhalten hat. Stellt man sich den transnationalen religiösen Sozialraum als Netzwerk vor, dann richtet sich der Blick auf die verschiedenen -materiellen und nicht-materiellen-Beziehungen, die diesem Netzwerk zugrunde liegen. Tabelle 1 fasst exemplarisch einige der wichtigsten Beziehungsinhalte zusammen (dazu ausführlicher Nagel 2013).

Tabelle 1: Beziehungsinhalte von Diaspora und Herkunftsland.

Beziehung	Ressource	Beispiele
Finanzielle & Materielle Unterstützung	Geld, Vermögenswerte, Güter	Spenden; Gebühren; Zustiftungen; Sachspenden
Fachliche Unterstützung	Personengebundenes Know-How	Einladung spezialisierter Kulthandwerker
Konsultation/Beratung	Religiöses Handlungswissen	Internet-Fatwas
Pastorale Unterstützung/ Seelsorge	Ermutigung/ Empowerment	Erbauung der Diaspora-Gemeinde durch reisende religiöse Würdenträger:innen
Sakramentales Handeln	Heilsgüter	päpstlicher Segen „Urbi et Orbi"

Tabelle 1 (fortgesetzt)

Beziehung	Ressource	Beispiele
Affirmative Sprechakte	Legitimität	religiöse Autoritäten im Herkunftsland billigen Diaspora-Innovationen
Lobbyismus/ Sozialanwaltschaft	Politische Einflussnahme	religiöse NGOs in UN-Konsultationen

Finanzielle Transaktionen sind Transfers von Geld oder Vermögenswerten in Gestalt von Spenden, Gebühren für bestimmte Ritualhandlungen oder Zustiftungen. Materielle Unterstützung beschreibt hingegen die Überlassung spezifischer Gegenstände, etwa in Form von Sachspenden oder der Mitnutzung von Räumen oder technischer Infrastruktur. Fachliche Unterstützung bezieht sich auf personengebundenes Spezialwissen, wenn etwa wie im oben angegebenen Beispiel hochspezialisierte Kulthandwerker für die Innenausstattung eines Hindu-Tempels angeworben werden. Zu den im engeren Sinne religiösen Beziehungsinhalten gehört unter anderem die religiöse Beratung, also Hinweise zur korrekten religiösen Lebensführung in der Diaspora, wie sie zum Beispiel Fatwa-Portale im Internet anbieten. Pastorale Unterstützung hingegen beruht weniger auf religiösem Handlungswissen als auf seelsorgerlich-therapeutischer Kommunikation mit dem Ziel, Ermutigung und Empowerment zu bewirken. Sakramentales Handeln schließlich bezieht sich auf die performative Übertragung von **Heilsgütern** durch religiöse Funktionsträger wie Priester oder Mönche, etwa im Rahmen von Ritual- oder Segenshandlungen. Ferner lässt sich religiöse Legitimität durch affirmative Sprechakte übertragen (oder auch absprechen). Ein Beispiel dafür wäre die Billigung religiöser Innovationen in der Diaspora durch religiöse Autoritäten im Herkunftsland. Und schließlich sind transnationale religiöse Netzwerke auch Plattformen für Lobbyismus und politische Mobilisierung in Richtung der Herkunfts- oder Aufnahmeländer oder internationaler Organisationen.

3.2 Diaspora als Motor religiöser Innovation

Wie bereits ausgeführt, bietet die Diaspora-Situation einen Anstoß zur religiösen Selbstvergewisserung. Anfragen der Aufnahmegesellschaft und das Bedürfnis, die eigene religiöse Identität zu bewahren, können zu einer verstärkten Auseinandersetzung mit religiösen Fragen führen. In der Folge kann es auf der individuellen Ebene zu einer Intensivierung, aber auch zur Relativierung religiöser Prägungen kommen (Nagel 2022). Auch auf der Ebene religiöser Symbol- und Sozialsysteme kann die Diaspora religiösen Wandel und Innovation befördern. Wichtige Triebkräfte dafür sind unter anderem Regularien des Aufnahmelandes (etwa zum Bestattungswesen oder zur rechtlichen Verfassung von Religionsgemeinschaften), gesellschaftliche Debatten (etwa antisemitische oder islamfeindliche Gefährdungsdiskurse) und Religionskontakte (etwa die Auseinandersetzung mit der vorherrschenden Mehrheitsreligion). Im Folgenden möchte ich diese allgemeinen Überlegungen knapp an drei Beispielen illustrieren.

Das erste Beispiel sind sogenannte „Cyber-Muftis", also islamische Rechtsgelehrte, die Ratschläge zur religiösen Lebensführung im Internet anbieten. Parallel zur Etablierung muslimischer Migrant:innen in nicht-muslimischen Ländern hat sich hier eine Debatte entwickelt, ob das islamische Recht in einer Minderheitensituation weiter ausgelegt werden könne. Hinter dieser sogenannten Jurisprudenz der Minderheiten, die eng mit dem umstrittenen ägyptischen Religionsgelehrten Yusuf al-Qaradawi (1926–2022) verbunden ist, steht die Intention, das religiöse Leben von Muslim:innen in der Diaspora zu erleichtern, um so einer Abkehr vom Islam vorzubeugen (Gräf 2010). Eine wichtige Plattform sind dabei Online-Portale, die Fatwas zu verschiedenen Fragen der religiösen Lebensführung anbieten. Wiederkehrende Themen sind neben rituellen Fragen unter anderem Beziehungen zwischen den Geschlechtern (zum Beispiel ob Männer Frauen die Hand geben dürfen) oder das Verhältnis zur Mehrheitsreligion (zum Beispiel ob man christlichen Nachbarn zu Weihnachten etwas schenken darf). Dabei lässt sich insgesamt eine Tendenz erkennen, religiöse und kulturelle Unterschiede beizubehalten, ohne in Konflikt mit der Aufnahmegesellschaft zu geraten.

Das zweite Beispiel ist der bereits angesprochene religiöse Wandel in der yezidischen Diaspora. Als religiöse Minderheit konnten die Yezid:innen in ihren ursprünglichen Siedlungsgebieten ihre Religion zum Teil nur im Geheimen praktizieren. Das religiöse Wissen wurde mündlich tradiert und die Gemeinschaft war durch ein Kastenwesen strukturiert. Mit dem Übertritt in die Diaspora haben sich die Rahmenbedingungen maßgeblich gewandelt und verschiedene Veränderungen in Gang gesetzt: Erstens genießen Yezid:innen in den Aufnahmeländern formale Religionsfreiheit, so dass die Notwendigkeit der Geheimhaltung entfällt. Zweitens haben die Erfahrung der Verstreuung und die damit verbundene Sorge vor einem Traditionsabbruch den Anstoß zu einer Verschriftlichung und Kodifizierung der religiösen Tradition gegeben. Und drittens gerät dadurch die bestehende Autoritätsstruktur unter Druck, da das religiöse Wissen nunmehr allgemein zugänglich ist. Auf diese Weise verschiebt sich die Deutungshoheit tendenziell von einem durch Geburt und Tradition begründeten Klerus hin zu neuen Formen und Trägerschichten religiöser Gelehrsamkeit. Dieser Prozess erhält durch den Generationenwandel zusätzliche Dynamik (Wettich 2020, 341–342).

Ein drittes Beispiel sind transnationale Austausch- und Lernprozesse im Rahmen der religiösen Entwicklungsarbeit. So hat eine Gruppe britischer Forscher:innen die grenzüberschreitenden Netzwerke der Ravidassia-Diaspora in Großbritannien rekonstruiert (Singh, Simon und Tatla 2012).[1] Mit zunehmendem Wohlstand fördert die Diaspora-Gemeinschaft immer mehr karitative Projekte in ihrer Herkunftsregion in Indien. Als wichtige Knotenpunkte fungieren dabei lokale Schreine, die nun um Schulen und Hospitäler erweitert werden. Besonders großzügige Spenden werden durch eine Plakette im Schrein gewürdigt. Beruht das Fundraising zunächst noch auf regelmäßigen Besuchen religiöser Würdenträger in der Diaspora, werden mit der zunehmenden **Institutionalisierung** der Hilfsprojekte dauerhafte Finanzierungsmodelle durch Stiftungen nach britischem Recht implementiert. Die Diaspora fungiert hier als Motor der Veränderung der religiösen Fürsorge im Herkunftsland. Dabei geht es nicht nur um Geld, sondern auch um Modelle nachhaltiger Entwicklungsarbeit. Zugleich verweist das Beispiel auf die Komplexität des transnationalen religiösen Sozialraums, in dem die Diaspora kein bloßer Satellit des Herkunftslandes ist, sondern mit diesem durch beidseitige und vielschichtige Beziehungen verbunden ist.

3.3 Diaspora-Gemeinschaften zwischen Herkunfts- und Aufnahmeland

In den Aufnahmeländern werden die **Verflechtungen** der Diaspora-Gemeinschaften mit ihren Herkunftsländern immer wieder kritisch betrachtet. Dahinter stehen teilweise Befürchtungen vor einer Fremdsteuerung aus dem Ausland, welche die Loyalität zur gesellschaftlichen und politischen Ordnung des Aufnahmelandes untergräbt. Es ist auffällig, dass sich entsprechende Debatten in Europa vor allem auf muslimische Organisationen beziehen, während etwa die transnationale Konstellation der römisch-katholischen Kirche mit dem Vatikan als Zentrum nur selten problematisiert wird. In der Tat unterhalten Diaspora-Gemeinschaften zum Teil enge Beziehungen zu religiösen Autoritäten in den Herkunftsländern. Wichtige Kanäle sind die Entsendung von Geistlichen, die zentrale Abfassung und Verteilung von Predigten oder Aussagen religiöser Würdenträger zur (Nicht-)Zulässigkeit religiöser Praktiken. Sofern die entsandten Geistlichen nur eine begrenzte Zeit in den Diaspora-Gemeinden verbleiben, sind

---

[1] Ravidassias sind eine religiöse Reformbewegung aus dem 15. Jahrhundert, die sich auf den Guru Ravidass (1450–1520) zurückführt und zur gleichen Zeit wie die Reformbewegung der Sikh entstand.

sie mit der Sprache und Lebenswelt der Aufnahmeländer oft wenig vertraut, was ihre Mitwirkung im **interreligiösen Dialog**, aber auch im Bereich der Jugendarbeit erschwert. Aus diesem Grund gibt es in Deutschland seit Längerem Debatten über die Ausbildung von Imamen vor Ort.

Ein weiterer Kritikpunkt, dem sich Diaspora-Gemeinschaften ausgesetzt sehen, ist ihr Fokus auf die eigenen Belange und ihre vermeintliche Abschließung von der Aufnahmegesellschaft. Wie oben ausgeführt, geht die Selbsterfahrung als Minderheit in der Diaspora häufig einher mit einem ausgeprägten Hang zur Pflege der Sprache und Kultur des Herkunftslandes. Diese Ausrichtung hat Diaspora-Gemeinschaften den Vorwurf der „Parallelgesellschaft" und „Integrationsverweigerung" eingetragen. Dabei wird angenommen, dass Diaspora-Gemeinden die strukturelle und soziale Integration ihrer Mitglieder in der Aufnahmegesellschaft untergraben. Allerdings treffen diese Befürchtungen weder für die Geschichte noch für die Gegenwart zu. So hat Cohen schon für die jüdische Diaspora die enge Verflechtung mit der babylonischen Mehrheitsgesellschaft herausgearbeitet (Cohen 2008, 23–24). Und auch für zeitgenössische religiöse Migrantenorganisationen ist mittlerweile gut dokumentiert, dass es sich durchaus um „Brückenorte" handelt, die mit dem Aufnahmeland auf vielfältige Weise vernetzt sind (Baumann und Nagel 2023, 86–87).

Ein Kernproblem in der Debatte über „Integrationsverweigerung" besteht darin, dass hier einseitig auf den – durchaus vorhandenen – Hang von Diaspora-Gemeinschaften nach Unterscheidung abgestellt wird, ohne dabei die Minderheitensituation und den damit verbundenen Veränderungsdruck zu berücksichtigen. So betrachtet ist der vermeintliche Konservatismus der Diaspora eher eine Zuschreibung als eine soziale Wirklichkeit. Auf diese Spannung zwischen dem Wunsch nach Bewahrung und dem ständigen Drang zur Veränderung hat vor 20 Jahren bereits Martin Baumann hingewiesen (Baumann 2004). Daraus resultiere eine spezifische Form der „Diaspora-Integration", wobei die Diaspora-Gemeinschaft als ein (zeitweiliger) Rückzugsraum fungiert, der im Ergebnis die strukturelle Integration der Mitglieder stärkt.

Angesichts ihrer umfassenden Problematisierung verwundert es kaum, dass Diaspora-Gemeinschaften in den Aufnahmeländern immer wieder zum Gegenstand *politischer Adressierung* werden. Im Mittelpunkt steht dabei vor allem die *Sprache*. So ist in Deutschland die Einreisegenehmigung für Geistliche aus dem Ausland an (grundlegende) deutsche Sprachkenntnisse gekoppelt. Zudem hat das Bundesinnenministerium im Jahr 2023 ein Abkommen mit der türkischen Religionsbehörde geschlossen, das die Praxis der Entsendung beendet und für die etwa 900 Mitgliedsgemeinden mittelfristig nur noch in Deutschland ausgebildete Imame vorsieht. Vor einigen Jahren gab es von konservativer politischer Seite den Vorstoß, Deutsch in religiösen Migrantenorganisationen als verpflichtende Verkehrssprache zu verankern. Dieses Vorhaben verkannte die zentrale Rolle muttersprachlicher Verständigung in der Diaspora und konnte sich nicht durchsetzen.

4 Fazit

Diaspora-Konzepte in der Religionswissenschaft ermöglichen eine facettenreiche Analyse transnationaler religiöser Sozialräume, lokaler Mehrheiten-Minderheiten-Konstellationen und religiöser Transformations- und Austauschprozesse. Dabei bieten sich historische und gegenwartsanalytische Bezugspunkte gleichermaßen an. Im Kontext dieses Bandes bestehen daher Schnittstellen zu **global- oder verflechtungsgeschichtlichen** Ansätzen (Winter; Hermann; Strube) ebenso wie zu religiöser Pluralisierung (Neumaier und Klinkhammer; in städtischen Kontexten auch Kirby) und Mediatisierung (Radde-Antweiler). Als methodisches Instrument können netzwerkanalytische Ansätze dabei helfen, die Struktur des transnationalen religiösen Sozialraums (Kirby; Langer) sichtbar zu machen. Zugleich ist deutlich geworden, dass die religionswissenschaftliche Diaspora-Forschung sich in einem politisierten **Diskursfeld** bewegt. Das betrifft sowohl Erwartungshaltungen der jeweiligen Dominanzgesellschaft bezüglich Öffnung und Assimilation als auch identitätspolitischen Aktivismus innerhalb der Diaspora-Communities. Auf einer systematischen Ebene schließlich steht Diaspora exemplarisch für eine Strategie der religionswissenschaftlichen Theoriebildung, allgemeine Konzepte aus empirischen Einzelfällen zu gewinnen.

Literatur

Baumann, Martin. 1994. „The Transplantation of Buddhism to Germany: Processive Modes and Strategies of Adaptation." *Method Theory Study Religion* 6 (1):35–61.
Baumann, Martin. 2000. *Migration – Religion – Integration: Buddhistische Vietnamesen und hinduistische Tamilen in Deutschland.* Marburg: Diagonal.
Baumann, Martin. 2004. „Religion und ihre Bedeutung für Migranten." *Zeitschrift für Missionswissenschaft und Religionswissenschaft* 88 (3–4):250–63.
Baumann, Martin und Alexander-Kenneth Nagel. 2023. *Religion und Migration.* Baden-Baden: Nomos.
Cohen, Robin. 2008. *Global Diasporas: An Introduction.* London, New York: Routledge.
Gräf, Bettina. 2010. *Medien-Fatwas Yusuf al-Qaradawi: Die Popularisierung des islamischen Rechts.* Berlin: Schwarz.
Nagel, Alexander-Kenneth. 2013. „Urbi et Orbi: Transnationale religiöse Netzwerke." In *Arbeit, Organisation und Mobilität: Eine grenzüberschreitende Perspektive,* hg. v. Martina Maletzky, Martin Seeliger und Manfred Wannöffel, 133–153. Frankfurt am Main: Campus.

Nagel, Alexander-Kenneth. 2022. „Intensivierung, Privatisierung, Relativierung: Muster religiösen Wandels bei Geflüchteten." *Zeitschrift für Religion, Gesellschaft und Politik* 6 (2):545–66. https://doi.org/10.1007/s41682-022-00118-z.

Neumaier-Dargay, Eva K. 1995. „Is Buddhism like a Tomato? Thoughts about the Transplantation of Buddhism to Germany: A Response to Martin Baumann." *Method Theory Study Religion* 7 (2):185–194.

Omarkhali, Khanna. 2024. „Yezidis". In *Religious Minorities Online*, hg. V. Erica Baffelli, Alexander van der Haven und Michael Stausberg. Berlin, Boston: De Gruyter. https://doi.org/10.1515/rmo.22274667

Pries, Ludger. 2008. *Die Transnationalisierung der sozialen Welt: Sozialräume jenseits von Nationalgesellschaften.* Frankfurt am Main: Suhrkamp.

Safran, William. 1991. „Diasporas in Modern Societies: Myths of Homeland and Return." *Diaspora* 1 (1):83–99. https://doi.org/10.1353/dsp.1991.0004.

Singh, Gurharpal, Charlene Simon und Darshan Singh Tatla. 2012. *New Forms of Religious Transnationalism and Development Initiatives: A Case Study of Dera Sant Sarwan Dass, Ballan, Punjab, India.* Birmingham: Religions and Development Revised Working Papers 52.

Vásquez, Manuel. 2008. „Studying Religion in Motion: A Networks Approach." *Method and Theory in the Study of Religion* 20 (2):151–184. https://doi.org/10.1163/157006808X283570.

Vertovec, Steven. 1997. „Three Meanings of ‚Diaspora', Exemplified among South Asian Religions." *Diaspora: A Journal of Transnational Studies* 6 (3):277–299. https://doi.org/10.1353/dsp.1997.0010.

Weiß, Sabrina. 2014. *Migrantengemeinden im Wandel: Eine Fallstudie zu koreanischen Gemeinden in Nordrhein-Westfalen.* Bielefeld: transcript.

Wettich, Thorsten. 2020. *Erkundungen im religiösen Raum.* Stuttgart: Kohlhammer.

Daniel Cyranka
II.3 Was ist Esoterik?

1 Ausgangspunkt

Was ist **Esoterik**? Wer die Frage nach Esoterik heute stellt oder gestellt bekommt, gerät schnell in Verlegenheit. Die heutigen Ausdrücke „Esoterik" oder „esoterisch" bezeichnen Praktiken, Vorstellungen, Texte, Artefakte, Orte, Menschen oder Gruppen, die sehr gegensätzlich repräsentiert werden. Sie gelten entweder als obskur, versponnen bzw. verdächtig oder als weitsichtig, ganzheitlich und im guten Sinne alternativ. Die Antwort auf die Frage, was Esoterik sei, ist also nicht leicht zu geben, schon weil es grundsätzlich um Erkenntnis- respektive Wahrheitsansprüche und deren Bestreitungen geht. Esoterik ist umstritten.

Die wissenschaftliche Erforschung dieser heutigen Esoterik befasst sich mit einem weiten Feld, das unterschiedlichste Phänomene hervorbringt. Die Spannbreite reicht von Naturheilkunde über geistiges Heilen bis zu anthroposophischer Medizin; von esoterischer **Kosmologie** über Tarot bis Channeling und von religiösen oder philosophischen oder wissenschaftstheoretischen Themen bis zu rechtspopulistischen und antisemitischen Verschwörungsideologien. Ein inhaltlicher Kern lässt sich in den hybriden und fluiden Positionierungen, die meist im Gegenüber zu Religion und zur (Natur-)Wissenschaft erfolgen und in deren Unterlaufen oder Überbieten bestehen, nicht ausmachen.

Die Herausforderung besteht also darin, ein Phänomen religionswissenschaftlich zu erfassen, dem sich kein klar definierter inhaltlicher Kern zuordnen lässt. Esoterik ist ein umstrittener Ausdruck für Umstrittenes. Esoterik erweist sich bei näherer Betrachtung als so etwas wie ein Beziehungsausdruck, als eine Verhältnisbestimmung zwischen diversen Positionierungen im Spannungsfeld von Religion und Wissenschaft. Auch diese sind umstritten. Es handelt sich nicht um einen Vergleich diverser disparater Ausdrücke, sondern vielmehr um einen Zusammenhang, um eine **Verflechtung** und gegenseitige Abhängigkeit. Fragt man nach Esoterik wird eine Verflechtung mit Religion und Wissenschaft sichtbar, die Bezeichnungen bilden einen Zusammenhang (zu **Relationalität** siehe den Beitrag von Schrode und Spies in diesem Band). Somit wird zu fragen sein, in welchen Auseinandersetzungen so etwas wie „Esoterik" benannt, erzeugt und abgegrenzt wird. Es ist zu untersuchen, wie jeweils konkret Bedeutung entsteht. Das schließt die eingangs beschriebene Umstrittenheit von Esoterik nicht aus, sondern eben gerade konzeptionell ein. Die umstrittene Streitbarkeit von „Esoterik" zeigt sich an heutigen Auseinandersetzungen, die mit dem Thema Esoterik verwoben sind, von Impfdebatten über „Lichtnahrung" bis zu antisemitischen oder antijesuitischen Verschwörungserzählungen und offensiver Wissenschaftsfeindlichkeit resp. Alternative Facts. Daraus ergibt sich eine zweifache Aufgabe. Zum einen gilt es, dieses heutige **Diskursfeld** konzeptionell genauer zu fassen. Zum anderen ist zu fragen, welche historische Vorgeschichte sich dieser heutigen Situation zuordnen lässt und wie sich eine kritische Historisierung zur geschichtlichen Selbstverortung heutiger esoterischer Entwürfe verhält.

2 Ein analytisches Dreieck zur Beschreibung heutiger Esoterik

Um Esoterik im Rahmen ihrer heutigen Umstrittenheit genauer zu beschreiben, hat sich aus meiner Sicht ein analytisches Dreieck als hilfreich erwiesen, das die Allgemeinbegriffe „Religion", „Wissenschaft" und „Esoterik" in Beziehung setzt (Abb. II.3.1.). Sie befinden sich je „in einer Ecke" des Modells. Jede der drei Ecken steht für dynamische Positionierungen gegenüber den anderen Ecken, die in Überbietung oder Ablehnung bestehen, ohne die jeweils Anderen aber nicht verständlich sind. Religion verhält sich zu (Natur-)Wissenschaft, und Esoterik verhält sich zu beiden wie diese auch zu ihr. Die jeweils beiden anderen Ecken erweisen sich somit als ebenfalls konstitutiv, denn mit der Abgrenzung zu den beiden anderen Größen oder mit deren Überbietung entsteht die Bedeutung (Laclau 2006).

Überbietung: Esoterik erscheint als wahre (nicht-westliche, nicht-dogmatische, nicht-missionarische und so weiter) Religion oder als Überbietung von etablierter Religion und Kirche in einem zeitgemäßen, der (Natur-)Wissenschaft kompatiblen Sinn. Esoterik wird somit als wahre, eigentlich kritische Wissenschaft bzw. als Überbietung eines als materialistisch abqualifizierten Paradigmas apostrophiert.

Ab- oder Ausgrenzung: Esoterik wird als Unsinn, Betrug, Pseudoreligion oder Pseudowissenschaft, jedenfalls nicht als Religion oder als Wissenschaft klassifiziert und ausgegrenzt.

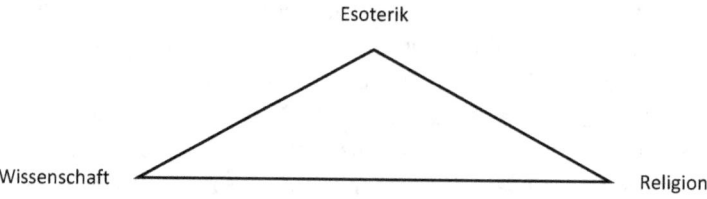

Abbildung II.3.1: Das relationale Dreieck aus Esoterik, Religion und Wissenschaft.

Dieses Dreiecksverhältnis lässt sich nun auf verschiedene Weise durchspielen. In der oberen Ecke des Dreiecks verschmelzen Religion und (Natur-)Wissenschaft in der „Esoterik", die sich zu beiden verhält, und damit auch zu dem Verhältnis von Religion und (Natur-)Wissenschaft untereinander. Es geht es um die konkrete Wahrnehmung von Auseinandersetzungen, die sich zwischen Esoterik, Religion und (Natur-)Wissenschaft abspielen. Grundlinien dieser Auseinandersetzungen sollen hier skizziert werden. Sie funktionieren jeweils in mehrere bzw. aus mehreren Richtungen gleichzeitig.

- Die genannte Ausgrenzung der Esoterik als Betrug, als Aberglaube und Pseudowissenschaft, jedenfalls nicht als Religion oder als Wissenschaft kann aus der Ecke der Religion wie auch aus der Ecke der Wissenschaft formuliert werden. So werden zwei Eckpunkte gegenüber dem dritten miteinander verbunden.
- Die esoterische Ausgrenzung der (etablierten) Religion als Offenbarungsbehauptung (Betrug), als dogmatisch unzeitgemäß aber auch als wissenschaftshörig und materialistisch und damit blind für die postulierte andere, die unsichtbare geistige Welt kann auch in eine Überbietung umschlagen, die bessere Religion zu sein. So werden wiederum zwei Eckpunkte gegenüber dem (hier ungenannten) dritten kritisch oder affirmativ miteinander verbunden.
- Aus der Ecke der Wissenschaft können beide, Religion und Esoterik als wissenschaftlich unhaltbar ausgegrenzt werden. Gegen die Esoterik kann noch Betrug oder Pseudowissenschaftlichkeit dazu kommen, gegen die etablierte Religion (Kirchen) noch staatliche Privilegien und andere Machtfragen. Wissenschaft kann die Welt besser erklären als Heilige Schriften, (dogmatische) Lehren, Offenbarungen oder Geisterseherei. So werden wiederum zwei Eckpunkte miteinander verbunden und abgelehnt.
- Die Überbietung der Wissenschaft durch die Esoterik erscheint zugleich als eine Überbietung des Materialismus. Dieses Argument kann gleichzeitig gegen Religion gewendet werden, die als materialistisch, nicht-geistig/geistlich oder gewissermaßen als religiös-spirituell unzureichend abqualifiziert wird. So werden zwei Eckpunkte miteinander verbunden und überboten.
- Aus der Ecke der Religion kann Esoterik nicht nur als Pseudowissenschaft, sondern auch als falsche Religion oder als Aberglaube ausgegrenzt werden. So werden zwei Eckpunkte miteinander verbunden, um den dritten zu überbieten – Wissenschaft wird von Religion in Anspruch genommen.

Es wird mithilfe eines solchen Modells deutlich, wie die „Ecken" Religion, (Natur-)Wissenschaft und Esoterik sich gegenseitig konstituieren. Dabei ist nicht zu übersehen, dass Esoterik eine wesentliche Rolle im heutigen Diskurs um Religion und

Wissenschaft spielt. Eine binäre Aufteilung in Rationalität vs. Irrationalität vereinfacht dieses dynamische Ausgrenzungs- und Überbietungsgeschehen und weist der Esoterik eine grundsätzliche Sonderstellung zu, anstatt dieses Thema verflechtungsgeschichtlich mitzubearbeiten. Grundsätzlich geht es in diesen Auseinandersetzungen um die Frage, wie Erkenntnis möglich und Aussagen legitimierbar sind. Sie werden als wahr oder falsch, vernünftig oder wahnsinnig, als erlaubt bzw. geboten oder verboten taxonomiert (Foucault 2017). Das gilt für Wissenschaft genau wie für Religion, wie auch für Esoterik.

Eingangs wurde betont, dass Esoterikforschung sich mit den unterschiedlichsten Themen befasst. Wie kann im Alltag mit so widersprüchlicher Vielfalt umgegangen werden?

3 Esoterik als Defizienzmarkierung

Zeit- und gesellschaftsdiagnostisch ist es vielleicht hilfreich, esoterische Positionierungen als Ausdruck von Unbehagen oder sachlich nachvollziehbarer Kritik an Religion, an (Natur-)Wissenschaft, an politischen oder gesellschaftlichen Umständen ernst zu nehmen, als Benennung eines Mangels, eines blinden Flecks oder einer Abwesenheit von etwas. Was jeweils benannt wird, mag ebenso strittig sein wie die dagegen positionierten Alternativen. Aber mit einer solchen Betrachtung können derartige Einlassungen, Texte oder Praktiken als so etwas wie „Defizienzmarkierungen" mit Bezug auf (Natur-)Wissenschaft und Religion aufgefasst werden, die für Alltagsfragen, für gesellschaftliche sowie für politische Prozesse von Bedeutung sind. Es geht unter Umständen um heutige Themen oder Aspekte, die religiös oder wissenschaftlich vernachlässigt oder überlagert sind und darum eingeklagt werden. Ein prominentes Beispiel dafür ist das Thema „Reinkarnation", das im globalen Religionsdiskurs fest verankert ist. „Reinkarnation" erscheint als zentrales Thema heutiger Esoterik und Religion (vgl. Cyranka 2005, Cyranka 2021 sowie Bergunder in diesem Band). Das Thema besetzt eine Leerstelle, die zwischen materialistisch orientierten Wissenschaftskonzepten und **eschatologisch** entleerten Theologien auszumachen ist (Obst 2009). Und genau dieses Schweigen zum Thema Leben nach dem Tod ist die durch Reinkarnationshypothesen, -erzählungen oder -vorstellungen markierte Defizienz. Es lassen sich in Texten, die Reinkarnationsvorstellungen affirmativ vertreten, unterschiedliche Argumentationsarten zur Legitimierung des Themas finden, die sich jeweils als Alternativen auffassen lassen und hier als Thesen und an einem Beispiel vorgestellt werden.

These 1: Reinkarnationsvorstellungen seien so alt wie die Menschheitsgeschichte. Dies wird mit Textsammlungen aus der Kultur- und Religionsgeschichte belegt.

These 2: Reinkarnationsvorstellungen seien Kern einer ewigen, vernünftigen Philosophie, die im Zeitalter der Aufklärung wieder- bzw. neu entdeckt und begründet worden sei. Dies wird ebenfalls mit Textsammlungen belegt, die neben antiken Philosophen v. a. Namen, die für die Themen „Vernunft" und „Aufklärung" stehen sollen, enthalten.

These 3: Reinkarnationsvorstellungen bezögen sich auf eine andere, unsichtbare Welt, deren Existenz experimentell beweisbar sei. Dies wird mit Schilderungen von Nahtoderfahrungen und mit Rückerinnerungen an frühere irdische Existenzen belegt.

These 4: Reinkarnationsvorstellungen seien quantitativ sozialwissenschaftlich erhebbare Phänomene. Dies wird mit Antworten auf Fragen nach persönlichen Meinungen, Erfahrungen, Einstellungen oder mit Glaubensaussagen belegt.

Religionsgeschichte, Aufklärung, persönliche Erinnerungen und Erfahrungen sowie sozialwissenschaftlich vermessene Einstellungen werden oft miteinander kombiniert und sind weitgehend an die Stelle photographischer Beweise oder technischer Messverfahren getreten, die noch bis weit in das 20. Jahrhundert hinein die Existenz einer „anderen Welt" wissenschaftlich beweisen sollten. Als Beispiel sei die Kurzfassung eines esoterischen Standardwerkes genannt. Der Autor wird auf dem Umschlag des Taschenbuches als Religionsphilosoph sowie als einer der „nahmhaftesten Experten für spirituelle Philosophie" im deutschsprachigen Raum, „insbesondere für die Wissenschaft der Reinkarnation" vorgestellt (Zürrer 2005). Bereits die Einleitung enthält mehrere der genannten Elemente (vgl. These 1, 3 und 4; These 2 wird im Haupttext des Buches vertreten; vgl. Zürrer 2005, 100–110).

> Gemäß aktuellen Umfragen glauben heute rund 70% der Bevölkerung im deutschsprachigen Raum an eine Weiterexistenz der Seele nach dem Tod, und bereits rund 35% glauben überdies, daß wir uns im Sinne der Wiedergeburts- bzw. Reinkarnationslehre neu verkörpern können. Dies beweist, daß der Reinkarnationsgedanke in unseren Breitengraden aufgehört hat, ein unhinterfragbares Glaubensbekenntnis oder ein fremdes Gedankengut zu sein. Er verläßt allmählich die esoterisch-religiöse Sphäre und ist dabei, in eine anerkannte empirische Theorie überzugehen. Denn auch immer mehr wissenschaftliche und parapsychologische Untersuchungen und Forschungsergebnisse legen seine Gültigkeit nahe, ebenso wie unzählige Fallbeispiele und Erlebnisberichte von Menschen mit konkreten ‚Wiedergeburtserinnerungen'. Keine andere Theorie des Lebens ist imstande, die Aussagen dieser Men-

schen einfacher und einleuchtender zu erklären als die Lehre der Reinkarnation. Diese wird zudem auch aus kulturhistorischer Sicht bestätigt. Denn die Überzeugung, daß unser menschliches Leben mit dem Tode des physischen Körpers nicht beendet ist, gehört zum universellen Urwissen der Menschheit und ist in der einen oder anderen Form in jeder zivilisierten Tradition zu finden. (Zürrer 2005, 7)

Wenn aus einer esoterischen Positionierung heraus etwas kritisiert wird, dann handelt es sich um ein „unhinterfragbare[s] Glaubensbekenntnis" (Zürrer 2005, 7) respektive „die Religion" (beziehungsweise „die Kirche") und/oder „die Wissenschaft", denen jeweils ein Mangel zugeschrieben wird. Derartige Kritik wird vielfach geübt: Man beachte „die andere Welt" nicht, das Subjekt, das Immaterielle, das Übernatürliche, man sei eher machtbesessen und dogmatisch als argumentativ vernünftig etc. Esoterik erscheint auf diese Weise als Kirchen-, Religions- bzw. Wissenschaftskritik oder sie inszeniert sich als Überbietung von etablierter Religion und Wissenschaft oder – wie in unserem Beispiel – als „universelle[s] Urwissen der Menschheit" (Zürrer 2005, 7). Die zitierte Einleitung illustriert einige der genannten Aspekte. Esoterische Positionierungen sind — wie oben erwähnt — ebenso vielfältig und inhomogen wie theoretisch, ethisch oder politisch ambivalent. Diese Hinweise auf blinde Flecken, die Defizienzmarkierungen, sind ernst zu nehmen, wenn man sich mit Religion, Wissenschaft und Esoterik in ihren gegenseitigen Verflechtungen beschäftigt und die globalen Bezüge heutiger Esoterik sichtbar machen möchte.

4 Historisierung heutiger Esoterik

Eine besondere Herausforderung besteht darin, die Vorgeschichte heutiger Esoterik zu ermitteln. Wie weit lassen sich die im analytischen Dreieck beschriebenen Spannungsverhältnisse historisch zurückverfolgen? Die heutige Esoterik beansprucht ungeachtet aller interner Differenzierungen meist eine *philosophia perennis*, eine ewige Philosophie zu sein, deren Wurzeln weit zurückreichen und oftmals mit der Antike assoziiert werden. Paradigmatisch sei hier die 1992 erschiene monumentale Geschichtserzählung *Histoire de l'ésotérisme et des sciences occultes* (Corsetti 1992) erwähnt. Solche Darstellungen lassen sich bis ins 19. Jahrhundert hinein auffinden, wie zum Beispiel folgende Publikationen illustrieren: die *Geschichte des Okkultismus* (Kiesewetter 1891–1896), die *Storia dello Spiritismo* (Baudi di Vesme 1896–1897) bzw. *Geschichte des Spiritismus* (Baudi di Vesme 1898–1900). Jüngere populärwissenschaftliche Einführungen in die Esoterik spiegeln dieses esoterische Selbstverständnis und verwenden *Esoterik* zum Beispiel als Benennung „vollkommenen Wissens" (von Stuckrad 2004, 7 und öfter) oder *L'Ésoterisme* als Bezeichnung einer Denkform oder Geisteshaltung (Faivre 2001, 41 und öfter).

Die neuere Esoterikforschung zeigt jedoch auf, dass sich der heutige globale Diskurs, wie er im oben skizzierten analytischen Dreieck sichtbar wird, höchstens bis ins 19. Jahrhundert zurückverfolgen lässt (Asprem und Granholm 2012, Bergunder 2020, Mukherjee 2024, Strube 2024). Diese Form der Historisierung versteht sich als Kritik an esoterischer **Historiographie**, für die Esoterik so alt wie die Menschheitsgeschichte oder zumindest antiken Ursprungs ist. Den Sachverhalt illustriert bereits ein Blick auf das Wort „Esoterik" selbst. Als Substantiv ist Esoterik ein französischer Neologismus, eine Neuerfindung, die um 1830 als „*l'ésotérisme*" (der Esoterismus) neben der älteren Bezeichnung „occultisme" (Okkultismus oder okkulte Wissenschaften) erscheint (Strube 2016; Strube 2017). Im Englischen des 19. Jahrhunderts findet sich „esotericism" (Esoterizismus), im Deutschen dagegen etwas schlichter „Esoterik" (Hanegraaff 2005, 337). Mit diesem Hauptwort (Substantiv) wird etwas verdinglicht, **reifiziert**, also zu einer Sache gemacht, die nicht nur ein Attribut von etwas, sondern an sich selbst etwas ist — „die Esoterik" (Asprem und Granholm 2012). Die Verwendung dieses reifizierenden Substantivs „Esoterik" ist neben älteren Ausdrücken wie „Okkultismus", „**Spiritismus**", „Magie" oder „**Mystik**" seit der Mitte des 19. Jahrhunderts zu finden (zu einzelnen deutschsprachigen Vorläufern vgl. Neugebauer-Wölk 2010) und erlebt mit der Esoterikforschung seit den 1990er Jahren eine starke Konjunktur. Gleichzeitig mit Problematisierungen des Ausdrucks „Esoterik" ist seine klassifizierende Verwendung zu beobachten (vgl. von Stuckrad 2004, 20–21 mit seiner Umschreibung und Verwendung als Bezeichnung „vollkommenen Wissens" in der Kulturgeschichte seit der Antike; von Stuckrad 2004, 7 und öfter). Als weiteres Beispiel lässt sich in diesem Zusammenhang auf das bereits erwähnte Thema Reinkarnation verweisen. Ein Neologismus — „*la reïncarnation*" wird etwa zeitgleich mit dem Neologismus „*l'ésotérisme*" im 19., Jahrhundert erzeugt. Dennoch wird Reinkarnation heute eher selbstverständlich als uraltes Menschheitsthema betrachtet, obwohl sich das Wort nicht länger als bis in das 19. Jahrhundert hinein zurückverfolgen lässt. Die Geschichtsschreibung zum Thema Reinkarnation nimmt seit dem 19. Jahrhundert diverse „Vorgeschichten" in sich auf und transformiert Seelenwanderung, Palingenesie, Metempsychose und weitere Namen und Konzepte in den einen „Reinkarnationsdiskurs" (Obst 2009, Cyranka 2021, vgl. Bergunder in diesem Band).

5 Globale Esoterik

Esoterik ist ein heute global verbreitetes Phänomen, und diese Beobachtung ist der Ausgangspunkt jeder Historisierung. Dies ließe sich an vielen Beispielen illustrieren, wie an der weltweit verbreiteten anthroposophischen Waldorfschulbewegung (von Thailand über Israel bis Brasilien; vgl. die Waldorf World List 4/ 2024), am Thema Esoterik und Tourismus auf Bali (Suarsana 2020) oder am Zusammenspiel von **Religionisierung** des Politischen und esoterischer Parawissenschaften im postsowjetischen Russland (Umland 2023). Derartige Themen gehören in den Horizont religionswissenschaftlicher Esoterikforschung. Religion wird in der Religionswissenschaft in aller Regel als weltweites Phänomen klassifiziert, als globaler Diskurs. Gleiches gilt für die Esoterik.

Im Unterschied dazu wurde in der Esoterikforschung das Konzept einer „westlichen Esoterik" etabliert. Esoterik wird hier zu einem „westlichen" Thema erklärt, das kolonial-hegemonial „in den Osten" (oder wohin auch immer noch) verbreitet worden sei. Eine solche Argumentation entspricht einer Religionswissenschaft, die als rein westliche Unternehmung auf den genuin (und damit letztlich rein) westlich usurpierten **Religionsbegriff** fußt (vgl. dagegen die Beiträge von Hermann und Strube in diesem Band sowie Bergunder 2024 und Strube 2024). So fragt der Esoterikforscher Wouter Hanegraaff: „Warum sollten Menschen in Afrika, Japan, Indien, Lateinamerika oder der Antarktis das Bedürfnis haben, diese spezifisch westliche Kategorie der ‚Esoterik' zu importieren?" und betont eine „Globalisierung *Westlicher* (!) Esoterik" (Hanegraaff 2015, 86; Übersetzung DC). Binäre Ausschlusslogiken wie westlich-nichtwestlich werden globalen Verwobenheiten jedoch nicht gerecht (vgl. Chakrabarty 2010) und sollten zugunsten des oben skizzierten Dreiecksverhältnisses von Religion, Wissenschaft und Esoterik in ihren globalen Verflechtungen kritisch überprüft werden. Das gilt ebenfalls für binär vereinfachende Kategorisierungen als rational respektive irrational. Neuere religionsgeschichtliche Forschungen zur Geschichte von Esoterik verweisen auf globale diskursive Verwobenheiten zwischen Esoterik, Wissenschaft und Religion (Bergunder 2020, Suarsana 2020, Strube 2022, Mukherjee 2024). Es gilt also, statt der Ausbreitungsgeschichte eine „westlichen Esoterik" eine globale Vorgeschichte für eine heutige globale Esoterik zu rekonstruieren. Eine Esoterikforschung, die das Konzept einer „westlichen Esoterik" erzeugt und eine „westliche" Ursprungsgeschichte erzählt, folgt grundsätzlich der erzählerischen Agenda, den Namen, Motiven und Themenlisten der zu untersuchenden esoterischen Quellen (vgl. zum Beispiel für Esoterik und Reinkarnation Cyranka 2021, 20–23). Wenn eine solche Esoterik auch noch als große (geheime) Alternativgeschichte und „Anti-Establishment" beschrieben wird, dann ermöglicht die Esoterikforschung den „Okkultisten, New Agern wie auch zeitgenössischen Verschwörungstheoretikern, sich sowohl als Oppositionelle als auch als Mitglieder einer aufgeklärten Elite zu positionieren" (Asprem und Strube 2021, 5, Übersetzung DC). Die jeweils konkret historisch zu greifenden Auseinandersetzungen werden durch große Erzählungen, Ausbreitungs- und Ursprungsgeschichten ebenso verstellt wie durch Definitionen, die „Esoterik" ein festes Wesen und feste

Merkmale zuschreiben. Die heutigen esoterischen Positionierungen, die sich mit Hilfe des analytischen Dreiecks als Auseinandersetzungen mit Religion und mit (Natur-)Wissenschaft nachzeichnen lassen, können **genealogisch** forschend bis in das 19. Jahrhundert zurückverfolgt werden (so auch Bergunder 2020). Es ist alles andere als verwunderlich, dass zentrale Namen in genau dieser Zeit aufkommen – z. B. „Esoterik" als Substantiv, das für eine „Sache" steht und nicht andere „Sachen" attribuiert, zum Beispiel „esoterische" Philosophie oder Lehrart im Unterschied zu „exoterischer" Philosophie oder Lehrart wie in den Debatten des späten 18. Jahrhunderts (Neugebauer-Wölk 2010). Esoterik ist in diesem Horizont als ein zentrales und gleichzeitig hybrides und fluides Element der globalen Religionsgeschichte sichtbar zu machen (Cyranka 2019; Bergunder 2020; Maltese und Strube 2021; Strube 2022; Mukherjee 2024).

Literatur

Asprem, Egil und Kennet Granholm. 2012. „Constructing Esotericisms: Sociological, Historical and Critical Approaches to the Invention of Tradition." In *Contemporary Esotericism*, hg. v. Egil Asprem und Kenneth Granholm, 25–48. Durham: Acumen.

Asprem, Egil und Julian Strube. 2021. „Esotericism's Expanding Horizon: Why This Book Came to Be." In *New Approaches to the Study of Esotericism*, hg. v. Egil Asprem und Julian Strube, 1–19. Leiden: Brill.

Baudi di Vesme, Cesare. 1896. *Storia dello Spiritismo*. Turin: Roux, Frassati. [Deutsch als *Geschichte des Spiritismus* (1898–1900)].

Bergunder, Michael. 2020. „Umkämpfte Historisierung: Die Zwillingsgeburt von ‚Religion' und ‚Esoterik' in der zweiten Hälfte des 19. Jahrhunderts und das Programm einer globalen Religionsgeschichte." In *Wissen um Religion: Erkenntnis - Interesse. Epistemologie und Episteme in Religionswissenschaft und Interkultureller Theologie*, hg. v. Klaus Hock, 47–131. Leipzig: Evangelische Verlagsanstalt.

Bergunder, Michael. 2024. „Navigating Academic Positionality and Eurocentrism in the Definition of Esotericism." *Aries* 24 (2):219–222.

Chakrabarty, Dipesh. 2010. „Europa provinzialisieren: Postkolonialität und die Kritik der Geschichte." In *Europa als Provinz: Perspektiven postkolonialer Geschichtsschreibung*, 41–65. Frankfurt: Campus.

Corsetti, Jean-Paul. 1992. *Histoire de l'ésotérisme et des sciences occultes*. Paris: Larousse.

Cyranka, Daniel. 2005. *Lessing im Reinkarnationsdiskurs: Eine Untersuchung zu Kontext und Wirkung von G. E. Lessings Texten zur Seelenwanderung*, Göttingen: Vandenhoeck & Ruprecht.

Cyranka, Daniel. 2019. „Eingrenzungen und Ausgrenzungen: Elemente europäischer Religionsgeschichte." In *Christentum und Europa*, hg. v. Michael Meyer-Blanck, 730–747. Leipzig: Evangelische Verlagsanstalt.

Cyranka, Daniel. 2021. „Beobachtungen und Überlegungen zum Thema ‚Reinkarnationshybride'." In *Hybride Vergewisserungen: Religion in transkulturellen Verflechtungen*, hg. v. Ulrich Dehn und Thomas Klie, 16–25. Hamburg: Missionshilfe Verlag.

Faivre, Antoine. 2001. *Esoterik im Überblick: Geheime Geschichte des abendländischen Denkens*. Freiburg im Breisgau: Herder. [zuerst erschienen 1992 unter dem Titel: *L'Ésotérisme*. Paris: Presses Universitaires de France].

Foucault, Michel. 2017. *Die Ordnung des Diskurses*, übersetzt von Walter Seitter. Frankfurt am Main: Fischer.

Hanegraaff, Wouter J. 2005. „Esotericism." In *Dictionary of Gnosis and Western Esotericism*, hg. v. Wouter J. Hanegraaff, 336–340. Leiden: Brill.

Hanegraaff, Wouter J. 2015. „The Globalization of Esotericism." *Correspondences* 3:55–91.

Laclau, Ernesto. 2006. „Ideology and post-Marxism." *Journal of Political Ideologies* 11 (2):103–114. DOI: 10.1080/13569310600687882.

Maltese, Giovanni und Julian Strube. 2021. „Global Religious History." *Method & Theory in the Study of Religion* 33 (3–4):229–257.

Mukherjee, Soumen. 2024. *Religion, Mysticism, and Transcultural Entanglements in Modern South Asia Towards a Global Religious History*. Cham: Springer.

Neugebauer-Wölk, Monika. 2010. „Der Esoteriker und die Esoterik: Wie das Esoterische im 18. Jahrhundert zum Begriff wird und seinen Weg in die Moderne findet." *Aries – Journal for the Study of Western Esotericism* 10:217–231.

Obst, Helmut. 2009. *Reinkarnation. Weltgeschichte einer Idee*, München: C.H. Beck.

Strube, Julian. 2016. *Sozialismus, Katholizismus und Okkultismus im Frankreich des 19. Jahrhunderts: Die Genealogie der Schriften von Eliphas Lévi*. Berlin und Boston: De Gruyter.

Strube, Julian. 2017. „Occultist Identity Formations Between Theosophy and Socialism in Fin-de-Siècle France." *Numen* 64 (5–6):568–595.

Strube, Julian. 2022. *Global Tantra. Religion, Science, and Nationalism in Colonial Modernity*, New York: Oxford University Press.

Strube, Julian. 2024. „Esotericism and Global Religious History." In *Aries – Journal for the Study of Western Esotericism* 24:260–264.

von Stuckrad, Kocku. 2004. *Was ist Esoterik? Kleine Geschichte des geheimen Wissens*. München: C.H. Beck.

Suarsana, Yan. 2020. „From Healer to Shaman: Theosophy and the Making of Esoteric Bali." In *Theosophy Across Boundaries: Transcultural and Interdisciplinary Perspectives on a Modern Esoteric Movement*, hg. v. Hans Martin Krämer und Julian Strube, 401–423. Albany: State University of New York Press.

Umland, Andreas. 2023. „Historische Esoterik als Erkenntnismethode: Wie russische Pseudo-Wissenschaftler zu Moskaus antiwestlicher Wende beigetragen haben." *SIRIUS* 7 (1):3–10. https://doi.org/10.1515/sirius-2023-1003

Waldorf World List. 4/2024. *Adressverzeichnis der Waldorfschulen, Waldorfkindergärten und Ausbildungsstätten weltweit*, https://www.freunde-waldorf.de/freunde/fileadmin/user_upload/images/Waldorf_World_List/Waldorf_World_List.pdf.

Zürrer, Ronald. 2005. *Reinkarnation: Einführung in die Wissenschaft der Seelenwanderung*. Zürich und Jestetten: Govinda.

Giovanni Maltese
II.4 Gender: Zur Vergeschlechtlichung von Allgemein- und Vergleichsbegriffen

In der Erstauflage dieses Handbuchs plädierten Edith Franke und Verena Maske (2012) dafür, Gender als religionswissenschaftliche Grundkategorie anzusehen. Meist wird Gender jedoch nur beachtet, wenn es explizit um Status und Benachteiligung von Frauen und LGBTQIA+ oder Geschlechter von Gottheiten geht. Diese Themen sind von allergrößter Wichtigkeit. Soll die Erforschung der damit verbundenen Ausgrenzungen kein bloßes Add-on darstellen, gilt es aber, Gender und Queer Studies zusätzlich auch für vermeintlich (geschlechts-)neutrale Felder einzubeziehen. Dieses Kapitel bietet hierzu einen Ansatz. Zu den derzeit wichtigsten Debatten der Religionswissenschaft zählt die Auseinandersetzung mit den Auswirkungen der Kolonisierung auf die Entstehung des Fachs und die Erkenntnisse, die es generiert. Damit verbunden ist die Frage, inwiefern religionswissenschaftliche Allgemein- und Vergleichsbegriffe eurozentrische Schieflagen beziehungsweise Überlegenheitsansprüche des „Westens"[1] sowie Abwertung und Marginalisierung anderer Wissenstraditionen und Gesellschaften fest- und fortschreiben. Teil dieser kolonialen Geschichte ist die Bildung spezifischer Konzepte von Geschlecht. Ich möchte anhand eines Blicks auf Debatten, die in den 1930er Jahren zur Bedeutung von Religion, Islam und **Mystik** geführt wurden, zeigen, welchen Beitrag der Einbezug von Gender für diese Frage bietet.

1 „Gender" und Religionswissenschaft

Ähnlich wie beim **Religionsbegriff**, gibt es auch zu „Gender" in der Forschung keinen Definitionskonsens. Gender steht zunehmend für eine „**Metakategorie**", die nicht an sich besteht, sondern interdisziplinär und „aufbauend auf schon erforschten und bestehenden Erkenntnissen neue Verknüpfungen generiert" und so „ein spezifisches Verständnis vom und für" den erforschten Gegenstand ermöglicht (Funk 2024, 27). Das beutet jedoch nicht, dass Genderverständnisse beliebig sind. Sie arbeiten sich an der sogenannten „sex/gender-Unterscheidung" ab,

---

[1] Darunter werden meist die wirtschaftsstarken Industrienationen in Europa, Nordamerika und Australien zusammengefast, deren Wohlstand maßgeblich auf koloniale Expansion und Ausbeutung zurückgeführt werden kann.

wonach *sex* für biologisches, *gender* für soziales Geschlecht steht, das kulturell interpretiert wird (Schößler und Wille 2022). Prominent wurde diese Unterscheidung durch die feministischen Women's Studies der 1970er/80er Jahre, die sich mit der Überwindung der strukturellen Benachteiligung von Frauen (Patriarchat) befassten. Gender galt dabei als kulturelle Interpretation von biologischem Geschlecht (*sex*), etwa im Sinne von Geschlechterrollen. Das ermöglichte Ungleichheiten, mit denen Benachteiligungen von Frauen gerechtfertigt wurden, als sozial konstruiert und veränderbar zu entlarven. In den 1990er Jahren häufte sich die Kritik an dieser Unterscheidung, auch angeregt von **Women of Color**, die sich im von Weißen Mittelschichtlerinnen dominierten Feminismus ausgegrenzt sahen und bald forderten, Gender „**intersektional**" – also nicht isoliert von Kategorien wie Klasse und *race* – zu erforschen. Als einflussreichstes Werk gilt Judith Butlers *Gender Trouble* (1990, deutsch 1991). Butler griff John L. Austin's Sprechakttheorie auf, wonach Sprache Tatsachen schafft (vergleiche die Trauformel „Hiermit erkläre ich Sie zu Mann und Frau"). Butler argumentierte, auch *sex* sei nichts Feststehendes, sondern werde durch wiederholte Handlungen hervorgebracht, die eng mit der sprachlichen Verfasstheit von Kultur und Gesellschaft verbunden sind (Performativität). Etwa zeitgleich etablierten sich die Lesbian and Gay Studies, bald darauf die Transgender Studies, aus denen die Queer Studies hervorgingen. Diese greifen das Performativitätskonzept auf und hinterfragen die Annahme, dass Heterosexualität und Zweigeschlechtlichkeit natürlich oder universal seien – und alles andere Abweichungen der Norm. Sie kritisieren Konzepte von Normalität und streben eine konsequente **Dekonstruktion** selbiger an (Wilcox 2021, 10–27; Degele 2008, 23–55).

Butlers Thesen blieben nicht unangefochten. Ihnen wird unterstellt, alles in Sprache aufzulösen und die Existenz von Materie und Körper zu leugnen, was diskriminierten Minoritäten (etwa Frauen) die Grundlage ihres Gleichberechtigungskampfes raube (dazu Deuber-Mankowsky 2019). Das führte zu fruchtbaren anhaltenden Debatten: Was sind Körper und woher wissen wir etwas darüber? Woher stammen unsere Kategorien? Sind sie universal? Inwiefern sind Naturwissenschaften in kulturelle Denkweisen eingebettet? Was bedeutet das alles für eine kritische Forschung (Mendoza 2024; Villa 2019)?

Die Religionswissenschaft greift diese Debatten seit den 2000er Jahren vermehrt auf. Nebst klassischer Frauenforschung erforscht sie Diskriminierung und Emanzipation von LGBTQ-Personen in Religionen; Geschlechterzuschreibungen von Gottheiten und **Materialitäten** und wie Körper und Medien diese Prozesse und damit verbundene Machtverhältnisse bestimmen (Bauer und Höpflinger 2024; Heller und Franke 2024a; Martin, Schwaderer, und Waldner 2023; Höpflinger, Jeffers, und Pezzoli-Olgiati 2021; Wilcox 2021; Page und Pilcher 2022; vgl. das 2024 gegründete *Journal of Trans and Queer Studies in Religion*). Verstärkt wird gefordert, vorgefasste Verständnisse aufzugeben und intersektional zu analysieren, wie im jeweils untersuchten Material Geschlecht/er(differenz und -verhältnisse), Sexualität, Norm und Abweichung konkret erzeugt werden. Zudem wird gefordert, dass sich das Fach selbstkritisch mit dem Anspruch befasst, religiöse Ansprüche auszuklammern, da dies ein Verständnis von **Säkularität** voraussetze, das auf einer öffentlich/privat-Trennung basiere, die in einer Entwertung des Weiblichen wurzle (Warne 2000; Albrecht 2023; Khan 2022; Auga 2020). Der Ertrag dieser Entwicklungen für die Bildung religionswissenschaftlicher Allgemein- und Vergleichsbegriffe ist bislang kaum erforscht (Ausnahmen: Kirchner, Albrecht, und Bachmann 2024; Khan 2022; Maltese 2021; Auga 2020).

2 Religionswissenschaft, Allgemeinbegriffe und Eurozentrismus

Im Zuge der **Eurozentrismusdebatte** wurde kritisiert, dass die Allgemein- und Vergleichsbegriffe der Religionswissenschaft westlichen Ursprungs und erst im Zuge kolonialer Unterwerfung anderen Kulturen aufgenötigt worden seien – angefangen bei „Religion" selbst bis hin zu **religionsvergleichenden** Begriffen wie Mystik. Für andere Kontexte seien sie daher analytisch unbrauchbar. Dem wurde vor allem von globalreligionsgeschichtlicher Seite entgegnet, dass die heutige Verwendung besagter Begriffe nicht einseitig kolonial geprägt sei. Denn ihre Bedeutung war nie unangefochten. Menschen, die zu kolonisierten Gruppen gehörten, beteiligten sich aktiv an Aushandlungsprozessen über die Bedeutung von Begriffen aus europäischen Kontexten, indem sie sie zur Mobilisierung eigener, oft antikolonialer Interessen nutzten. Diese Beteiligung aus einer anderen Machtposition heraus, heißt nicht, dass sie unwirksam war. Sie zu übergehen, spricht Kolonisierten ihre Handlungsmacht (*agency*) ab und entwertet sie. Vielmehr ist der konkrete Gebrauch von Allgemeinbegriffen durch Menschen unter kolonialer Herrschaft im Licht der Definitionen, Abgrenzungen und Interessen der Kolonisierten zu analysieren (Maltese und Strube 2021; Hermann; Bergunder; Strube; Suarsana in diesem Band).

Gender wurde hierbei kaum berücksichtigt (Ausnahmen: Kirchner et al. 2024; Maltese 2021; 2023). Dies überrascht, da die Forschung zeigt, dass der Kolonialismus des 19. und 20. Jahrhunderts grundlegend auf einer binären Geschlechterordnung beruhte. Männlich und weiblich wurden als kategorial verschieden und mit spezifischen Wesenseigenschaften und Rollen versehen, die die Unterordnung des Weiblichen begründeten. Diese Hierarchie fußte auf vermeintlich natürlichen Unterschieden, abgeleitet aus der heterosexuellen Fortpflanzung als zentraler Bestimmung des Menschen. Vernunft, Produktivität, politische Autonomie und abstrakte Urteilskraft wurden dem Männlichen zugeschrieben, Emotionalität, Reproduktivität, Führungsbedürftigkeit, Naturtriebhaftigkeit und Erfahrungsorientiertheit dem Weiblichen. Die **Konstruktion** und Durchsetzung dieser Binärität diente dazu, Machtstrukturen zu stabilisieren, rassistische Hierarchien zu untermauern und koloniale Unterwerfung zu legitimieren, wobei vergeschlechtlichte und rassifizierende Unterscheidungen sowie koloniale Unterwerfung sich gegenseitig hervorbrachten, bedingten und verstärkten. So wurde Kolonisierten pauschal Weiblichkeit zugeschrieben, zugleich wurde ihren Gesellschaften das Fehlen einer klaren Ausdifferenzierung von Geschlechterdifferenzen unterstellt (Levine 2007; Burton 1999, Beinhauer-Köhler in diesem Band). Volle Weiblichkeit konnte so nur die Weiße, anglo-europäische Frau verkörpern, was die kolonisierte Frau dehumanisierte (Markowitz 2024). Ein weiteres Beispiel ist die Einführung von Rechts- und Verwaltungssystemen, die auf einer öffentlich/privat-Trennung basierten, wobei das Öffentliche als männlich, das Private als weiblich galt und Kolonisierten weithin das Mitbestimmungsrecht im Öffentlichen verweigert wurde (Morgenstein Fuerst 2021).

Die Vernachlässigung dieser (intersektionalen) Vergeschlechtlichung führt dazu, dass zentrale Ab- und Ausgrenzungen, auf denen die Beteiligung und Beiträge der Kolonisierten an den Aushandlungen der Bedeutung von Allgemeinbegriffen basierten, weitgehend unsichtbar bleiben. Diese Dynamiken sind bis heute wirksam, wenn über Religion diskutiert wird, siehe Debatten um Religion in der Öffentlichkeit sowie Migration, Islam und Frauenrechte. Im Folgenden zeige ich das Potential einer Analyse auf, die dieses Versäumnis für die Debatte um Allgemein- und Vergleichsbegriffe ernstnimmt.

3 Religion und koloniale Emanzipation

Von 1938 bis 1941 erschien in der weltweit gelesenen englischsprachigen Zeitschrift *Genuine Islam* der Singapur-basierten All Malaya Muslim Missionary Society ein 22-teiliger Traktat mit dem Titel „The Sovereignty of God and the Dignity of Man in Islam" – später untertitelt „Islamic Mysticism". Der Text gehörte zur Rubrik „Comparative Religious Studies"; Autor war Maas Thajoon Akbar (1879–1944), ein pensionierter Richter aus Ceylon, der an einem britischen Gericht gedient hatte. Singapur und Ceylon (heute Sri Lanka) waren in dieser Zeit britische Kronkolonien. Typisch für die Debatten süd- und südostasiatischer muslimischer

Intellektueller jener Zeit, ringt Akbar mit der Frage, wie sich Muslime[2] von ihrer Unterlegenheitsposition gegenüber dem Westen und dessen kolonialer Herrschaft emanzipieren könnten (ausführlich dazu Maltese 2023).

Akbar fordert die Muslime auf, sich als Gemeinschaft zu sehen, die nicht auf nationalen, rassischen oder klassenbezogenen Gemeinsamkeiten (3, 33; 12, 296)[3] beruht, sondern auf der Religion des Islam. Die Schwäche der Muslime fuße in einem „falschen" Verständnis der eigenen Religion, das zu intellektuellem Stillstand und zu Passivität gegenüber dem eigenen Schicksal führe (4, 113; 3, 32). Akbar möchte ein emanzipatives Verständnis anbieten, das er aus dem Sufismus und dessen spezifischer Auffassung des Einheitsprinzips ableitet. Hierzu sei es erforderlich, nicht nur Islam, sondern auch Sufismus und Religion neu zu definieren. Dabei stützt er sich stark auf den indisch-islamischen Philosophen Muhammad Iqbal (1877–1938) und auf den Mystikbegriff des französischen Philosophen Henri-Louis Bergson (1859–1941).

Drei Auffassungen sind für Akbar besonders fehlerhaft: Erstens jene, die den Islam als „semitische" Religion und starres göttliches Gesetz begreife und besonders im arabischen Islam verbreitet sei. Die Unterscheidung zwischen „semitischen" und „**arischen**" Sprachfamilien sowie den Antijudaismus und **Rassendiskurs** (inklusive kulturellen Antisemitismus) seiner Zeit aufgreifend erklärt Akbar, dass dies den Islam „dem Judaismus" gleichmache, was Emotionen und Kreativität ausschließe, die zu einem dynamischen Verständnis göttlicher Gesetze und zur Emanzipation aber nötig seien (3, 38; 5, 114; 10, 335). Zweitens „fehlgeleitete Sufis", die im Kontrast dazu, den Islam als reine mystische Kontemplation sähen. Dies beruhe auf einem „englischen" Verständnis von Mystik (14, 37), abgeleitet aus der christlichen Mystik, die zwar den Wert spiritueller Erfahrung erkenne und so dem Christentum einen wahren Kern erhalte. Religion werde aber auf Meditation, Selbstreinigung und Weltflucht reduziert (2, 446–448; 20, 24; 22, 93–99). Drittens Auffassungen, die den Islam als privates „Glaubenssystem" begriffen (14, 37). Grundlage sei ein westliches Religionsverständnis, abgeleitet aus dem Christentum, das den Islam ebenfalls zu Weltflucht mache. Aus Akbars Sicht nehmen alle diese Auffassungen das Einheitsprinzip des Islam (siehe unten) nicht ernst, sondern wurzelten in einem negativ-dualistischen Denken, das die unterdrückerische Haltung des Westens begründe. Der Traktat erscheint zunächst als philosophische Abhandlung, in der Geschlecht, Sexualität und *race* nur unvermittelt und beiläufig erwähnt werden. Erst bei näherem Hinsehen zeigt sich ihre Zentralität:

---

[2] Da Akbar meist männliche Pronomen verwendet, wenn er von *Muslims, Christians* usw. spricht und ein binäres Geschlechterverständnis hat, verwende ich, sofern er nicht Frauen/und Männern erwähnt, die maskuline Form.

[3] Belege aus dem Traktat erfolgen im Format „Teil, Seitenzahl".

Was zunächst nach abstrakten, neutralen Vergleichsbegriffen aussieht (Religion, Glaubenssystem, Mystik) entpuppt sich bei näherem Blick als grundlegend vergeschlechtlicht.

3.1 Der „Fall"

Um den Unterschied zwischen Christentum und „richtigem" Islam zu verdeutlichen, greift Akbar Iqbals Abhandlung zum „sogenannten Fall Adams" auf, den das Christentum vom Judentum übernommen habe (5, 114). Für Iqbal wurzelt das christliche Weltverständnis in der „semitischen Form" der Sündenfall-Legende. Zentrale Motive seien die Schlange, die er als „phallisches Symbol" deutet, der Baum und die Frau, die laut Bibel aus der Rippe des Mannes erschaffen wurde. Die Frau bietet dem Mann einen Apfel, „Symbol der Jungfräulichkeit", an, was zum „Fall" des Menschen führt, zur Vertreibung aus dem Paradies und zur Verfluchung der Erde (Iqbal [1930] 2004, 109–111).

Demnach, so Akbar, sind Sünde und Sexualität im christlichen Verständnis gleichursprünglich. „Adams erste Übertretung", die ihn und die gesamte Menschheit zu Sündigen und zum Tod verurteile, sei von Anfang an mit der Unterscheidung zwischen Mann und Frau, dem Sexualtrieb und ersten sexuellen Akt verbunden. Daher betrachte das Christentum den Menschen als „elementar böse" und „verdorben" (4, 78; 5, 114). Dies führe zu einem Konflikt zwischen Mensch und Gott, der das Kernproblem des christlichen Weltbilds sei. Diese für die westliche Religiosität typische oppositionelle „Dualität" (1, 440) weite den Konflikt auf das Mensch-Natur-Verhältnis aus und ziehe die Abwertung der Welt der Materie sowie der Frau und nicht-westlicher Völker nach sich (4, 80; 5, 114).

Der Qur'an dagegen, so Iqbal, lässt die Schlange weg und befreit die Erzählung „von ihrem phallischen Gepräge"; die Verbindung zwischen Sexualität, Frau und Sünde entfalle (Iqbal 2004, 110). Im Islam meint der „Fall" nach Akbar somit keine moralische Verderbtheit, sondern einen *Auf*stieg von Triebhaftigkeit zu freiem Selbstbewusstsein (5, 114–15). Der Qur'an betrachte den Menschen als von Geburt an sündlos. Göttliche Gesetze zu befolgen und die eigenen Triebe zu steuern, seien nicht von Beginn an zum Scheitern verurteilt, sondern eine Herausforderung zur Selbstentwicklung. Die Erde sei kein „Folterkeller", in dem eine „verruchte Menschheit" für ihre Erbsünde büße, sondern ein Testgelände, in dem sie ihre Potenziale entfalten könne. Der Qur'an „sagt ‚Ja' zur Welt der Materie" – die Natur sei Symbol des Göttlichen (5,115; 4, 80).

3.2 Geschlechterdifferenz

Damit gehe auch eine andere Sicht auf die „Unterscheidung der Geschlechter" einher (Iqbal 2004, 114). Im Christentum verkörpere die Frau die Versuchung, Sexualität und das Scheitern daran. Weiblichkeit werde wie die Natur als Bedrohung gesehen, die zu unterjochen sei. Daraus folge eine Entwertung der Frau und die Weltabgewandtheit des Christentums. Das Ergebnis, so Akbar, sei ein „krankhaftes" Verhältnis zu Sexualität und Weiblichkeit, sichtbar am „Zölibat des Klerus und Askese" als höchste Form christlicher Spiritualität (5, 114).

Dies habe in christlichen Gesellschaften zu einem Rückschlag geführt, wie die westliche Sexualmoral zeige. Das erklärt Akbar anhand der Polygamie, die in Europa spätestens seit dem 19. Jahrhundert zitiert wurde, um Muslimen ungezügelte Triebhaftigkeit und Frauenfeindlichkeit vorzuwerfen. Die Kritik an der islamischen Polygamie[4], wonach ein Mann mit bis zu vier Frauen verheiratet sein darf, betrachtet Akbar als Heuchelei, um vom eigenen moralischen und sozialen Versagen abzulenken. Das Monogamiegebot und die schwierigen Scheidungsbedingungen führten zu einer Nachtlebenkultur und lizenzierten Bordellen, die die Entwertung und Ausbeutung der Frau förderten. Der Islam habe die Polygamie im Interesse von schutzlosen Witwen und deren Kindern eingeführt. Im Zentrum stehe die Würde der Frau. Zugleich werde damit auch dem stärkerem „Eros des Mannes" Rechnung getragen, der laut Akbar vom Sexualforscher Sigmund Freud belegt worden sei (12, 297–98; 14, 40). Gegen die unregulierte außereheliche Sexualität des Westens stehe hier also eine sozialgerechte vernünftig-lebensbejahende Auffassung von Natur, Sexualität und Frau.

Für Akbar ist es diese Entgegensetzung von Gott und Mensch sowie Mensch und Natur, die das negativ-dualistische Realitätsverständnis des Christentums, aus dem wiederum rassische, koloniale und Frauenentwertung hervorgingen, begründet. Gleiches gelte auch für den Materialismus, der als Kritik an unvernünftigen Lehren des Christentums entstanden und religionsfeindlich sei. Hier bestehe Selbstverwirklichung in der ausbeuterischen Unterjochung von Natur und Mitmenschen, weil er nur das Sinnlich-Wahrnehmbare anerkenne und Emotionen wie Liebe entwerte – ähnlich wie das Christentum das Weibliche. Dort bestehe sie in Weltflucht. Der „richtige" Islam habe dagegen ein dynamisches integrativ-wertschätzendes Realitätsverständnis (5, 114; 6, 151; 4, 80), das die Schaffung einer gerechten Welt ermögliche (3, 33).

---

4 Genauer wäre Polygynie, da dies nur für Männer gilt.

3.3 Mystik

Was das konkret bedeutet, erklärt Akbar anhand des erwähnten Fehlverständnisses von spiritueller Erfahrung. Die Realität erschließe sich durch die Sinne, aber auch durch das Herz, als innere Einsicht, die mit verborgenen Aspekten der Realität in Kontakt bringe (4, 80). Diese Einsicht sei integrativ, weil sie Geist nicht über Körper, Materie und Emotionen stelle und, anders als bei den aus seiner Sicht „semitischen" **Religionsbegriffen**, einen dynamischen Zugang zum göttlichen Gesetz ermögliche. Doch Sufis (und christliche Mystiker) begriffen sie meist so, dass sie nur die innere Welt des Einzelnen verändere. Nach Bergson sei dies „unvollständige Mystik". Um „vollständig" zu sein, müsse sie auch auf Veränderung der äußeren Welt zielen (21, 22). Bergsons Mystikbegriff sei aber von einem christlichen Weltverständnis geprägt, weshalb er die Überwindung von Ungerechtigkeit und Unterdrückung nicht thematisiere (14, 35; 3, 33). Wie Bergson versteht Akbar Mystik somit als das Wesen von Religion und in allen Religionen angelegt, betont aber, dass sie nur im („echten") Sufismus vollständig zur Geltung komme.

Über diesen Mystikbegriff gelangt Akbar zu einem Sufismus- und Islambegriff, der sämtliche im Kolonialdiskurs seiner Zeit hierarchische Dualismen dynamisch vereint: Herz/Verstand, Emotion/Vernunft, religiöse Erfahrung/Wissenschaft, Körper bzw. Materie/Geist, Immanenz/**Transzendenz**, Gefühl/Gesetz und Weiblichkeit/Männlichkeit. Entscheidend ist, dass er Attribute, die zur Begründung der Unterordnung von Frauen und Kolonisierten unter den weißen westlichen Mann dienten, ähnlich wie bei der Geschlechterdifferenz positiv integriert. Zugleich schafft er einen ebenso integrativen Religionsbegriff, der einen Vergleich zwischen Islam und Christentum ermöglicht und der es Akbar erlaubt, kolonialismuskritische Interessen zu formulieren. Er konstruiert das Christentum und den Westen als dem Islam unterlegen, gesteht dem Christentum aber auch Wahrheit und Entwicklungsfähigkeit zu. Erst ein derartiges Verständnis des Islam *als Religion*[5] ermögliche Muslimen eine Emanzipation, die dem Westen überlegen sei, weil sie keine neue Unterdrückung schaffe, sondern eine gerechte Welt (3, 33). Dies nütze auch dem Christentum: Wenn es sich in diesem integrativen Sinn *als Religion* verstünde, könne es sich gegen den Materialismus verteidigen, seine Missstände (auch bezüglich Frauen) beheben und seinen wahren Kern zurückgewinnen.

---

5 Vgl. „**Religionisierung**", Dreßler in diesem Band.

4 Analyse: Positionierung und gegenwärtige Debatten

An Frauenemanzipation ist Akbar allerdings nicht interessiert. Die „Frau" wird von ihm als schutzbedürftig und von männlicher Führung abhängig erzeugt. Sexualität, Geschlechterdifferenz und Weiblichkeit konzipiert er so, dass sie pensionierten, zur sozioökonomischen Elite gehörenden Männern wie ihm nützen. Dies erfolgt in einem Rahmen, der Heterosexualität als Norm, Abweichungen wie den Zölibat als unnatürlich setzt. Weibliche Stimmen übergeht er: Über die Würde der Frau bestimmen Männer wie er, im Interesse ihrer Dominanz und Privilegien. So weist er „muslimische Frauen", die „gemischtgeschlechtliche Gebete" fordern, ab, da dies zu gegenseitiger Versuchung führe (5, 117). Akbars Interesse an Weiblichkeit entspringt primär seiner Positionierung in einem **Diskurs**, der kolonialisierte Männer abwertete und ihnen weibliche Attribute wie Triebhaftigkeit, intellektuelle Schwäche und Emotionalität zuschrieb.

Diese Positionen verschiebt Akbar, indem er die Abwertung umkehrt und westlichen Männern Triebhaftigkeit und Heuchelei vorwirft. Zugleich entwickelt er eine mystisch-islamische Männlichkeit, die weibliche Zuschreibungen positiv einbezieht, um seinen integrativen Religionsbegriff und die Überlegenheit des Islam zu behaupten. Dieses Männlichkeitsverständnis ist rassifiziert: Es beruht auf einem Mystikbegriff, der sich von angeblich „semitischen" (Gesetzes-)Religionsbegriffen abgrenzt. Islam, Sufismus, Mystik und Religion sind somit (intersektional) vergeschlechtlicht. Religion, Geschlecht, Sexualität und *race* sind untrennbar miteinander verbunden, sodass sie Akbar nützen, um an globalen Debatten über Religion teilzunehmen und seine Position als betagter, elitären sozialen Status genießender, aber durch koloniale Zuschreibungen gekränkter Mann zu verbessern. Es überrascht nicht, dass islamische Frauenrechtlerinnen seiner Zeit diesen Mystikdiskurs weitgehend ignorierten.

Diese Ab- und Ausgrenzungen spiegeln sich in aktuellen Debatten. Sufismus wird über den Mystikbegriff meist als liberaler und inklusiver Strang des Islam gesehen (Domínguez Díaz 2024, Hicks 2011), der einen Gegenpol zu frauen- und menschenrechtsfeindlichen Strömungen darstelle. Letztere werden oft mit Rechtsschulenislam und „arabischen" Ländern assoziiert und rassifiziert (Ahmed 2008; Hicks 2011). Dieses Bild hat auch die neuere internationale Politik geprägt (zum Einfluss von Diskursen, an denen Figuren wie Akbar und Iqbal teilnahmen, siehe Maltese 2023). So startete die indonesische Regierung nach 9/11 Kampagnen, um den lokalen Islam als sufisch und grundverschieden zum arabischen darzustellen (Hoesterey 2021). Als Partnerin der USA im ‚War on Terror' förderte die pakistanische Regierung gezielt sufische Gruppierungen als Alternative zum „nahöstlichen" Islam (Suleman 2018).

Die Gegenüberstellung von liberaler, inklusiver islamischer Mystik und „übrigem" (Rechtschulen-)Islam spiegelt sich auch in der Forschung und wird von ihr gespeist. Neuere Studien kritisieren, dass die Betrachtung des Sufismus als „Anomalie" der islamischen Tradition oft zu einseitigen Quellenanalysen führt, die auch die Agency von Frauen überbetonen, obwohl sie vergleichbar der im „nichtsufischen Islam" ist (Domínguez Díaz 2024, 243; Beinhauer-Köhler in diesem Band). Dies verstellt den Blick für Unterdrückungs- und Ausschlussmechanismen im Sufismus, wie Akbars Umgang mit Frauen und Andersgesinnten trotz seiner Inklusionsrhetorik zeigt.

5 Fazit

Zwölf Jahre nach dem eingangs zitierten Plädoyer von Franke und Maske (2012) beklagt Franke, dass „genderorientierte Ansätze" noch immer vorwiegend Forschung von Frauen über Frauen in Religionen sind, was für den deutschen Kontext sicher zutrifft (Heller und Franke 2024b, 42). Dieses Kapitel, das auf vermeintlich neutrale religionswissenschaftliche Allgemein- und Vergleichsbegriffe fokussiert – verfasst von einer Person, die als Sohn einer Ausländer- und Gastarbeiterfamilie [sic!] sozialisiert wurde, in ihrem Job als Weißer Professor, an bayerischen Bahnhöfen als Person of Color gelesen wird – versteht sich auch als Beitrag, dies zu ändern.

Ein konsequenter Einbezug von Gender, im Sinne der hier vorgeschlagenen Analyse der Vergeschlechtlichung kolonialer Debatten, öffnet den Blick für gewichtige Ab- und Ausgrenzungsdynamiken[6], die die Etablierung und Verwendung besagter Begriffe präg(t)en. Mögliche Leitfragen, die auch Analysen von Materialität und **Feldforschungsdaten** bereichern dürften, sind: Wie werden Verständnisse von Geschlechter-/differenz (inklusive Männlichkeit, Weiblichkeit, Sexualität, Normalität und so weiter), von Religion/en, *race* (und anderen diskriminierenden Kategorien) konkret und im Wechselspiel zueinander erzeugt – und zwar auch dort, wo es scheinbar nur um abstrakte Termini wie Religion oder Mystik geht? Mit welchen Zuschreibungen und welchen Folgen geht das einher? Für eine kritische Aufarbeitung der kolonialen (und patriarchalen) Verstrickung der religionswissenschaftlichen Wissensproduktion, die auch die Eurozentrismusthematik ernstnehmen, sowie zur kritischen Selbstreflexion gegenwärtiger Wissensproduktion beitragen möchte, scheint mir ein derartiger Ansatz unverzichtbar.

---

6 Allgemein zur Ausgrenzung von Wissenstraditionen, vgl. Cyranka in diesem Band.

Literatur

Ahmed, Saladdin. 2008. „What Is Sufism?" *Forum Philosophicum* 13 (2):229–246.
Akbar, M. T. 1938. „The Philosophy of the Holy Quran " [Teil 1]. *Genuine Islam* 3 (11):389–295.
Akbar, M. T. 1939–41. „The Sovereignty of God and the Dignity of Man in Islam" [Teile 2–22]. *Genuine Islam* (4–6) [detaillierte Quellenangaben siehe Maltese 2023].
Albrecht, Jessica. 2023. „Queering Gender, Race, Embodiment: Approaches and Guiding Questions in Religious Studies Research and Teaching." *Bulletin for the Study of Religion* 52 (1):14–22.
Auga, Ulrike. 2020. *Epistemology of Religion and Gender: Biopolitics – Performativity – Agency*. London: Routledge.
Bauer, Benedikt und Anna-Katharina Höpflinger, Hg. 2024. *Ledas Federlesen: Ansätze einer kritischen Genderforschung zu Religion*. Leiden: Brill.
Burton, Antoinette M., Hg. 1999. *Gender, Sexuality and Colonial Modernities*. London: Routledge.
Butler, Judith. 1991. *Das Unbehagen der Geschlechter*. Frankfurt am Main: Suhrkamp.
Degele, Nina. 2008. *Gender, Queer Studies: Eine Einführung*. Paderborn: Fink.
Deuber-Mankowsky, Astrid. 2019. „Natur – Kultur: ein Dualismus als Schibboleth der Gender- und Queer Studies?" In *Handbuch Interdisziplinäre Geschlechterforschung*, hg. v. Beate Kortendiek, Birgit Riegraf und Katja Sabisch, 13–22. Wiesbaden: Springer.
Domínguez Díaz, Marta. 2024. „Sufism". In *Religion und Geschlecht*, hg. v. Birgit Heller und Edith Franke, 243–249. Berlin: De Gruyter.
Franke, Edith, und Verena Maske. 2012. „Religionen, Religionswissenschaft und die Kategorie Geschlecht/Gender". In *Religionswissenschaft*, hg. v. Michael Stausberg, 125–140. Berlin: De Gruyter. https://doi.org/10.1515/9783110258936.125
Funk, Wolfgang. 2024. *Gender Studies*. 2. Aufl. Paderborn: Fink.
Heller, Birgit, und Edith Franke. 2024a. *Religion und Geschlecht*. Berlin: De Gruyter.
Heller, Birgit, und Edith Franke. 2024b. „Methodologische und theoretische Grundlagen." In *Religion und Geschlecht*, hg. v. Birgit Heller und Edith Franke, 17–64. Berlin: De Gruyter.
Hicks, Rosemary R. 2011. „Comparative Religion and the Cold War Transformation of Indo-Persian ‚Mysticism' into Liberal Islamic Modernity." In *Secularism and Religion-Making*, hg. v. Markus Dressler und Arvind S. Mandair, 141–169. New York: Oxford University.
Hoesterey, James B. 2021. „Saints, Scholars, and Diplomats: Religious Statecraft and the Problem of ‚Moderate Islam' in Indonesia." In *Religious Pluralism in Indonesia: Threats and Opportunities for Democracy*, hg. v. C. Formichi, 185–206. Ithaca: Cornell University.
Höpflinger, Anna-Katharina, Ann Jeffers und Daria Pezzoli-Olgiati. Hg. 2021. *Handbuch Gender und Religion*. 2., erweiterte Aufl. Göttingen: Vandenhoeck & Ruprecht.
Iqbal, Muhammad. 2004. *Die Wiederbelebung des religiösen Denkens im Islam*. Berlin: H. Schiler [1930. *Six Lectures on the Reconstruction of Religious Thought in Islam*. Lahore: Kapur].
Khan, Rabea M. 2022. „Speaking ‚Religion' Through a Gender Code: The Discursive Power and Gendered-Racial Implications of the Religious Label." *Critical Research on Religion* 10 (2):153–169.
Kirchner, Anna, Jessica A. Albrecht und Judith Bachmann. 2024. „Geschlecht, Religion und Nation in globalen Verflechtungen: Mutterschaft in Sri Lanka, Israel und Nigeria". *Zeitschrift für Religionswissenschaft* 32 (1):34–55.
Levine, Philippa, Hg. 2007. *Gender and Empire*. Oxford: Oxford University.
Maltese, Giovanni. 2021. „Gender and the Conceptualization of Religion and Islam". *Implicit Religion* 24 (3):387–423.

Maltese, Giovanni. 2023. „Phallogocentrism, Global Entanglements and Comparison in the Study of Religion: Mysticism and Gender as Category of Knowledge among Muslim Intellectuals (1938–41)." *Interdisciplinary Journal for Religion and Transformation in Contemporary Society* 9 (1):1–25.

Maltese, Giovanni, und Julian Strube. 2021. „Global Religious History." *Method & Theory in the Study of Religion* 33 (3–4):229–257.

Markowitz, Sally. 2024. *The Gender Binary and the Invention of Race*. New York: Taylor & Francis.

Martin, Silke, Isabella Schwaderer und Katharina Waldner, Hg. 2023. *Religion und Gender: Konzepte – Erfahrungen – Medien*. Bielefeld: transcript.

Mendoza, Breny. 2024. „Das Problem der Kolonialität des Geschlechts". *Deutsche Zeitschrift für Philosophie* 72 (1):67–82.

Morgenstein Fuerst, Ilyse R. 2021. „Gender, Muslims, Islam, and Colonial India". In *The Routledge Handbook of Islam and Gender*, hg. v. J. Howe, 241–255. London: Routledge.

Page, Sarah-Jane, und Katy Pilcher, Hg. 2022. *Embodying Religion, Gender and Sexuality*. London: Routledge.

Schößler, Franziska, und Lisa Wille. 2022. *Einführung in die Gender Studies*. Berlin: De Gruyter.

Suleman, Muhammad. 2018. „Insitutionalisation of Sufi Islam after 9/11 and the Rise of Barelvi Extremism in Pakistan." *Counter Terrorist Trends and Analyses* 10 (2):6–10.

Villa, Paula-Irene. 2019. „Sex – Gender: Ko-Konstitution statt Entgegensetzung." In *Handbuch Interdisziplinäre Geschlechterforschung*, hg. v. Beate Kortendiek, Birgit Riegraf und Katja Sabisch, 23–33. Wiesbaden: Springer.

Warne, Randi R. 2000. „Gender." In *Guide to the Study of Religion*, hg. v. Willy Braun und Russell T. McCutcheon, 140–154. London: Continuum.

Wilcox, Melissa M. 2021. *Queer Religiosities: An Introduction to Queer and Transgender Studies in Religion*. Boulder: Rowman & Littlefield.

Isabel Laack

II.5 Indigenität: Diskurse um indigene Religionen, dekoloniale Kritik an westlicher Wissenschaft und mögliche Konsequenzen für die Religionswissenschaft

Indigene Religionen haben in den letzten Jahren in öffentlichen und wissenschaftlichen **Diskursen** neue Aufmerksamkeit erfahren. Die zunächst als Fremdbezeichnung entstandene Kategorie *indigen* wird von verschiedenen Gruppen im Kampf um soziopolitische Anerkennung zunehmend als Selbstbeschreibung verwendet; außerdem werden indigene Lebensweisen als mögliche Alternativen zur westlichen, kapitalistischen und die Umwelt zerstörenden Gesellschaft wahrgenommen. Analog zu diesen Entwicklungen wächst in der Religionswissenschaft das Forschungsinteresse an indigenen Religionen.

Wie verhält sich die Religionswissenschaft gegenüber den im Diskurs häufig verwendeten Begriffen *indigene Religionen* und *indigen*? In der europäischen Geistesgeschichte galt lange die Vorstellung, Begriffe seien Spiegel von objektiv in der Realität vorhandenen Strukturen. Im Unterschied dazu gehen viele gegenwärtige Kulturwissenschaftler:innen davon aus, dass sprachliche Begriffe immer nur zeit- und kulturabhängige menschliche Versuche sind, nicht-sprachliche Realität zu verstehen und zu gestalten. Kategorien wie *indigen* spiegeln also immer nur eine bestimmte Wahrnehmung der Welt wider. Eine mögliche wissenschaftliche Konsequenz aus dieser Annahme ist, sich auf die Analyse des Gebrauchs von Begriffen im Diskurs zu konzentrieren, also zu untersuchen, wer in religiösen, soziopolitischen und politischen Diskursen wann, warum und unter welchen Bedingungen den Begriff *indigen* mit welchen Bedeutungen verwendet. Manche Religionswissenschaftler:innen möchten aber neben dem Diskurs auch erforschen, wie als *indigen* bezeichnete Menschen ihr Leben leben und die Welt verstehen (unabhängig davon, wie man sie nennt). Der Begriff *indigene Religionen* dient hier als historisch gewachsene Bezeichnung für ein Forschungsfeld, in dem immer wieder reflektiert wird, ob die Kategorie *indigen* für eine im Rahmen wissenschaftlicher Interessen angemessene Benennung außersprachlicher Realität gehalten wird.

In diesem Kapitel wird die Problematik um das Forschungsfeld und die Begriffe einführend vorgestellt. Dafür gebe ich zunächst einen Überblick über die Geschichte der Kategorie *indigene Religionen* in der europäischen Religionswissenschaft und skizziere, wie das Konzept *Indigenität* im öffentlichen Diskurs geprägt wurde. Einzelne Aspekte indigener Lebensweisen, insbesondere die ihnen zugeschriebene Harmonie mit der Natur, werden von einer zunehmenden Zahl auch nicht-indigener Menschen als mögliche Lösungen für die gegenwärtige Klimakrise wahrgenommen. Dazu zählen auch einige von **postkolonialen** Ansätzen beeinflusste Wissenschaftler:innen. Ich diskutiere den Einfluss dieser Strömungen auf die Religionswissenschaft und stelle schließlich die Frage nach der Zukunft des Fachs: Müssen wir angesichts der Radikalität der im postkolonialen, von indigenen Perspektiven beeinflussten Diskurs geforderten Änderungen und der Dringlichkeit der Umweltkrise die wissenschaftlichen Erkenntnisinteressen und Forschungsziele unseres Faches überdenken und neu ausrichten?

1 Indigene Religionen als Gegenstand der Religionswissenschaft

Im Zuge des europäischen Kolonialismus wurden Europäer:innen in vermehrtem Maße mit für sie unbekannten Kulturen konfrontiert; ab dem 16. Jahrhundert zum Beispiel in Mittel-, Süd- und Nordamerika. Um die Existenz der auf diesem Kontinent lebenden Menschen und die Fremdheit ihrer Lebensweisen zu erklären, griffen Europäer:innen auf ihre eigenen Modelle von Geschichte und kulturell-religiöser Vielfalt zurück. Europa wurde als Höhepunkt und Maßstab menschlicher Entwicklung gesehen; die Bilder der kolonisierten Völker changierten dabei zwischen zwei Stereotypen: Auf der einen Seite wurden indigene Lebensweisen als wild, barbarisch und rückständig abgewertet, auf der anderen Seite sehnsuchtsvoll als „paradiesisch" romantisiert.

Die „Religion(en)" der kolonisierten Gruppen in Amerika wurde(n) zunächst im Rahmen theologischer Abgrenzungen zum Christentum als *Idolatrie* oder *Heidentum* interpretiert. Später entstanden für (vermeintlich) schriftlose Kulturen die Modelle und Bezeichnungen *primitive Religion, Stammesreligion, Naturreligion, natürliche Religion, archaische Religiosität* sowie *ethnische* oder *traditionelle Religion(en)*. Zwar basieren diese Konzepte auf unterschiedlichen Religions- und Kulturtheorien, die Gruppe der so benannten Traditionen hat sich jedoch kaum verändert. So wurde die Kategorie auch von der sich im 19. Jahrhundert formierenden Ethnologie und Religionswissenschaft aufgegriffen. Die in Evolutionstheorien und umfassenden Modellen der menschlichen Religionsgeschichte ausgearbeiteten Vorstellungen, bestimmte Traditionen von heute lebenden Menschen seien wenig veränderte Überbleibsel eines Urstadiums religiöser Entwicklung, sind insbesondere im populären Diskurs bis heute weit verbreitet. Während die Religionswissenschaft die Erforschung dieser Gesellschaften lange Zeit der Ethnologie sowie der

Missionswissenschaft überließ, ist seit den 1990er Jahren das Forschungsinteresse an indigenen Religionen wieder gestiegen (vgl. Harvey 2000, Olupona 2004, Cox 2013, 2024, Johnson und Kraft 2017a, Harvey und Whitehead 2019).

Indigene Religion wurde die meiste Zeit als ein Religionstypus verstanden, der sich aufgrund wesentlicher inhaltlicher und struktureller Eigenschaften von demjenigen der **Weltreligionen** unterscheide (Alberts in diesem Band). Dieser Religionstypologie zufolge sind Weltreligionen abgrenzbare Traditionen mit einer universalen Geschichte und von religiösen Eliten verwalteten Schriften. Indigene Religionen dagegen seien ahistorische Formen religiöser Praxis von lokal begrenzten, sozial einheitlichen, prämodernen und prärationalen Gesellschaften ohne Schriftkultur. Diese Kategorienbildung wurde in den letzten zwei Jahrzehnten massiv kritisiert, insbesondere für ihre Weiterführung kolonialer Ideologie, welche die kolonisierten Völker als kulturell, religiös und intellektuell unterlegen abwertet (vgl. Fisk 2017, 24). Zwar sind einzelne Wissenschaftler:innen wie James L. Cox (2013, 11–12; 2024) weiterhin der Meinung, dass die als *indigene Religionen* bezeichneten Traditionen zwei wesentliche Gemeinsamkeiten teilten: die hohe Bedeutung von verwandtschaftlichen Beziehungen sowie die **mythische** Identifikation mit einem spezifischen geographischen **Ort**. Allerdings wurde auch dieser Ansatz dafür kritisiert, die großen Unterschiede zwischen den so benannten Traditionen aus den verschiedensten Gegenden der Welt nicht ausreichend zu berücksichtigen. Das Konzept spiegele mehr europäische Projektionen wider denn tatsächliche Gemeinsamkeiten zwischen den Traditionen (vgl. Tafjord 2013, 226).

Angesichts dieser Kritik stellt sich die Frage, ob *indigene Religion* überhaupt noch als analytisches Konzept (also als Konzept, mit dem wir Strukturen der Wirklichkeit zu verstehen versuchen) für die religionswissenschaftliche Forschung brauchbar ist (vgl. auch Goshadze in diesem Band). In der aktuellen Forschungsliteratur überwiegen drei Strategien im Umgang mit diesem Problem: (1) Der Begriff dient als historisch gewachsene Bezeichnung für den kollegialen Austausch unter Wissenschaftler:innen, die sich mit der konkreten Lebenswelt bestimmter Traditionen beschäftigen. Die Problematik der Kategorie ist den meisten dieser Wissenschaftler:innen bewusst, und sie lehnen ihre Funktion als Religionstypus ab (vgl. Tafjord 2017, 42–44). (2) Das Interesse gilt der Diskursgeschichte, das heißt die Verwendung des Konzepts *indigene Religion* wird diskurstheoretisch analysiert (zum Beispiel Kraft 2017). (3) Das Konzept wird im Rahmen eines strategischen **Essentialismus** (einer aus strategischen Gründen vorgenommenen Bestimmung des Wesens einer Sache) verwendet, um die Sichtbarkeit der so bezeichneten Traditionen in ihrem gesellschaftlichen Kampf um Anerkennung zu erhöhen. Diese Strategie wird insbesondere von Graham Harvey mit der Herausgabe von Buchreihen (zum Beispiel *Vitality of Indigenous Religions*) und Handbüchern (zum Beispiel Harvey und Whitehead 2019) verfolgt.

2 Indigenität als ethnopolitisches Konzept

Die letztgenannte Strategie schließt an einen soziopolitischen Diskurs von *Indigenität* an, der sich auf eine globale Bewegung für die Anerkennung der Rechte indigener Völker bezieht. Das Konzept wurde seit Ende des 20. Jahrhunderts im Umfeld von UN-Institutionen wie dem *World Council of Indigenous Peoples* und dem *Permanent Forum on Indigenous Issues* geprägt und in Erklärungen wie der *Declaration on the Rights of Indigenous Peoples* (UN General Assembly 2007) verbreitet. Die historische Fremdzuschreibung *indigen* wird in der Selbstbezeichnung positiv umgedeutet und als juristisches und politisches Werkzeug von kolonisierten Gruppen im Kampf um Selbstbestimmung und Befreiung von Armut und Ausgrenzung eingesetzt. Wie im Ansatz der Menschenrechtsorganisation *International Working Group for Indigenous Affairs* (vgl. Dahl 2009, 147–156) werden (seit Ende der 1980er Jahre) solche Gruppen als *indigen* bezeichnet, die ein Territorium vor dessen Kolonisierung und der Ausbildung der gegenwärtigen Nationalstaaten bewohnten, kulturell von dominanten Bevölkerungsgruppen unterscheidbar sind, in der Mehrzahl diskriminiert werden und in ihrer kulturellen Identität von außen bedroht sind. Dazu zählen Gruppen wie die *Nahuas* in Mexiko, die *Aymara* in Südamerika oder die *Lakota* in Nordamerika, die sich in strategischer Abgrenzung gegenüber der nicht-indigenen Bevölkerung häufig mit regional übergreifenden Bezeichnungen wie *Indígenas*, *Native Americans* oder *First Nations* identifizieren.

Im Rahmen der globalen Ausbreitung der Bewegung werden innerhalb dieser Gruppen auch vorherige Fremdzuschreibungen an ihre Religionen übernommen, insbesondere die Annahme, sie teilten **essenzielle** Gemeinsamkeiten wie: Ursprünglichkeit, Ganzheitlichkeit und Harmonie mit der Natur; spirituelle Traditionen wie Animismus und Schamanismus; die hohe Bedeutung von verwandtschaftlichen Beziehungen zwischen derzeit lebenden Menschen, menschlichen Vorfahren und nichtmenschlichen Personen wie Tieren, Bergen, Quellen, besonderen Orten, Geistern und Göttern (vgl. Johnson und Kraft 2017b, 4; vgl. **Aktant**). Die Verwendung des Substantivs *Religion* ist in diesem Diskurs jedoch umstritten. So lässt sich in verschiedenen Publikationen der Vereinten Nationen erkennen, dass mit *Religion* vor allem das (aus Europa stammende) Christentum identifiziert wird. Als Selbstbezeichnung wird der Begriff wegen der Erfahrung von Gewalt im Kontext christlicher Mission zumeist abgelehnt und stattdessen die Konzepte *Spiritualität* oder *Tradition* bevorzugt (vgl. Kraft 2017b, 85–88).

3 Indigene Lebensweisen als Lösung für die Umweltkrise?

Im Diskurs über *Indigenität* wird eine schon im 19. Jahrhundert in Europa verbreitete Vorstellung reaktiviert, nach der indigene Traditionen in besonderer Harmonie mit der sie umgebenen Natur lebten. Auf die Lebensweisen von „Naturvölkern" werden Aspekte projiziert, die Europäer:innen mit der Industrialisierung und der Entfremdung von der nun im Gegensatz zu „Technik" und „Zivilisation" als „Natur" wahrgenommenen Umgebung verloren zu haben glaubten. Dieses Motiv wurde seit den 1970er Jahren in der ökologischen Bewegung und einer Reihe von Strömungen des gegenwärtigen westlichen Paganismus aufgegriffen, in denen Spiritualität und Rituale von „Naturvölkern" als Inspirationsquelle für die eigene religiöse Praxis und Weltdeutung dienen (vgl. Laack 2011, 123–125). In den letzten Jahren sind der menschengemachte Klimawandel und seine prognostizierten Konsequenzen sowie auch weitere Aspekte der Umweltzerstörung ins Bewusstsein der Öffentlichkeit getreten. Angesichts dieser Zukunftsaussicht suchen wieder vermehrt Menschen nach alternativen Lebensweisen und wenden sich indigenen Traditionen und ihrer „Achtsamkeit" gegenüber der „Natur" zu (vgl. Jenkins, Tucker und Grim 2017).

Ähnliche Tendenzen finden sich in der jungen wissenschaftlichen Strömung des *new animism*, die in Fragen nach einer möglichen Beseeltheit und Handlungsmacht nichtmenschlicher Lebewesen und Gegenstände im Kosmos einen Dialog zwischen Wissenschaftler:innen und Aktivist:innen sowie indigen und nicht-indigen gelesenen Personen sucht. Ausgehend von der postkolonialen Kritik am Objektivitätsanspruch westlicher Wissenschaft wird die Idee wissenschaftlicher Neutralität hinterfragt. Indigene Lebensweisen und Verständnisse von Welt und Natur werden von vielen Aktivist:innen als Alternativen zur westlich-kapitalistischen Lebensweise dargestellt und ihre Übernahme als potenzielle Lösung für die gegenwärtige Umweltkrise diskutiert (auf indigener Seite zum Beispiel von Hogan 2014, 21); stark kritisiert wird allerdings eine „Übernahme" in Form einer weiteren kolonial-imperialistischen Aneignung kultureller und spiritueller Güter. Eine solche Übernahme religiöser Weltbilder verbunden mit soziopolitischem Engagement galt in weiten Kreisen der europäischen **kulturwissenschaftlichen Religionswissenschaft** bisher als Tabu.

4 Wissenschaft dekolonisieren?

Dies beginnt sich jedoch durch die weitgreifende Übernahme postkolonialer Ansätze in den Kulturwissenschaften zu ändern. Postkolonialer Herrschaftskritik geht es im Kern darum, die **Verflechtungen** westlicher Wissenschaft mit dem Kolonialismus aufzudecken und koloniale Denkmuster aufzulösen. Als Meilensteine postkolonialen Denkens gelten Analysen der stereotypen Wahrnehmung des kolonialen „Anderen" im Orient in Abgrenzung zum europäischen Selbstbild (Said 1978; vgl. **Othering**); die Kritik am **Eurozentrismus** der Geschichtsschreibung Indiens und ihrer Ausgrenzung von Perspektiven diskriminierter Gruppen (Spivak 2006) sowie die „Provinzialisierung Europas": Europa wird nicht mehr selbstverständlich als Zentrum der Welt gesehen (Chakrabarty 2000).

Postkoloniale Kritik richtet sich oft gegen die Annahme, westliche analytische Konzepte könnten die Lebenswirklichkeit der Menschen anderer Kulturen angemessen erfassen. Eduardo B. Viveiros de Castro (1998) weist darauf hin, dass selbst so grundlegende Vorstellungen wie die Unterscheidung zwischen *Kultur* und *Natur* eurozentrisch sind. Die im Amazonasgebiet lebenden Gruppen, mit denen er arbeitet, nähmen Welt ganz anders wahr und erklärten „kulturelle" Unterschiede zwischen Menschen durch Unterschiede in ihrer „Natur". Vertreter: innen der wissenschaftlichen Strömung des *ontological turn* stellen deshalb den Allgemeinheitsanspruch der **Epistemologie** (der Erkenntnistheorie) und der **Ontologie** (Vorstellungen über Wirklichkeit) westlicher Wissenschaft in Frage; darunter auch ihren Anspruch, mit der Natur/Kultur-Dichotomie Welt am besten abzubilden. Wissenschaft wird zu einer Perspektive auf Wirklichkeit unter anderen; auch wissenschaftliches Wissen ist nicht objektiv und neutral, sondern **relational**, situiert und perspektivisch (vgl. schon Haraway 1988).

Forderungen nach einer umfassenden Dekolonisierung westlicher Wissenschaft werden inzwischen besonders nachdrücklich von Wissenschaftler:innen mit indigenem, nicht-westlichem und **Global South**-Hintergrund geäußert. Im Zuge dessen werden nicht nur neue Methodologien und Theorien entworfen, sondern auch Synthesen aus indigenen und wissenschaftlichen Erkenntnisinteressen und Forschungszielen entworfen (vgl. Kovach [2009] 2021, Menon 2022).

5 Grenzen von Wissenschaft und die Zukunft der Religionswissenschaft

Diese Entwicklungen stellen eine große Herausforderung für die Religionswissenschaft dar. Deren Wissenschaftsverständnis ruht seit der in der zweiten Hälfte des 20. Jahrhunderts vorgenommenen **kulturwissenschaftlichen** Wende auf zwei zentralen Säulen:

(1) Die Ontologie der („westlichen") Wissenschaften mit ihrer Trennung der Welt in (a) Menschen und Menschengemachtes wie Religion, Gesellschaft, Sprache (zu untersuchen von den Sprach-, Sozial-, und Kulturwissenschaften) (b) Natur, inkl. der „Natur" des menschlichen Körpers (zu untersuchen von den Naturwissenschaften und der Medizin) und (c) Übernatürliches wie **„das Heilige"** (als Gegenstand den Gläubigen überlassen). Seit der Debatte über die Erkenntnisziele der Religionswissenschaft in der Mitte des 20. Jahrhunderts, die auf der Tagung der *International Association for the History of Religions* 1960 in Marburg einen Höhepunkt erreichte (vgl. Geertz und McCutcheon 2000, 14–16), konzentriert sich der Großteil der europäischen Religionswissenschaft auf empirisch Fassbares im Bereich des Menschen (a) und klammert aus ihrem Forschungsinteresse nicht nur die Natur (b), sondern in Abgrenzung zur Theologie auch alles Übernatürliche (c) aus.

(2) Das Postulat religionswissenschaftlicher Neutralität (Stausberg in diesem Band), die weder religionskritisch noch religionsaffirmativ auftritt, sondern von neutraler **Metaebene**, Außenperspektive und einer Position des methodologischen Agnostizismus (oder Atheismus) aus untersucht, was Menschen im Kontext von *Religion* tun und sagen, ohne deren Aussagen und Handlungen moralisch-ethisch oder in Hinblick auf ihren Wahrheitsgehalt zu werten. Dazu gehört auch, keine normativen Aussagen zur Veränderung von Religion und Gesellschaft zu treffen. Allerdings gibt es in der kulturwissenschaftlichen Religionswissenschaft auch schon lange eine gewisse Nähe zur Kritischen Theorie und zu machtkritischen Ansätzen wie denen von Michel Foucault oder Pierre Bourdieu, den Gender Studies, **Intersektionalitätstheorien** und Antidiskriminierungs-Diskursen.[1] Viele Wissenschaftler:innen dieser Strömungen wollen dezidiert mehr als die reine Analyse, sie wollen unsere Gesellschaft zum Besseren verändern (zum Beispiel Crenshaw 1995). Postkoloniale Ansätze sind in dieser Linie zu sehen; mit ihren

---

[1] Zur Spannung zwischen Wertneutralität und kritischen Ansätzen durch die Rezeption der Gender Studies in die Religionswissenschaft vgl. Franke und Maske 2012 und Maltese in diesem Band. Vgl. auch die Diskussion von Möglichkeiten und Grenzen von Neutralität und Normativität in der Religionswissenschaft bei Schlieter 2012.

Forderungen nach Dekolonisierung der Wissenschaft sind sie alles andere als soziopolitisch „neutral" (eine Position, deren Möglichkeit sie sogar grundsätzlich in Frage stellen).

Diese Ansätze drohen die beiden zentralen Säulen der kulturwissenschaftlichen Religionswissenschaft nun wie ein Erdbeben zu erschüttern. Wie gehen wir mit dieser Erschütterung um? Was ist die Zukunft der Religionswissenschaft? Derzeit sehe ich drei verschiedene Wegrichtungen, die wir einschlagen können:

(1) Die radikalste Lösung wäre ein neuer Paradigmenwechsel in zwei Bereichen: (a) die Überwindung der wissenschaftlichen Ontologie mit ihrer Unterscheidung in Mensch/Natur/Übernatürliches durch eine Übernahme von (indigenen?) Weltbildern, in denen der Mensch nicht getrennt von Natur gesehen wird und vielfältige Kontakte mit nichtmenschlichen Personen (wie Tieren, Bergen, Geistern, Göttern) gepflegt werden sowie (b) eine bewusste Überschreitung der Grenze zur Normativität, das heißt wir übernehmen die Verbesserung der Welt als Erkenntnisinteresse und Forschungsziel in die Religionswissenschaft.

Neben den wissenschafts-internen postkolonialen Argumenten sprechen auch externe Gründe für diesen Weg: Der menschengemachte Klimawandel bedroht unsere biologischen Lebensgrundlagen auf nie vorher dagewesene existenzielle Weise. Dipesh Chakrabarty (2021) schreibt, wie die Auseinandersetzung mit dem Klimawandel seine Perspektive auf Geschichte erschüttert hat: Während seine Forderung nach der „Provinzialisierung Europas" von einer *globalen* Perspektive auf die Menschheitsgeschichte geprägt war (vgl. **Globalgeschichte**), sieht er nun das ***Planetare***, das heißt die Geschichte unseres Planeten, in der die menschliche Geschichte nur einen winzigen Abschnitt darstellt. Umso schockierender ist die Tatsache, dass es die Menschheit geschafft hat, in nur zwei Jahrhunderten eine geologische Handlungsmacht zu entwickeln, mit der wir unsere eigenen planetaren Lebensgrundlagen zerstören können. Ist es angesichts dieser existentiellen Herausforderungen allerhöchste Zeit, sich nicht auf der vermeintlichen Neutralität der Religionswissenschaft auszuruhen, sondern das im Westen heute dominante **Narrativ** einer Trennung des Menschen von der Natur zu kritisieren und normativ zu werden? Können wir mit einer Übernahme von als *indigen* charakterisierten Weltbildern, die den Menschen als Teil der *Natur* und in einem Netz von Beziehungen sehen, dazu beitragen, menschliches Verhalten so zu ändern, dass wir unsere Lebensgrundlagen nicht weiter zerstören? Und besonders radikal: Sollen wir *indigene Spiritualität(en)* als anderen Religionen und Lebensweisen überlegen darstellen?

(2) Ein anderer Weg wäre, im vollen Bewusstsein der Infragestellung der Reichweite westlicher Wissenschaft durch postkoloniale Ansätze ebendiese wissenschaftliche Perspektive auf die Welt zu verteidigen, insbesondere ihr Ideal von

Neutralität. Im Unterschied zu objektivistischen Ansätzen verstehen wir dann zwar diese wissenschaftliche Perspektive als nur eine Wissensformation unter anderen und unser wissenschaftliches Wissen als situiert und perspektivisch. Aber: moderne wissenschaftliche Methodologien, Epistemologien und Ontologien (sowohl in den Natur- als auch in den Sozial- und Kulturwissenschaften) haben der Menschheit zu erstaunlich weitreichenden und wirksamen Erkenntnissen verholfen. Wissenschaft ist nicht das einzige und nicht (unbedingt) das beste Modell zur Analyse und Erklärung der Welt, aber sicherlich ein bewährtes und sehr wirkungsvolles! Müssen wir nicht angesichts der neuen Beliebtheit sogenannter alternativer Fakten, bewusst gesetzter Fake News und verschiedenster Verschwörungstheorien gerade diesen gesellschaftlichen Beitrag leisten: die Grundregeln „westlicher" Wissenschaft inklusive ihres Postulats von Neutralität zu verteidigen?

(3) Eine dritte Möglichkeit wäre, als Wissenschaftler:in klar und deutlich zwischen Grundlagenforschung und angewandter Wissenschaft zu unterscheiden und (wie auch schon Religionswissenschaftler:innen vor uns) zwischen verschiedenen Rollen mit verschiedenen Graden von Normativität und Wunsch nach Weltverbesserung zu wechseln. Auf der einen Seite ist unsere Identität als Forscher:innen, als welche wir die wissenschaftlichen Grundsätze von Neutralität und die Ontologie des Empirischen vertreten und verteidigen. Dem gegenüber stehen zwei andere Rollen (vgl. McCutcheon 2024, 177–316): (a) die als Lehrende im Seminarraum, in dem es weit über die Vermittlung von wissenschaftlichem Handwerkszeug und Erkenntnissen der Forschung hinaus um gesellschaftliche Relevanz des Faches und die Anwendung dieser Erkenntnisse geht, und (b) die als *public intellectuals* (und vielleicht als Gläubige oder Religionskritiker:innen), als Bürger:innen und Mitglieder der Gesellschaft, die diese Welt, in der wir leben, auf der Grundlage ihrer in der Forschung und Wissenschaft erworbenen Erkenntnisse mitgestalten wollen.

6 Abschluss

In diesem Beitrag habe ich zunächst die Diskursgeschichte der Konzepte *indigene Religion(en)* und *Indigenität* skizziert. Wenngleich in einer kritisch-reflexiven Religionswissenschaft die Vorstellung von *indigener Religion* als einem Religionstypus nicht mehr haltbar ist, kann das Konzept (sofern wir mehr als Diskursanalyse wollen) als eine historisch gewachsene Bezeichnung für ein Forschungsfeld dienen. Hier jedoch gilt es fortwährend zu reflektieren, ob wir die Kategorie *indigen* als eine im Rahmen wissenschaftlicher Interessen angemessene Benennung außersprachlicher Realität ansehen. Es gilt also zu diskutieren, ob es wissenschaftlich zu rechtfertigen ist, die damit benannten Traditionen unter diesem Dach zu vereinen oder ob wir uns auf die Nennung von eigensprachlichen Namen der einzelnen Traditionen oder Selbstbezeichnungen als *indigen* beschränken sollten. Die Komplexität dieser wissenschaftlichen Debatten und Analysen ist allerdings nur begrenzt in den öffentlichen Diskurs übertragbar.

Die wissenschaftliche Beschäftigung mit indigenen Traditionen geht nicht ohne eine Auseinandersetzung mit postkolonialen Ansätzen und Forderungen nach Dekolonisierung der westlichen Wissenschaft. Außerdem werden im wissenschaftlichen Diskurs zunehmend indigene Stimmen hörbar, die im Dialog zwischen wissenschaftlichen und indigenen Wissensformationen und Lebensweisen neue Methodologien und Erkenntnistheorien entwerfen. In diesem Zusammenhang entwickeln sich auch Strömungen der engagierten, aktivistischen Wissenschaft, die zentrale Grundsätze der kulturwissenschaftlichen Religionswissenschaft wie das Ideal von Neutralität und die naturwissenschaftliche Ontologie einer Trennung von Mensch, Natur und Übernatürlichem hinterfragen.

Ich sehe mich am Anfang eines Reflexionsprozesses über die Identität der Religionswissenschaft, die möglicherweise in der Zukunft einen Paradigmenwechsel weg von den Grundsätzen der kulturwissenschaftlichen Religionswissenschaft vollziehen wird. In diesem Beitrag habe ich drei mögliche Wege skizziert, wie das Fach mit diesen Herausforderungen umgehen kann: (1) sich radikal der Normativität zuzuwenden, (2) (religions-)wissenschaftliche Neutralität als Standpunkt zu verteidigen (wenn auch anders zu begründen) oder (3) eine Rollentrennung zwischen Forschung, Lehre und öffentlichem Engagement einzuüben. Vermutlich gibt es noch viele weitere Möglichkeiten der Positionierung. Jede und jeder in der Religionswissenschaft wird einen eigenen Weg finden müssen. Erst die Zukunft wird zeigen, was sich dauerhaft durchsetzt und wohin die Reise des Faches geht.

Literatur

Chakrabarty, Dipesh. 2000. *Provincializing Europe: Postcolonial Thought and Historical Difference.* Princeton: Princeton University Press.
Chakrabarty, Dipesh. 2021. *The Climate of History in a Planetary Age.* Chicago: University of Chicago Press.
Cox, James L. 2013. „Reflecting Critically on Indigenous Religions." In *Critical Reflections on Indigenous Religions*, hg. v. James L. Cox, 3–28. Farnham: Ashgate.
Cox, James L. 2024. „Indigenous Religions." In *Religious Minorities Online*, hg. v. Erica Baffelli, Alexander van der Haven und Michael Stausberg. Berlin, Boston: De Gruyter. Open Access: https://doi.org/10.1515/rmo.24964055
Crenshaw, Kimberlé, Hg. 1995. *Critical Race Theory: The Key Writings That Formed the Movement.* New York: New Press.

Dahl, Jens. 2009. *IWGIA: A History*. IWGIA document 125. Copenhagen: IWGIA.
Fisk, Anna. 2017. „Appropriating, Romanticizing and Reimagining: Pagan Engagements with Indigenous Animism." In *Cosmopolitanism, Nationalism, and Modern Paganism*, hg. v. Kathryn Rountree, 21–42. New York: Palgrave Macmillan.
Franke, Edith und Verena Maske. 2012. „Religionen, Religionswissenschaft und die Kategorie Geschlecht/Gender." In *Religionswissenschaft*, hg. v. Michael Stausberg, 125–139. Berlin: De Gruyter. https://doi.org/10.1515/9783110258936.125
Geertz, Armin W. und Russell T. McCutcheon. 2000. „The Role of Method and Theory in the IAHR." *Method & Theory in the Study of Religion* 12:2–37.
Haraway, Donna. 1988. „Situated Knowledges: The Science Question in Feminism and the Privilege of Partial Perspective." *Feminist Studies* 14(3):575–599.
Harvey, Graham, Hg. 2000. *Indigenous Religions: A Companion*. London, New York: Cassell.
Harvey, Graham und Amy Whitehead, Hg. 2019. *Indigenous Religions: Critical Concepts in Religious Studies*. 4 Bd. London: Routledge.
Hogan, Linda. 2014. „We Call It *Tradition*." In *Handbook of Contemporary Animism*, hg. v. Graham Harvey, 17–26. London: Routledge.
Jenkins, Willis, Mary E. Tucker und John Grim, Hg. 2017. *Routledge Handbook of Religion and Ecology*. Abingdon: Routledge.
Johnson, Greg und Siv Ellen Kraft, Hg. 2017a. *Handbook of Indigenous Religion(s)*. Leiden: Brill.
Johnson, Greg und Siv Ellen Kraft. 2017b. „Introduction." In *Handbook of Indigenous Religion(s)*, hg. v. Greg Johnson und Siv Ellen Kraft, 1–24. Leiden: Brill.
Kovach, Margaret. [2009] 2021. *Indigenous Methodologies: Characteristics, Conversation, and Contexts*. Zweite Auflage. Toronto: University of Toronto Press.
Kraft, Siv Ellen. 2017. „U.N.-Discourse on Indigenous Religion." In *Handbook of Indigenous Religion(s)*, hg. v. Greg Johnson und Siv Ellen Kraft, 80–91. Leiden: Brill.
Laack, Isabel. 2011. *Religion und Musik in Glastonbury: Eine Fallstudie zu gegenwärtigen Formen religiöser Identitätsdiskurse*. Göttingen: Vandenhoeck & Ruprecht.
McCutcheon, Russell T. [2001] 2024. *Critics Not Caretakers: Redescribing the Public Study of Religion*. Zweite Auflage. London: Routledge.
Menon, Dilip M., Hg. 2022. *Changing Theory: Concepts from the Global South*. London: Routledge.
Olupona, Jacob K., Hg. 2004. *Beyond Primitivism: Indigenous Religious Traditions and Modernity*. Florence: Taylor and Francis.
Said, Edward. 1978. *Orientalism*. New York: Pantheon Books.
Schlieter, Jens. 2012. „Religion, Religionswissenschaft und Normativität." In *Religionswissenschaft*, hg. v. Michael Stausberg, 227–240. Berlin: De Gruyter. https://doi.org/10.1515/9783110258936.227
Spivak, Gayatri Chakravorty. 2006. „Subaltern Studies: Deconstructing Historiography." In *In Other Worlds: Essays in Cultural Politics*. New York: Routledge.
Tafjord, Bjørn Ola. 2013. „Indigenous Religion(s) as an Analytical Category." *Method & Theory in the Study of Religion* 25(3):221–243.
Tafjord, Bjørn Ola. 2017. „Towards a Typology of Academic Uses of ‚Indigenous Religion(s)', or Eight (or Nine) Language Games that Scholars Play with this Phrase." In *Handbook of Indigenous Religion(s)*, hg. v. Greg Johnson und Siv Ellen Kraft, 25–51. Leiden: Brill.
United Nations Declaration on the Rights of Indigenous Peoples. A/RES/61/295. U.N. General Assembly. October 2, 2007. https://social.desa.un.org/issues/indigenous-peoples/united-nations-declaration-on-the-rights-of-indigenous-peoples
Viveiros de Castro, Eduardo B. 1998. „Cosmological Deixis and Amerindian Perspectivism." *Journal of the Royal Anthropological Institute* 4(3):469–488.

Lukas K. Pokorny
II.6 Millenarismus: Definition, Theorie, Systematik

1 Einleitung

Aus religionswissenschaftlicher Perspektive verweist der Begriff „**Millenarismus**" (selten: „Millennialismus")[1] auf die Vorstellung einer **heilsbezogenen**[2] Transformation, die für gewöhnlich die Welt umschließt (sich mitunter aber auch in außerweltlichen Sphären zutragen mag), und die zumindest einige von jenen erfasst, die an einer entsprechenden Vorstellungswelt aktiv teilhaben. Diese Veränderung soll sich (in wesentlicher Weise) womöglich in unmittelbarer Zukunft verdichten, hauptsächlich strukturiert durch eine **transzendente** Blaupause, die entweder von einer überirdischen Wesenheit entworfen oder auf natürliche Weise durch ein unpersönliches Absolutes in das Gefüge von Zeit und Raum eingeprägt ist.

Der *locus classicus* (das heißt die zentrale Textpassage) für den religionswissenschaftlichen wie theologischen Millenarismus-Begriff ist im letzten Buch des christlichen Neuen Testaments, der *Offenbarung* (oder *Apokalypse* von *apokálypsis*/ἀποκάλυψις – „Enthüllung"), enthalten. Sie umfasst in der deutschen Einheitsübersetzung (2016) knapp 10.800 Worte in 405 Versen und 22 Kapitel. Der Autor – ein gewisser „Johannes" – beschreibt darin seine Vision vom Ende der Welt.[3]

Die kryptische Beschreibung präsentiert eine bildgewaltige Dichte an schwindelerregenden Ereignissen und dient bis heute als wichtigster Impulsgeber millenaristischer Entwicklungen überhaupt. Sie ist zudem der Referenztext schlechthin für das Genre der „Apokalyptik",[4] zu dem etwa auch das *Äthiopische Henochbuch*

---

1 Im Englischen sind beide Varianten – „millenarianism" und „millennialism" – hingegen gleichberechtigt in Verwendung. Darüber hinaus begegnet hie und da der Ausdruck „millenarism".
2 Das „Heil" ist der von einem Menschen im Rahmen seiner religiösen Vorstellungswelt und Praxis ultimativ erfahrene, individuell beschaffene Zustand der Überwindung der konventionellen geistigen (bzw. „spirituellen"), emotionalen und/oder physischen Grenzen des Menschseins.
3 Dieser Aspekt des Millenarismus-Diskurses wird bisweilen mit dem Begriff „**Eschatologie**" (von *tá éschata*/τὰ ἔσχατα – „die letzten, äußersten Dinge" – und *lógos*/λόγος) gefasst: die „Lehre von den letzten Dingen" beziehungsweise der Endzeit. Die Endzeit wiederum wird vereinzelt als „Eschaton" bezeichnet.
4 Mit dem evangelischen Theologen Friedrich Lücke (1791–1855) und seinem *Versuch einer vollständigen Einleitung in die Offenbarung des Johannes oder Allgemeine Untersuchungen über die apokalyptische Litteratur überhaupt und die Apokalypse des Johannes insbesondere* (1832) wurde die Apokalyptik (und in diesem Zusammenhang synonymisch die „Apokalypse") zur Genre-

(ca. 170 v.u.Z.) und das *Buch Daniel* (ca. 165 v.u.Z.) zählen, die der *Offenbarung* in vielerlei Hinsicht Pate standen. Zentrale Wegmarken der *Offenbarung* und mithin des Apokalypse-Genres insgesamt sind: (1) Katastrophen, die die Endzeit markieren und in einen finalen Konflikt von Gut und Böse münden; (2) die Führung beider Lager durch übermenschliche Protagonisten; (3) ein göttlicher Schiedsspruch („Jüngstes Gericht") samt gesellschaftlicher Transformation; (4) und schließlich der Sieg des Guten über das Böse.[5]

Der Autor der *Offenbarung*, Johannes, ist nicht gleichzusetzen mit Johannes dem Evangelisten oder dem Apostel Johannes. Hierbei handelt es sich um eine fälschliche Zuordnung, die bereits im dritten Jahrhundert in Zweifel gezogen wurde. Johannes begegnet oftmals mit dem Beinamen „von Patmos" (also „Johannes von Patmos"), wenngleich diese Zuweisung ein wenig irreführend ist, da er wohl nicht von dieser kleinasiatischen Insel stammte. Angenommen wird, dass Johannes vielleicht dorthin geflohen war oder exiliert wurde. Er selbst lässt uns schlicht wissen (Offb 1,9): „Ich [...] war auf der Insel, die Patmos heißt, um des Wortes Gottes willen und des Zeugnisses für Jesus." Relativ sicher ist, dass Johannes seine Offenbarung im letzten Drittel des 1. Jahrhunderts verfasste, geleitet durch anti-römische Ressentiments vermutlich zur Zeit des Ersten Jüdisch-Römischen Krieges (66–74) oder in dessen Nachgang. In Verbindung gebracht mit der Entstehung der *Offenbarung* werden auch die durch Verfolgungen von Christ*innen und Jüd*innen geprägten späten Regierungsjahre des römischen Kaisers Domitian (reg. 81–96).

Der *locus classicus* des Millenarismus-Begriffs ist konkret Offb 20,3–6: „Er warf ihn [d. h. Satan] in den Abgrund, verschloss diesen und drückte ein Siegel darauf, damit der Drache die Völker nicht mehr verführen konnte, bis die tau-

---

Bezeichnung. Den Begriff „Apokalyptik" (Englisch: *apocalypticism*) hatte zuvor (1820) der evangelische Theologe Karl Immanuel Nitzsch (1787–1868) eingeführt, und zwar mit Verweis auf „ein Denken und Verhalten [...], das den künftigen Weltlauf als Abfolge dramatischer Ereignisse ansieht, die sich in eine kosmische Katastrophe ausweiten und dieser Welt und Zeit ein Ende setzen", Sparn 2005, 491–492.

5 In den 1970er Jahren suchte man in der Forschung nach einem Konsens zur Definition des Apokalypse-Genres. Eine zu diesem Zweck im Jahr 1979 abgehaltene Konferenz in Uppsala (Schweden) schloss jedoch mit dem Fazit *contra definitionem, pro descriptione* („beschreiben statt definieren"). Eine andere Arbeitsgruppe (nämlich im Kontext der Society of Biblical Literature oder SBL) verständigte sich zur selben Zeit (1979) auf eine seitdem einflussreiche Definition, vorgelegt vom amerikanischen Alttestamentler John J. Collins (geboren 1946). „Apokalypse" sei ein „genre of revelatory literature with a narrative framework, in which a revelation is mediated by an otherworldly being to a human recipient, disclosing a transcendent reality which is both temporal, insofar as it envisages eschatological salvation, and spatial insofar as it involves another supernatural world", Collins 1979, 9.

send Jahre vollendet sind. [...] Sie gelangten zum Leben und zur Herrschaft mit Christus für tausend Jahre. [...] Sie werden Priester Gottes und Christi sein und tausend Jahre mit ihm herrschen."

Der lateinische Begriff für „tausend" ist *mīlle*, wovon sich via *mīllēnārius* („tausend enthaltend") „Millenarismus" herleitet. Bezugnehmend auf Offb 20,3–6. verweist Millenarismus in einer wortwörtlichen Lesart auf die Vorstellung einer tausendjährigen Friedenszeit auf Erden. Markiert wird also eine Zäsur: eine von Konflikt und Leid geprägte Gesellschaft münde in eine paradiesische Welt. Es ist dieses heilsbezogen-transformative Moment des tausendjährigen Reichs („**Millennium**" = „tausend Jahre"), welches für die religionswissenschaftliche Begriffsverwendung semantisch bedeutsam ist.

Zwei mit dem „Millenarismus" verbundene Begriffe sollen an dieser Stelle noch Erwähnung finden, nämlich „Chiliasmus" und „Messianismus". „Chiliasmus" – von altgriechisch *chílioi*/χίλιοι („tausend", vgl. *mīlle*) – ist ein oftmals in der älteren deutschsprachigen (theologischen) Literatur verwendeter Ausdruck, der vielfach einen dezidiert „katastrophisch-millenaristischen" Tenor besitzt. „Messianismus" geht auf den hebräischen Begriff *māšîaḥ*/משיח (der „Gesalbte") zurück, der ursprünglich auf einen Herrscher verwies, da dieser durch ein Salbungsritual eingesetzt wurde. Im Alten Testament wird der Begriff so etwa auf die Herrscher Israels angewendet. Erst später (beginnend mit dem *Henochbuch*) wurde *māšîaḥ* um eine **soteriologische** Funktion erweitert.[6] Diese soteriologische Funktion als Heilsbringer wurde in weiterer Folge vom Christentum übernommen, wo *māšîaḥ* die altgriechische Übertragung *christós*/χριστός (latinisiert zu *Christus*) erfuhr. Der Messianismus bezieht sich nun auf eine millenaristische Vorstellung, die einen personifizierten Heilsbringer (eben den „Messias") im Zentrum hat und ist in seiner religionswissenschaftlichen Verwendungsweise daher nicht an den judeo-christlichen Kontext gebunden. Zu den klassischen „Messiasgestalten" zählen etwa Maitreya (Buddhismus), Kalki/Kalkin (Hinduismus), al-Mahdī (Islam) oder der Saošiiaṇt (Zoroastrismus).

2 Theoretische Grundlagen

Dank seiner Millenarismus-Definition fungiert der englische Historiker Norman Cohn (1915–2007) heute gleichsam als „Patriarch" der Millenarismus-Forschung. Die zumeist in der Literatur anzutreffende Definition Cohns findet sich in der im

---

6 Zu „**Soteriologie**" (von *sōtērion*/σωτήριον – „Heil/Erlösung" – und *lógos*) oder die „Lehre vom Heil".

Jahr 1970 erschienenen erweiterten Fassung seines Klassikers *The Pursuit of the Millennium: Revolutionary Millenarians and Mystical Anarchists of the Middle Age*. Das für eine millenaristische Vorstellung kennzeichnende Verständnis von „**Heil**" (*salvation*) sei nach Cohn

   a) kollektiv, in dem Sinne, dass es von den Gläubigen als Gesamtheit erfahren wird;
   b) irdisch, in dem Sinne, dass es auf dieser Erde und nicht in einer jenseitigen Himmelswelt verwirklicht wird;
   c) unmittelbar bevorstehend, in dem Sinne, dass es sowohl bald als auch plötzlich erfolgt;
   d) vollständig, in dem Sinne, dass es das Leben auf der Erde völlig wandeln wird, so dass das neue Zeitalter keine bloße Verbesserung, sondern die Vollkommenheit selbst darstellt;
   e) wundersam in dem Sinne, dass es durch oder mit Hilfe von übernatürlichen Kräften erlangt wird.[7]

Einflussreich modifiziert und erläutert wurde Cohns Definition durch die israelische Soziologin Yonina Talmon-Garber (1923–1966), deren Kurzfassung wie folgt lautet: „Der Begriff ‚millenaristische' (oder chiliastische) Bewegungen wird heute nicht mehr in seinem spezifischen und begrenzten historischen Sinn verwendet, sondern typologisch, um religiöse Bewegungen zu bezeichnen, die eine unmittelbar bevorstehende, vollständige, endgültige, diesseitige kollektive Erlösung [*salvation*] erwarten."[8]

Talmon-Garber erweiterte die Diskussion also um eine vergleichend-systematische Perspektive. Inhaltliche Engführungen Cohns und Talmon-Garbers wurden von nachfolgenden Forscher*innen aufgebrochen: allen voran von der US-amerikanischen Religionswissenschaftlerin Catherine Wessinger (geboren 1952), die den Millenarismus-Begriff in ihren Arbeiten – ausgehend von ihrer Dissertation zum theosophischen Millenarismus (Wessinger 1988) – einflussreich weiterentwickelte. Das apokalyptische Moment betrachtete sie zurecht nicht als die einzige Artikulationsform millenaristischen Denkens. Neben diesem – in ihrer Terminologie als „katastrophischer Millenarismus" (*catastrophic millennialism*) bezeichnet –

---

7 „collective, in the sense that it is to be enjoyed by the faithful as a collectivity; terrestrial, in the sense that it is to be realized on this earth and not in some other-worldly heaven; imminent, in the sense that it is to come both soon and suddenly; total, in the sense that it is utterly to transform life on earth, so that the new dispensation will be no mere improvement on the present but perfection itself; miraculous, in the sense that it is to be accomplished by, or with the help of, supernatural agencies", Cohn 1970, 15. Eine frühere einflussreiche Fassung mit geringfügigen Unterschieden findet sich in Cohn 1962, 31. Die Übersetzungen aus dem Englisch in diesem Beitrag stammen vom Autor.

8 „The term 'millenarian' (or chiliastic) movements is now used not in its specific and limited historical sense but typologically, to designate *religious movements that expect imminent, total, ultimate, this-worldly collective salvation*", Talmon 1966, 159.

positionierte sie den sogenannten „progressiven Millenarismus" (*progressive millennialism*) (Wessinger 1997). In Rückgriff auf das theologische Konzeptpaar des „Prä-" und „Postmillenarismus"[9] argumentierte Wessinger, dass millenaristische Vorstellungen auch ohne katastrophisches Vorzeichen existieren. In diesem Sinne bot sie 2011 in ihrem einflussreichen *The Oxford Handbook of Millennialism* (Wessinger 2011b) eine seither viel beachtete religionswissenschaftliche Millenarismus-Definition im Gefolge von Cohn und Talmon-Garber. „Millenarismus" sei nach Wessinger der

> Glaube an einen nahe bevorstehenden Übergang zu einer kollektiven Erlösung [*salvation*], in der die Gläubigen Heil erfahren und die unliebsamen Beschränkungen des menschlichen Daseins beseitigt werden. Die kollektive Erlösung wird oft als erdgebunden angesehen, kann sich aber auch in einem Himmel zutragen. Die kollektive Erlösung wird entweder von einem göttlichen oder übermenschlichen Akteur alleine oder mit Hilfe von Menschen erlangt, die nach einem göttlichen oder übermenschlichen Willen und Plan arbeiten.[10]

Auch Wessingers Zugang lässt einige Lücken erkennen. So muss nicht immer ein „göttlicher oder übermenschlicher Akteur" im Spiel sein, um die große Heilserzählung zur Entfaltung zu führen. Zahlreiche Millenarismen beinhalten einen zyklischen Determinismus, der als seinsimmanent (das heißt dem Zeitenlauf innewohnend) verstanden wird, ohne die Beihilfe etwa eines göttlichen Akteurs. Zudem sind – anders als Wessinger (2011a, 5) meint – katastrophische Millenarismen nicht unbedingt mit negativen Charakterisierungen der menschlichen Natur verknüpft. Ebenso sind die „Früchte" des heilsbezogenen Wandels oftmals nicht ausschließlich jenen vorbehalten, die an einer entsprechenden Millenarismus-Vorstellung teilhaben. Mehr noch: Selbst für die Handlungstragenden (das heißt

---

9 Dabei handelt es sich um zwei große Deutungsstränge auf die Frage, wann die Parusie („Ankunft") – also die Wiederkunft Christi – mit Blick auf das Millennium zu erwarten sei. Der Prämillenarismus verweist im Allgemeinen auf die Vorstellung, dass die Parusie vor der Errichtung des tausendjährigen Reichs erfolge, während der Postmillenarismus die Parusie nach Errichtung des Millenniums ansetzt. Ersterer betont gemeinhin das katastrophische Moment (wenngleich bisweilen auch abstrakt gedacht für die Summe jenes Verhaltens, das einer gottesfürchtigen Welt entgegenstehe), das der Erlösung vorangehe. Hingegen ist das apokalyptische Vorzeichen in postmillenaristischen Entwürfen oftmals abgeschwächt oder gar getilgt; das heißt der Übergang von einer Welt in Sünde hin zur Erlösung mag ein schrittweiser sein, ohne die Notwendigkeit einer großen Katastrophe.
10 „Belief in an imminent transition to a collective salvation, in which the faithful will experience well-being, and the unpleasant limitations of the human condition will be eliminated. The collective salvation is often considered to be earthly, but it can also be heavenly. The collective salvation will be accomplished either by a divine or superhuman agent alone, or with the assistance of humans working according to the divine or superhuman will and plan", Wessinger 2011a, 5.

die Millenarist*innen) mag millenaristische Aktivität nicht notwendigerweise in kollektive Erlösung münden. Diese Einwände führen zu nachstehender Definition, wie sie zu Beginn dieses Kapitels vorgestellt wurde. „Millenarismus" wird hierbei betrachtet als *die Vorstellung einer heilsbezogenen Transformation, die für gewöhnlich die Welt umschließt (sich mitunter aber auch in außerweltlichen Sphären zutragen mag), und die zumindest einige von jenen erfasst, die an einer entsprechenden Vorstellungswelt aktiv teilhaben. Diese Veränderung soll sich (in wesentlicher Weise) womöglich in unmittelbarer Zukunft verdichten, hauptsächlich strukturiert durch eine transzendente Blaupause, die entweder von einer überirdischen Wesenheit entworfen oder auf natürliche Weise durch ein unpersönliches Absolutes in das Gefüge von Zeit und Raum eingeprägt ist.*

Der heilsbezogene Wandel mag durch spezifisches Handeln von Menschen mitgetragen oder gar vollends gezeitigt werden. Das heißt jene, die an einer millenaristischen Vorstellungswelt aktiv teilhaben, mögen förmlich als „Vehikel des Wandels" fungieren. Ihr Beitrag, etwa durch Missionsarbeit oder Frömmigkeitspraxis zum Ausdruck gebracht, könne den Übergang zum „Millennium" beschleunigen oder vollziehen. Das Ausmaß an Praxiszuwendung (gelegentlich inklusive Missionsbemühungen) mag in betreffenden Gemeinschaften tatsächlich als Gradmesser millenaristischen Erfolgs verstanden werden. Im Umkehrschluss wird von so manchen Leitungsinstanzen Millenarismus-Denken als Mobilisierungsmaßnahme für Mission und die Intensivierung anderer Frömmigkeitspraktiken genutzt.

Millenaristische Überlegungen verfestigen sich in der Vorstellung des „Millenniums", ein Schirmbegriff für eine große Bandbreite „emischer" (das heißt in den Traditionen verhandelten) Namensgebungen wie zum Beispiel „Königreich des Himmels", „Reines Land", „Utopia", und vieles mehr. Das „Millennium" bezieht sich auf den Zustand vollständiger oder signifikant fortgeschrittener millenaristischer Entfaltung. Der Zustand vollständiger Entfaltung mag auf ewig *oder* etwa bis zum Anbeginn einer neuen kosmischen Ära innerhalb eines zyklischen Weltbildes fortdauern.

Das Millennium kann also in Form von zwei qualitativen Modi in Erscheinung treten: (1) ein Millennium, das soteriologisch unübertrefflich ist und von Beginn an den Gipfelpunkt der Heilsentfaltung markiert: soteriologische Vollendung *ab initio* (das heißt von Anfang an); (2) ein Millennium als soteriologisches Kontinuum in welchem sich das Heil der Praktizierenden stufenweise (deterministisch) entfaltet: soteriologische Vollendung *post hoc* (das heißt im Nachhinein) oder „soteriologischer Gradualismus". Treten beide Varianten in Kombination auf, kennzeichnen sie eine soteriologische Hierarchisierung – sowohl in Bezug auf das Millennium als auch auf dessen (zukünftige) Bewohner*innen.

Millenarismen besitzen unterschiedliche Ausdrucksmöglichkeiten, die von Forschenden verschiedentlich kategorisiert wurden. Ein und dieselbe Gemeinschaft mag dabei im Laufe ihrer Entwicklung („diachron") oder selbst gleichzeitig („synchron") sich widersprechende Millenarismus-Vorstellungen verwalten. Den Rahmen millenaristischer Verläufe stecken dabei der von Wessinger geprägte „katastrophische Millenarismus" und „progressive Millenarismus" ab. Die unten genannten Spezialformen rekurrieren auf diese.

(1) Der „katastrophische Millenarismus" verweist auf eine durch (ein oder mehrere) kataklystische Ereignisse gezeigte oder in dessen/deren Rahmen eingebettete heilsbezogene Transformation. Aus der Asche der alten erhebe sich eine neue, verbesserte Welt. Gegebenenfalls kann die Zerstörung der Welt gar als final gedacht sein, wodurch das Heil letztlich in einer anderen Welt konsumiert werde müsse.

(2) Der „progressive Millenarismus" verweist auf eine allmählich fortschreitende heilsbezogene Transformation unter Ausbleiben (welt-)verheerender Ereignisse. Das Millennium folge als Krönung eines schrittweisen gesellschaftlichen und spirituellen Wandels.

(3) Der „avertive Millenarismus" (*avertive* – „abwendend") geht zurück auf den US-amerikanischen Volkskundler Daniel Wojcik (2011) und sein Konzept eines *avertive* oder *conditional apocalypticism*. Darunter versteht er eine Millenarismus-Vorstellung, in der durch Abwendungsmaßnahmen ein Übergang von einem katastrophischen hin zu einem progressiven Millenarismus-Szenario erfolgt. Die Möglichkeit einer Abwendung der großen Katastrophe(n) wird häufig in Abhängigkeit mit dem Glaubenshandeln der Millenarist*innen oder der Menschheit insgesamt gebracht, oder (gelegentlich damit kombiniert) auf das Einwirken einer Messiasgestalt oder „Zwischenwesen" (Außerirdische, Engel, „Aufgestiegene Meister", und so weiter) zurückgeführt.

(4) Gewissermaßen als Gegenstück zum „avertiven Millenarismus" verweist der „eskalative Millenarismus" auf den erfolgten, dramatischen Wechsel von einem progressiv-millenaristischen Anfangsstadium zu einem katastrophischen oder avertiven Millenarismus-Setting. Eine zunächst gelassen-friedliche Erwartungshaltung eskaliert hin zu einer gewaltgeplagten Vision der heilsbezogenen Transformation.

(5) Der „oszillatorische Millenarismus" bezieht sich auf das Oszillieren zwischen „katastrophischem" und „progressivem Millenarismus". Das millenaristische Ausgangsszenario wird durch den Gegenentwurf abgetauscht, schließlich wird das Ausgangsszenario wiederaufgenommen. Dieser millenaristische Pendelschlag mag sich wiederholen.

(6) Als Sonderform des „katastrophischen Millenarismus" bezieht sich der „reduktive Millenarismus" auf die Vorstellung, dass die katastrophische Intensität

durch Intervention abgeschwächt (oder „reduziert") eintreten mag. Wiederum kann dies etwa vom entsprechenden Glaubenshandeln der Millenarist*innen, der Menschheit im Gesamten, oder aber dem Eingreifen von überirdischen Instanzen (Zwischenwesen, Messiasse) abhängig sein.

Religionshistorische Beispiele für Spezialformen des Millenarismus.

(1) Katastrophischer Millenarismus
Der katastrophische Millenarismus lässt sich an zahllosen Beispielen aus Geschichte und Gegenwart rund um den Globus festmachen. Als eminentes Beispiel aus der jüngeren Vergangenheit wird in der Literatur gerne die US-amerikanische UFO-Gemeinschaft Heaven's Gate angeführt, die in den späten 1990er Jahren wegen des Freitodes der Mehrzahl ihrer Mitglieder für weltweite Schlagzeilen sorgte. Gemeinschaften aus anderen Weltregionen, die heute auch im deutschsprachigen Raum anzutreffen sind, sind beispielsweise die neohinduistische Brahma Kumaris (Indien), die im prämillenaristischen Denken verwurzelte Kirche des Allmächtigen Gottes (Volksrepublik China), der aus dem Baptismus hervorgegangene kongolesische Kimbanguismus (Église de Jésus Christ sur la Terre par son envoyé spécial Simon Kimbangu) oder der dem koreanisch-religiösen Erbe entwachsene Chŭngsando (Jeung San Do).

(2) Progressiver Millenarismus
Gleichermaßen unüberschaubar ist die Zahl an progressiv-millenaristischen Gemeinschaften und Strömungen, viele davon etwa mit neo-buddhistischem Vorzeichen wie der Wŏn-Buddhismus, die Sōka Gakkai oder Fóguāngshān. Überdies sind unter anderem weite Teile des alternativ-religiösen Kosmos einer progressiv-millenaristischen Perspektive verpflichtet.

(3) Avertiver Millenarmus
Ein häufig angeführtes Beispiel ist die US-amerikanische Church Universal and Triumphant, eine der wichtigsten Ideen-Schmieden des globalen New Age. International wie auch im deutschsprachigen Raum noch bekannter ist die südkoreanische Vereinigungskirche. In beiden Fällen wird die Abwendung der Katastrophe (in Form eines Dritten Weltkriegs) bereits als erfolgreich erachtet. Die Vorstellung einer noch nicht abgewendeten möglichen Katastrophe findet sich hingegen exemplarisch in der französischen Rael-Bewegung.

(4) Eskalativer Millenarismus
Bedingt durch Pandemie und die Zunahme globaler Konfliktherde, manifestiert sich der eskalative Millenarismus in jüngster Zeit quer durch die religiösen Traditionen, besonders deutlich wiederum in alternativ-religiösen Kontexten.

(5) Oszillatorischer Millenarismus
Ein Beispiel für den oszillatorischen Millenarismus stellt Kōfuku no Kagaku (Happy Science) dar, ein prominenter, auch im deutschsprachigen Raum aktiver Vertreter japanischer neuer Religiosität (Pokorny 2020).

(6) Reduktiver Millenarismus
Für den reduktiven Millenarismus ist Sekai Kyūseikyō ein weiteres Beispiel aus dem Kontext japanischer neuer Religiosität (Pokorny 2020).

Drei nennenswerte Unterkategorien bilden: (1) der „heiße Millenarismus" (*hot millennialism*), (2) der „kalte Millenarismus" (*cool millennialism*), und (3) der „verwaltete Millenarismus" (*managed millennialism*). Der „heiße Millenarismus" (zurückgehend auf den US-amerikanischen Religionswissenschaftler Scott Lowe) verweist auf eine besondere Akzentuierung des Naherwartungs- oder „Imminenz"-Charakters innerhalb einer Millenarismus-Vorstellung. Im Gegensatz dazu bezeichnet der „kalte Millenarismus" (*cool millennialism*) die Abschwächung oder gänzliche Tilgung des Naherwartungs-Aspekts. Das Millennium rückt mithin in eine nichtgreifbare Zukunft und verliert an Relevanz. Ähnlich dem „oszillatorischen Millenarismus" drückt der „verwaltete Millenarismus" (zurückgehend auf die Japanologin Jacqueline Stone) einen Pendelschlag aus: ein „kalter" oder „moderater Millenarismus" mag in einen „heißen Millenarismus" überführt werden, etwa zur Schaffung einer motivationalen Ressource. Mit anderen Worten kann die Betonung von „Imminenz" (das heißt die Vorstellung an einen baldigen Beginn des Millenniums) die Brisanz des gruppeneigenen Handelns und Weltbilds wieder ins Zentrum rücken und dementsprechend als Mobilisierungsinstrument fungieren.[11]

Zuletzt sei noch der „Anti-Millenarismus", basierend auf den vom US-amerikanischen Religionswissenschaftler Benjamin E. Zeller (2019) entwickelten *anti-millennialism*, genannt. Es handelt sich hier um einen aus der Lektüre H. P. Lovecrafts (1890–1937) geschöpften anti-millenaristischen Entwurf, der keine (zumindest „klassische") Heilshoffung eröffnet, sondern eine kollektive Auslöschungserwartung ohne ein an ein Millennium gebundenes soteriologisches Programm verhandelt.

3 Abschließende Bemerkungen

Millenarismen sind in der Mehrheit der religiösen Traditionen der Welt vorzufinden. Millenaristische Verlaufsoptionen und ihre „Temperaturskalen" können dabei nicht nur in einer großen Tradition, sondern selbst innerhalb einer einzelnen Gruppe in all ihren Facetten zum Ausdruck kommen.[12] Insbesondere das

---

[11] Als Paradebeispiel einer Gemeinschaft, deren Mobilisierungsstrategie auf immer wieder neu gesetzten millenaristischen Zäsuren beruht, zeigt sich abermals die Vereinigungskirche. Siehe dazu Pokorny 2018. Die Extremvariante eines „heißen Millenarismus" sind millenaristische Vorstellungen, die durch eine „Ultra-Imminenz" geprägt sind, das heißt den Glauben, dass sich das Millennium nicht nur *demnächst* sondern *jederzeit* einstellen könne. Siehe dazu mit dem New Age-Fallbeispiel Share International Pokorny 2021.
[12] Siehe etwa diverse Einträge in Landes 2000, verschiedene Kapitel in Wessinger 2011b oder abrisshaft zu Ostasien, Pokorny 2023.

Spektrum **„neuer religiöser Bewegungen"** (das heißt religiöse Neustiftungen der letzten zwei Jahrhunderte) ist markant von millenaristischem Denken durchwirkt. Ähnliches begegnet im weiten Feld alternativer Religiosität („**Esoterik**"), wie etwa schon die Bezeichnung „New Age" (neues Zeitalter) vermuten lässt. Millenarismen sind vielfach einem – zumal aus einer Krisenhaftigkeit resultierenden[13] – religiösen Neuerungs- und Veränderungswillen geschuldet, was sich zuweilen auch in gewaltvollem Handeln entladen kann. Hier sind es üblicherweise katastrophisch-millenaristische Erzählstränge, die als Legitimierung gewaltvollen Handelns dienen können, wie an zahlreichen Beispielen auch der jüngeren Geschichte zu sehen ist.[14] Millenarismen sind weltweit mächtige Werkzeuge religiösen und gesellschaftlichen Gestaltungswillens und werden auch in Zukunft wesentlich in Erscheinung treten. Die Millenarismus-Forschung bietet daher ausgiebiges Terrain für die Religionswissenschaft.

Literatur

Barkun, Michael. 1974. *Disaster and the Millennium*. New Haven: Yale University Press.
Cohn, Norman. 1962. „Medieval Millenarism: Its Bearing on the Contemporary Study of Millenarian Movements." In *Millennial Dreams in Action: Essays in Comparative Study*, hg. v. Sylvia L. Thrupp, 31–43. Den Haag: Mouton & Co.
Cohn, Norman. 1970. *The Pursuit of the Millennium: Revolutionary Millenarians and Mystical Anarchists of the Middle Ages.* Überarbeitete und erweiterte Auflage. New York: Oxford University Press.
Collins, John J. 1979. „Introduction: Towards the Morphology of a Genre." *Semeia: An Experimental Journal for Biblical Criticism* 14:1–19.
Landes, Richard, Hg. 2000. *Encyclopedia of Millennialism and Millennial Movements*. New York und London: Routledge.
Pokorny, Lukas. 2018. „Unification Movement." In *Handbook of East Asian New Religious Movements*, hg. v. Lukas Pokorny und Franz Winter, 321–342. Leiden und Boston: Brill.
Pokorny, Lukas. 2020. „The Millenarian Myth Ethnocentrized: The Case of East Asian New Religious Movements." In *Explaining, Interpreting, and Theorizing Religion and Myth: Contributions in Honor of Robert A. Segal*, hg. v. Nickolas P. Roubekas und Thomas Ryba, 299–316. Leiden und Boston: Brill.
Pokorny, Lukas. 2021. „The Theosophical Maitreya: On Benjamin Creme's Millenarianism." In *The Occult Nineteenth Century: Roots, Developments, and Impact on the Modern World*, hg. v. Lukas Pokorny und Franz Winter, 195–220. Cham: Palgrave Macmillan.
Pokorny, Lukas K. 2023. „Les millénarismes en Asie de l'Est." In *Une histoire globale des révolutions*, hg. v. Ludivine Bantigny, Quentin Deluermoz, Boris Gobille, Laurent Jeanpierre und Eugénia Palieraki, 877–881. Paris: Editions La Découverte.

---

13 Als Klassiker zur Frage nach der Ursächlichkeit von Millenarismen siehe Barkun 1974.
14 Unter den zahlreichen Publikationen zum Thema „Millenarismus und Gewalt" sei exemplarisch Wessinger 2000 genannt.

Sparn, Walter. 2005. „Apokalyptik." In *Enzyklopädie der Neuzeit*, hg. v. Friedrich Jaeger, 491–497. Stuttgart und Weimar: Metzler.
Talmon, Yonina. 1966. „Millenarian Movements." *European Journal of Sociology / Archives Européennes de Sociologie* 7 (2):159–200.
Wessinger, Catherine Lowman. 1988. *Annie Besant and Progressive Messianism (1847–1933)*. Lewiston: The Edwin Mellen Press.
Wessinger, Catherine. 1997. „Millennialism With and Without the Mayhem." In *Millennium, Messiahs, and Mayhem: Contemporary Apocalyptic Movements*, hg. v. Thomas Robbins und Susan J. Palmer, 47–59. New York und London: Routledge.
Wessinger, Catherine. 2000. *How the Millennium Comes Violently: From Jonestown to Heaven's Gate*. New York und London: Seven Bridges Press.
Wessinger, Catherine. 2011a. „Millennialism in Cross-cultural Perspective." In *The Oxford Handbook of Millennialism*, hg. v. Catherine Wessinger, 3–24. New York: Oxford University Press.
Wessinger, Catherine, Hg. 2011b. *The Oxford Handbook of Millennialism*. New York: Oxford University Press.
Wojcik, Daniel. 2011. „Avertive Apocalypticism." In *The Oxford Handbook of Millennialism*, hg. v. Catherine Wessinger, 66–88. New York: Oxford University Press.
Zeller, Benjamin E. 2019. „Altar Call of Cthulhu: Religion and Millennialism in H. P. Lovecraft's Cthulhu Mythos." *Religions* 11 (1):1–17.

Robert A. Yelle
II.7 Secularization: Transformations of Religion and Politics in Western Europe (and the US)

Secularization[1] refers to the transformation of religion as the result of historical processes associated with modernization.[2] How we understand this transformation depends upon which aspect of religion is our focus. This chapter presents an overview of some of the most important historical changes and scholarly debates associated with secularization. Although there is still no clear agreement regarding what secularization entailed, we can observe the crystallization of a series of related issues around which the scholarship on religion has focused:

1. Secularization understood as the (relative) decline of religion, measured either by a decline in church membership and religious participation (Pollack 2009), or by a loss of cultural authority on the part of religious institutions and their retreat from the public sphere.
2. Secularization understood as the rise of religious toleration, and of the separation between church and state, or between religion and politics (Gabriel et al. 2012).
3. Secularization understood in the theoretical sense as the transfer or translation of originally Christian theological categories, structures, and habits of thought and practice, into apparently non-Christian or religiously neutral versions of the same (Löwith 1953).

In a work that arguably launched the most recent set of scholarly debates over secularization, Charles Taylor (2007, 3) began by noting that, in contrast to five hundred years previously, the majority of people living in liberal democracies in the West are free to decide which religion to affirm, including none at all. Taylor's focus was on the individual religious subject, and on the changes in subjectivity that were enabled by the Protestant Reformation, the Enlightenment, and subse-

---

[1] In German, the English word "secularization" is represented by two words, "Säkularisierung" and "Säkularisation", that bear different meanings. "Säkularisierung" refers to the longue durée historical process described in this chapter, whereas "Säkularisation" refers to a specific aspect of this process, namely the dispossession of monasteries by Napoleon in continental Europe and the transfer of lands and monies into the state treasury. For further discussion of these terms see Wohlrab-Sahr 2021, 152–153.
[2] For a recent sourcebook, see Frey, Hebekus, Martyn 2020.

quent historical movements. Unlike many who recounted the history of these developments as an inevitable loss of religiosity, Taylor (2007, 26–29) eschewed such "subtraction stories" and focused instead on the new structures of religious thought that articulated with modernization, structures he referred to as the "immanent frame." Following Taylor, other scholars have focused attention on the modes of individual religious experience, belief, or affect that characterize contemporary life.

1 The Reformation as Historical Context

To some extent, the focus on religion as primarily an individual phenomenon is a consequence of earlier historical events, a symptom rather than a diagnosis of secularization. Lucien Febvre ([1942] 1985) argued that unbelief, meaning atheism or the rejection of Christianity, was practically unthinkable in 16th century France. Whether or not this is true, it certainly must have been vastly more difficult prior to the Protestant Reformation for individuals to think or act outside of the norms established by the Roman Catholic Church. As a result of the loss of institutional prestige and political power by the Church[3] that occurred as a consequence of the Reformation and Enlightenment, religion became subdivided and was gradually privatized. With the Reformation came the mandate for individual Christians to read the Bible and consider for themselves what it meant. This was enabled by the arrival of the printing press in the 15th century, which contributed initially to the dissemination of scripture and theology, beginning with Johannes Gutenberg's Bible (see Eisenstein 1980). Translations of the Bible into vernacular languages – into German by Martin Luther (1522, 1534), into English by William Tyndale (1526) and later by the English Protestants who fled to continental Europe, the so-called Marian exiles, who authored the Geneva Bible (1560) – combined with increasing literacy, opened the floodgates of interpretation. And with variety of interpretation came greater diversity of belief. Brad Gregory (2012, 74–75) has derisively referred to this diversity as "hyperpluralism," an incoherence in Christian doctrine that he regards as a chief consequence of the "unintended Reformation": unintended because the goal of Luther and other Reformers was originally, not to fracture the Church, but instead to restore it to purity, and harmony.

---

[3] In this chapter the capitalized singular "Church" is used to refer to the Roman Catholic Church unless context suggests a different meaning, such as the "Church of England".

Differences over religion, in combination with other factors, led to conflicts such as the Thirty Years' War (1618–1648) in continental Europe and the English Civil War and subsequent Interregnum (1640–1660). Eventually, with the establishment of the modern system of nation states, the majority of states formed national churches that were either Catholic or Protestant. Only gradually was room made for religious minorities, and it took longer still – sometimes much longer – for these to be granted more or less equal rights.[4] Still, in Britain by the end of the 17th century, dissenting Protestants experienced greater liberty to form congregations independent from the established church. Accordingly, Georg Jellinek (1895) argued that it was among such dissenting Protestants, and not among the anti-clerical *philosophes* of the French Revolution, that religious toleration was first advocated, before eventually being enshrined in such documents as the French *Déclaration des Droits du l'Homme et du Citoyen* (1789) and the U. S. Constitution (1789) with its First Amendment (1791) guarantees of freedom of speech and religious exercise.

Another factor that contributed to religious liberty was the critique of the sacramental and liturgical practices of the Catholic Church that began already with Luther's attack on the sale of indulgences in his *95 Thesen* (1517), followed by his *Die Babylonische Gefangenschaft der Kirche* (1520), which pared back the number of sacraments, argued that the Mass was not (even **metaphorically**) a sacrifice, and rejected the doctrine that rituals are effective *ex opere operato*, i. e. automatically. The devaluation of ritual, as Max Weber ([1904–05/ 2nd ed. 1920] 2016, 200) argued a century ago, was a decisive step toward disenchantment (*Entzauberung*), because it placed relatively greater value on worldly activity, for example by allowing more time and space to everyday life and business matters. This was one aspect of Weber's famous argument that the "Protestant ethic" encouraged the growth of capitalism in certain parts of Europe, such as Britain and the Netherlands.

Absent the developments outlined above, the conditions for individual freedom of choice in matters of religion would not have existed. Accordingly, we should recognize that the privatization of religion, which Taylor took as the point of departure for his analysis, was a concomitant of broader social and cultural developments in Europe after the Reformation. Without the loss by the Papacy of the ability to enforce Catholic orthodoxy, nothing resembling secularization would have occurred. This loss of political power was due to the rise of strong nation states, such as England, where the Reformation began officially with Henry VIII's

---

4 Although the equation of Catholicism with disloyalty began to attenuate after the Glorious Revolution (1688–1689) in Britain, it was not until the Roman Catholic Relief Act of 1829 that Catholics were allowed to hold high offices. The Universities Tests Act of 1871 granted freedom to Catholics to become fellows and tutors at Oxford and Cambridge. Until today, the monarch of Great Britain serves as head of the Church of England and must also obviously be a member of that church.

declaration of the Act of Supremacy (1534), asserting the monarchy's control over the English church. In the territory of the Holy Roman Empire, where the Catholic Church retained greater control, state formation came relatively late: both Germany and Italy became sovereign nations only late in the 19th century.

2 The Question of Decline

The historical outline given above is the relevant context for understanding what secularization might mean today. As noted already, one understanding of secularization is that this process has entailed the decline or even disappearance of religion. Earlier accounts of secularization focused on the expropriation of church properties, including vast tracts of land and immense wealth, that occurred in England already in the 16th century, in France beginning with the Revolution, and in other parts of Europe, including Germany, as a result of the Napoleonic wars. The loss of other cultural prerogatives by the Catholic Church in Germany was central to the so-called *Kulturkampf* (1871–1879) and also had an influence on the consciousness of secularization as a historical process (Borutta 2010). The Risorgimento culminated in the unification of Italy in 1870, and the loss by the Church of the Papal States, which meant that the Pope now holds only Vatican City.

Apart from land or territory, another quantitative measure of the vitality of religion is church membership. For some time, the majority of sociologists concerned with secularization focused on rates of church membership, attendance, and religious belief, as measured by surveys. Although the data are somewhat equivocal, most surveys tend to show accelerating declines in church membership in the developed world (for the USA see Chaves 2017; see also Neumaier and Klinkhammer in this volume). In Germany, for example, barely more than one quarter of the population now number as Roman Catholics, and fewer still as Protestants. (Roughly one third have no religious affiliation, and the rest belong to minority traditions.) In the United States, self-reported rates of religious belief and participation remain somewhat higher than in northern Europe. The lower rates of religious affiliation in Germany may be due in part to the requirement that members pay church tax (*Kirchensteuer*). Conversely, the fact that, in the United States, there is a relatively free market in religion – there is no established church, and no religion enjoys monopoly status – has been seen as a possible reason for the relative vitality of religion in that country. Notably, different groups have experienced divergent trajectories, with mainline denominations such as Methodists and Episcopalians losing members to Pentecostalism and other strict religions. Globally, in such places as Africa and Latin America, various forms of charismatic Christianity are making inroads.

Whereas the evidence for a decline of religion even in secularized countries may be equivocal, there is evidence for a resurgence of religion in some other parts of the world. A special case of such resurgence, it could be argued, is the rise of political Islam. During the decades of the Cold War, a number of regional or even tribal conflicts were repressed by virtue of being subordinated to the overall global struggle between the Communism of the Soviet Union and China, on the one hand, and liberal Western democratic and capitalist states led by the US and NATO, on the other. Even before the fall of the Soviet Union in 1991, various regional conflicts emerged, including some that were influenced by religious differences. Examples of such a shift would be the Iranian Revolution (1978–79), the rise of Al Qaeda after the Soviet withdrawal from Afghanistan (1988), and the gradual replacement of Yasser Arafat's Palestine Liberation Organization by other nationalist movements based on forms of Islamic fundamentalism, such as Hamas. The "return" of religion, or at least the increasing assertiveness of religious groups and claims, in the civil and political spheres also in Western, secularized democracies such as the United States has caused some to refer to our age as "post-secular" (Habermas 2003). All of this has led some scholars of religion (see Casanova 1994) to reject the older version of the secularization thesis: namely, that with the onward progress of science and modernization, religion would necessarily disappear.

3 Political Secularism and the Separation of Church and State

In the first section of this article, it was suggested that freedom of religion, which we identify as a central aspect of secularization, arose only gradually in the centuries after the Reformation, in coordination with the process of modern state formation. Even if religion as a whole did not decline, the Church as an institution lost much of its hegemony over religious belief and practice. Yet this development was secondary to the nation state's acquisition of a monopoly over coercive force and positive law. Already at the end of the 19th century, Otto von Gierke (1868–1913) in Germany, and John Neville Figgis (1914) in Britain, described clearly how the rise of sovereign states, first in the form of absolute monarchies, came at the expense of the authority of all subordinate associations and institutions, starting with the Church or national churches. Ironically, the theories of absolutism that underlay the eventual monopolization of power by secular states were articulated in imitation of, and in response to, claims of absolute authority first articulated by the Papacy (Figgis 1914; Kantorowicz 1957).

Although political secularism is commonly defined as requiring the separation of church and state (Hamburger 2004), the idea of separation itself reflects something of a misunderstanding of these developments. Separation, meaning the differentiation or division of spheres of authority, can take many forms. According to an older, theological model of separation, known as the Two Kingdoms or Two Swords, the Pope and his worldly counterpart – either the Holy Roman Emperor, or another monarch – enjoyed separate and complementary spheres of authority (see Neil and Allen 2014, 73–80). In practice, such models were invoked by either power to claim all sovereignty for itself, as happened for example with Pope Boniface VIII's *Unam sanctam* (1302), which characterized the temporal power as subordinate to, and contained within, the spiritual authority of the Church. Such claims contributed to conflict between the Papacy and secular rulers, and to instability, so that eventually, after the Reformation, absolute authority was assumed by nation states, initially by monarchs and then, with the turn to democracy, in the name of the people.

Early modern political theorists such as Jean Bodin (1576) and Thomas Hobbes (1651) argued that sovereignty must be unitary and undivided, or there could occur division and conflict within a polity. In *Leviathan* (1651, chap. 39), Hobbes even argued that church and commonwealth were identical, as they consisted of the same members, which was technically more or less correct.[5] Hobbes was echoing, in part, the undoubtedly orthodox Elizabethan Bishop Richard Hooker, who in his *Laws of Ecclesiastical Polity* had used similar arguments to defend the English monarch's headship of both church and commonwealth. Hobbes went further, attacking the Two Kingdoms idea, and placing ultimate control over even religious matters in the hands of the secular sovereign. Writing in the wake of Hobbes (Collins 2020), and against the kind of religious conformity required by a Hobbesian state church, John Locke (1689) defended a version of the idea that church and commonwealth are and must remain separate, as they seek distinct ends: respectively, salvation and worldly flourishing. However, Locke accepted that the magistrate, or civil authority, held a monopoly on coercive force and punishment. Churches were, in his view, voluntary associations, which we are free to join or leave, and which retain the authority to excommunicate recalcitrant members, but lack any further power to punish. From such formulations as Locke's we have inherited the liberal doctrine of toleration, and of separation.[6] Yet such separation was, as we see, secondary to the secular state's monopoly over punishment and positive law.

---

[5] In Hobbes's and Hooker's time, there was only one official Church of England, Catholics and other heretics being officially prohibited, and Jews having been expelled long before.

[6] For Americans, another reference is Thomas Jefferson's *Letter to the Danbury Baptists* 1802, which expressly referred to a "wall of separation" between church and state. For France, an example is Voltaire 1765; for Germany, Mendelssohn 1783.

The definition of secularism as requiring a separation between church and state, or between religion and politics, as defended by Locke and others, has enjoyed tremendous influence. This definition continues to structure many contemporary debates regarding secularism, for example when it comes to defining the boundary in modern jurisprudence between civil matters in which the state is supreme, and religious matters in which the state must not interfere. An uncritical acceptance of the separationist model would ignore the indebtedness of this model to older Christian doctrines, such as that of the Two Kingdoms (see Falk 1981, 13), which also influenced Locke (De Roover 2016: 139–61). Such indebtedness calls into question the religious neutrality of the separationist model and its applicability beyond Western cultures.

Certain theoretical accounts of secularization (e.g., Casanova 1994) nevertheless defend the core of this development as consisting in a differentiation, if not a strict separation, between religion and other spheres. Along similar lines, Christoph Kleine and Monika Wohlrab-Sahr have used a form of differentiation theory to extend the application of the categories of both religion and secularism beyond the confines of modern, Western societies (see also Kleine 2012 and Dreßler in this volume). Invoking, inter alia, the Two Kingdoms doctrine, they have argued (2021: 63) that "in pre-modern societies a binary distinction between 'religion' and 'the secular' is meaningful and relevant for 'religious' institutions in the first place." Indeed, it does seem that the differentiation of religion, especially from politics, is characteristic of a number of traditional cultures, including medieval Christianity (Needham 1980; Strenski 2010). Precisely for this reason, such a structural differentiation may not characterize adequately whatever is distinctive about contemporary societies, where the Leviathan of the secular state has assumed a monopoly on power, and the separate domain of authority occupied by the church exists mainly in the vestigial form that Locke and others allowed to it.

Summing up this section, we reiterate the following points:

1. Although the definition of secularization as entailing or requiring a separation of religion from politics remains a commonplace, it appears indisputable that a central characteristic of secularization was, conversely, the state's monopolization of coercive power, which actually eroded independent authority for the Church or churches.
2. Many traditional societies, including Catholic Europe prior to secularization, already exhibited a variety of forms of differentiation or pluralism, including those defined by ecclesiastical laws, norms, and institutions.
3. The fact that the separationist model of secularization (or secularism) is, at least in part, a legacy of Christian theological doctrines such as the Two Kingdoms calls into question the religious neutrality of this model.

4 Secularization as the Translation of Theological Categories

We now turn to a more theoretical understanding of secularization that is relevant mainly for understanding certain scholarly discourses in religious studies and adjacent disciplines, and which has been a focus of my own research (see Yelle 2013; Yelle 2021). The third meaning of secularization noted at the beginning of this chapter, is the translation of originally Christian theological ideas and practices into ostensibly secular or non-religious versions. This approach understands secularization in **genealogical terms**[7], as a hidden continuity between religious (in this case, Christian) and non-religious categories, a continuity that it is the proper business of scholarship to investigate and disclose. As we have already seen, the common self-understanding of secularism as requiring a separation between religion and politics is partly indebted to the Two Kingdoms doctrine. Weber's (2016) argument for a relationship between the Protestant ethic and capitalism is another, famous example of such a genealogical approach: supposedly, the capitalist drive to ceaseless labor and the accumulation of profit, without the enjoyment thereof, represented a transformation of older Protestant modes of asceticism. Carl Schmitt (1922) formulated a similar critique when he argued that modern political concepts reflect theological positions, or what he called a "political theology". According to Schmitt, the modern, liberal state's subordination of sovereignty to law reflected Protestant and Deist rejections of an omnipotent, interventionist deity, as represented by the Catholic understanding of the miracle. Despite their pretensions to scientific objectivity and religious neutrality, modern liberal polities actually took sides in a theological debate, and embraced a form of "disenchantment" that owed as much to the Reformation as to the Enlightenment (see Yelle 2019, 37–73).

Another, related continuity is indicated by Weber's argument that the biblical tradition had contributed to the "disenchantment of the world" (*die Entzauberung der Welt*) (Weber 2016, 200). Ironically, the very idea of "disenchantment" had antecedents in Christian claims of supersession, meaning the manner in which the Gospel supposedly succeeded and replaced older forms of paganism and Judaism

---

7 "Genealogy" or "genealogy critique" is a mode of inquiry related to the history of ideas or *Begriffsgeschichte* that models itself on Friedrich Nietzsche's *Zur Genealogie der Moral* 1887, or on the work of Michel Foucault (1926–1984). In religious studies, Talal Asad 1993 has pursued an explicitly Foucauldian approach. A hallmark of the genealogical approach is the effort to show transformations in cultural categories in such a way as to undermine the utility of such categories for a positive and universal science.

(Yelle 2021). From early in the Reformation, many Protestants claimed that the pagan oracles had been silenced, miracles had ceased, and religion, which under the Mosaic law had been ritualistic and legalistic, under the Gospel had become spiritual and apolitical. The idea that our modern age has broken with a superstitious past represents, in part, an inheritance from Christianity. The relation between secularism and the religion that preceded it is as much one of continuity as of rupture, calling into question the extent to which we have actually transcended our theological past.

Such genealogical accounts have not gone unanswered. During an earlier phase of scholarly debate, Hans Blumenberg (1966) criticized theories of secularization, such as those of Weber and Schmitt, as efforts to undermine the independence and even "legitimacy" of modernity, by making this dependent on a theological past from which it can never truly escape (see Sheehan 2010; Atwood this volume). More recently, Monika Wohlrab-Sahr (2021) has characterized certain genealogical accounts as "counter-narratives" that are no more objective than the theological and enlightened **narratives** that preceded them; while Lorenz Trein (2023) has contributed a sophisticated theoretical meditation on the problems associated with our understanding of the secular as a temporal category. Clearly, more work – both empirical and theoretical – needs to be undertaken by scholars of religion before we will have an adequate account of the process of secularization, and with this, of the transformation of religion in recent centuries.[8]

Literature

Asad, Talal. 1993. *Genealogies of Religion: Discipline and Reasons of Power in Christianity and Islam*. Baltimore: Johns Hopkins University Press.
Blumenberg, Hans. 1966. *Die Legitimität der Neuzeit*. Frankfurt: Suhrkamp.
Bodin, Jean. 1576. *Six Livres de la République*. Paris: Jacques du Puy.
Borutta, Manuel. 2010. "Genealogie der Säkularisierungstheorie: Zur Historisierung einer großen Erzählung der Moderne." *Geschichte und Gesellschaft* 36:347–376.
Casanova, José. 1994. *Public Religions in the Modern World*. Chicago: University of Chicago Press.
Chaves, Mark. 2017. *American Religion: Contemporary Trends*. 2nd ed. With a New Preface by the Author. Princeton, NJ: Princeton University Press.
Collins, Jeffrey. 2020. *In the Shadow of Leviathan: John Locke and the Politics of Conscience*. Cambridge: Cambridge University Press.
Eisenstein, Elisabeth. 1980. *The Printing Press as an Agent of Change*. 2 vols. Cambridge: Cambridge University Press.

---

[8] I would like to acknowledge the assistance of my colleague, Dr. Habil. Lorenz Trein, in preparing this article. Any errors contained herein are my own.

Falk, Ze'ev. 1981. *Law and Religion: The Jewish Experience*. Jerusalem: Mesharim.
Febvre, Lucien. [1942] 1985. *The Problem of Unbelief in the Sixteenth Century*. Trans. Beatrice Gottlieb. Cambridge, MA: Harvard University Press.
Figgis, John Neville. 1914. *The Divine Right of Kings*. 2nd ed. Cambridge: Cambridge University Press.
Frey, Christiane, Uwe Hebekus, and David Martyn, eds. 2020. *Säkularisierung: Grundlagentexte zur Theoriegeschichte*. Berlin: Suhrkamp.
Gabriel, Karl, Christel Gärtner, and Detlef Pollack, eds. 2012. *Umstrittene Säkularisierung: Soziologische und historische Analysen zur Differenzierung von Religion und Politik*. Berlin: Berlin University Press.
von Gierke, Otto. 1868–1913. *Das deutsche Genossenschaftsrecht*. 4 vols. Berlin: Weidmann.
Gregory, Brad. 2012. *The Unintended Reformation*. Cambridge, MA: Harvard University Press.
Habermas, Jürgen. 2003. "Glauben und Wissen: Friedenspreisrede 2001." In *Zeitdiagnosen: Zwölf Essays*, 249–262. Frankfurt: Suhrkamp.
Hamburger, Philip. 2004. *Separation of Church and State*. Cambridge, MA: Harvard University Press.
Hobbes, Thomas. [1651] 1994. *Leviathan*. Ed. by Edwin Curley. Indianapolis: Hackett.
Jefferson, Thomas. 1802. *Letter to the Danbury Baptists*. https://www.loc.gov/loc/lcib/9806/danpre.html (public domain).
Jellinek, Georg. 1895. *Die Erklärung der Menschen- und Bürgerrechte*. Leipzig: Duncker & Humblot.
Kantorowicz, Ernst. 1957. *The King's Two Bodies: A Study in Medieval Political Theology*. Princeton, NJ: Princeton University Press.
Kleine, Christoph. 2012. "Zur Universalität der Unterscheidung *religiös/säkular*: Eine systemtheoretische Betrachtung." In *Religionswissenschaft*, ed. by Michael Stausberg, 65–80. Berlin: De Gruyter. https://doi.org/10.1515/9783110258936.65
Kleine, Christoph, and Monika Wohlrab-Sahr. 2021. "Comparative Secularities: Tracing Social and Epistemic Structures beyond the Modern West." *Method & Theory in the Study of Religion* 33: 43–72.
Locke. John. 2010 [1689]. *Letter concerning Toleration*. In *A Letter concerning Toleration and Other Writings*, ed. by Mark Goldie, 36–67. Indianapolis: Liberty Fund.
Löwith, Karl. 1953. *Weltgeschichte und Heilsgeschehen. Die theologischen Voraussetzungen der Geschichtsphilosophie*. Stuttgart: Kohlhammer.
Mendelssohn, Moses. 1783. *Jerusalem, oder über religiöse Macht und Judentum*. Berlin: Friedrich Maurer.
Needham, Rodney. 1980. "Dual Sovereignty." In *Reconnaissances*, ed. by Rodney Needham, 63–106. Toronto: University of Toronto Press.
Neil, Bronwen, and Pauline Allen. 2014. *The Letters of Gelasius I (492–496): Pastor and Micro-Manager of the Church of Rome*. Turnhout: Brepols.
Nietzsche, Friedrich. 1887. *Zur Genealogie der Moral: Eine Streitschrift*. Leipzig: Naumann.
Pollack, Detlef. 2009. "Säkularisierung: Konzept und empirische Befunde." In *Europäische Religionsgeschichte: Ein mehrfacher Pluralismus*, vol. 1, ed. by Hans G. Kippenberg, Jörg Rüpke, and Kocku von Stuckrad, 61–86. Göttingen: Vandenhoeck & Ruprecht.
Roover, Jakob de. 2016. *Europe, India, and the Limits of Secularism*. Delhi: Oxford University Press.
Schmitt, Carl. 1922. *Politische Theologie: Vier Kapitel zur Lehre von der Souveränität*. Leipzig: Duncker & Humblot.
Sheehan, Jonathan. 2010. "When Was Disenchantment? History and the Secular Age." In *Varieties of Secularism in a Secular Age*, ed. by Michael Warner, Jonathan VanAntwerpen, and Craig Calhoun, 217–242. Cambridge, MA: Harvard University Press.
Strenski, Ivan. 2010. *Why Politics Can't Be Freed from Religion*. Oxford: Wiley-Blackwell.
Taylor, Charles. 2007. *A Secular Age*. Cambridge, MA: Harvard University Press.

Trein, Lorenz. 2023. *Beobachtungen der Säkularisierung und die Grenzen der Religion*. Tübingen: Mohr Siebeck.
Voltaire. 1765. *Idées républicaines, par un membre d'un corps*. Genève: Gabriel Cramer.
Weber, Max. [1904–05/ 2nd ed. 1920] 2016. *Die Protestantische Ethik und der „Geist" des Kapitalismus*. Springer: Wiesbaden.
Wohlrab-Sahr, Monika. 2021. "Counter-Narratives to Secularization: Merits and Limits of Genealogy Critique." In *Narratives of Disenchantment and Secularization: Critiquing Max Weber's Idea of Modernity*, ed. by Robert A. Yelle and Lorenz Trein, 149–171. London: Bloomsbury.
Yelle, Robert A. 2013. *The Language of Disenchantment: Protestant Literalism and Colonial Discourse in British India*. Oxford: Oxford University Press.
Yelle, Robert A. 2019. *Sovereignty and the Sacred: Secularism and the Political Economy of Religion*. Chicago: University of Chicago Press.
Yelle, Robert A. 2021. "'An Age of Miracles': Disenchantment as a Secularized Theological Narrative." In *Narratives of Disenchantment and Secularization: Critiquing Max Weber's Idea of Modernity*, ed. by Robert A. Yelle and Lorenz Trein, 129–148. London: Bloomsbury.

Michael Stausberg und Katharina Wilkens
Zwischenstück III

Abbildung 5: Almosensammelschale eines persischen Derwischs, Iran, 1657/58.

Entsager (Asketen), die ihre Nahrung erbetteln, gibt es in mehreren Religionen. Im Islam ist dieses Verhaltensmuster eines der Insignien (Kennzeichen) der oft als Derwische bezeichneten Sufi. Daher spielten Almosenbettelschalen (persisch *kashkul*), die die Bettelasketen an einer Messingkette hielten und in die Wohltäter durch die herzförmige Öffnung Speis und Trank, aber auch Geldspenden füllten, eine zentrale Rolle für diese religiöse Lebensform. Die Spender erwarben sich auf diese Weise ebenfalls religiöse Verdienste. Die bootsförmige Form dieser schiitischen Almosenbettelschale bringt den umherwandelnden Lebensstil dieser Bettelasketen zum Ausdruck. Die abgebildete *kashkul* wurde aus dem Samen einer Seychellenpalme, der in Persien angeschwemmt wurde, hergestellt und ist mit Kaligraphien zu Ehren des ersten und wichtigsten schiitischen Helden (Imam – „Führer", „Vorsteher") Ali verziert. Sie war mehrere Jahrhunderte in Gebrauch, ehe die damalige Kuratorin der Religionsgeschichtlichen Sammlung, Dr. Käthe Neumann, sie 1960 von einem aus dem Iran stammenden Frankfurter Kunsthändler zusammen mit anderen Ausrüstungsgegenständen sufistischer Asketen ankaufte. Der Iran befand sich damals in einer Phase forcierter gesellschaftspolitischer Modernisierung, in der Bettelasketen als ein Anachronismus galten; diese religiöse Lebensform erlebte einen Niedergang, und ihre prestigeträchtigen Gebrauchsgegenstände leben nun außer Landes als Kunst- und Museumsobjekte weiter. (Zum religions- und sammlungsgeschichtlichen Kontext vgl. Runge 2017.) [MS]

Religionskundliche Sammlung, Inv.-Nr. Hn 009, Zugangsnummer 1754, Erwerb 1960, 20 cm x 11 cm.

Literatur: Runge, Konstanze. 2017. „Demut auf dem Weg zu Gott: Die Bettelschale eines persischen Derwisches." In *Objekte erzählen Religionsgeschichte(n): Eine religionswissenschaftliche Spurensuche in der Religionskundlichen Sammlung*, hg. v. Edith Franke, 101–111. Marburg: Religionskundliche Sammlung der Philipps-Universität Marburg.

Foto: Georg Dörr, © Religionskundliche Sammlung, Philipps-Universität Marburg (CC-BY-NC-SA)

Abbildung 6: Phra Malai (Detail), ein buddhistischer Mönch, beim Besuch in der Hölle der Hungergeister (Pretas), aufgestellt vor Gipsabgüssen von Reliefs des buddhistischen Borobodur in Zentraljava.

Die Figur erscheint in diesem Foto fast zum Leben erweckt zu sein, und das liegt an Perspektive und Hintergrund. Man sieht den Rücken der Figur: Somit steht nicht das Objekt selbst im Mittelpunkt, sondern die Blickrichtung, die von der oder dem Betrachtenden über die Schulter der Fotografin zur Figur und damit zu seinem Blick auf die verwischte Ferne der Reliefs mit den Vier Ausfahrten des zukünftigen Buddha führt. Für die religionsästhetische, aber auch allgemein religionswissenschaftliche Arbeitsweise ist es wichtig zu lernen, rituelle, und eben auch visuell-bildgestaltende Dynamisierungen von Objekten wahrzunehmen und in ihrer Relationalität zu beschreiben. (Für weitere Informationen zu Phra Malai, den Hunger leidenden Menschen in einer Unterwelt und dem Kreislauf des Lebens vgl. Luu 2020.) [KW]

Religionskundliche Sammlung, Inv.-Nr. Mq 039, Zugangsnummer 1906, Erwerb 1970: Größe 50 cm x 22 cm x 22 cm, Bronzestatue auf einem Quader mit Loch und Darstellungen von leidenden Wesen; Reliefdarstellung von Borobodur: Inv.-Nr. Mr 004 a-d.

Literatur: Heike Luu. 2020. „Besuch in den Höllen: Asiatische Einblicke in die Religionskundliche Sammlung". *Jahrbuch für den Landkreis Marburg-Biedenkopf*: 260–263.

Foto: Heike Luu, © Religionskundliche Sammlung, Philipps-Universität Marburg (CC-BY-NC-SA)

Teil III: **Formationen**

Julian Strube
III.1 Die globale Entstehung der Religionswissenschaft: Das Beispiel Bengalens zwischen Universalismus und Nationalismus

1 Für eine dezentrierte Geschichtsschreibung der Religionswissenschaft

Im Mittelpunkt der folgenden Untersuchung steht die Beziehung zwischen dem in Oxford wirkenden deutschstämmigen Philologen Friedrich Max Müller (1823–1900) und dem prominenten indischen Gelehrten Rajnarayan Basu (1826–1899), die uns Einblicke in die global **verflochtene** Entstehungsgeschichte der Religionswissenschaft erlaubt. Beide Autoren proklamierten eine *science of religion* in der zweiten Hälfte des 19. Jahrhunderts, als der Vergleich von verschiedenen Religionen, oft **comparative religion** genannt, einen ersten Höhepunkt erreicht hatte. Die Konzeptionen dieser von der heutigen Religionswissenschaft noch sehr verschiedenen *sciences of religion* waren voneinander abhängig und doch von einem bemerkenswerten Konkurrenzverhältnis geprägt, das gängige Vorstellungen von einer rein „westlichen" Entstehungsgeschichte der Religionswissenschaft verkompliziert und die Notwendigkeit einer nicht nur auf Europa beschränkten, dezentrierten **Geschichtsschreibung** verdeutlicht (Winter; Beinhauer-Köhler; Hermann in diesem Band).

Mein Hauptargument bezieht sich dabei auf bis heute andauernde Debatten darüber, ob der **Religionsbegriff** ein westlich-christliches Konstrukt sei, das anderen Kulturen durch koloniale Gewalt aufgezwungen worden sei und dessen Anwendung heute einen Akt **epistemischer** Gewalt und terminologischen Imperialismus darstelle (dazu ausführlich Maltese und Strube 2021, Winter, Dreßler, Goshadze in diesem Band). Dies gilt nicht zuletzt für die Frage des **Religionsvergleichs**, also der Religionskomparatistik (Strube 2024; Bergunder in diesem Band). Ich argumentiere aus der Perspektive einer globalen Religionsgeschichte, dass der koloniale Kontext für die Religionswissenschaft maßgeblich war und uns bis heute vor große Herausforderungen stellt; dass es aber irreführend wäre, die Handlungsmacht (*agency*) der Kolonisierten selbst unter den Bedingungen des Kolonialismus zu vernachlässigen (vgl. Strube 2022). Wie viele andere auch, reproduzierte Rajnarayan nicht einfach „westliches" Wissen, sondern nahm aktiv an Debatten über die Bedeutung von „Religion" teil.[1] Er formulierte dabei Überlegenheitsansprüche und wendete **orientalistische** Vorstellungen nationalistisch und antikolonialistisch (Strube 2021).

2 Religionswissenschaft und bengalischer Nationalismus

Die im Nordosten Indiens gelegene Stadt Kalkutta (heute Kolkata) war im Laufe des 19. Jahrhunderts rasant von einer kleinen Siedlung am Fluss Hugli zu einer Metropole gewachsen. Als Hauptsitz der britischen Kolonialverwaltung und später Hauptstadt von Britisch Indien pulsierte der Ort vor intellektueller Aktivität. Schon seit dem ausgehenden 18. Jahrhundert war die Provinz Bengalen, die ungefähr den heutigen indischen Bundesstaat Westbengalen und den Nationalstaat Bangladesch umfasste, zu einem Knotenpunkt des kulturellen Austauschs zwischen Indien und Europa geworden. Eminente europäische **Orientalisten** arbeiteten dort mit indischen Gelehrten zusammen, um sich indische Sprachen wie Sanskrit und die in ihnen verfassten Schriften zu erschließen. Die koloniale Präsenz brachte eine von englischer Bildung geprägte Mittelschicht hervor, die einen bedeutenden Anteil an den wissenschaftlichen und intellektuellen Errungenschaften der Zeit hatte, darunter der Naturwissenschaftler Jagadish Chandra Bose (1858–1937), ein Pionier der Radiowellenforschung, und der Literat Rabindranath Tagore (1861–1941), der erste asiatische Nobelpreisträger. Auch auf dem Gebiet der Geschichts- und Religionsforschung spielten bengalische Gelehrte eine herausragende Rolle, darunter nicht zuletzt Rajnarayan. Auf dem Titelblatt einer 1892 erschienenen bengalischen Sammlung einiger seiner Aufsätze findet sich als Motto das folgende englische Zitat:

> A people that can feel no pride in the past, in its history and literature, loses the mainstay of its national character. When Germany was in the very depth of its political degradation, it turned to its ancient literature, and drew hope for the future from the study of the past. Something of the same kind is now passing in India. (Müller 1876, 333)

Das Zitat stammt aus einer Rede, die Müller als Präsident der „Arischen Sektion" des International Congress of Orientalists in London im September 1874 gehalten

---

[1] Im Bengalischen ist es üblich, den „Vornamen" einer Person zu verwenden, um auf sie zu verweisen. Die folgende Rede von Rajnarayan folgt dieser Konvention. In den Quellenangaben folgt die Schreibweise von Rajnarayans Nachnamen entweder der anglisierten (Bose) oder bengalischen (Basu) Form, abhängig von der jeweiligen Quelle.

hatte. Müller hatte im selben Jahr seine *Einleitung in die vergleichende Religionswissenschaft* herausgebracht, die 1870 zuerst auf Englisch als *Introduction to the Science of Religion* erschienen war. Die Schrift gilt bis heute als eine der wichtigsten Veröffentlichungen in der Geschichte der Religionswissenschaft. Das obige Zitat zeigt, dass Müller seine Arbeit durchaus in einen politischen Kontext einzuordnen gedachte. Erst 1871 war das Deutsche Reich als Nationalstaat gegründet worden. Mit dem von Müller genannten Tiefpunkt politischer Degradierung spielte er auf die Zeit der napoleonischen Kriege und ihrer Folgen in der ersten Hälfte des 19. Jahrhunderts an, eine Zeit, in der die deutschsprachige orientalistische Forschung aufblühte. Müller stellte somit nicht nur einen unmittelbaren Zusammenhang zwischen nationalem Erwachen und orientalistischer Forschung her, sondern schien die Verwirklichung des deutschen Nationalismus auch als Folge orientalistischer Forschung zu suggerieren. Dies war der Fall, weil die Vergangenheit Deutschlands angeblich direkt nach Indien führte.

So betonte Müller in seiner Rede, dass „die Orientalistik mehr als jeder andere Zweig der wissenschaftlichen Forschung dazu beigetragen hat, die intellektuelle Atmosphäre Europas zu verändern, zu reinigen, zu klären und zu intensivieren" (Müller 1876, 322). Diese Wahrnehmung ist der Entdeckung der sprachlichen Verwandtschaft zwischen Sanskrit und den europäischen Sprachen geschuldet, die seit den Veröffentlichungen des in Bengalen wirkenden Orientalisten William Jones (1746–1794) zum Ende des 18. Jahrhunderts die Gelehrtenwelt revolutioniert hatte. In den Worten Müllers: „Wir wissen jetzt, dass Indien und Europa in der Sprache und in allem, was die Sprache impliziert, eins sind" (Müller 1876, 324). Diese Implikationen waren weitreichend. Laut damaligen Theorien waren Sprache, Religion und das, was man Volk, Nation und im Laufe des 19. Jahrhunderts immer mehr „Rasse" nannte, eng miteinander verbunden. Dies erklärt auch, warum Müller Religionen nach Sprachen kategorisierte, nämlich arisch, semitisch und turanisch.[2] Die Entdeckung der sprachlichen Verwandtschaft bedeutete also auch die von Hans Kippenberg (1997) so genannte „Entdeckung der Religionsgeschichte" und die damit einhergehende Annahme einer angeblich in Indien beheimateten „arischen Zivilisation". Daher konnte Müller „den Osten" als „unsere alte vergessene Heimat" bezeichnen (Müller 1876, 325), deren Vereinigung mit Europa nun bevorstehe: „Zwei Welten, die seit Tausenden von Jahren getrennt waren, sind wie durch einen Zauberspruch wieder vereint worden, und wir fühlen uns reich an einer Vergangen-

---

2 Der **Begriff des „Arischen"** unterscheidet sich dabei von demjenigen der Völkischen und Nationalsozialisten. Müller wandte sich gegen die biologistische Aneignung des Begriffes durch die Völkischen, nahm aber selbst am damaligen, zweifelsohne rassistischen **Rassediskurs** teil; siehe dazu Arvidsson 2006.

heit, die sehr wohl der Stolz unserer edlen arischen Familie sein kann" (Müller 1876, 325).

Die koloniale Dimension dieser „Wiedervereinigung" wird nicht zuletzt dadurch greifbar, dass Müller von Orientalisten als „Armee" sprach: „Wir haben nicht nur neue Welten erobert und dem alten Reich des Lernens einverleibt, sondern wir haben die alte Welt mit Ideen gesäuert, die bereits im täglichen Brot unserer Schulen und Universitäten gären" (Müller 1876, 322). Der damit einhergehende Besitzanspruch wird klar artikuliert: „Der Osten gehört uns, wir sind seine Erben und beanspruchen von Rechts wegen unseren Anteil an seinem Erbe" (Müller 1876, 326). War „der Osten" also lediglich eine Projektionsfläche orientalistischer Fantasien und europäischer Machtansprüche war? Scheinen Aussagen wie diejenigen Müllers nicht zu bestätigen, dass die maßgeblich aus der Orientalistik heraus entstandene Religionswissenschaft ein koloniales Projekt war, dessen Strukturen sie bis heute in sich trägt? Immerhin war die Orientalistik schon im 18. Jahrhundert untrennbar mit britischen Machtinteressen verbunden, und Müller hob selbst ihre Bedeutung für die Kolonialverwaltung hervor (Müller 1876, 339–40; siehe auch King 1999).

Es lässt sich schwerlich leugnen, dass der Kolonialismus die Orientalistik und andere Wissenschaftszweige nicht nur bedingte, sondern auch bis heute strukturiert. Der gegenwärtige Umgang damit gestaltet sich schwierig und ist immer wieder Gegenstand heftiger Kontroversen (Nehring 2012). Gerade die Religionswissenschaft kann, nicht zuletzt durch die Erforschung ihrer eigenen Geschichte, einen Beitrag zum Verständnis der damit verbundenen Komplexitäten, Ambiguitäten und Widersprüche leisten. Die oben zitierte Aufsatzsammlung, auf deren Titelblatt der Auszug aus Müllers Rede prangt, mag hierfür als eindrucksvolles Beispiel dienen.

Rajnarayan lag es ganz und gar fern, sich der europäischen Gelehrsamkeit unterzuordnen. Immerhin gilt er, der Großvater des Revolutionärs und späteren spirituellen Führers Aurobindo Ghose (1872–1950), vielen auch als „Großvater des Nationalismus in Indien" (Sarkar 1909). Auf dem Titelblatt von 1892 wird auf seine berühmte Schrift über die „Überlegenheit des Hinduismus" (seine Übersetzung von *hindudharmmer śreṣṭhatā*) verwiesen und das Vorwort hebt nicht nur seinen 1886 erschienenen *Prospectus of a Society for the Promotion of National Feeling among the Educated Natives of Bengal hervor*, sondern wendet sich auch explizit an „Patrioten" (*svadeś-hitaiṣī*) (Basu 1892, Vorwort). Dies macht bereits deutlich, warum Müllers Aussage für Rajnarayan so bedeutend war: Rajnarayans eigenes Wirken sollte für Indien das bewirken, was die Orientalistik für Deutschland erreicht hatte. Seiner *science of religion* kam dabei die vielleicht wichtigste Rolle zu.

3 Der Brahmo Samaj und *comparative religion*

Müller hatte seine *Introduction* bzw. *Einleitung* unter dem Konkurrenzdruck der so genannten *comparative religion* veröffentlicht. Dabei handelte es sich um eine religionsvergleichende Bewegung, die seit dem Anfang des 19. Jahrhunderts maßgeblich im Austausch zwischen den USA, Großbritannien und Bengalen entstanden war. Die „Entdeckung der Religionsgeschichte" hatte eine Begeisterung für den Sprach-, **Mythen**- und Religionsvergleich ausgelöst, die sich in der zweiten Jahrhunderthälfte beschleunigte: „Der *vergleichende Geist* ist der wahre wissenschaftliche Geist unserer Zeit, ja aller Zeiten," wie Müller in seiner Rede festhielt (Müller 1876, 327).

Dem berühmten Orientalisten Monier Monier-Williams (1819–1899) zufolge war es ein bengalischer Gelehrter, der als Begründer von *comparative religion* zu gelten habe: Rammohan Roy (1772–1833) (Monier-Williams 1891, 479). Auf ihn geht der Brahmo Samaj zurück, eine Gesellschaft, die sich gesellschaftlichen und religiösen Reformen verschrieben hatte. Ihre unmittelbaren Wurzeln reichen bis zum 1823 begründeten Calcutta Unitarian Committee zurück. In den Jahren zuvor war Rammohan in Kontakt mit Anhängern des Unitarismus getreten, einer in den USA und Großbritannien verbreiteten christlichen Bewegung, die sich zur Reformationszeit antitrinitarisch positioniert hatte und sich im 19. Jahrhundert zu einer progressiven, liberalen Strömung wandelte (Kopf 1979, 7–8; Zastoupil 2010, 39–56). Als gemeinsames Interesse kristallisierte sich ein universalistisches und rationalistisches Verständnis von Religion heraus, also die Vorstellung, dass verschiedenen Religionen ein wahrer Kern gemeinsam sei. Rammohan hatte diese Auffassung bereits vor dem Hintergrund seiner persisch geprägten Bildung entwickelt, greifbar in seiner 1803 erschienenen Schrift *Tuḥfat al-Muwaḥḥidīn* (Geschenk an die Monotheisten) (Zastoupil 2010, 25–26; Hatcher 2020, 225–226). Im Austausch mit westlichen Autoren entwickelte Rammohan seine Idee weiter, dass die Lehren der alten, in Sanskrit verfassten Veden, genauer gesagt deren letzter Teil, die so genannten Upanischaden, als wahrer Kern einer universalen Urreligion anzusehen seien. Zunächst müsse dieser aber von abergläubigen, irrationalen und götzendienerischen Verunreinigungen befreit werden. Dieser Austausch trug dazu bei, dass sich der Unitarismus zu einer progressiven Reformbewegung wandelte, die 1893 maßgeblich für das Weltparlament der Religionen in Chicago verantwortlich zeichnete. Dorthin wurden nicht nur Vertreter des inzwischen in verschiedene Fraktionen aufgespaltenen Brahmo Samaj geschickt, sondern mit Pratapchandra Majumdar (1840–1905) war auch ein prominentes Mitglied im Advisory Council and Selection Committee vertreten (Stausberg 2020, 57; Strube 2022, 88).

Rajnarayan erschien auf der Bildfläche, nachdem 1843 der Brahmo Samaj nach einer Ruhephase infolge des unerwarteten Todes Rammohans wiederbelebt worden war (Strube 2021, 295–296). Es war der Tod seines Vaters im Jahr 1845, der Rajnarayan zum Brahmo Samaj führte. Schon früh war er durch seinen Vater mit Rammohans „Universaler Religion" bekannt gemacht worden und vertiefte sich nun in dessen sowie in unitarische Schriften (Basu 1909, 30; Strube 2021, 295).[3] Im Jahr 1846 begann er mit der englischen Übersetzung der Upanischaden, während er sich mit dem Werk August Wilhelm Schlegels auseinandersetzte (Basu 1909, 50–51). In den folgenden Jahren tat sich Rajnarayan als einer der profiliertesten bengalischen Autoren hervor, nicht zuletzt durch seine leidenschaftliche Verteidigung des *hindu dharma*, die 1872 in der oben erwähnten Schrift über die „Überlegenheit des Hinduismus" (*hindudharmmer śreṣṭhatā*) gipfelte. Rajnarayan setzte die Lehren des Brahmo Samaj mit den Lehren des so genannten Vedanta gleich, der sich maßgeblich auf die Upanischaden stützte. Er verstand den Vedanta rationalistisch und monotheistisch, weshalb er ihn als „Hindu-Theismus" bezeichnete und in ihm den gleichen Kern erkannte, der auch dem Christentum, Islam und Judentum gemeinsam sei (Winter in diesem Band). Im Hinduismus habe sich diese Lehre jedoch in ihrer reinsten und höchsten Form erhalten. Der vom Brahmo Samaj vertretene Brahmoismus oder Brahmaismus bedeute daher eine Rückkehr zum uralten Vedantischen Theismus, zur „unitarischen", monotheistischen Religion der Veden, die zugleich mit dem modernen Rationalismus und der Wissenschaft harmoniere (dazu auch Kopf 1974, 15–16; Hatcher 1999, 112–113). Rajnarayan proklamierte also die Existenz einer universellen „essentiellen Religion" (*sār'dharma*), betrachtete aber den Hindu-Theismus als die höchste Entwicklung derselben. In einer 1870 erschienenen Broschüre lesen wir folgendes:

> Brahmaism is universal religion; that it is confined to no particular age, nation, sect or individual; that it is not the exclusive property of the ancients or moderns, the Hindu or the Mlechchha,[4] of Vyas[5] or Christ, Zoroaster, or Confucius; but that its truths are to be found in the Scriptures of all nations and the writings of the pious men of all ages and countries and that all nations have a claim to a participation of the spiritual benefits which as the air of heaven it imparts to all mankind without distinction.
>
> The members of the [Brahmo] Samaj, aiming to diffuse the truths of Theism among their own nation, the Hindus, has [sic!] naturally adopted a Hindu mode of propagation just as an Arab Theist would adopt an Arabian mode of propagation and a Chinese Theist a Chinese one. Such differences in the aspect of Theism in different countries must naturally arise from the usual course of things but they are adventitious, not essential – national, not sectarian. (Basu 1870, 1–2)

---

3 Im Original englisch „Universal Religion", gefolgt von *biśvajanīn dharma*. Die Übersetzung von *dharma* mit Religion ist umstritten, wurde von Rajnarayan aber selbst so vorgenommen.
4 Eine Bezeichnung für Fremde, ähnlich den griechischen „Barbaren".
5 Der legendäre Begründer des Vedanta und Redaktor der Veden.

Doch gerade die „nationalen" Eigenschaften der Hindus sah Rajnarayan durch die britische Fremdherrschaft bedroht. In den 1860er Jahren hatte er eine „Gesellschaft zur Förderung des nationalen Ruhms" (Jātīẏa Gaurab Sañcāriṇī Sabhā) gegründet und den eingangs erwähnten *Prospectus* veröffentlicht (Basu 1909, 83; siehe auch Gupta 2009, 20–21; Kopf 1974, 22; Kopf 1979, 179–180; Hatcher 1999, 106–111; Stevens 2018, 175). Darin forderte er eine „Reform in nationaler Gestalt", denn „[o]hne eine angemessene Kultivierung des Nationalgefühls kann keine Nation auf Dauer groß werden" (Chatterjee 1986, 225). Wir verstehen nun, warum Müllers Rede für Rajnarayan so attraktiv war, dass sie ihren Weg auf das Titelblatt seiner Aufsatzsammlung fand.

4 Rajnarayans *science of religion*

Rajnarayan brachte seine Wertschätzung Müllers auch dadurch zum Ausdruck, dass er dessen *Introduction to the Science of Religion* auf dem Titelblatt seiner 1878 erschienenen *Hints Shewing the Feasibility of Constructing a Science of Religion* zitierte. Es ließe sich also vermuten, dass Rajnarayan sich seine *science of religion* vom Oxforder Orientalisten abgeschaut hat, doch auch hier ist die Situation weitaus komplizierter.

Schon in seiner 1863 erschienenen *Defence of Brahmoism* berief sich Rajnarayan auf eine *science of theology*, um die Überlegenheit des Brahmoismus und dessen Vereinigung von Religion und Wissenschaft zu belegen (Basu 1863, 24). Es wurde bereits erwähnt, dass er sich im Laufe der 1860er auf das Konzept des *sār'dharma*, der „essentiellen Religion" stützte. Schriften aus dieser Zeit wurden 1886 in einer englischen (*The Essential Religion*) und bengalischen (*Sār'dharmma*) Sammlung herausgebracht. Darin betonte Rajnarayan, dass „die Aufmerksamkeit der Menschen von den unwesentlichen Dingen oder der Schale der Religion auf das Wesentliche gelenkt werden sollte, das ihren Kern bildet. Nichts hat in der Welt so viel Unheil angerichtet wie religiöse Bigotterie und Dogmatismus über unwesentliche Punkte der Religion" (Bose 1886a, 2). Viele seien so sehr mit ihrer Meinung beschäftigt, dass sie der wahren Religion (*prakṛta dharma*) keine Aufmerksamkeit schenkten, nur auf die Hülle (*khosā*) der Religion achteten, nicht auf ihren Kern (*śās*) (Bose 1886b, 2–3). Zwar sollten daher alle Religionen toleriert werden, doch Rajnarayan betonte, dass sie aufgrund der Fehler, die sich aus der menschlichen Unvollkommenheit ergeben, unterschiedliche Anteile an der Wahrheit hätten (Bose 1886a, 8–9). Die theistischen Prinzipien des Brahmo Samaj seien am besten dazu geeignet, „die Bande der Einheit zwischen Menschen aller religiösen Überzeugungen und Glaubensrichtungen zu stärken", da „alle Religionen lediglich Hilfen für die essentielle Religion" seien (Bose 1886b, 10). Damit bezog Rajnarayan klar Stellung gegen den von Müller vertretenen Überlegenheitsanspruch des Christentums. Müller pochte zwar auf die Objektivität seiner vergleichenden Religionswissenschaft, machte aber immer wieder klar, dass gerade durch die Erforschung anderer Religionen das „wahre Christentum" eine umso höhere Stellung einnehmen würde (Müller 1873, 37).

Vor allem muss aber darauf hingewiesen werden, dass Rajnarayan die Grundlagen seiner *science of religion* bereits *vor* Müllers entsprechenden Publikationen entwickelt hatte, die Müller ab 1867 in Gestalt seiner *Chips from a German Workshop* einer breiten Leserschaft bekanntmachte. Besonders hervorzuheben ist dabei Rajnarayans Schrift *Dharmmatattvadīpikā* (Erhellung der wahren Bedeutung des Dharma) von 1866 (Strube 2021, 301–03). Darin erklärte Rajnarayan, dass allen Menschen in allen Ländern eine Veranlagung zum Glauben gemein sei, die durch Intuition (*sahaj-jñān*) erworben werde und zum „allgemeinen Glauben" (*sādhāraṇ pratyaẏ*) der Menschheit führe (Basu 1866: 1–3, 6–7). Trotz dieser universalistischen Grundannahmen betonte Rajnarayan jedoch, dass es nur eine einzig wahre Religion (*satyadharma*) gebe, nämlich den Brahmoismus, der die Brüderlichkeit der Menschen (*manuṣyer bhrātṛtva*) predige und der sowohl mit dem intuitiven Glauben als auch mit der Vernunft, sowohl mit dem Herzen (*hṛdaẏ*) als auch mit der Wissenschaft in völliger Übereinstimmung stehe: „Diese Religion ist modern und doch alt [*e dharmma ādhunik athaca prācīn*]" (Basu 1866, 103–09).

Zwischen Müllers Konzept einer „Religionswissenschaft" und dem von Rajnarayan gibt es erhebliche Ähnlichkeiten. So war Müller beispielsweise davon überzeugt, dass es „eine von allen historischen Religionen unabhängige Glaubensfähigkeit im Menschen" gibt (Müller 1873, 17), und er bestand darauf, dass ihre Erforschung ohne Bigotterie und Parteilichkeit angegangen werden sollte. Er räumte zwar ein, dass eine „wissenschaftliche" Erforschung der Religion „Verluste mit sich bringt, und zwar Verluste von vielen Dingen, die uns lieb und teuer sind", aber er beteuerte, dass „sie nicht den Verlust von etwas mit sich bringt, das für die wahre Religion essentiell ist" (Müller 1873, 10). Ähnlich wie bei Rajnarayan implizierte dies eine Hierarchie der religiösen Traditionen. Ein scharfer Kontrast zu Rajnarayan ergibt sich aber daraus, dass Müller das Christentum an die Spitze dieser Hierarchie stellte. Müller war sich der Bemühungen Rajnarayans, dem Hinduismus diesen Platz zuzuweisen, durchaus bewusst, als er warnte, dass „ein vergleichendes Studium der Religionen eine Notwendigkeit geworden ist. Wenn wir davor zurückschreckten, übernähmen andere Nationen und andere Glaubensrichtungen die Arbeit. Kürzlich hielt ein Mitglied [des Brahmo Samaj] in Kalkutta einen Vortrag ‚Über die Überlegenheit des Hinduismus gegenüber jeder anderen bestehenden Religion'" (Müller 1873, 33–34). Dieses Konkurrenzverhältnis zu Rajnarayans „Superiority of Hinduism to Other Existing Religions" brachte Müller noch 20

Jahre später in der Aussage zum Ausdruck, dass das „wahre" Christentum „allen anderen Religionen unendlich überlegen" sei (Müller 1893, 26).

5 Fazit: Religionswissenschaft und globale Religionsgeschichte

Anhand dieses Konkurrenzverhältnisses wird ersichtlich, wie fruchtbar der verflechtungsgeschichtliche Ansatz einer globalen Religionsgeschichte für ein Verständnis nicht nur der eigenen Fachgeschichte ist, sondern auch weitreichender kultureller Austauschprozesse. Die Entwicklung von *comparative religion*, verschiedener Formen einer *science of religion* und *Religionswissenschaft* waren keine Einbahnstraßen, sondern die Ergebnisse und umstrittenen Gegenstände ständiger Neuverhandlungen auf globaler Ebene. Zu den Teilnehmenden an diesen Debatten zählten kolonisierte Menschen, die gerade angesichts der Hegemonie „westlichen" Wissens ihre eigenen Interessen vertraten, die Machtverhältnisse in Frage stellten und die Bedeutungen von „Religion" aktiv mitprägten (Goshadze; Laack in diesem Band; Bergunder 2012).

Dies wurde anhand der Tatsache deutlich, dass die Entstehung von *comparative religion* zu Beginn des 19. Jahrhunderts maßgeblich vom Austausch zwischen indischen Gelehrten wie Rammohan Roy und seinen westlichen Gesprächspartnern geprägt worden war. Rammohan formulierte sein religionsvergleichendes Programm dabei vor dem Hintergrund seiner indischen Bildung, die selbst das Ergebnis reichen kulturellen Austauschs war, etwa mit Blick auf die persisch-muslimisch geprägte Gelehrsamkeit des Mogulreichs.

Zum Verständnis dessen, was Müller in den 1870er Jahren Religionswissenschaft nannte, ist eine Berücksichtigung der Entwicklungen in Bengalen unabdingbar. Selbst in der Hochphase des britischen Kolonialismus in Indien reproduzierte Rajnarayan nicht einfach westliche Gelehrsamkeit, wie seine auf Müller verweisende *science of religion* vermuten lassen könnte. Bereits vor Müller entwickelte er deren Grundlagen, indem er sein Verständnis einer „essentiellen Religion" durch eine eigenständige und kritische Rezeption indischer und westlicher Ideen ausgestaltete. Wir haben gesehen, wie sich daraus zwischen Rajnarayan und Müller ein Verhältnis gegenseitiger Abhängigkeit, aber eben auch Konkurrenz ergab. Gezielt wurde dabei orientalistische Forschung nationalistisch und antikolonialistisch gewendet.

Diese Austauschprozesse unterstreichen die Notwendigkeit einer dezentrierten **Historiographie**, die lokale Kontexte unter Berücksichtigung ihrer globalen Verbindungen untersucht. Die Religionswissenschaft muss dabei ihre eigene Geschichte erforschen und reflektieren. Auf diese Weise kann sie Lösungsansätze für gegenwärtige (**postkoloniale**) Debatten anbieten, indem sie gerade durch die Notwendigkeit der Berücksichtigung des kolonialen Kontextes die Handlungsmacht der Kolonisierten begreift und betont. Statt **eurozentrische** Sichtweisen durch einen exklusiven Blick auf das Handeln der Kolonialmacht zu reproduzieren, kann sie die Komplexität der Entstehung von Bedeutungen von Religion aufzeigen und somit den Beitrag von Akteuren wie Rajnarayan gerade auch unter Berücksichtigung der kolonialen Rahmenbedingungen verstehen und kritisch würdigen.

Literatur

Arvidsson, Stefan. 2006. *Aryan Idols: Indo-European Mythology as Ideology and Science*. Chicago, London: University of Chicago Press.

Basu, Rajꞌnarayan. 1863. *A Defence of Brahmoism and the Brahmo Samaj: Being a Lecture Delivered at the Midnapore Samaj Hall on the 21st June 1863*. Midnapore.

Basu, Rājꞌnārāyaṇ. 1866. *Dharmmatattvadīpikā*. Calcutta: Giriś-Bidyāratna.

Basu, Rajnarayan. 1870. *The Adi Brahma Samaj: Its Views and Principles*. hg. v. K.D. Chuckerbutty. Calcutta: Adi Brahma Samaj Press.

Basu, Rājꞌnārāyaṇ. 1892. *Bibidha prabandha*. Kalkutta: Adhar Nāth Caṭṭopādhyāẏ.

Basu, Rājꞌnārāyaṇ. 1909. *Ātma-carit*. Calcutta: Kuntaline Press.

Bergunder, Michael. 2012. „Indischer Swami und deutscher Professor: ‚Religion' jenseits des Eurozentrismus." In *Religionswissenschaft*, hg. v. Michael Stausberg, 95–108. Berlin, Boston: De Gruyter. https://doi.org/10.1515/9783110258936.95

Bose, Rajnarain. 1886a. *The Essential Religion*. Calcutta: Gagaṇꞌcandra Hom.

Bose, Rajnarain. 1886b. *Sārꞌdharmma*. Calcutta: Gagaṇꞌcandra Hom.

Chatterjee, Gouripada. 1986. *Midnapore: The Forerunner of India's Freedom Struggle*. Delhi: Mittal Publications.

Gupta, Swarupa. 2009. *Notions of Nationhood in Bengal: Perspectives on Samaj, c. 1867–1905*. Leiden, Boston: Brill.

Hatcher, Brian A. 1999. *Ecclecticism and Modern Hindu Discourse*. New York: Oxford University Press.

Hatcher, Brian A. 2020. *Hinduism Before Reform*. Cambridge, London: Harvard University Press.

King, Richard. 1999. *Orientalism and Religion: Postcolonial Theory, India and ‚the Mystic East'*. London/ New York: Routledge.

Kippenberg, Hans G. 1997. *Die Entdeckung der Religionsgeschichte: Religionswissenschaft und Moderne*. München: C.H. Beck.

Kopf, David. 1974. „The Missionary Challenge and Brahmo Response: Rajnarain Bose and the Emerging Ideology of Cultural Nationalism." *Contributions to Indian Sociology (NS)* 8:11–24.

Kopf, David. 1979. *The Brahmo Samaj and the Shaping of the Modern Indian Mind*. Princeton: Princeton University Press.

Maltese, Giovanni und Julian Strube. 2021. „Global Religious History." *Method & Theory in the Study of Religion* 33 (3–4):229–257.

Monier-Williams, Monier. *Brāhmanism and Hindūism, or, Religious Thought and Life in India, as Based on the Veda and Other Sacred Books of the Hindūs.* 4. Auflage. New York: Macmillan and Co., 1891.

Müller, Friedrich Max. 1873. *Introduction to the Science of Religion: Four Lectures Delivered at the Royal Institution, with Two Essays on False Analogies, and the Philosophy of Mythology.* London: Longmans, Green, and Co.

Müller, Friedrich Max. 1876. *Chips From a German Workshop.* Bd. 4. New York: Scribner, Armstrong, and Co.

Müller, Friedrich Max. 1893. *Theosophy, or Psychological Religion.* London: Longmans, Green, and Co.

Nehring, Andreas. 2012. „Postkoloniale Religionswissenschaft: Geschichte – Diskurse – Alteritäten." In *Schlüsselwerke der Postcolonial Studies*, hg. v. Julia Reuter and Alexandra Karentzos, 327–341. Wiesbaden: VS Verlag für Sozialwissenschaften.

Sarkar, Jadunath. 1909. „Rajnarain Bose, Grandfather of Nationalism in India." *Modern Review* 5:311–319.

Stausberg, Michael. 2020. *Die Heilsbringer: Eine Globalgeschichte der Religionen im 20. Jahrhundert.* München: C.H. Beck.

Stevens, John A. 2018. *Keshab: Bengal's Forgotten Prophet.* New York: Oxford University Press.

Strube, Julian. 2021. „Rajnarayan Basu and His ‚Science of Religion': The Emergence of Religious Studies through Exchanges between Bengali and Christian Reformers, Orientalists, and Theosophists." *Method & Theory in the Study of Religion* 33 (3–4):289–320.

Strube, Julian. 2022. *Global Tantra: Religion, Science, and Nationalism in Colonial Modernity.* New York: Oxford University Press.

Strube, Julian. 2024. „Global Religious History and Religious Comparison: A Programmatic Outline." *Journal for Religion and Transformation in Contemporary Society* 10:1–30.

Zastoupil, Lynn. 2010. *Rammohun Roy and the Making of Victorian Britain.* New York: Palgrave Macmillan.

Benjamin Kirby
III.2 Religion and Urban Life

1 Introduction

Urban areas can be defined as settlements that are *dense* and *mixed* in terms of their population, built environment, and land use pattern. Urban areas encompass not only cities, but also towns, suburbs, and more extended conurbations. In this chapter, I am interested in "urban life", by which I mean the different ways that people inhabit and help to shape urban space. I say "help to" here because urban space is always produced through interactions involving multiple groups of people going about their business: planners, developers, construction professionals, politicians, activists, businesspeople, caregivers, police, logistics workers, artists, tourists, and many others. These interactions do not only involve people; memories, desires, values, buildings, wildlife, technologies, resources, and regulations also help to make urban space. As all of this suggests, urban spaces are never static or simple; they are always changing, always complex – full of life.

The subject of this chapter – the relationship between religion and urban life – received very little attention before the turn of the twenty-first century. This was due to a widespread assumption that cities are inherently **"secular" places** (Lanz 2014) (Dreßler; Yelle in this volume). From the late 1990s, this began to change due to the growing visibility of migrant religious communities in North American and Northwestern European cities (Orsi 1999; Nagel in this volume). In more recent years, there has been a surge of literature which foregrounds the diverse, shifting, and *mutually transformative* relationship between religion and urban life (Christ et al. 2023; Dora 2018; Lanz 2014; Rüpke 2020; Rüpke and Rau 2020; Woods 2019).

In this chapter, we will journey to eleven global contexts to investigate some concrete examples of the interplay between religion and urban life. Readers who have not experienced these cities first-hand may wish to explore them as we do in my classes – by visiting them virtually using Google Street View. Crucially, my conception of religion is not limited to beliefs, creeds, and texts, but also incorporates **material** things, buildings, technological devices, and embodied practices (Langer this volume). Correspondingly, I do not understand religion's influence to be confined to private domains; it is an active force shaping – and shaped by – urban life at large.

2 Southern Perspectives

All but one of the case studies that I discuss are in Africa, Asia, and Latin America. This is a deliberate decision: these regions have been repeatedly overlooked by scholars of religion and urban life. Meanwhile, urban areas in North America – and to a lesser extent Northwestern Europe and East Asia – have been significantly overrepresented in such research (for exceptions, see Garbin, Coleman, and Millington 2023; Dilger et al. 2020; Stausberg 2023). This is readily demonstrated by the recent *Routledge Handbook of Religion and the City* (Day and Edwards 2021). The book features fourteen chapters on cities in the United States alone, and only eight on cities outside North America. One solitary chapter is reserved for Africa (which has almost double the urban population as that of North America). This disparity is especially conspicuous given the expectation that by 2050, a majority of the world's population (58%) will be living in an urban area situated in Africa, Asia, Latin America, or the Caribbean – regions commonly associated with the term "**Global South**" (United Nations 2019: 25).

My emphasis on "Southern" contexts should not be taken to imply that they are completely different or disconnected from their Northern counterparts – whether in terms of their religious composition or more generally. Indeed, several researchers have convincingly argued that Southern urban areas are critical sites for understanding global processes of urban transformation which are equally relevant to Northern urban areas (Robinson 2006; Roy 2009). In addition to birthing a wider research agenda known as "comparative urbanism" (Robinson 2022), this maneuver is also notable for its reversing of the standard direction of travel when it comes to theory-making, whereby Southern contexts are exclusively understood and evaluated with reference to North-centric models rather than on their own terms (Lawhon 2020; Myers 2020). Correspondingly, my contention is that Southern urban areas are also important sites for understanding entanglements between religion and urban life that transcend geographic boundaries – including the North-South binary (Lanz 2014).

3 Urban Expansion and Splintering

On a large highway in Nigeria, at the edge of the sprawling megacity of Lagos, is the international headquarters of one of the fastest-growing religious organizations in the world: a Pentecostal church named the Redeemed Christian Church of God (RCCG). Their headquarters, Redemption City, is one of several "prayer camps" constructed along this highway by competing Christian and Muslim organizations. The concept of the "prayer camp" derives from revivalist "camp meetings" first organized by British and American Protestant groups in the nineteenth century (Avery-Quinn 2019). Asonzeh Ukah (2014) demonstrates how, by developing more permanent camps at the margins of Lagos, religious organizations have single-handedly instigated a wave of urban expansion and renewal. In addition to a gigantic worship auditorium, Redemption City boasts several upmarket residential estates, banks, shops, a university, and its own dedicated energy infrastructure system. There is also a disciplinary "bureau" which enforces strict behavioral protocols on those within the boundaries of the camp to preserve its "Pentecostal" character, expelling people who fail to comply. In these ways, Redemption City resonates with aspirational visions of urban modernity and respectable, middle-class suburbia. RCCG frames Redemption City as a utopian alternative to the perceived disorder and immorality of Lagos. In turn, the camp's rapid expansion, its manicured estates, and its vast auditorium are interpreted as signs of divine favor. Nevertheless, Ukah explains, Redemption City remains deeply entangled with Lagos's networks of patronage and influence: the camp's expansion has been enabled by financial gifts from wealthy individuals and organizations who use the space as a platform to bolster their reputations.

Hew Wai Weng (2019) identifies similar dynamics at work in Depok, a suburb city within the Jakarta Metropolitan Area of Indonesia. In this context, some Muslim residents have channeled their unfulfilled desires for an Islamic state into the construction of urban spaces dedicated to Muslim communities and their moral preferences. Such spaces include schools, hotels, salons, malls, restaurants, and – most notably – gated residential estates. Much like Redemption City and Lagos, Depok's gated communities are marketed as a refuge from the grime, insecurity, and moral corruption that some associate with Jakarta. These estates typically appeal to aspirational residents seeking to assert a pious and middle-class identity, generating land value uplifts that have forced some poorer residents into more peripheral districts. Weng coins the term "religious gentrification" to describe how, through developments like these, dynamics of urban renewal and religious revival overlap. In this regard, religion contributes to global processes of "urban splintering" whereby the proliferation of fortified residential enclaves and lifestyle bubbles serves to fragment urban space (Graham and Marvin 2001). As all of this demonstrates then, religious organizations, values, and aspirations are facilitators – even instigators – of transformative urban processes. Simultaneously, these expanding and fragmenting urban spaces act as important sites for residents to cultivate new forms of religious identity and practice.

A rather different splintering dynamic can be seen in Jeddah, Saudi Arabia, where Stefan Maneval (2019) demonstrates how privately-owned beach resorts and gated communities serve as spaces where (wealthy and well-connected) young men and women can dress and interact in ways that would not be otherwise permitted in a city subject to strict religious prohibitions on such behavior. In the context of Jeddah then, urban enclaves, while still exclusionary, enable people to *circumvent* religious programs of surveillance and discipline. This illustrates well how urban spaces always extend possibilities for residents to explore alternative – even formally prohibited – ways of doing things together.

4 Urban Conflict and Cohabitation

In the suburbs of Beirut, Lebanon, there are two neighborhoods, Hayy Madi and Mar Mikhail, which have historically been inhabited by Christian residents. Following the Lebanese Civil War (1975–1990), when the neighborhoods were heavily bombed, they became home to displaced Shia Muslims. Hiba Bou Akar (2018) shows how, in more recent years, Hayy Madi and Mar Mikhail have become a frontier for sectarian "real estate wars" between Christian and Shia residents. This ongoing conflict is fought not with arms, but rather through housing markets and planning regulations. These struggles have dramatic consequences for the two neighborhoods. On the one hand, Shia property developers are constructing expensive residential blocks to house new Shia residents. Some developers, particularly those associated with the militant group Hezbollah, strategically target areas associated with non-Shia groups. On the other hand, the Maronite Church are purchasing plots where there are ruined buildings – not primarily to redevelop them, since they lack the financial means, nor even to memorialize them, but rather to "hold ground" and thereby prevent Shia developers from buying them up. Accordingly, Bou Akar shows, Hayy Madi and Mar Mikhail now resemble a "checkerboard" of ruins and upscale high-rises. As this case demonstrates, buildings and plots of land serve as important means by which religious groups claim urban space and seek to magnify their influence. Whether they are crumbling ruins or shiny new developments, buildings can also become sites or emblems of inter-religious conflict, carrying the aspirations and fears of urban residents.

A very different example of religious competition for urban space can be found in Accra, Ghana, where Marleen de Witte (2008) foregrounds conflicts over *sound*. In particular, she focuses on frictions between Ga traditional religious practitioners and Pentecostal churches at the time of the Homowo festival (see also Goshadze 2019). In this month, Ga traditional authorities issue a ban on drumming, clapping, and other "noisemaking" across Accra. The purpose of the ban is to preserve a harmonious relationship with the spirits that reside in the city, and to assert their authority over this territory. From 1998, however, Accra's

Pentecostal churches – whose (characteristically loud) worship and preaching is geared towards invoking the Holy Spirit and warding off evil spirits – started to disobey the ban. This led to sometimes violent clashes. Pentecostal groups opposed the ban on grounds of "freedom of religion". Meanwhile, "neo-traditionalist" groups defended it on the grounds of preserving "local cultural heritage". In 2002, the state resolved the issue by enforcing year-round noise regulations, reframing the traditional ban using secular discourses of public health and order. De Witte's study demonstrates that struggles between religious groups over urban space are not always solely related to efforts to exert "symbolic" control; they can also result from clashing sensibilities regarding how to inhabit (spiritually charged) urban space. The case also indicates that such contestations do not always revolve around buildings and land; they may also hinge on sensory dynamics or ritualized occupations of space.

At this juncture, it is worth emphasizing that urban life is not always or even often marked by inter-religious conflict and competition. Urban areas are typically sites where people seek to build meaningful lives alongside people with different religious affiliations and cultural sensibilities, often amidst demanding conditions of (co)habitation. Keeping with the topic of soundscapes, consider Brian Larkin's (2014) work on the Nigerian city of Jos, a setting marked by recent inter-religious conflict. Jos's urban landscape has become "saturated" with religious sound broadcasted through loudspeakers used by competing churches, mosques, and street preachers. Larkin shows that Jos's residents have developed a sophisticated cultural technique that he calls "inattention" – a capacity to selectively "tune out" of the sometimes-provocative messages that are broadcasted through these loudspeakers; messages which may otherwise trigger violent encounters. This is a perfect example of the kind of shared cultural practices that residents acquire as they navigate urban life together in religiously plural – and at times fraught – contexts.

5 Urban Lives and Public Infrastructure

The next case study takes us to Complexo do Alemão, a cluster of favelas in Rio de Janeiro, Brazil which are popularly associated with drug gangs and associated violence. In the lead-up to the 2014 FIFA World Cup and the 2016 Olympic Games, military forces staged an occupation of these settlements to "pacify" them. Martijn Oosterbaan and Carly Machado (2020) describe how, as part of this campaign, the military strategically collaborated with Pentecostal Christian leaders and organizations. Their aim was to capitalize on the perceived trustworthiness of these actors among favela residents, as well as the disciplinary potential of their teachings around personal salvation – their capacity to cultivate "redeemed" citizens. One way that this played out was through the state's funding of a network of rehabilitation clinics operated by Pentecostal organizations. Going beyond just treating drug addiction, these clinics take in members of drug gangs and provide them with opportunities to become "born again" and thereby escape the cycle of violence and crime. At one church, a team of reformed "ex-bandits" – described as a "spiritual militia" – works to "protect" favela communities and to "rescue" more gang members. In Complexo do Alemão then, pastors and ex-bandits function as mediating figures positioned between soldiers and residents. By foregrounding the blurred lines between the state security apparatus and religious organizations, Oosterbaan and Machado demonstrate that Pentecostal actors literally become public infrastructure, actively facilitating military efforts to govern favela communities in Rio de Janeiro.

Rosalind Fredericks' (2018) research on waste infrastructure in the city of Dakar, Senegal provides a rather different example of how religion factors into urban governance and public service delivery. Fredericks shows how refuse workers in Dakar, most of whom are Muslim, have sought to frame their (historically stigmatized) work as a pious act of religious service on behalf of the city. By demanding recognition in this way, refuse workers have acquired a certain moral authority among residents of Dakar. This has facilitated refuse workers' protests against neoliberal austerity measures implemented by the state, allowing them to galvanize public support for their demands for fair wages, job security, and improved working conditions. In contrast to Rio de Janeiro then, where the state has co-opted religious organizations as part of their urban governance agenda, Fredericks demonstrates how, in Dakar, religion has acted as a vital resource with which to *challenge* state policy.

More generally, both cases point to the important roles that religion can play not just in relation to how urban areas are assembled, but also how they are *sustained* and *ordered*. In these ways, religion has a profound influence on determining the habitability of urban space – its capacity to support people and the lives they seek to build (see Kirby, Sibanda, and Charway 2021).

6 Transient Cities and Urban Beyonds

The Kumbh Mela is a Hindu festival that alternates between four different pilgrimage sites in India. The most recent Kumbh festival in 2019 attracted about 200 million people, culminating in a gathering of over 50 million people on a single day – perhaps the largest public assembly in history. Rahul Mehotra and Felipe Vera (2015) describe the Kumbh Mela as a temporary megacity whose assembly, coordination, and disassembly is meticulously planned. The 2019 festival, for instance, was supported by a vast infrastructure incorporating numerous "tent cities" catering to all budgets, 122,000 temporary toilets, sewerage, roads, electricity, hospitals, pontoon bridges, floating river terminals, police teams, AI-assisted surveillance systems, and a dedicated mobile app (ET Online 2018). All of this is orchestrated and financed by governmental bodies in collaboration with religious institutions and private contractors. Like RCCG's Redemption City, the vast scale and logistical complexity of the festival has itself become an object of wonder, likely bolstering popular impressions of its organizers' legitimacy (Camera Culture Group 2015). For Mehotra and Vera, the Kumbh Mela subverts the impression of permanence that is typically associated with urban space. The case of the Kumbh Mela is instructive because it reminds us that religious practices – whether they involve 50 million people or a single individual – almost always depend on some kind of background infrastructure which itself forms urban landscapes (Kirby 2024).

Another case study that expands standard conceptions of urban space is offered by Simon Coleman and Katrin Maier (2013) who share Asonzeh Ukah's interest in the Redeemed Christian Church of God (RCCG). RCCG's strategy of expansion encourages the proliferation of small parishes in urban settings worldwide to heighten the accessibility of church attendance. Coleman and Maier focus on the case of London, United Kingdom, which has a large Nigerian population and a dense concentration of RCCG parishes (primarily attended by Nigerian and Nigerian-descended worshippers). As RCCG networks in London have thickened, some members have come to perceive the city's social and spatial character as increasingly reminiscent of Lagos, where the church has its base. Many members living in London also pilgrimage to RCCG's Redemption City headquarters for large gatherings. Through these physical and imaginative crossings between London and Lagos, RCCG members forge a **transnational** community which inhabits both cities simultaneously – a "stretched city space" that traverses and transcends the bounded territories of Nigeria and the United Kingdom. Coleman and Maier designate this space "London-Lagos".

A different example of what I call "urban beyonds" comes from Christina Schwenkel's (2017) research on Vinh in Vietnam, examining an urban space that extends beyond the city's visible landscape. Schwenkel investigates the multiple lives of the Diệc Pagoda – a historic Buddhist temple that served as a secret meeting space for Vinh's resistance movements under French colonial rule. It was later almost entirely destroyed by U. S. bombing during the Vietnam War. The ruined pagoda was largely abandoned during the postwar era of socialist rule, reflecting safety concerns as well as the state's perception that "superstitious" practices were inimical to its vision for Vinh as a modern, secular city. Nevertheless, the pagoda site remained a site of affective and spiritual attachment, even anxiety. This was because of popular rumors about a powerful Buddha statue said to be buried beneath its ruins. Devotees also continued to propriate its spirits by secretly placing incense sticks around the site. In more recent years, the Diệc Pagoda has emerged as an important center of religious revitalization in Vinh. This shift was precipitated by an elderly nun, Sư bà, who – despite the best efforts of state authorities – began to rebuild the pagoda and its altars with the help of local devotees, reintegrating it with the wider urban landscape. The ruined pagoda has subsequently been designated a heritage site. Sư bà also led a successful initiative to reclaim adjacent plots of land which the municipality had planned to sell off to private developers.

Schwenkel's study demonstrates the enduring, even intensifying, potency of (ruined) religious spaces and spiritual forces in shaping the redevelopment of cities like Vinh, even in an environment pervaded by secular visions of urban modernity. Such visions are undoubtedly "beyonds" in that they conjure images of futures that transcend the city's physical form – but the same is true of the emotional and spiritual forces that those seeking to implement these ideals must reckon with. Of course, in Vinh, the opposition between these "beyonds" is neither inevitable nor permanent. Indeed, Schwenkel herself observes that there are now plans to redevelop and expand the Diệc Pagoda into a grand temple complex, hinting that it may "assume a more complicit role in urban development", with as-yet unforeseen implications for its roles as a devotional center and heritage site.

7 Conclusion

This chapter illustrates the complex, multifaceted, and deeply **entangled** relationship between religion and urban life. Its case studies challenge prevailing assumptions about the inherently "secular" character of urban life, as well as doggedly immaterial and disembodied conceptions of religion. As we have seen, urban spaces can be important sites of religious revitalization and innovation, fostering new forms of religious practice and identity – often in response to shifting conditions of urban life. Correspondingly, religious groups actively contribute to processes of urban transformation, as well as efforts to sustain and govern urban space, thereby influencing its habitability. Religious sites and initiatives facilitate and obstruct attempts by other actors to shape how urban space is produced and inhabited, sometimes triggering contestations over buildings, events, or sound. Religious interventions in urban space may be geared towards allowing people to fulfil spiritual obligations, garner influence, realize aspirations, stave off anxieties, or simply get by. By linking together cities in disparate locations and pointing to their hidden dimensions, religion also challenges what is conventionally understood as urban space. At the outset of this chapter, I noted the virtues of **comparative approaches** for theorizing religion and urban life. Now, at its close, I invite you to draw your own comparisons between the cases and dynamics discussed here and those of other urban contexts with which you are familiar.

Literature

Avery-Quinn, Samuel. 2019. *Cities of Zion: The Holiness Movement and Methodist Camp Meeting Towns in America*. Lanham: Lexington.

Bou Akar, Hiba. 2018. *For the War Yet to Come: Planning Beirut's Frontiers*. Stanford: Stanford University Press.

Camera Culture Group. 2015. *Kumbh Mela 2015 in Nashik, India. Emerging Worlds, MIT Media Lab, Camera Culture Group*. YouTube. 26 October 2015. Accessed 20 May 2024. https://www.youtube.com/watch?v=I60tqaLtMSU.

Christ, Martin, Martin Fuchs, Elisa Iori, Sara Keller, Asuman Lätzer-Lasar, Klara-Maeve O'Reilly, Susanne Rau, Jörg Rüpke, Emiliano Rubens Urciuoli, and Simone Wagner. 2023. "Entangling Urban and Religious History: A New Methodology," *Archiv für Religionsgeschichte* 25 (1):1–72.

Coleman, Simon, and Katrin Maier. 2013: "Redeeming the City: Creating and Traversing 'London-Lagos'," *Religion* 43 (3):353–64.

Day, Katie, and Elise M. Edwards, eds. 2021. *The Routledge Handbook of Religion and Cities*. Abingdon: Routledge.

De Witte, Marleen. 2008. "Accra's Sounds and Sacred Spaces," *International Journal of Urban and Regional Research* 32 (2):690–709.

Dilger, Hansjörg, Astrid Bochow, Marian Burchardt, and Matthew Wilhelm-Solomon, eds. 2020. *Affective Trajectories: Religion and Emotion in African Cityscapes*. Durham: Duke University Press.

Dora, Veronica della. 2018. "Infrasecular Geographies: Making, Unmaking and Remaking Sacred Space," *Progress in Human Geography* 42 (1):44–71.

ET Online. 2018. "Kumbh Mela: How UP will manage one of the world's biggest religious festival," *The Economic Times*, 20 December 2018. https://ecoti.in/CjrPeb14

Fredericks, Rosalind. 2018. *Garbage Citizenship: Vital Infrastructures of Labor in Dakar, Senegal*. Durham: Duke University Press.

Garbin, David, Simon Coleman, and Gareth Millington, eds. 2023. *Ideologies and Infrastructures of Religious Urbanization in Africa Remaking the City*. London: Bloomsbury.

Goshadze, Mariam. 2019. "When the Deities Visit for Hɔmɔwɔ: Translating Religion in the Language of the Secular," *Journal of the American Academy of Religion* 87 (1):191–224.

Graham, Stephen, and Simon Marvin. 2001. *Splintering Urbanism: Networked Infrastructures, Technological Mobilities and the Urban Condition*. London: Routledge.

Kirby, Benjamin. 2024. "Religious Infrastructure: Designations, Transformations, Entanglements," *Religion, State and Society* 52 (2–3):96–113.

Kirby, Benjamin, Francis Sibanda, and Fred Charway. 2021. "Disarming the Xenophobic Everyday: Muslim Migrants and the Horizons of Urban Mutuality in Durban," *Africa* 91 (2):296–316.

Lanz, Stephan. 2014. "Assembling Global Prayers in the City: An Attempt to Repopulate Urban Theory with Religion," In *Global Prayers: Contemporary Manifestations of the Religious in the City*, ed. by Jochen Becker, Katrin Klingan, Stephan Lanz, and Kathrin Wildner, 17–46. Zürich: Lars Müller.

Larkin, Brian. 2014. "Techniques of Inattention: The Mediality of Loudspeakers in Nigeria," *Anthropological Quarterly* 87 (4): 989–1015.

Lawhon, Mary. 2020. *Making Urban Theory: Learning and Unlearning through Southern Cities*. Abingdon: Routledge.

Maneval, Stefan. 2019. *New Islamic Urbanism: The Architecture of Public and Private Space in Jeddah, Saudi Arabia*. London: UCL Press.

Mehotra, Rahul, and Felipe Vera. 2015. "The Ephemeral Megacity," In *Kumbh Mela: Mapping the Ephemeral Megacity*, edited by Diana L. Eck, Felipe Vera, and Rahul Mehrotra, 66–91. New Delhi: Niyogi Books.

Myers, Garth. 2020. *Rethinking Urbanism: Lessons from Postcolonialism and the Global South*. Bristol: Bristol University Press.

Oosterbaan, Martijn, and Carly Machado. 2020. "Postsecular Pacification: Pentecostalism and Military Urbanisation in Rio de Janeiro," In *Cultures, Citizenship and Human Rights*, ed. by Rosemarie Buikema, Antoine Buyse, and Antonius C. G. M. Robben, 104–120. Abingdon: Routledge.

Orsi, Robert A., ed. 1999. *Gods of the City: Religion and the American Urban Landscape*. Bloomington: Indiana University Press.

Robinson, Jennifer. 2006. *Ordinary Cities: Between Modernity and Development*. Abingdon: Routledge.

Robinson, Jennifer. 2022. *Comparative Urbanism: Tactics for Global Urban Studies*. Chichester: John Wiley & Sons.

Roy, Ananya. 2009. "The 21st Century Metropolis: New Geographies of Theory," *Regional Studies* 43 (6):819–830.

Rüpke, Jörg. 2020. "Religion and the Urban," In *Religion and Urbanity Online*, ed. by Susanne Rau and Jörg Rüpke, 1–32. Berlin: De Gruyter.

Rüpke, Jörg and Susanne Rau. 2020. "Religion and Urbanity: Reciprocal Formations," In *Religion and Urbanity Online*, edited by Susanne Rau and Jörg Rüpke, 1–14. Berlin: De Gruyter.

Schwenkel, Christina. 2017. "Haunted Infrastructure: Religious Ruins and Urban Obstruction in Vietnam," *City and Society* 29 (3):413–434.

Stausberg, Michael, ed. 2023. *Religions, Mumbai Style*. Oxford: Oxford University Press.

Ukah, Asonzeh. 2014. "Redeeming Urban Spaces: The Ambivalence of Building a Pentecostal City in Lagos, Nigeria," In *Global Prayers: Contemporary Manifestations of the Religious in the City*, ed. by Jochen Becker, Katrin Klingan, Stephan Lanz, and Kathrin Wildner, 178–197. Zürich: Lars Müller.

United Nations, Department of Economic and Social Affairs, Population Division. 2019. *World Urbanization Prospects: The 2018 Revision (ST/ESA/SER. A/420)*. New York: United Nations.

Weng, Hew Wai. 2019. "Religious Gentrification: Islam and the Remaking of Urban Place in Jakarta," In *Ideas of the City in Asian Settings*, edited by Henco Bekkering, Adèle Esposito, and Charles Goldblum, 307–329. Amsterdam: Amsterdam University Press.

Woods, Orlando. 2019. "Religious Urbanism in Singapore: Competition, Commercialism and Compromise in the Search for Space," *Social Compass* 66 (1):24–34.

Anna Neumaier und Gritt Klinkhammer

III.3 Religiöse Pluralität: Empirische Lage, Begriffsgeschichte und theoretischer Kontext

Der Begriff **religiöse Pluralität** ist für die Religionswissenschaft zentral und findet sich in zahlreichen religionswissenschaftlichen Themenfeldern wieder. Hier soll er im Folgenden über drei Zugänge erschlossen werden: Zunächst mit dem exemplarischen Blick auf die empirische Situation und unterschiedlichen Ebenen religiöser Pluralität in Deutschland; zweitens durch eine kritische Auseinandersetzung mit dem Begriff der Pluralität (sowie seinem normativen Gegenstück, dem **Pluralismus**, und seiner prozessualen Ausprägung, der **religiösen Pluralisierung**) und den Implikationen für die Betrachtung von Religion(en). Drittens soll die zentrale Bedeutung des Begriffs in Theoriedebatten über rezente Transformationen von religiösem Feld und religiöser Identität erörtert werden, um damit schließlich den Bogen zurückzuschlagen zum Verhältnis von Empirie und Theorie in der Auseinandersetzung mit religiöser Pluralität.

1 Religiöse Pluralität in Deutschland

Deutschland wird gegenwärtig gemeinhin als religiös plural bezeichnet. Dabei bezieht man sich meist auf die Ebene der **institutionalisierten** Religion und kommt so zu dem Ergebnis, dass Deutschland bis etwa in die 1980er Jahre von einer deutlichen Bikonfessionalität der katholischen und evangelischen Kirche geprägt gewesen ist. In der Bundesrepublik war bis zum Ende der 1970er Jahre die Sozialisation in eine der beiden Kirchen geradezu selbstverständlich: das betrifft sowohl die Teilnahme an kirchlichen Ritualangeboten im Lebensverlauf wie Kindstaufen, Kommunion/Konfirmation, Trauung und Beerdigung als auch die Teilnahme am konfessionellen Religionsunterricht in der Schule oder auch die damals noch vorherrschende konfessionelle Ausrichtung einer großen Anzahl von Grundschulen gegenüber den Gemeinschaftsschulen. In der DDR ging der bi-konfessionelle Einfluss durch den programmatisch staatlich geförderten Atheismus stark zurück und Konfessionslosigkeit wurde dominant. Sogenannte Mischehen unter den beiden Konfessionen wurden von beiden Kirchen bis in die 1970er Jahre kaum akzeptiert, obgleich sie nicht mehr zur Exkommunikation führten. Die religiöse Pluralität nahm in der Bundesrepublik zunächst im Zuge der Etablierung der muslimischen

Arbeitsmigrant*innen aus der Türkei seit den 1960er Jahren als auch durch die religiösen Bezüge der gegenkulturellen 1968er-Bewegung (Spiritualität und sogenannte **Neue Religiöse Bewegungen**) zu. Diese Entwicklung hin zu größerer religiöser Vielfalt der deutschen Gesellschaft wurde überdies durch die außereuropäischen Migrationsbewegungen nach Europa seit den 1980er Jahren und einer folgenden weltweit zunehmenden Globalisierung erweitert und verstärkt. Mit der Wiedervereinigung 1990 erhöhte sich dann schlagartig der säkulare, keiner Religionsgemeinschaft angehörige Bevölkerungsanteil in Gesamtdeutschland. Ein Rückgang der Mitgliedschaft in und des Zugehörigkeitsgefühls zu den Kirchen war allerdings in den größeren Städten der Bundesrepublik bereits seit den 1980er Jahren zu beobachten.

Gegenwärtig lassen sich weit über 100 verschiedene religiöse Gemeinschaften in Deutschland identifizieren (REMID 2023). Zwar sticht die Dominanz der beiden großen christlichen Kirchen nach wie vor hervor, allerdings liegt diese grundsätzlich eher in einem Abwärtstrend. So ist Ende 2021 erstmalig die Anzahl der katholischen und evangelischen Kirchenmitglieder in Deutschland zusammengenommen unter die 50%-Marke gefallen (fowid 2022). Dieser Trend setzt sich in der Gegenwart weiter fort, so dass neben der institutionalisierten vielfältigen religiösen Landschaft in Deutschland auch der religiös bekenntnisungebundene sowie der dezidiert nicht- und anti-religiöse Bevölkerungsanteil wächst (fowid 2023).

Ein solches gesamtdeutsches Bild der Vielfalt religiöser Institutionen variiert indes bei Betrachtung von einzelnen Bundesländern, angefangen mit dem Unterschied zwischen West- oder Ostdeutschland. Zudem variieren die Mehr- und Minderheitsverhältnisse in der **Stadt** und auf dem Land bisweilen deutlich. In manchen deutschen Städten findet sich zum Beispiel ein weit überdurchschnittlich hoher Anteil an Muslim*innen: in Duisburg 15%, in Hamburg und Köln je 12%, in Frankfurt am Main sind es etwa 13% und in Berlin etwa 8% Muslim*innen (fowid 2023). Zudem gilt für Deutschland: je städtischer, desto stärker nimmt die Zugehörigkeit der Bevölkerung zu den christlichen Kirchen ab und desto höher ist die Zahl der Konfessionslosen sowie die der anderen Religionszugehörigkeiten. In Berlin sind es beispielsweise 66% Konfessionslose (fowid 2023). Dabei ist sowohl ein West-Ost-Gefälle zu verzeichnen, bei dem der Westen eine deutlich stärkere kirchliche Bindungskraft zeigt und im Osten die Nichtzugehörigkeit zu Religionsgemeinschaften nach wie vor dominant ist. Weiterhin besteht ein westdeutsches Nord-SüdGefälle, bei dem der eher katholische Süden mehr Bindungskraft zur Kirchlichkeit zeigt als der eher evangelische Norden; dennoch scheint sich der allgemeine Großstadttrend auch im Süden – zwar langsamer, aber unaufhaltsam – hin zum Rückgang der traditionellen Christlichkeit durchzusetzen (fowid 2023).

Bei der Betrachtung der Vielfalt der religiösen Institutionen und ihrer Anteile muss allerdings berücksichtigt werden, dass weder alle formal als Mitglieder Gezählten religiös überzeugt oder gar aktiv sind, noch – bei genauerer Betrachtung – als zugehörig gelten können. Hierzu ist beispielhaft auf die spezifische Zählung muslimischer Bevölkerungsanteile in Deutschland zu verweisen: Da die Religionszugehörigkeit nur für diejenigen Bürger*innen in Deutschland registriert wird, deren Mitgliedschaftsbeitrag steuerlich abgeführt wird, sind keine offiziellen Zahlen zu Muslim*innen und den meisten anderen Religionszugehörigkeiten amtlich vermerkt.[1] Stattdessen werden Hochrechnungen in Bezug auf die Herkunftsländer der Menschen vorgenommen und auf einzelne Stichprobenerhebungen zurückgegriffen. Das Bundesamt für Migration und Flucht hat aus seiner letzten Erhebung die Anzahl der Muslim*innen auf etwa 5,3–5,6 Millionen hochgerechnet, also rund 6,6% der Gesamtbevölkerung (BAMF 2021). Solche Zahlen berücksichtigen allerdings weder die gemeinschaftlichen Binnendifferenzierungen im Islam (zum Beispiel sunnitische, schiitische, alevitische oder sufische Gruppierungen) noch die tatsächliche religiöse oder eben nicht-religiöse Selbstzuordnung Einzelner zum Islam generell oder zu einer islamischen Gemeinschaft. Hierzu wurden mittlerweile staatlicherseits ebenfalls Stichprobenerhebungen durchgeführt und hochgerechnet, um ein konkreteres Bild zu gewinnen (BAMF 2020).

Diese Diversifizierung in der Betrachtung von Religionszugehörigkeit verweist bereits darauf, dass religiöse Pluralität nicht nur auf der Ebene vergemeinschafteter, institutionalisierter Religion beobachtet werden kann, sondern ebenso in Bezug auf unterschiedliche religiöse Zugehörigkeitsverständnisse und entsprechender Praktiken einzelner Akteure differenziert werden muss. Letzteres wird oftmals unter dem Stichwort der religiösen Individualisierung in spätmodernen Gesellschaften erfasst: Eine formale, geburts- oder herkunftsbedingte Zugehörigkeit, sei es zum Christentum, zum Islam oder zu anderen religiösen Bekenntnissen ist weder gleichzusetzen mit der tatsächlichen Selbstzuordnung, noch mit ihrer praktischen Bedeutungsdimension für den Einzelnen. Einzelne Christ*innen, Muslim*innen, aber auch Juden*Jüdinnen, Buddhist*innen und Hinduist*innen unterscheiden sich je untereinander in ihrem eigenen religiösen Selbstverständnis, ihrer Nähe zu offiziellen Glaubenssätzen (Dogmen) und/oder ihrer tatsächlichen Praxis. So zeigt eine kirchliche Mitgliedschaftserhebung, dass sich nur etwa ein Anteil von 4–6% der katholischen oder evangelischen Kirche uneingeschränkt eng verbunden fühlt (EKD 2023a). Der prozentuale Anteil derjenigen, die häufiger als einmal jährlich zum Gottesdienst gehen, liegt bei den Evangelischen bei 36%, bei den Katholik*innen bei 42% (EKD 2023b). Ein solch weites Verhältnis zur konkreten religiösen Gemeinschaft ist ähnlich auch unter Muslim*innen festzustellen.

---

[1] 2011 wurde ein erster Zensus nach der Wiedervereinigung durchgeführt, 2022 der nächste. Die Auswertung steht derzeit noch aus.

Aus der Erhebung des BAMF (2020) geht unter anderem hervor, dass die gemeinschaftlich erwarteten religiösen Praktiken ebenfalls nur teilweise nachgefragt oder umgesetzt werden: Etwa zwei Drittel sagen von sich, dass sie islamische Feste begehen, 39% beten täglich, weniger als ein Drittel der muslimischen Frauen trägt ein Kopftuch und gut ein Drittel fühlt sich von einem der muslimischen Verbände in Deutschland gut vertreten. Auch für andere religiöse Gemeinschaften sind solche unterschiedlichen Nähen und Fernen zu den von ihr angebotenen und erwarteten religiösen Praxen durch ihre Mitglieder zu beobachten (Müke et al. 2023: 17).

Für kleinere Religionsgemeinschaften, vor allem sogenannte Neue Religionen oder kirchliche Randgruppen (**Sekten**), gelten solche pluralisierten Binnendifferenzierungen und Individualisierungen oftmals nicht, weil diese Gemeinschaften als Wahlgemeinschaften in der Regel nur aus aktiven Mitgliedern bestehen. Aktive Teilnahme wird erwartet und Abweichung wirkt sich auf der Ebene der Gemeinschaften eher als Spaltung und auf individueller Ebene als Austritt aus.

2 Begriffskritik: Pluralität, Pluralismus, Pluralisierung

Zur Darstellung der religionsbezogenen Vielfalt in Deutschland und in weiteren europäischen sowie in nordamerikanischen Gesellschaften werden die Begriffe „religiöse Pluralität", „religiöser Pluralismus" und „religiöse Pluralisierung" zwar häufig verwendet, aber auch kritisch diskutiert; zu ihrer Konkretisierung werden auch alternative Begrifflichkeiten verwendet.

Kritik wird am Begriff des „religiösen Pluralismus" geübt, weil er auf normative Weise Gleichheit und Einheit in der Vielheit suggeriere, die aber meist nicht gegeben ist. Darum fordern Religionswissenschaftler*innen wie Courtney Bender und Pamela Klassen (2010) oder James Beckford (2014) die Unterscheidung zwischen faktischer religiöser Pluralität und der normativen Idee eines religiösen Pluralismus ein, um so auch Divergenzen, Inkommensurabilitäten, Begegnung und Vermischung von religiösen Überzeugungen und/oder von religiösen Praktiken in den Blick zu bekommen. Oftmals gehe nämlich mit der Idee des „religiösen Pluralismus" auch eine Art Gleichheitsversprechen unter der verbrieften Idee der Menschenrechte und der Religionsfreiheit in nationalstaatlichen Zusammenhängen einher.

Andere bemängeln sowohl am Begriff „Pluralismus" aber auch an dem der „Pluralität" eine Verschleierung der Machtverhältnisse. So würden zum Beispiel die Asymmetrien bezüglich Status und Ausübungsmöglichkeiten von Religiosität in Deutschland und anderen christlich dominierten, aber als religiös plural beschriebenen Gesellschaften verwischt (Karakasoglu und Klinkhammer 2016; Willems, Reuter und Gerster 2016). Ein Alternativbegriff ist „religiöse Diversität", der in der Forschung dann stärker auf die Differenzen zwischen unterschiedlichen Haltungen und Praktiken und ihre gesellschaftliche Aushandlung und/oder gegebenenfalls politische Reglementierung fokussiert und weniger auf einen (kleinsten) gemeinsamen Nenner (Nagel 2019; Burchardt 2020; Dilger und Warstat 2021).

Hans G. Kippenberg und Kocku von Stuckrad (2003) problematisieren darüber hinaus ganz grundlegend die gegenwärtige, in der Religionssoziologie übliche Thematisierung von religiöser Pluralisierung als besonderer Herausforderung für die Gesellschaft. Sie betonen zum einen, dass das Nebeneinander von Christentum, Islam und Judentum und weiterer religiöser Strömungen innerhalb einer Gesellschaft nicht spezifisch neu sei, sondern vielfach historisch gelebt wurde. Zum anderen verweisen sie darauf, dass aus religionswissenschaftlicher Perspektive die Problematisierung von religiöser Pluralisierung und Pluralität bereits als zum Beispiel christlich normierte Standortgebundenheit gelesen werden muss, von der aus Religion nicht individuell vermischt, addiert oder gewechselt werden dürfe. Eine solche Perspektive beleuchtet noch einmal grundlegend die Machtdurchzogenheit heutiger gesellschaftlicher Auseinandersetzungen um Fragen von Anerkennung und Grenzen gemeinschaftsbezogener Religionsfreiheit sowie Problematiken des **interreligiösen Dialogs** (vgl. Rötting in diesem Band). Und sie unterstützt die kritische Reflexion darauf, dass wir es als Religionsforscher*innen in Bezug auf die Aushandlung religiöser Pluralität immer auch mit bereits normierten Perspektiven darauf zu tun haben, wie plural, hybrid, individuell oder fragmentiert Religion und Religiosität verstanden sein darf.

Für die Beschreibung solcher Vielfalt und Mischung unterschiedlichster religiöser Ideen und Praxen wird das alte Konzept des „**Synkretismus**", das von weitgehend klaren abgeschlossenen religiösen ideellen und institutionellen Einheiten ausging, heute abgelöst durch das der „religiösen Hybridität" (Lüddeckens und Walthert 2010; Hock, Berger und Klie 2013), das vor allem auf Prozesse der Mischung religiöser Praktiken und Ideen unterschiedlicher religiöser oder kultureller Traditionsstränge auf der Akteursebene abzielt. In der Religionswissenschaft werden darüber hinaus unterschiedliche religiöse Dimensionen der Hybridisierung (Praktiken, Glaubensinhalte und so weiter) sowie in sich „multiple religiöse Identitäten" identifiziert (Bochinger 2008; Klinkhammer und Neumaier 2020).

3 Religiöse Pluralität und Pluralisierung als Elemente religionswissenschaftlicher Theorie

Religiöse Pluralität lässt sich aber nicht nur auf der Phänomenebene beschreiben oder auf der Begriffsebene kritisieren. In vielen religionswissenschaftlichen und religionssoziologischen Diagnosen sind die Entstehungsprozesse religiöser Pluralität, also Prozesse religiöser Pluralisierung, zentrale Elemente in der wissenschaftlichen Deutung der Transformation von Religion und Religiosität in der Gegenwart. In diesem Abschnitt soll daher die Rolle religiöser Pluralisierung in einigen Bereichen dieser Debatten nachgezeichnet werden und dies abschließend und beispielhaft mit einer empirischen Fallstudie zu den Konsequenzen religiöser Pluralisierung für den Wandel von Religiosität abgeglichen werden.

Prozesse religiöser Pluralisierung gelten in vielen Theorien im Kontext der **Säkularisierungsdebatte** (vgl. Yelle in diesem Band) als ein beeinflussender oder entscheidender Faktor, ohne dass Einigkeit darüber bestehen würde, in welche Richtung dieser Faktor den Wandel von Religion treibt: So geht Peter L. Berger als klassischer Säkularisierungstheoretiker in seinen frühen Arbeiten davon aus, dass religiöse Pluralisierung zur Deplausibilisierung und darüber zur Erosion von Religion führt. Dies geschieht, indem Religiosität in einer Situation religiöser Pluralität zu einer Wahlentscheidung wird, aber in diesem Zuge religiöse Überzeugungen auch als konstruiert und damit fragwürdig erscheinen (Berger 1980, 42). In späteren Arbeiten ergänzt Berger, dass diese „kognitive Kontamination" umso stärker sei, je intensiver der Austausch mit anderen Menschen über ihre Weltsichten ist: Ein flüchtiges Gespräch habe dann wenig Auswirkungen, eine interreligiöse Ehe aber große (Berger 2017, 18–19). Gleichzeitig zeige sich aber auch, dass moderne Individuen mit religiösen und säkularen Wirklichkeitsdeutungen flexibel und pragmatisch umgehen könnten (Berger 2015, 82–92).

Ein ähnlicher Ausgangspunkt, aber gegensätzliche Schlussfolgerungen finden sich bei Vertretern von Markt- oder Rational-Choice-Ansätzen, also jenen Ansätzen, die das Verhalten religiöser Individuen, Institutionen und Felder unter einer Perspektive ökonomischen Verhaltens und rationaler Wahl modellieren oder zu erklären suchen. In ihrem Verständnis resultiert religiöse Pluralisierung ebenfalls darin, dass Religion verstärkt zu einem Gegenstand der Wahl wird. In ihrer Modellierung von religiöser Pluralität als Markt wird aber vielmehr betont, dass daraus eine florierende Konkurrenzsituation entstehen könne. Die Konsequenz sei dann, dass durch die Angebotsdiversifizierung neue Konsumentenschichten erschlossen werden und religiöse Beteiligung insgesamt steigt (Finke 1997, 52–58). Diese Theorien haben gleichwohl viel Kritik erfahren, insbesondere durch empirische Studien, die sie insgesamt eher zu widerlegen scheinen (vgl. überblicksartig Stolz 2020). Die Ansätze scheinen dann ihre Gültigkeit eher für Submärkte – also die Konkurrenz zwischen verschiedenen Konfessionen oder Denominationen – halten zu können, nicht aber für stärker differierende religiöse Traditionen (de Graaf 2020). Auch die externe Regelung des Marktes religiöser Traditionen und Organisationen etwa durch staatliche Gesetzgebung ist eine wichtige Variable in diesem Szenario und weist darauf hin, dass eine reine Marktsituation nur in den wenigsten Gesellschaften vorgefunden werden kann.

Solche und verwandte theoretische Überlegungen gehen häufig zumindest implizit davon aus, dass von einer faktischen regionalen Vielfalt – etwa der Dichte unterschiedlicher religiöser Gemeinschaften in einer Stadt oder einem Land – auf eine individuelle Pluralitätserfahrung geschlossen werden könne und dies wiederum auf der Ebene von Individuen Konsequenzen für deren Religiosität oder Haltung gegenüber Religion zeitige. Dabei muss schon der erste Teil der Annahme – dass Menschen wahrnehmen, wenn in ihrem Umfeld viele verschiedene religiöse Traditionen vorhanden sind – in Frage gestellt werden: Die tatsächliche religiöse Vielfalt korreliert anscheinend nur sehr schwach mit einer „gleichläufige[n] Veränderung subjektiver Wahrnehmungs- und Aneignungsweisen" (Hero und Krech 2012, 153). Für Befunde zum zweiten Teil der Annahme – dass also interreligiöser Kontakt, wenn er dann stattfindet, zur Veränderung individueller Religiosität führt – können hingegen empirische Studien zu konkreten Individualkontakten herangezogen werden. Insbesondere für interreligiöse und religiös-nichtreligiöse Partnerschaften zeigt sich, dass diese oft zur Abnahme religiöser Praxis bei den Partner*innen führen (te Grotenhuis und Scheepers 2001) sowie auch mit Blick auf die religiöse Sozialisation der nächsten Generation zur Abschwächung familiärer Religiosität (Voas 2003; Weiss, Schnell und Ateş 2014).

Systematisch lassen sich also bei der Frage nach den Auswirkungen religiöser Pluralisierung zwei Aspekte unterscheiden: Erstens die Kontexte, in denen religiöse Verschiedenheit erfahren wird – etwa Familien und Freundeskreise, aber auch Arbeitsplätze oder öffentlicher Raum; zweitens die Konsequenzen dieser Erfahrung für individuelle Religiosität, die potentiell über die häufig untersuchten Auswirkungen auf die Intensität religiöser Praxis (etwa Häufigkeit des Gottesdienstbesuches) hinausgehen. Solche Konsequenzen können mithin auch andere Dimensionen von Religiosität betreffen, etwa intellektuelles Interesse an Religion(en), den Glauben an religiöse Dogmen oder die Alltagsrelevanz von Religion (vgl. für ein Modell religiöser Dimensionen Huber 2008). Gleichzeitig können sie in ganz unterschiedliche Richtungen gehen, indem die Erfahrung religiöser Pluralität Religiosität stärken oder schwächen kann und dies auch in unterschiedlichen Dimensionen von Religiosität unterschiedlich ausfallen kann – etwa, indem die intellektuelle Auseinandersetzung mit der eigenen Tradition gestärkt, der Glaube oder die Praxis aber geschwächt wird (vgl. ausführlicher Neumaier 2023).

In einer eigenen Studie haben wir diese Kontexte und Konsequenzen religiöser Pluralisierung auf der Grundlage qualitativer Interviews mit 30 Christ*innen und Muslim*innen in Deutschland tiefer erschlossen (Klinkhammer und Neumaier 2020). Die Studie bestätigte zunächst, dass von lokal vorhandener religiöser Diversität nicht automatisch auf deren Wahrnehmung und Verarbeitung geschlossen werden kann. Vielmehr sind es ganz spezifische Kontexte, in denen religiöse Verschiedenheit von den Interviewpartner*innen als nachhaltig prägend erfahren wird: erwartbar das Elternhaus, Partner*in oder Mentor*innen, aber auch gesellschaftliche, häufig **medial** vermittelte **Diskurse** über religiöse Vielfalt sowie einzelne religiöse Traditionen. Gerade diese Diskurse schichten sich gleichsam in den Biografien auf und prägen somit verschiedene Generationen unterschiedlich, aber weisen Akteur*innen auch unterschiedliche Positionen zu – so werden beispielsweise Christ*innen und Muslim*innen von den Diskursen über den Islam im Nachgang der Terroranschläge von 9/11 naheliegenderweise je völlig unterschiedlich betroffen. Muslim*innen und Christ*innen, Männern und Frauen, Jungen und Alten werden also durch öffentliche Diskurse über Religionen unterschiedliche Handlungsspielräume eröffnet oder verschlossen. Andere Kontexte religiöser Pluralität blieben dagegen für die Wirkung auf individuelle Religiosität weitgehend bedeutungslos: die lokale öffentliche Umgebung, aber auch Bekannten-, Kolleg*innen- und Freundeskreise.

Unsere Studie beleuchtete auch die Konsequenzen, die aus der Verarbeitung der Wahrnehmung von religiöser Vielfalt folgten. Hier ist zunächst augenfällig, dass schon die Selbstdeutungen der Befragten nicht im luftleeren Raum entstehen: Die jeweiligen Religionsgemeinschaften und auch andere gesellschaftliche Kontexte, in denen sich die Interviewpartner*innen bewegen, setzen gewisse Vorstellungen von Religiosität als explizite oder implizite Norm – etwa, dass individuelle Religiosität nicht durch den Kontakt mit anderen Religionen beeinflussbar sein soll. Solche Normen werden verinnerlicht und prägen das Denken und Sprechen der Befragten über ihre Religiosität. Gleichzeitig legt das Interviewmaterial bei genauer Analyse doch nahe, dass es insgesamt drei Muster gibt, die sich in der Gruppe der Erforschten für die Verarbeitung religiöser Vielfalt zeigen: Im ersten Muster hat die Wahrnehmung religiöser Vielfalt keine entscheidende Auswirkung auf die Religiosität der Befragten, im zweiten Muster wird durch die Auseinandersetzung mit religiöser Pluralität bei den Befragten eine Vertiefung der eigenen Religiosität angeregt. Im dritten Muster hingegen werden komplexere Identifikationsprozesse in verschiedenen religiösen Dimensionen angestoßen. In diesem Muster zeigt sich dann auch, dass dominante Identitätsdiskurse von den Befragten auf je individuelle Weise aufgelöst oder ignoriert werden, und die Betreffenden ihre Loyalitäten und Sympathien unabhängig von ihrer Mitgliedschaft verteilen, Zugehörigkeit, Überzeugungen und Praxis als unverbunden sehen, Doppelzugehörigkeiten vorweisen oder verschiedene Elemente von Religiosität kombinieren. Diese drei Muster stehen jeweils in einem engen Zusammenhang mit den differierenden Erfahrungen religiöser Pluralität, die von den jeweiligen Handlungsspielräumen und Rollenzuweisungen sowie von den gesellschaftlichen Diskursen über Religion(en) abhängig sind.

4 Fazit

Was ergibt sich daraus mit Blick auf die theoretische Bedeutung religiöser Pluralität und Pluralisierung in dieser Studie? Erstens nehmen individuelle Akteur*innen religiöse Pluralität kaum als einen klar umrissenen Gesamtkomplex wahr, sondern in der Regel fein seziert als einzelne und spezifische religiöse Traditionen. Diese Wahrnehmung wird zweitens wenig geprägt von der Erscheinung religiöser Traditionen in der lokalen Umgebung, sondern stärker von medialen Diskursen und dem allerengsten sozialen Umfeld. Das Stichwort der „religiösen Pluralität" lässt sich also treffender als „religiöse Pluralitäten" beschreiben: Selten wird von Individuen in ihrer Weltsicht eine einheitliche „Lage religiöser Pluralität" wahrgenommen, vielmehr sorgen individuelle Wahrnehmungen und Positionen, in denen sich abweichende Diskurse und Handlungsspielräume realisieren, für unterschiedliche Perspektiven auf eine diverse Bandbreite von Konglomeraten religiöser Vielfalt. Aus religiöser Pluralität werden so, wenn man die Perspektive der Akteur*innen einnimmt, jeweils unterschiedliche „religiöse Pluralitäten". Diese haben unterschiedliche Konsequenzen für individuelle Religiosität, wobei im Vergleich mit den oben angeführten Theorien ins Auge sticht, dass die Destabilisierung von Religiosität durch die Auseinandersetzung mit anderen Religionen hier gerade kein hervorstechendes Muster ist.

Religiöse Pluralitäten entfalten ihre Konsequenzen also vor allem im Zusammenspiel von gesellschaftlichen Diskursen und ihren Positionszuweisungen, biografischen Ausgangsvoraussetzungen und Einzelereignissen im Lebensverlauf. Angesichts derzeitiger Trends der Individualisierung von Religiosität vor der Hintergrundfolie einer sich zunehmend säkularisierenden deutschen Gesellschaft ist schließlich anzunehmen, dass sich gerade das dritte Muster religiöser Hybridisierung weiter fortschreiben wird.

Literatur

BAMF – Bundesamt für Migration und Flüchtlinge. 2021. „Muslimisches Leben in Deutschland 2020." 28.04.2021, http://www.bamf.de/fb38-mld2020.
Beckford, James A. 2014. „Re-Thinking Religious Pluralism." In *Religious Pluralism. Framing Religious Diversity in the Contemporary World*, hg. v. Giuseppe Giordan und Pace Enzo, 15–29. Wiesbaden: Springer VS.
Bender, Courtney und Pamela E. Klassen. 2010. *After Pluralism. Reimagining Religious Engagement*. New York: Columbia University Press.
Berger, Peter L. 1980. *Der Zwang zur Häresie. Religion in der pluralistischen Gesellschaft*. Frankfurt: Fischer S. Verlag.
Berger, Peter L. 2015. *Altäre der Moderne: Religion in pluralistischen Gesellschaften*. Frankfurt und New York: Campus Verlag.
Berger, Peter L. 2017. „Die zwei Pluralismen." In *Zwei Pluralismen. Positionen aus Sozialwissenschaften und Theologie zu religiöser Vielfalt und Säkularität*, hg. v. Peter L. Berger, Silke Steets und Wolfram Weisse, 17–30. Münster und New York: Waxmann.
Bochinger, Christoph. 2008. „Multiple religiöse Identität im Westen zwischen Traditionsbezug und Individualisierung." In *Multiple religiöse Identität: Aus verschiedenen religiösen Traditionen schöpfen*, hg. v. Reinhold Bernhardt und Perry Schmidt-Leukel, 137–161. Zürich: TVZ Theologischer Verlag.
Burchardt, Marian. 2020. *Regulating Difference. Religious Diversity and Nationhood in the Secular West*. New Brunswick: Rutgers University Press.
De Graaf, Nan Dirk. 2020. „Secularization: Theoretical Controversies Generating Empirical Research." In *The Handbook of Rational Choice Social Research*, hg. v. Rafel Wittek, Tom A. B. Snijders und Victor Nee, 322–354. Redwood City: Stanford University Press.
Dilger, Hansjörg und Matthias Warstat, Hg. 2021. *Umkämpfte Vielfalt: Affektive Dynamiken institutioneller Diversifizierung*. Frankfurt a.M.: Campus.
EKD. „Vertrauen KMU 6", 2023a, https://kmu.ekd.de/kmu-themen/vertrauen.
EKD. „Gottesdienst KMU 6", 2023b, https://kmu.ekd.de/kmu-themen/gottesdienst.
Fahy, John und Jan-Jonathan Bock, Hg. 2019. *The Interfaith Movement. Mobilising Religious Diversity in the 21st Century*. Abingdon/New York: Routledge.
Finke, Roger. 1997. „The Consequences of Religious Competition: Supply Side-Explanations for Religious Change." In *Rational Choice Theory and Religion. Summary and Assessment*, hg. v. Lawrence A. Young, 45–64. Abingdon und New York: Routledge.
fowid. „Kirchenmitglieder: 49,7 Prozent", 27.06.2022, https://fowid.de/meldung/kirchenmitglieder-49-7-prozent.
fowid. „Kirchenmitglieder: 47,45 Prozent", 29.06.2023, https://fowid.de/meldung/kirchenmitglieder-47%2C45-prozent.
Giordan, Giuseppe und Pace Enzo, Hg. 2014. *Religious Pluralism. Framing Religious Diversity in the Contemporary World*. Wiesbaden: Springer VS.
Hero, Markus und Volkhard Krech. 2012. „Religiöse Pluralisierung im Drei-Länder-Vergleich: religiöse und zivilgesellschaftliche Konsequenzen." In *Religiöser Pluralismus im Fokus quantitativer Religionsforschung*, hg. v. Detlef Pollack, Ingrid Tucci und Hans-Georg Ziebertz, 135–155. Wiesbaden: Springer VS.
Hock, Klaus, Peter Berger und Thomas Klie, Hg. 2013. *Religionshybride: Religion in posttraditionalen Kontexten*. Wiesbaden: Springer VS.

Huber, Stefan. 2008. „Aufbau und strukturierende Prinzipien des Religionsmonitors."
    Religionsmonitor 2008:19–29.
Karakasoglu, Yasemin und Gritt Klinkhammer. 2016. „Religionsverhältnisse." In *Handbuch Migrationspädagogik*, hg. v. Paul Mecheril, 294–310. Weinheim: Beltz.
Kippenberg, Hans G. und Kocku von Stuckrad. 2003. „Religionswissenschaftliche Überlegungen zum religiösen Pluralismus in Deutschland: Eine Öffnung der Perspektiven." In *Multireligiosität im vereinten Europa: Historische und juristische Aspekte*, hg. v. Hartmut Lehmann, 145–162. Göttingen: Wallstein.
Klinkhammer, Gritt und Anna Neumaier. 2020. *Religiöse Pluralitäten: Umbrüche in der Wahrnehmung religiöser Vielfalt in Deutschland*. Bielefeld: transcript.
Lüddeckens, Dorothea und Rafael Walthert, Hg. 2010. *Fluide Religion: Neue religiöse Bewegungen im Wandel. Theoretische und empirische Systematisierungen*. Bielefeld: transcript.
Müke, Marcel et al. 2023. *Religionsmonitor. Zusammenleben in religiöser Vielfalt. Warum Pluralität gestaltet werden muss*. Gütersloh: Bertelsmann Stiftung.
Nagel, Alexander. 2019. „Empowerment or Oligarchisation? Interfaith Governance of Religious Diversity in Two German Cities." In *The Interfaith Movement: Mobilising Religious Diversity in the 21st Century*, hg. v. John Fahy und Jan-Jonathan Bock, 104–121. Abingdon: Routledge.
Neumaier, Anna. 2023. „Die Wahrnehmung und Verarbeitung religiöser Pluralität: Qualitativ-empirische Befunde zu einer theoretischen Debatte." *Zeitschrift für Religionswissenschaft* 31 (1):1–29.
Remid e.V.,„Religionen & Weltanschauungsgemeinschaften in Deutschland: Mitgliederzahlen", 2023, https://remid.de/info_zahlen/.
Stolz, Jörg. 2020. „Secularization Theories in The Twenty-First Century: Ideas, Evidence, and Problems." *Social Compass* 67 (2):1–27.
Te Grotenhuis, Manfred und Per Scheepers. 2001. „Churches in Dutch. Causes of Religious Disaffiliation in The Netherlands, 1937–1995." *Journal for the Scientific Study of Religion* 40 (4):591–606.
Voas, David. 2003. „Intermarriage and The Demography of Secularization." *British Journal of Sociology* 54 (1):83–108.
Weiss, Hilde, Philipp Schnell und Gülay Ateş, Hg. 2014. *Zwischen den Generationen. Transmissionsprozesse in Familien mit Migrationshintergrund*. Wiesbaden: Springer VS.
Willems, Ulrich, Astrid Reuter und Gerster Dietmar, Hg. 2016. *Ordnungen religiöser Pluralität: Wirklichkeit – Wahrnehmung – Gestaltung*. Frankfurt und New York: Campus.

Martin Rötting
III.4 Interreligiöser Dialog und Religionswissenschaft

Der **interreligiöse Dialog** (IRD) ist das Bemühen von Menschen und Organisationen unterschiedlicher religiöser Zugehörigkeit, sich über ihre Gemeinsamkeiten und Unterschiede auszutauschen, Konflikte und Missverständnisse abzubauen und sich kooperativ für religionsübergreifende Anliegen wie Friede oder Ökologie zu engagieren.[1] Dabei können die Beteiligten des Dialogs im Auftrag ihrer Religion bzw. einer Religionsorganisation oder aus eigenem Antrieb agieren. Eine weithin anerkannte Differenzierung des päpstlichen Rats für den IRD unterscheidet zwischen den Kategorien „Dialog des Lebens, [...] des Handelns, [...] des theologischen Austausches und [...] Dialog der religiösen Erfahrung" (Sekretariat der Deutschen Bischofskonferenz 1991, 42). Die Menschen, die sich im interreligiösen Dialog engagieren, handeln aus vielfältigen Motiven wie spiritueller Suche, Streben nach gesellschaftlicher Gerechtigkeit, geschichtlicher Verantwortung, dem Wunsch nach **Integration** von Randgruppen der Gesellschaft oder der Erreichung von gemeinsamen Zielen.

Wie im Folgenden weiter ausgeführt, ist die Geschichte der Religionswissenschaft mit der Geschichte des interreligiösen Dialogs auf vielfältige Weise verknüpft: Sie kann als eine *(Mit-)Initiatorin* des IRD im modernen Sinn gesehen werden. Zunächst traten Akteur*innen des IRD an die Religionswissenschaft als *Ressourcengeberin* heran um *Informationen über religiöse Traditionen* zu erhalten, die oft als „**Weltreligionen**" bezeichnet werden. Ein weiteres Anliegen der IRD-Akteur*innen, das die Religionswissenschaft bedient, ist die *Analyse von interreligiösen Lernprozessen*, welche in Multiplikator*innenschulungen des IRD eingesetzt werden. Die Religionswissenschaft untersucht seit einigen Jahren den *IRD als Forschungsfeld*. Die Entwicklungen der Themen sind vielfältig und es gibt bereits Debatten zum Forschungsstand, die das Selbstverständnis des Faches und die resultierenden Herausforderungen thematisieren. Als *Akteurin im IRD* tritt die *Engagierte Religionswissenschaft* auf. Dies geschieht vor allem in der Beratung von NGOs des IRD und der Ausbildung von Multiplikator*innen sowie der Analyse von Dialogprozessen und Situationen (Individuen, Gruppen, Rituale und Räume).

---

[1] Dieser Artikel knüpft an Bechmann 2012 an.

Open Access. © 2025 bei den Autorinnen und Autoren, publiziert von De Gruyter. Dieses Werk ist lizenziert unter der Creative Commons Namensnennung 4.0 International Lizenz.
https://doi.org/10.1515/9783111458892-023

1 Religionswissenschaft als (Mit-)Initiatorin des interreligiösen Dialogs?

Die Anfänge der Religionswissenschaft und des interreligiösen Dialogs der Neuzeit liegen in den Missionsbegegnungen und den damit verbundenen aktiven Versuchen, andere Weltordnungssysteme zu verstehen und zu verändern. Nach rein apologetischen, das heißt auf Rechtfertigung ausgelegten Bewertungen, kam es immer mehr auch zu wertschätzenden Perspektiven, zum Beispiel in Bezug auf Hinduismus und Buddhismus. Die Faszination für das Fremde und der Versuch, anders als theologisch auf Religion zuzugehen, war eine Ursache für die Entstehung der Religionswissenschaft.

1.1 Definition und geschichtlicher Abriss des IRD

Darstellungen zur Geschichte des IRD (zentral: Howard 2021) zufolge war das *Weltparlament der Religionen* in Chicago (1893) ein Wendepunkt: Hier trafen sich Vertreter der Religionen, um aktiv miteinander in den Dialog zu treten, wobei erstmals aktiv eine Erwartung kommuniziert wurde, dass die Religionen voneinander lernen könnten und dass eben genau darin ein Fortschritt für die Menschheit zu sehen sei. Der Dialog selbst wurde damit positiv besetzt.

Mitte des 20. Jahrhunderts erfolgten wichtige Neupositionierungen in den großen Religionen. Die erste Religion im Westen, die den IRD aktiv aufnahm, war nach langer Zurückhaltung und Widerstand die katholische Kirche im 2. Vatikanischen Konzil mit dem Dokument *Nostra Aetate* (Consilium Vaticanum II 1965). Mitinitiiert wurde dies 1960 durch die Begegnung Papst Johannes XXIII. mit dem jüdischen Historiker Jules Isaak (Quisinsky und Walter 2012), woraufhin der Papst eine Erklärung zum Judentum in Auftrag gab. Aussagen über Juden als „Gottesmörder" sowie antisemitische Predigten sollten unterbunden werden. Nach Bekanntwerden der Initiative kam es zu Protesten in der arabischen Welt, was dazu führte, dass auch der Islam und in weiterer Folge andere Religionen in das nun interreligiöse Dokument einbezogen wurden (Renz 2014).

Der protestantische **Ökumenische** Rat der Kirchen begann 1967 bilaterale Dialogkonferenzen mit einzelnen Religionen in Kandy (Ceylon). 1971 entstand eine Unterabteilung für den Dialog, deren Mitglieder 1977 die *Leitlinien zum Dialog mit Menschen verschiedener Religionen und Ideologien* verfassten. Als erstes Dokument von muslimischer Seite gilt das vom Royal Aal al-Bayt Institute for Islamic Thought in Jordanien 2007 verfasste und von vielen muslimischen Vertretern unterzeichnete Dokument *Ein Wort, das uns und Euch gemeinsam ist* (Royal Aal al-Bayt Institute of Islamic Thought 2007), in dem die Nächstenliebe als Grundlage interreligiöser Begegnung hervorgehoben wird. Eine jüdische Erklärung, die als ein wegweisendes Positionspapier für den Dialog gilt, ist *Dabru Emet* („Redet Wahrheit") (Frymer-Kensky et al. 2002).

Für die monotheistischen Religionen, die sich aus dem Judentum entwickelt haben, wird die Figur Abrahams zum gemeinsamen Bezugspunkt des **abrahamitischen Dialogs** (Michel 2010). Aufsehen erregte das von Papst Franziskus und dem Großimam Al-Tayyeb unterzeichnete Dokument *Brüderlichkeit* (*Human Fraternity*) (Franziskus und Al-Tayyeb 2019). Bei der öffentlichen Präsentation des Dokuments wurde auch der Bau des *Abrahamic Family House* in Abu Dhabi verkündet, das 2023 öffnete.

Mitte des 20. Jahrhunderts entstanden infolge der Versöhnungsarbeit nach dem Zweiten Weltkrieg international tätige Verbände und Gruppen des IRD. Als bekannteste ist hier die *Religions for Peace* (RfP) zu nennen, auch *World Conference of Religions for Peace* (WCRP) genannt, die seit 1961 besteht.

Die *United Religions Initiative* (URI) ist ein im Jahr 2000 gegründetes interreligiöses Basisnetzwerk, das über lokale und globale Initiativen und über tausend Mitgliedsgruppen verfügt. Die Organisation hat Beraterstatus beim Wirtschafts- und Sozialrat der Vereinten Nationen (ECOSOC). URI Berlin entstand nach der URI-Konferenz in Berlin im April 2002.[2]

1.2 Religionsphänomenologische Interessen am IRD

Manche der ersten Vertreter der Religionswissenschaft im ausgehenden 19. Jahrhundert verfolgten, zwar religionsübergreifend und universal formuliert, durchaus auch religiöse Interessen in ihrer akademischen Arbeit bei der Suche nach dem „**Heiligen**", der „**Essenz der Religionen**" oder der „**Urreligion**". Die **Religionsphänomenologie** (eine zentrale Richtung innerhalb der Religionswissenschaft in der ersten Hälfte des 20. Jahrhunderts) versuchte darüber hinaus die „eigentliche Religion" aus den kulturellen Schalen der unterschiedlichen Religionen herauszulösen (Suarsana in diesem Band). Diese hermeneutische Figur ist auch im IRD anzutreffen, in dem oft Gemeinsamkeiten gesucht werden, die das Eigentliche, das Gute und Segensreiche der Religionen aufscheinen lassen sollen. Friedliche Begegnungen der Religionen in Foren des IRD waren für die Religionsphänomenologie ein Ort, an dem der „Heilige Kern" der Religionen sichtbar wurde. Eine intensive Verschränkung von Religionswissenschaft und IRD im Sinne reli-

---

2 http://www.uri-germany.de/, abgerufen 08.05.2024.

gionsphänomenologischer Interessen dieser Art zeigt sich im „religiösen Menschheitsbund", der vom evangelischen Theologen und Religionsphänomenologen Rudolf Otto (1869–1937) ins Leben gerufen wurde (Dehn 2019, 123–34). Otto veröffentlichte bereits 1920 erste Konzepte dazu, es folgten Gruppengründungen in verschiedenen europäischen Ländern sowie in Japan. Ottos Ziel war „keine Vermischung oder eine Esperantoreligion", sondern ein „ethisch-religiöses Parlament" (zitiert nach Obergethmann 1998, 84). Die Wirtschaftskrise der folgenden Jahre verhinderte, dass die bereits begonnenen Planungen eines für 1932 angesetzten „Weltkongresses für internationalen Frieden durch die Religionen" umgesetzt werden konnten.

1.3 Fachliche Verortungen der Gegenwart

Das Verhältnis der Religionswissenschaft zum Feld des Dialogs ist Gegenstand einer Debatte: Eine Argumentationslinie hält es für notwendig, den Reflexionsort im Sinne einer „Watchtower-Funktion" (Koch 2007) der Religionswissenschaft klar von der praktischen Ebene des IRD zu trennen (Koch und Lehmann 2024). Andere plädieren für eine engagierte Religionswissenschaft, die ihre Vernetzung und aktive Rolle im Feld für die Reflexion nutzt und die eigenen Ergebnisse dort anbietet (Rötting und Schmiedel 2024). Der Dialog ist dann Untersuchungsgegenstand, in dem „differenzierte Praktiken, [...] bekenntnisbezogene Grenzarbeit sowie deren religionsdynamische Wirkung, [...] und der Einfluss [...] auf die religiöse Identität" (Klinkhammer 2019, 100) untersucht werden. Während in Informationsmaterialien für das Studium mitunter die Moderator*innenrolle als berufliches Tätigkeitsfeld besonders unterstrichen wird, wird diese von Klinkhammer jedoch nicht als genuin religionswissenschaftliche Aufgabe und Tätigkeit angesehen. (Klinkhammer 2019, 100, Fußnote 25).

Vertreter*innen der angewandten, anwendungsorientierten (Reiss und Wurzrainer 2024) oder praktischen (Klöcker und Tworuschka 2008) Religionswissenschaft sehen dagegen sowohl aus wissenschaftsethischen und pädagogischen als auch aus forschungsbezogenen Gründen eine Notwendigkeit, aktiv an Dialogprozessen teilzunehmen. Gleichzeitig fragen Akteur*innen des IRD aktiv das Wissen der Religionswissenschaft ab. Um interreligiöse Prozesse erforschen zu können, sind sowohl Perspektiven, die sich um Distanz bemühen, als auch solche, die Innenansichten kennen, notwendig. Gerade ein Blick auf das Verständnis der Religionswissenschaft außerhalb Europas zeigt eine intensive Vernetzung mit der Ebene interreligiöser Praxis, zum Beispiel in Indonesien, Korea oder Japan. Sergey Melnik schlägt eine Klassifizierung von vier Typen des IRD vor: 1. Polemischer Dialog (Wer hat recht?), 2. Friedensfördernder Dialog (Wie können wir friedvoll zusammenleben?), 3. Kognitiver Dialog (Wer bist Du?) und 4. Partnerschaftlicher

Dialog (Wie können wir die Welt zu einem besseren Ort machen?) (Melnik 2020, 58).

Religionswissenschaftliche Analysen fokussieren auf Individuen (Rötting 2019) oder konkrete Dialoggruppen (Klinkhammer 2019). Um die Perspektiven zu erweitern, empfiehlt Karsten Lehmann, den Fokus hin zu größeren Gesellschaftsräumen zu erweitern. Lernprozesse von Individuen sind in ihrem soziokulturellen Kontext zu verankern (Lehmann 2020, 238).

Der interdisziplinäre Charakter des IRD als Forschungsfeld zeigt sich vor allem auch in der Anlage von Überblicksdarstellungen und Handbüchern (Cornille 2013) sowie Analysen der verschiedenen Zugänge (Leirvik 2014). Innere Strukturierungen und Macht-Dynamiken im IRD gelangen ebenfalls in den Fokus religionswissenschaftlicher Analysen (Güneş, Kubik und Steins 2022).

2 Religionswissenschaft als Ressourcengeberin für den IRD

2.1 Informationen über religiöse Traditionen

Akteur*innen des IRD, die von der ehrenamtlichen Graswurzelebene bis zu professionellen Expert*innen reichen, benötigen Informationen zu den am Dialog beteiligten Religionen auf unterschiedlichen Ebenen. Neben Einführungen in die oft als „Weltreligionen" bezeichneten Traditionen (vgl. Alberts in diesem Band) sind es konkrete Auseinandersetzungen zum Beispiel zum Verständnis der Schriften (etwa Einführungen in den Koran), zur Beziehung Mensch-Umwelt (Ökobewegungen) oder zu Genderaspekten, die angefragt werden. Für Referent*innen der Kirchen, die in vielen Situationen Religionsdialoge gestalten, sind Publikationen über die theologische Möglichkeit religionspluraler Ansichten (Schmidt-Leukel 2023) wichtig. Mitarbeiter*innen interreligiöser NGOs schätzen zudem Handbücher, die in prägnanter Form einen Überblick über verschiedene Religionen bieten (wie etwa Tworuschka und Tworuschka 1992).

Ein wichtiger Beitrag religionswissenschaftlicher Forschung ist die Durchführung von Einzelstudien, die sich mit wichtigen IRD-Playern befassen. Ein prominentes Beispiel für solch einen Player ist die Hizmet-Bewegung, auch Gülen-Bewegung genannt, gegründet vom muslimisch-türkischen Prediger, Pädagogen und Dialog-Aktivisten Fethullah Gülen (1941–2024). In Deutschland wirkte die Bewegung über Dialog-Vereine und mit vielen Dialogzentren in mehreren Großstädten. Nach dem Putschversuch in der Türkei 2016 wurde der Bewegung von der türkischen Regierung vorgeworfen dafür verantwortlich gewesen zu sein. Dies löste Debatten zur inneren Struktur und der politischen Isolierung der Bewegung in der Türkei aus, wodurch viele Dialogprojekte, die mit der Hizmet- bzw. Gülen-Bewegung zusammenarbeiteten, in Frage gestellt wurden (Volm 2015).

Der Religionswissenschaftliche Medien- und Informationsdienst e.V. (REMID, Marburg) besteht seit 1989 und bietet Statistiken zur Religionszugehörigkeit und Informationen zu Religionsgruppen an. In der Satzung verweist der Verein ausdrücklich auf seine Aufgabe, „ein [...] Zusammenleben [...] der verschiedenen Religionen zu fördern."[3]

2.2 Analysen von interreligiösen Lernprozessen

Eine frühe Analyse zur „Übersetzbarkeit religiöser Phänomene" und den damit verbundenen Auswirkungen findet sich bei Ulrich Berner, der, ausgehend von einer Analyse der Dialoge von Petrus Venerabilis und Petrus Abaelard (11. Jahrhundert), die Frage nach der Aufgabe des Absolutheitsanspruches in der Theologie behandelt. Er postuliert, dass die Religionswissenschaft dazu beitragen könne Übersetzungen in kulturelle Sprachen einer anderen religiösen Tradition anzubieten (Berner 1994). Klaus Hock unterstreicht, dass Religionen sich in globalen historischen Prozessen als Größen herausgebildet haben, die sich im interreligiösen Dialog „zueinander in Beziehung setzen können" (Hock 2005, 225). Auf der individuellen Ebene unterstreiche ich, dass ein interreligiöses Lernen in verschiedenen Phasen verläuft. Ausgehend von der eigenen Verwurzelung, etwa dem Aufwachsen in einer religiösen Tradition, der Kenntnis von Bräuchen usw. kommt es zu einer Anfrage an den oder die Dialoglernende und so zum interreligiösen Dialog. Über die doppelte Vernetzung von Anknüpfungspunkten mit Aspekten, auf die sich Lernende beziehen können (oft wird genannt: Fasten, Sitzen in Stille, Gottesbild, Rituale mit Feuer, Wasser, Pilgern), kann ein Wandel in Bezug auf die je fremde und eigene Religion erfolgen (Rötting 2007, 230–236).

Die Ergebnisse derartiger religionswissenschaftlicher Forschungen fließen in Multiplikator*innenschulungen für „Dialogbegleiter*innen" (Rötting, Sinn und Inan 2016) ein und wirken so auf das Feld des Dialoges zurück. Eine erste Vernetzung der Initiator*innen dieser Schulungen resultierte schon 2009 in der Tagung *Interreligiösen Dialog Lehren*, bei der sowohl theologische als auch religionswissenschaftliche Analysen vorgestellt und diskutiert wurden.[4]

---

3 Satzung vom 10.11.2022, https://remid.de/verein_satzung/, abgerufen 07.05.2024.
4 Die Ergebnisse der Tagung wurden intern für die Teilnehmer*innen zur Verfügung gestellt, aber nicht publiziert.

3 Religionswissenschaften und das Forschungsfeld IRD

Das wachsende Interesse der Akteur*innen des interreligiösen Dialogs an der Religionswissenschaft führte zu einer Debatte um die Funktion der Religionswissenschaft innerhalb des Prozesses gegenseitiger Beeinflussung von Feld (IRD) und analysierender Wissenschaft. Die Religionswissenschaft verfolgt neben dem bereits erläuterten Eingehen auf die Nachfrage seitens der Akteur*innen des IRD auch eigene religionsanalytische Interessen, die sich aus der Reflexion von Lernprozessen, dem Wissen um die Entstehung der Kategorien Religion und Spiritualität sowie der **postkolonialen** Kritik speisen.

Neben religionsgeschichtlichen Untersuchungen von Begegnungen *vor* der Moderne ist besonders die aktive, auf Dialog und Lernen ausgerichtete Begegnung seit dem *Weltparlament der Religionen* 1893 von Interesse für die Forschung, da ab diesem Zeitpunkt von „interreligiösem Dialog" im aktuellen, modernen Sinn des Wortes als eine initiierte und auf gegenseitige Akzeptanz, Austausch und Lernen ausgerichtete Begegnung gesprochen werden kann. Dies betrifft sowohl die Erforschung wichtiger Protagonisten bilateraler Dialoge wie Martin Buber, Hugo Enomiya-Lassalle oder Thich Nhat Hanh, als auch der von ihnen hervorgerufenen Bewegungen. Das Feld der *Interreligious Studies* wird auch als eine Form der angewandten Religionswissenschaft definiert (Rötting 2024). Paul Hedges benennt zehn Teilaspekte für die Analyse des Feldes IRD, die in religionswissenschaftlicher Perspektive erforscht werden. Dabei handelt es sich um 1) Geschichte, 2) typologische Fragen, 3) Ethik, 4) Hermeneutik, 5) Praxis, 6) interreligiöse Studien und Studienrahmen, 7) sozialer Zusammenhalt, 8) Dekolonisierung und kritische Debatten, 9) Fallstudien und 10) Dialog in der Welt (Hedges 2024). Die Analyse von Machtstrukturen und Graswurzel-Organisationen sind von zentraler Bedeutung auch für Akteur*innen des IRD.

Neben Fragen zur Geschichte und Definition des IRD sowie Beschreibungen einzelner Dialogkonstellationen sind bisher Arbeiten zu Lernprozessen und Strukturen (Rötting 2011; Klinkhammer und Neumaier 2020) sowie gegenseitigen Grenzerfahrungen und Grenzbearbeitungen (Klinkhammer 2019) entstanden. Dabei stand der Dialog mit christlicher Beteiligung häufig im Vordergrund, weniger die Analyse jüdisch-muslimischer Dialoge oder die Frage, inwieweit Begegnungen mit Beteiligung multireligiöser Identitäten oder säkularen Weltanschauungen verstanden werden können.

Die von der Religionswissenschaft erarbeiteten Prozess- und Beziehungsdynamiken werden in hohem Maß von Akteur*innen des Dialogs rezipiert und zeigen daher wahrnehmbaren Einfluss auf den IRD. Der herausfordernden Frage nach dem Verhältnis von Reflexionsort und Akteur*in im IRD widmet sich die engagierte Religionswissenschaft.

4 Engagierte Religionswissenschaft als Akteurin im IRD

Religionswissenschaftler*innen agieren in Vorständen und Beiräten interreligiöser NGOs wie *Religions for Peace*, Runden Tische der Religionen und Häusern der Religionen.

Religions for Peace (RfP) ist eine bei der UN mit Beraterstatus registrierte NGO, die weltweit agiert. In vielen Großstädten im deutschsprachigen Raum gibt es Gruppen, die beispielsweise Friedensgebete initiieren. Einige Religionswissenschaftler*innen sind ehrenamtlich in diesen Gruppen aktiv und stellen dort ihr Wissen bereit. Andere sind von RfP aktiv als Mitglieder des wissenschaftlichen Beirats angefragt worden (Schmiedel 2024).[5]

Runde Tische der Religionen oder Räte der Religionen existieren seit den 1990er Jahren in größeren Städten, teils auf kommunalpolitischer Initiative von Integrationsbeauftragten basierend, teils auf Initiative der Kirchen. In einigen Städten werden sie auch finanziell durch die Kommune gefördert.

Häuser der Religionen gibt es im deutschsprachigen Raum in Bern und Hannover. In Berlin, Wien und München entstehen derzeit Mehrreligionenhäuser (Rötting 2023). Die Projekte sind über regelmäßige Tagungen vernetzt und werden religionswissenschaftlich erforscht, auch von Wissenschaftler*innen, die selbst an diesen Projekten mitwirken.

Religionswissenschaftler*innen tragen in diesen und weiteren hier nicht im Einzelnen zu benennenden Feldern zu Multiplikator*innenschulungen des IRD bei und gewinnen durch eigene Aktivität im Feld unter anderem auch empirische Daten.

---

[5] Eine Anfrage zur Mitwirkung im Beirat von RfP erreichte den Autor dieses Beitrags im Sommer 2023. Diese wurde angenommen.

Literatur

Bechmann, Ulrike. 2012. „Interreligiöser Dialog und Religionswissenschaft: Zwischen Analyse und Engagement." In *Religionswissenschaft*, hg. v. Michael Stausberg, 449–462. Berlin: de Gruyter. https://doi.org/10.1515/9783110258936.449

Berner, Ulrich. 1994. „Zur Geschichte und Problematik des interreligiösen Dialogs." In *Tradition und Translation: Zum Problem der interkulturellen Übersetzbarkeit religiöser Phänomene*, hg. v. Christoph Elsas, 391–405. Berlin: de Gruyter.

Cornille, Catherine, Hg. 2013. *The Wiley-Blackwell Companion to Inter-Religious Dialogue*. Blackwell Companions to Religion. Hoboken, New Jersey: John Wiley & Sons.

Consilium Vaticanum II. 1965. *Nostra Aetate: Erklärung über das Verhältnis der Kirche zu den nichtchristlichen Religionen*, Rom. https://www.vatican.va/archive/hist_councils/ii_vatican_council/documents/vat-ii_decl_19651028_nostra-aetate_ge.html.

Dehn, Ulrich. 2019. *Geschichte des interreligiösen Dialogs*. Berlin: EB-Verlag.

Franziskus und Al-Tayyeb. 2019. „Dokument über die Brüderlichkeit aller Menschen für ein friedliches Zusammenleben in der Welt", Rom. https://www.vatican.va/content/francesco/de/travels/2019/outside/documents/papa-francesco_20190204_documento-fratellanza-umana.html.

Frymer-Kensky, Tikva, David Novak, Peter Ochs und Michael Signer, The National Jewish Scholars Project, Hg. 2002. „Dabru Emet – A Jewish Statement on Christians and Christianity." 08.05.2024. https://www.jcrelations.net/article/dabru-emet-a-jewish-statement-on-christians-and-christianity.pdf.

Güneş, Merdan, Andreas Kubik und Georg Steins, Hg. 2022. *Macht im interreligiösen Dialog: Interdisziplinäre Perspektiven*. Freiburg im Breisgau: Herder.

Hedges, Paul. 2024. „Interreligious Dialogue as a Field of Study." In *Religionswissenschaft in interreligiösen Kontexten*, hg. v. Martin Rötting und Michael A. Schmiedel, 45–70. Wien: LIT.

Hock, Klaus. 2005. „Interreligiöser Dialog: Religionswissenschaftliche und theologische Perspektiven." In *Lernen durch Begegnung*, hg. v. Christoph Bizer, 219–235. Neukirchen: Neukirchner Verlag.

Howard, Thomas Albert. 2021. *The Faiths of Others: A History of Interreligious Dialogue*. New Haven, CT: Yale University Press.

Klinkhammer, Gritt. 2019. „Der interreligiöse Dialog als Boundary Work." *Zeitschrift für Religionswissenschaft* 27 (1):27–102.

Klinkhammer, Gritt und Anna Neumaier. 2020. *Religiöse Pluralitäten: Umbrüche in der Wahrnehmung religiöser Vielfalt in Deutschland*. Bielefeld: transcript.

Klöcker, Michael und Udo Tworuschka, Hg. 2008. *Praktische Religionswissenschaft: ein Handbuch für Studium und Beruf*. Köln: Böhlau.

Koch, Anne, Hg. 2007. *Watchtower Religionswissenschaft: Standortbestimmungen im wissenschaftlichen Feld*. Marburg: Diagonal. OA: https://epub.ub.uni-muenchen.de/13940/1/watchtower_theorienschmiede.pdf.

Koch, Anne und Karsten Lehmann. 2024. „Religionswissenschaft als Reflexionsort und nicht Dienstleisterin in interreligiösen Kontexten: Impulse durch Gouvernementalitätsstudien und Secular Studies." In *Religionswissenschaft in interreligiösen Kontexten*, hg. v. Rötting, Martin und Michael A. Schmiedel, 9–26. Wien: LIT.

Lehmann, Karsten. 2020. „Interreligious Dialogue in Context." *Interdisciplinary Journal of Religion and Transformation in Contemporay Society* 6 (2):237–54. https://doi.org/10.30965/23642807-00602001.

Leirvik, Oddbjørn. 2014. *Interreligious Studies: A Relational Approach to Religious Activism and the Study of Religion*. London: Bloomsbury.
Melnik, Sergey. 2020. „Types of Interreligious Dialogue." *Journal of Interreligious Studies* 31:48–72.
Michel, Thomas. 2010. „Where to Now? Ways Forward for Interreligious Dialogue: Images of Abraham as Models of Interreligious Encounter." *Muslim World* 100:230–538.
Obergethmann, Frank. 1998. „Rudolf Ottos ‚Religiöser Menschheitsbund': Ein Kapitel interreligiöser Begegnung zwischen den Weltkriegen." *Zeitschrift für Religionswissenschaft* 6:79–106.
Quisinsky, Michael und Peter Walter. 2012. „Isaac, Jules." In *Personenlexikon zum Zweiten Vatikanischen Konzil*, hg. v. Michael Quisinsky und Peter Walter, 139–140. Freiburg im Breisgau: Herder.
Reiss, Wolfgang und Rainer Wurzrainer. 2024. „Anwendungsorientierte Religionswissenschaft." In *Handbuch der Religionen: Kirchen und andere Glaubensgemeinschaften in Deutschland und im deutschsprachigen Raum* I – 5.7.10, 79. Ergänzungslieferung, hg. v. Michael Klöcker, Udo Tworuschka und Martin Rötting, 1–29. Hohenwarsleben: Westarp Science.
Renz, Andreas. 2014. *Die katholische Kirche und der interreligiöse Dialog: 50 Jahre „Nostra Aetate": Vorgeschichte, Kommentar, Rezeption*. Stuttgart: Kohlhammer.
Royal Aal al-Bayt Institute for Islamic Thought. 2007. „Ein Wort das uns und euch gemeinsam ist." 08.05.2024. https://www.acommonword.com/wp-content/uploads/2018/05/ACW-German-Translation-2.pdf.
Rötting, Martin. 2007. *Interreligiöses Lernen im buddhistisch-christlichen Dialog: Lerntheoretischer Zugang und qualitativ-empirische Untersuchung in Deutschland und Südkorea*. St. Ottilien: EOS.
Rötting, Martin. 2011. *Religion in Bewegung: Dialog-Typen und Prozess im interreligiösen Lernen*. Berlin, Münster: LIT.
Rötting, Martin. 2019. *Navigation – Spirituelle Identität in einer interreligiösen Welt: Eine empirische Studie zur Genese von Individualreligiosität im pluralen Kontext religiöser Organisationen. Fallstudien aus München, Vilnius, Seoul und New York*. St. Ottilien: Eos.
Rötting, Martin. 2023. „Gesellschaftliche Perspektiven auf das House of One-Projekt in Berlin: Exemplarische Studien zur Innen- und Außenwahrnehmung." *CIBEDO-Beiträge*: 154–161.
Rötting, Martin. 2024. „Religionswissenschaft als angewandte Wissenschaft und Reflexionsort in interreligiösen Kontexten." In *Religionswissenschaft in interreligiösen Kontexten*, hg. v. Martin Rötting und Michael A. Schmiedel, 27–45. Wien: LIT
Rötting, Martin und Michael A. Schmiedel, Hg. 2024. *Religionswissenschaft in interreligiösen Kontexten*. Wien: LIT.
Rötting, Martin, Simone Sinn und Aykan Inan. 2016. *Praxisbuch interreligiöser Dialog: Dialogprozesse initiieren und begleiten*. St. Ottilien: EOS.
Schmiedel, Michael A. 2024. „Außen, innen und dazwischen: Religionswissenschaftlich-interreligiöse Bildungsarbeit. Ein Praxisbericht mit Reflexion." In *Religionswissenschaft in interreligiösen Kontexten*, hg. v. Martin Rötting und Michael A. Schmiedel, 91–99. Wien: LIT.
Schmidt-Leukel, Perry. 2023. *Gott ohne Grenzen: Eine christliche und pluralistische Theologie der Religionen*. Gütersloh: Gütersloher Verlagshaus.
Sekretariat der Deutschen Bischofskonferenz, Hg. 1991. *Verlautbarungen des Apostolischen Stuhls 102, Päpstlicher Rat für den Interreligiösen Dialog Kongregation für die Evangelisierung der Völker Dialog und Verkündigung Überlegungen und Orientierungen zum Interreligiösen Dialog und zur Verkündigung des Evangeliums Jesu Christi*. Bonn.

Tworuschka, Monika und Udo Tworuschka, Hg. 1992. *Bertelsmann Handbuch Religionen der Welt. Grundlagen, Entwicklung und Bedeutung in der Gegenwart.* Gütersloh und München: Bertelsmann.

Volm, Florian. 2015. „Die Gülen-Bewegung im (trans)nationalen Spannungsfeld: Perspektiven auf lokale Anpassungsprozesse in Deutschland." In *Die Gülen-Bewegung (Hizmet)*: Herkunft, Strukturen, Ziele, Erfahrungen. EZW-Texte, hg. v. Friedmann Eißler, 95–106. Berlin: Evangelische Zentralstelle für Weltanschauungsfragen.

Franz Winter
III.5 Religionsgeschichte als Begegnungs- und Verflechtungsgeschichte

1 Einleitung

Religionswissenschaft ist eine sehr vielschichtige und viele Subbereiche umfassende Disziplin, die sich einem der bedeutendsten Phänomene der Kulturgeschichte der Menschheit widmet. Damit ergibt sich ein sehr breites Interessensfeld, das zum einen die vielen Religionsgeschichten der (großen und kleinen, der älteren und jüngeren) religiösen Traditionen im Fokus der Forschung, aber nicht zuletzt auch der Ausbildung haben sollte, aber auch einen theoretischen Rahmen bereitet, der möglichst umfassend den verschiedenen Aspekten von Religionen in Geschichte und Gegenwart Rechnung tragen sollte. Beide Bereiche, traditionell mit den Begriffen „historische" und „systematische Religionswissenschaft" verbunden, sind möglichst gleichwertig zu behandeln (vgl. Figl 2003, bes. 18–61; Winter 2020; die klassische Darstellung ist Wach 1924, 72–112).

Einer der wichtigsten Erkenntnisse moderner Religionsforschung ist dabei die Abkehr von jedweder **essentialistisch** orientierten Betrachtung der verschiedenen religiösen Traditionen als überzeitliche Lehrgebäude, die vorgefertigt und bereits vollendet vom Himmel fallen. Religionen sind vielmehr in beständiger Veränderung begriffen und unterschiedlichen Einflussfaktoren ausgesetzt: Neben den vielgestaltigen historischen, politischen, sozialen und wirtschaftlichen Rahmenbedingungen kommen dabei insbesondere den Momenten der Begegnung und der dabei sich erweisenden Dynamiken ein ganz zentrales Moment zu: **Religionsgeschichte** ist immer die Geschichte der Begegnung von Religionen gewesen, die auf je sehr unterschiedliche Art und Weise aufeinander reagierten, miteinander interagierten oder im Zuge der verschiedenen Begegnungsszenarien in Konfrontation zueinander gerieten (Krech 2012). Der Religionswissenschaftler und -soziologe Martin Riesebrodt (1948–2014) hat nicht zuletzt gerade deshalb diesem Moment der Begegnungen von Religionen in Vergangenheit und Gegenwart eine ganz zentrale Bedeutung in seiner religionstheoretischen Schrift *Cultus und Heilsversprechen: Eine Theorie der Religionen* zugemessen und zur Basis für einen äußerst interessanten religionsdefinitorischen Ansatz gemacht (vgl. vor allem Riesebrodt 2007, 43–63).

All dies sollte man selbstredend mit einem Plädoyer für eine möglichst breit aufgestellte, religionshistorisch informierte Religionswissenschaft verbinden (vgl. Rüpke 2007 und Berner 2020), die auf Basis einer Kompetenz in verschiedenen Religionskontexten ganz spezifische Einblicke bieten kann.

Im Folgenden soll nun an einem konkreten religionshistorischen Beispiel die Vielschichtigkeit von Begegnungsprozessen eingehend illustriert werden, die insbesondere der Frage noch transkulturellen Kontinuitäten nachgeht. Im Kern wird es dabei um die Rezeptions- und Interpretationsgeschichte einer religionshistorisch sehr bedeutsamen Textgruppe aus der indischen Religionsgeschichte gehen, die sowohl in einem vom Islam bestimmten Kontext als auch in der europäischen Neuzeit eine ganz spezifische Wahrnehmung erfahren hat. Damit verbindet sich eine Reise durch Jahrtausende der Religionsgeschichte: Unsere Reise beginnt in der Mitte des 1. Jahrtausends v. Chr. in Indien, führt dann an den Hof der Mogulherrscher in Nordindien des 17. Jahrhunderts und endet schließlich im nachrevolutionären Frankreich Anfang des 19. Jahrhunderts. Indien, die islamische Welt und Europa werden auf diese Weise in einem transhistorischen und transkulturellen Beziehungsdreieck miteinander verbunden. Wie in den Schlussbetrachtungen noch näher ausgeführt werden wird, reiht sich diese Spezialstudie damit in aktuelle Zugänge zur Religionswissenschaft, die sich mit einem „global" orientierten Zugriff verbinden.

2 Das Fallbeispiel: die indischen Upanishaden und ihre Interpretationsgeschichte zwischen Indien, der islamischen Welt und Europa

Das nun auszuführende Beispiel geht auf ein bedeutendes Moment der europäischen Wahrnehmung asiatischer Religionen ein, also einem klassischen großen Begegnungsszenario, das im Folgenden auf mehreren Ebenen betrachtet werden soll. Im Mittelpunkt steht dabei diejenige Textgruppe, die als Upanishaden bekannt ist: Das ist die gängige Bezeichnung für Texte aus der jüngsten Schicht des altindischen Veda, einer äußerst umfangreichen Sammlung an formal und inhaltlich sehr verschiedenartigen Texten (Hymnen, Ritualanleitungen, Erzähltexte, spekulative Traktate). Die Entstehung des Veda selbst reicht bis ins frühe zweite Jahrtausend v. Chr. zurück (Witzel und Goto 2007, 429–481) und bis heute kommt ihm für die Geschichte der Hindu-Religionen eine ganz zentrale Bedeutung zu (Halbfass 2017). Den Upanishaden, deren wichtigste Texte um die Mitte des 1. Jahrtausend v. Chr. entstanden sind und die zu den jüngeren Texten des Veda zählen, kommt religionshistorisch eine besondere Stellung zu, weil in ihnen zum Teil das erste Mal fundamentale Vorstellungen der sich daraufhin entfaltenden Hindu-Religionen formuliert und spekulativ durchleuchtet wurden (wie etwa die von einem Kreislauf von Wiedergeburten, den Menschen zu durchlaufen haben, und den dabei relevanten Mechanismen, sowie den Möglichkeiten, sich daraus zu befreien; vgl. Bronkhorst

2007, 118–126, 300–308). Eine gängige Bezeichnung für die Upanishaden war deshalb auch der Begriff *vedānta*, was wörtlich „Ende des Veda" bedeutet: Damit bezog man sich zum einen auf den Platz und die Reihung in den Sammlungen, aber auch auf die Vorstellung einer inhaltlichen Finalisierung des Veda.

Wichtig ist festzuhalten, dass es sich bei den Upanishaden inhaltlich und formal um sehr verschiedenartige Texte handelt, in denen auf sehr unterschiedliche Art und Weise Themen aufbereitet und umkreist werden. Es ist also kein einheitliches Lehrgebäude, das hier entgegentritt, vielmehr werden die einzelnen Texte in der modernen indologischen Forschung eingehend **kontextualisiert** (Decker in diesem Band) und dementsprechend je für sich analysiert (vgl. etwa die jüngste kommentierte Übersetzung von ausgewählten Upanishaden in Slaje 2009; auch Olivelle 1998).

Dem steht nun die Wahrnehmungsgeschichte der Upanishaden gegenüber, die vielfach abgetrennt von ihrem ursprünglichen Kontext, dem indischen Veda, präsentiert werden (vgl. etwa für den deutschsprachigen Raum die vielfach aufgelegte Ausgabe Thieme 2024). Wie noch zu zeigen sein wird, hat dieser Zugang zwar schon seine Wurzeln in der indischen Religionsgeschichte, doch ist sie mehr noch mit der nun zu beschreibenden europäischen Rezeption verbunden, die wiederum eine faszinierende Vorgeschichte hat.

Diese Wahrnehmungsgeschichte wurde maßgeblich durch eine Veröffentlichung geprägt, die nicht zuletzt aufgrund ihrer großen Bedeutung für den deutschen Philosophen Arthur Schopenhauer (1788–1860) eine hohe Bekanntheit erlangte: das unter dem etwas enigmatisch wirkenden Titel *Oupnek'hat, id est secretum tegendum* (wörtlich: „Oupnek'hat, das ist das Geheimnis, das gewahrt werden muss") 1801 und 1802 in zwei Bänden erschienene Buch des französischen **Orientalisten** Abraham H. Anquetil-Duperron (1731–1805). Anquetil-Duperron war eine wichtige Mittlerfigur, dem die erste wissenschaftliche Erfassung des Zoroastrismus zuzuschreiben ist (Stausberg 1998, Bd. 1, 790–809) und der – seiner Zeit zum Teil weit voraus – ein früher Kritiker des europäischen Kolonialismus und der damit verbundenen Wahrnehmung asiatischer Kulturen und Religionen war (App 2010, 363–439).

Das *Oupnek'hat* (das Wort ist übrigens eine Wiedergabe des persischen *upnikhat*, für Sanskrit *upaniṣad*) ist sein letztes Werk und in seiner Eigendarstellung eine Art Gipfelpunkt seines Schaffens, in dem noch einmal alle zentralen Aspekte und Ideen seines Lebens eingeflossen sind. Es bietet nicht nur die erste europäische Übersetzung einer Auswahl der indischen Upanishaden (ins Lateinische), sondern auch eine eingehende Interpretation, die diesen an sich sehr heterogenen Texten eine einheitliche „Lehre" zuschreibt. Im ersten Band des *Oupnek'hat* wird in einer ausführlichen, *dissertatio* genannten Einleitung das sogenannte „orientalische System" (*systema orientale*, nämlich der religiös-philosophischen Lehren) beschrieben, das sich aus den Upanishaden herausdestillieren ließe. Sehr aufwändig werden von Anquetil-Duperron mehrere „Lehrsätze" (*articuli*) dieser propagierten Urlehre rekonstruiert, zu denen beispielsweise der Fokus auf ein monistisches Prinzip (das *ens supremum*, das "höchste Wesen", ist charakterisiert als *unum*, „das Eine") oder ein Plädoyer für eine Emanationslehre als Entstehungsprinzip zählen. All dies wird mit Zitaten aus der Übersetzung der Upanishaden unterlegt, die mit Verweisen auf Texte unterschiedlicher „westlicher" Autoren und Traditionen verflochten werden und damit die propagierte Universalität dieses Konzeptes unterstreichen sollen. So wird etwa das zentrale erste Prinzip des „Einen" ausführlich mit Zitaten aus den „Einheits"-Hymnen des spätantiken christlichen Philosophen Synesios von Kyrene (ca. 370–412) belegt.

Besonders hervorgehoben wird zudem die Tatsache, dass mit dem „Buch" der Upanishaden eine ultimative Darstellung dieser panasiatisch relevanten und letztendlich auch für die westliche Tradition maßgeblichen „Lehre" vorliegt. Anquetil-Duperron rekurriert hier auf diverse frühneuzeitliche Spekulationen über vorsintflutliche Weisheitsbücher, die schon christliche Missionare im Zuge der Erschließung Asiens mit verschiedenen zentralen Texten der relevanten religiösen Traditionen identifizierten (vgl. Winter 2018, 43–50). Für Anquetil-Duperron ist völlig klar, dass er nun mit den Upanishaden den ultimativen Weisheitsurtext gefunden hatte, wie er auch höchst enthusiastisch am Schluss seiner *dissertatio* feststellt. In der Überleitung zur Übersetzung selbst schreibt er: „Das höchste Licht selbst (*supremum Lumen ipsum*), das ewige Wort (*verbum aeternum*), die Quelle allen Lichts (*omnis luminis fontem*) [...] das werden wir (nun) sehen!" (Anquetil-Duperron 1801–1802, Bd. 1, cix).

Nun haben die Interpretationspunkte bei aller Verortungsmöglichkeit in spezifischen Tendenzen der frühen europäischen Asienrezeption (Winter 2018, 46–50) eine eindeutige Vorprägung erfahren, die viel mit der Vorlage zu tun hat, die Anquetil-Duperron verwendete. Er übersetzte die Upanishaden nicht aus dem altindischen Original (das war ihm zur damaligen Zeit noch nicht zugänglich), sondern benutzte eine persische Übersetzung. Es handelte sich dabei um das auf den Mogulprinzen Dārā Shukūh (1615–1659) zurückgehende *Sirr-i akbar* (etwa: „das größte Geheimnis"), das um 1657 entstand (d'Onofrio 2020). Dārā Shukūh war der erstgeborene Sohn des Mogulherrschers Shah Jahān (1592–1666), unterlag aber in den Nachfolgekämpfen seinem Bruder Aurangzeb (1618–1707) und wurde schließlich von diesem hingerichtet (Faruqui 2015b, 38–45). Einer der Gründe für seine Verurteilung war interessanterweise auch, dass er ein „Häretiker" (*mulḥīd*) gewesen wäre.

Viel hat dies möglicherweise auch mit seiner lebenslangen Beschäftigung mit religiösen Themen zu tun, wobei die intensive Auseinandersetzung mit indischer Religion hervorsticht. Bekanntes Zeugnis dafür ist der Traktat mit dem Titel *Majmaʿ al-baḥrayn* („Der Zusammenfluss der beiden Ozeane"), der im Jahr 1656 erschien (D'Onofrio und Speziale 2011). Darin versucht Dārā Shukūh eine Art Zusammenschau der Entsprechungen zwischen islamischer und indischer Religion und Philosophie systematisch herauszuarbeiten. Unterschiedliche Bereiche wie

Soteriologie, Kosmogonie oder auch Elemente der religiösen (rituellen) Praxis werden dabei gegenübergestellt, wobei vor allem Elemente der islamischen Sufi-Tradition auf der einen Seite und verschiedene Konzepte aus indischen Religionen auf der anderen Seite angeführt werden. Dabei schreibt er die für ihn relevanten Vorstellungen einer Gruppe der sogenannten „Einheitsbekenner Indiens" (*muwaḥḥidān-i Hind*) zu und trennt diese betontermaßen von der „normalen" gelebten Realität der indischen Religionen ab. Es handelt sich also um einen sehr elitären, gleichsam aristokratischen Zugang zur Religionsgeschichte, der sich hier präsentiert (Ernst 2003, 186).

Die Beschäftigung mit den indischen Upanishaden stellt Dārā Shukūhs letzte Veröffentlichung vor seinem frühen Tod dar. Im *Sirr-i akbar* werden die Upanishaden ebenfalls recht freihändig mit der Lehre von einer „Einheit" verbunden, die mit der islamischen monotheistischen Tradition verbunden wird: Die Quintessenz der Upanishaden sei nichts anderes als eine Darstellung des zentralen islamischen Prinzips des *tauḥīd* (Einheit Gottes). Darin liegt laut der Darstellung auch der Grund, warum der Mogulprinz überhaupt mit diesem Text in Berührung kam. In der Einleitung zum *Sirr-i akbar* beschreibt er seine persönliche Suche nach dem Wesen des *tauḥīd*, die ihn vom – angesichts seiner muslimischen Sozialisation – naheliegenden Ausgangspunkt, dem Koran, über weitere in der islamischen Tradition geschätzte Offenbarungstexte wie etwa die jüdische Tora oder das christliche Evangelium schließlich zur indischen Überlieferungstradition führte (Winter 2018: 36–39, mit Zitaten aus dem *Sirr-i akbar*). Namentlich werden schließlich die vier Bücher des Veda genannt und darin die Upanishaden, in denen Dārā Shukūh seine Suche sozusagen abschließen konnte. Für den persischen Mogulprinz ist klar, in den Upanishaden das bislang gesuchte definitive „göttliche Wort" (*kalām-i ilāhī*) gefunden zu haben, ja das „alte Buch Gottes" (*kitāb-allāh-i qadīm*). Die Texte seien die „Essenz des Veda" (*khulāṣa-yi bīd*) und gleichzeitig die „Essenz der Einheit Gottes" (*khulāṣa-yi tauḥīd*), ja das „Meer des *tauḥīd*" (*baḥr-i tauḥīd*).

Um nun den Texten einen Platz in der islamischen Tradition zuzuschreiben, ordnet er die Upanishaden in das Schema der Voroffenbarungen Gottes ein (also der Offenbarungen vor dem Koran) und schreibt sie niemandem Geringeren als dem ersten Menschen, Adam, zu, der mit dem indischen Gott Brahma verbunden wird. Die Upanishaden wären also nichts weniger als die erste Offenbarung Allahs, die jemals an die Menschen erging.

Zusätzlich bringt Dārā Shukūh auch Spekulationen um eine Art Urtext der Offenbarung ins Spiel. Diese entwickelten sich in der islamischen Tradition um koranische Ausdrücke und Begrifflichkeiten wie „verstecktes Buch" (*kitāb maknūn*, Sure 56,78) oder „Mutter des Buches" (*umm al-kitāb*, Sure 43,4; vgl. auch den Ausdruck „behütete Tafeln", *lauḥ mahfūẓ*, in Sure 85,22), die er nun mit den Upanishaden identifiziert. Damit wird diesen Texten ein Rang zugeschrieben, der sie mehr oder minder gleichauf mit dem Koran stellt.

Es muss betont werden, dass seine Überlegungen in der islamischen Tradition singulär blieben, auch im Vergleich zur schon längeren Geschichte der interessierten Bezugnahmen auf indische Kultur- und Religionsgeschichte, die mit dem Indienbuch des Universalgelehrten al-Bīrūnī (973–1048) ihren Anfang hatten (Verdon 2024) und von bedeutenden Gelehrten wie etwa dem persische Geographen und Historiker al-Gardīzi (11. Jahrhundert), dem andalusischen Philosoph Ibn Ḥazm (994–1064) oder dem persischen Historiographen al-Shahrastānī (1086–1153) fortgesetzt wurden (Faruqui 2015a, 35; Friedmann 1975).

Im Kontext dieser Ausführungen bleibt festzuhalten, dass für die Interpretation des persischen Mogulprinzen der Fokus auf das Prinzip einer Einheit Gottes und die Vorstellung von der ultimativen Darstellung eben dieses Prinzips in Form eines konkreten Buches eine zentrale Rolle spielt. Genau darauf rekurriert sein europäischer Übersetzer und Folgeinterpret, Anquetil-Duperron, und macht auch diese Punkte zu einem wichtigen Ausgangspunkt seiner eigenen Interpretationen, die er allerdings in andere Rahmen einpasst. Die beiden bedeutenden und für ihre jeweiligen kulturellen Kontexte auch ersten Wahrnehmungen des Korpus der Upanishaden können somit ganz eng miteinander verzahnt werden.

Es kann aber sogar noch weiter gegangen werden, und zwar ausgehend von der Tatsache, dass die Vorstellung von einem „Einheits"-Prinzip, das sich in den Upanishaden nachweisen ließ, auch eine spezifische indische Interpretationsgeschichte zuvor hat. Diese spielte bei der Abfassung des *Sirr-i akbar* eine große Rolle, weil an dieser Übertragung brahmanische Gelehrte beteiligt waren, die ihre Interpretation im Konzert mit den ebenfalls beteiligten muslimischen Sufi-Gelehrten einbringen konnten (Bergunder 2024; Gandhi 2015). In diesem Zusammenhang kann man auch die angesprochene hohe Bedeutung eines „Buches" einführen. Eine Beschäftigung mit der indischen Rezeptionsgeschichte der Upanishaden zeigt deutlich, dass deren Bedeutung zwischen dem 14. und dem 15. Jahrhundert anstieg. Im südindischen Vijayanagara Reich (1336/46–1565), das sich zeit seiner Existenz mit der Abwehr der immer stärker werdenden muslimischen Reichsbildungen im Norden beschäftigt sah, kam es zu einer ausgeprägten Renaissance und Neuinterpretationen brahmanischer Gelehrsamkeit, die mit einer stärkeren Fokussierung auf die textliche Überlieferung einherging. All dies führte letztendlich zur Entfaltung der auf den Philosophen Śaṅkara (in der Regel ins 7./8. Jahrhundert datiert) zurückgehenden Tradition des sogenannten *Kevalādvaita-Vedānta*, worin gerade die Upanishaden (gemeinsam übrigens mit der *Bhagavadgītā*) eine zentrale Bedeutung hatten, weil diese durchgehend unter Bezugnahme auf das *advaita* („Nichtzweiheit") Konzept interpretiert wurden. Die Herausforderung durch den Islam mit seinem klaren Fokus auf einen Offenbarungstext in

Form eines Buchs war möglicherweise ein bedeutsamer Trigger dieser Entwicklungen. Es scheint somit fast die vielbeschworene Ironie der Geschichte zu sein, dass die hohe Bedeutung, die den Upanishaden in der europäischen Tradition bis heute zukommt, auf eine muslimische Hochschätzung im Kontext des Mogulreiches zurückzuführen ist. Diese ist wiederum Reflex einer Entwicklung, die auf ein Bedrohungsszenario reagiert, das sich mit dem Erstarken der muslimischen Reichsbildungen im nordindischen Raum verbindet.

3 Globale Verflechtungsgeschichte, „Überreichweiten" und vergleichbare Konzepte

Das vorangehende Beispiel war ein Versuch, den Interpretationen einer zentralen Textgruppe der indischen Religionsgeschichte detailliert nachzugehen, die durch eine faszinierende Transmissionsgeschichte miteinander verzahnt sind. Dabei stand die detaillierte Analyse der jeweiligen traditions- und religionsspezifischen Eigenheiten im Vordergrund, ohne dabei die eingangs angesprochenen Kontinuitäten aus den Augen zu verlieren. Informierte Kontextualisierung und gleichzeitig der Blick für große, transkulturelle Verbindungslinien sollen sich dabei soweit die Waage halten und ergänzen (vgl. das Konzept des „serial contextualism" bei Armitage 2012).

Insgesamt reiht sich diese Detailstudie damit in neuere Zugänge einer zumeist mit dem Begriff „global" oder „globalisiert" verbundenen Betrachtung der Religionsgeschichte ein. Entgegen einer lange Zeit üblichen Fokussierung auf einzelne Traditionen werden dabei größere Entwicklungsbögen nachgezeichnet, die auf Basis von detaillierten Mikrostudien die Begegnungsszenarien und Austauschbewegungen nachzeichnen. Der kleinste gemeinsamer Nenner dieser Konzepte ist die Abkehr von einer **eurozentrischen** Blickrichtung und das Interesse für transkulturelle **Verflechtungsmomente**, die es im Einzelnen zu studieren gilt.[1] In den Geschichtswissenschaften ist dieser Ansatz schon länger präsent, wobei die diversen Konzepte einer „**Globalgeschichte**", oft näher spezifiziert als „global history of ideas" oder „global(ised) intellectual history", eine erstaunliche

---

1 Zum Begriff „*entanglement*", der letztendlich auf die von der postkolonialen Forschungstradition inspirierten Problematisierungen der eurozentrischen Betrachtungsgeschichte außereuropäischer Kulturen zurückgeht und dem in der aktuellen religionsgeschichtlichen Forschung eine ganz zentrale Bedeutung zukommt, vgl. etwa die diversen Debatten in der Zeitschrift *Entangled Religions. Interdisciplinary Journal for the Study of Religious Contact and Transfer* (https://er.ceres.rub.de).

Bandbreite ergeben und zuweilen etwas beliebig angefüllt werden (zum Trend allgemein mit durchaus kritischen Anmerkungen vgl. Osterhammel 2015). In der Religionswissenschaft firmiert dieser Zugang neuerdings zumeist unter der Überschrift „globale Religionsgeschichte", die unterschiedlich definiert wird (vgl. etwa die Beiträge in Maltese und Strube 2021 oder Rota und Kirsch 2024; vgl. auch Stausberg 2020, mit einem Fokus auf das 20. Jahrhundert; sowie Strube und Hermann in diesem Band).

Für das angeführte Beispiel bietet sich zudem ein Verweis auf den Begriff der „Überreichweiten" an, den der Historiker Martin Mulsow in einer jüngeren Veröffentlichung einführte (Mulsow 2022). Der Begriff selbst ist der Physik entnommen: Konkret spricht man in der (Radio- und Fernseh-)Funktechnik dann von „Überreichweiten", wenn durch bestimmte Wetterlagen und Druckverhältnisse ein Sender eine größere Reichweite entwickelt, als er normalerweise hätte, und dadurch gegebenenfalls beim Empfänger die eigentlich relevanten näher liegenden Sender überlagert. Das führt zu unscharfen, ineinander verschachtelten Frequenzen, die gleichsam aus beiden Quellen gespeist sind (Mulsow 2022, 17). Damit wird die Vielschichtigkeit der Austauschprozesse und die Abhängigkeit von verschiedenartigen kulturhistorischen Konstellationen illustriert, ohne gleichzeitig den Blick für die großen Gemeinsamkeiten zu verlieren. Um dies auf das oben eingeführte Beispiel anzuwenden: Man kann die Interpretationslinie Anquetil-Duperrons nur verstehen, wenn man zum einen die Abhängigkeit von der persischen Vorlage und dessen Interpretation im Auge behält, aber gleichzeitig die Einordnung in zentrale Fragestellungen seiner eigenen Zeit mitberücksichtigt. Er übernimmt offensichtlich Interpretationsansätze des Mogulprinzen, etwa die Fokussierung auf ein „Einheits"-Prinzip als zentrale Aussage der Upanishaden und die Hochschätzung des „Buch"-Charakters, überlagert aber diese Vorstellungen mit für ihn relevanten Konzepten aus der europäischen Geistesgeschichte und gibt ihnen somit ein neues Gewand.

Mit der hier vorgestellten Zugangsweise bleibt die konkrete Beschäftigung mit der Fülle der Religionsgeschichte ein wichtiges Anliegen einer Religionswissenschaft, damit eben diese Bereiche nicht den großen „tradition" und „area studies" überlassen werden. Damit verbindet sich auch ein Plädoyer für die Beschäftigung mit der Fülle und Breite der Religionsgeschichte, die auch in der Ausbildung künftiger Religionswissenschaftler zentral bleiben sollte. Hier sollte man an einen Satz aus der Gründungsphase der Religionswissenschaft als akademische Disziplin erinnern, der sich in der *Introduction to the Science of Religion* von Friedrich M. Müller findet: „He who knows one (nämlich Religionstradition) knows none" (Müller 1873, 16; s. auch Strube in diesem Band)).

Literatur

Anquetil-Duperron, Abraham-Hyacinthe. 1801–1802. *Oupnek'hat (id est, Secretum tegendum)*. 2 Bände. Strassbourg: Levrault.
App, Urs. 2010. *The Birth of Orientalism*. Philadelphia: University of Pennsylvania Press.
Armitage, David. 2012. „What's the Big Idea? Intellectual History and the Longue Durée." *History of European Ideas* 38 (4):493–507.
Bergunder, Michael. 2024. „Encounters of the Brahmanical Sanskrit Tradition with Persian Scholarship in the Mughal Empire: Genealogical Critique and the Relevance of the Pre-colonial Past in a Global Religious History." *Journal of Religion and Transformation in Contemporary Society* 10:1–30.
Berner, Ulrich. 2020. *Religionswissenschaft (historisch orientiert)*. Göttingen: Vandenhoeck & Ruprecht.
Bronkhorst, Johannes. 2007. *Greater Magadha: Studies in the Culture of Early India*. Leiden, Boston: Brill.
D'Onofrio, Svevo und Fabrizio Speziale. 2011. *Muḥammad Dārā Šīkoh: La congiunzione dei due oceani (Majma 'al-baḥrayn)*. Piccola Biblioteca Adelphi 610. Milano: Adelphi.
D'Onofrio, Svevo. 2020. „A Persian commentary to the Upaniṣads: Dārā Šīkōh's ‚Sirr-i akbar'." In *Muslim Cultures in the Indo-Iranian World during the Early-Modern and Modern Periods*, hg. v. Fabrizio Speziale und Denis Hermann, 533–564. Berlin und Boston: De Gruyter.
Ernst, Carl W. 2003. „Muslim Studies of Hinduism? A Reconsideration of Arabic and Persian Translations from Indian Languages." *Iranian Studies* 36:173–195.
Faruqui, Munis D. 2015a. „Dara Shukoh, Vedanta, and Imperial Succession in Mughal India." In *Religious Interactions in Mughal India*, hg. v. Vasudha Dalmia und Munis D. Faruqui, 30–64. New Delhi: Oxford University Press.
Faruqui, Munis D. 2015b. *The Princes of the Mughal Empire, 1504–1719*. New York: Cambridge University Press.
Figl, Johann. 2003. „Religionswissenschaft: Historische Aspekte, heutiges Fachverständnis und Religionsbegriff." In *Handbuch Religionswissenschaft: Religionen und ihre zentralen Themen*, hg. v. Johann Figl, 18–80. Innsbruck und Wien: Tyrolia und Vandenhoeck & Ruprecht.
Friedmann, Yohanan. 1975. „Medieval Muslim Views of Indian Religions." *Journal of the American Oriental Society* 95 (2):214–221.
Gandhi, Supriya. 2015. „The Prince and the Muvahhid: Dārā Shikoh and Mughal Engagements with Vedanta." In *Religious Interactions in Mughal India*, hg. v. Vasudha Dalmia und Munis Daniyal Faruqui, 65–101. New Delhi: Oxford University Press.
Halbfass, Wilhelm. 2017. „The Idea of the Veda and the Identity of Hinduism." In *Defining Hinduism: A Reader*, hg. v. J. E. Llewellyn, 16–29. London: Taylor and Francis.
Krech, Volkhard. 2012. „Religious Contacts in Past and Present Times: Aspects of a Research Programme." *Religion* 42 (2):191–213.
Maltese, Giovanni und Julian Strube. Hg. 2021. *Global Religious History*. Themenheft von *Method and Theory in the Study of Religion* 33 (3–4).
Müller, Friedrich M. 1873. *Introduction to the Science of Religion*. London: Longmans, Green and Co.
Mulsow, Martin. 2022. *Überreichweiten: Perspektiven einer globalen Ideengeschichte*. Berlin: Suhrkamp.
Olivelle, Patrick. 1998. *The Early Upaniṣads: Annotated Text and Translation*. New York: Oxford University Press.
Osterhammel, Jürgen. 2015. „Globalifizierung der Welt: Denkfiguren der neuen Welt." *Zeitschrift für Ideengeschichte* 9 (1):5–16.

Riesebrodt, Martin. 2007. *Cultus und Heilsversprechen: Eine Theorie der Religionen.* München: C.H. Beck.
Rota, Andrea und Anja Kirsch. Hg. 2024. *Towards a Global History of Religion.* Themenheft von *AЯGOS: Perspectives in the Study of Religion* 3 (2).
Rüpke, Jörg. 2007. *Historische Religionswissenschaft: Eine Einführung.* Stuttgart: Kohlhammer.
Slaje, Walter, Hg. 2009. *Upanischaden: Arkanum des Veda.* Durchgesehene und korrigierte Neuausgabe. Berlin: Verlag der Weltreligionen.
Stausberg, Michael. 1998. *Faszination Zarathushtra: Zoroaster und die europäische Religionsgeschichte der frühen Neuzeit.* [Reprint 2016.] Berlin und Boston: De Gruyter.
Stausberg, Michael. 2020. *Die Heilsbringer: Eine Globalgeschichte der Religionen im 20. Jahrhundert.* München: C.H. Beck.
Thieme, Paul, Hg. 2024. *Upanishaden.* Unter Mitarbeit von Annette Wilke. Ditzingen: Reclam.
Verdon, Noémie. 2024. *The Books Sānk and Pātanğal: A Socio-cultural History of al-Bīrūnī's Interpretations of Sāṅkhya and Yoga.* Leiden, Boston: Brill.
Wach, Joachim. 1924. *Religionswissenschaft: Prolegomena zu ihrer wissenschaftstheoretischen Grundlegung.* Leipzig: Hinrichs.
Winter, Franz. 2018. „Searching for the Hidden ‚One': Muslim and Early European Interpretations of the Indian Upaniṣads." *Numen* 65 (1):28–61.
Winter, Franz. 2020. „Religionswissenschaft." In *Staatslexikon: Recht-Wirtschaft-Gesellschaft. Bd. 4: Milieu-Schuldrecht,* hg. von Heinrich Oberreuter und der Görres-Gesellschaft. 8., völlig neu bearbeitete Auflage, 1381–1387. Freiburg: Herder.
Witzel, Michael und Toshifumi Goto, Hrsg. 2007. *Rig-Veda: Das heilige Wissen. Erster und zweiter Liederkreis.* Frankfurt am Main: Verlag der Weltreligionen.

Kerstin Radde-Antweiler

III.6 Religion in Zeiten tiefgreifender Mediatisierung

1 Einleitung

Die Religionsforschung beschäftigt sich schon seit über 30 Jahren verstärkt mit Religion und digitalen Medien, zunächst primär im US-amerikanischen und skandinavischen Raum. Für die erste Zeit lassen sich drei verschiedene Wellen der Internetforschung konstatieren (Højsgaard and Warburg 2005): Die erste Forschungswelle Mitte der neunziger Jahre beschränkte sich auf eine Beschreibung der Phänomene und deren normative Wertung, so wurden sie entweder dystopisch oder utopisch charakterisiert. In der zweiten Phase wurden sozial-empirische Studien anhand von einzelnen Fallbeispielen durchgeführt, jedoch ohne Einbindung in größere theoretische Diskussionen. In der dritten Welle bis in die 2010er wurde die Verbindung zwischen sogenannter Offline- und Online-Religiosität in Bezug auf potentielle Transformationen von religiöser Autorität, Identität, Gemeinschaft und so weiter theoretisch reflektiert und kritisch diskutiert. Gerade in den frühen Phasen standen die akademische Rechtfertigung und Relevanz des Forschungsgegenstandes im Vordergrund und es wurde ihre Besonderheit in den Vordergrund gerückt. Dabei wurde eine besondere Art von Religion – eine sogenannte digitale Religion – postuliert. Schon Krüger wies im Zusammenhang des Massenmediums Fernsehen darauf hin, dass „[d]ie religionsbezogene Fernsehforschung […] in Deutschland bis heute unter dem theologischen (und damit zugleich normativen) Konstrukt einer ‚Medienreligion'" (Krüger 2012, 218) leidet. Ein prominentes Konstrukt in Religionsforschung in Bezug auf digitale Kommunikationstechnologien ist das einer sogenannten digitalen Religion (zum Beispiel Campbell and Tsuria 2022 oder der universitäre Forschungsschwerpunkt „Digital Religion(s)" in Zürich), das eine Trennung zwischen einer sogenannten analogen und einer digitalen Religion impliziert. Diese Dichotomie ist aber in (mindestens) zweierlei Hinsicht problematisch.

So ist erstens zu fragen, inwieweit das Konstrukt digitale Religion überhaupt sinnvoll ist. Der Begriff der digitalen Religion scheint auf etwas zu verweisen, das nur digital existieren würde. Dies widerspricht jedoch religiösen Praktiken, die von religiösen Gruppierungen oder Einzelakteur:innen sowohl mit Hilfe digitaler Kommunikationstechnologien als auch analog vollzogen werden können. Ein Beispiel dafür stellen hybride Gottesdienste dar, in denen ein Teil der religiösen Akteur:innen während der COVID-19-Maßnahmen den Gottesdienst in einer Kirche besucht hat, während andere durch digitale Tools wie Zoom digital zugeschaltet wurden; Segnungen galten für beide Gruppen, so dass die religiösen Praktiken nicht nur im digitalen Bereich existiert haben. Die Dichotomie zwischen analogen und digitalen Praktiken an sich ist aber schwierig. So wird beispielsweise auch bei digitalen Ritualen die analoge Welt nicht völlig ausgeblendet – die Tastatur oder auch die Maus werden von einem physischen Körper gesteuert und sind damit Teil des Ritualvollzugs.

Aber auch vor dem Hintergrund eines sozial-konstruktivistischen Religionsverständnisses ist das Konzept einer digitalen Religion nicht zielführend. In Anlehnung an den kommunikativen **Konstruktivismus** (vgl. Keller 2013) wird Religion hierbei von religiösen Akteur:innen in bestimmten zeitlichen, sozialen und kulturellen Kontexten jeweils unterschiedlich konstruiert und mit Bedeutung versehen. Diese Bedeutungszuschreibungen sowie deren Aushandlungen geschehen stets in sprachlicher Form, den sogenannten kommunikativen Praktiken: „Einerseits wüssten wir nichts über religiöse Ideenwelten, wenn sie nicht kommuniziert würden; und auch Handlungen blieben uns als religiöse verschlossen, wenn sie nicht als solche thematisiert würden" (Krech 2012, 49). In diesem Sinne untersuchen Studien zu Religion und digitalen Kommunikationstechnologien, wie religiöse Akteur:innen durch ihr kommunikatives Handeln etwas oder jemanden als Teilbestand ihres religiösen Symbolsystems definieren, wie sie diese Zuordnung rechtfertigen, und wie sich diese Prozesse in Zeiten **tiefgreifender Mediatisierung** (vgl. unten) ändern. Diese kommunikativen Praktiken können mit Hilfe von analogen Medien (zum Beispiel Printmedien wie Bücher) und zugleich mit digitalen Kommunikationstechnologien vollzogen werden.

Die gleichzeitige Nutzung analoger und digitaler Kommunikationsmedien macht deutlich, dass der Begriff „digital" als Alleinstellungsmerkmal nicht zielführend ist, da er zumeist normativen Setzungen unterliegt: Im Gegensatz zu face-to-face-Kommunikationen werden Kommunikation und Praktiken mittels digitaler Kommunikationstechnologien als weniger real oder authentisch bewertet (vgl. Radde-Antweiler 2013). Die Forschung der 1990er Jahre ging davon aus, dass das Internet ein von der physischen Welt getrennter Raum sei, der keine signifikanten Auswirkungen auf die Offline-Identität habe. Die meisten dieser Ansätze basierten dabei auf dem Konzept des Simulakrums von Walter Benjamin ([1936] 2007): Durch die Reproduktion in den Medien entferne sich der eigentliche Gegenstand weiter von der ursprünglichen Tradition und entspreche damit nicht mehr dem Original. Jedoch haben soziale Handlungen in digitalen Umgebungen sehr wohl reale Auswirkungen auf den Offline-Körper (vgl. dazu ausführlich Radde-Antweiler 2022a). In Hinblick auf kommunikative Praktiken stellt sich darüber hinaus die Frage, welche Kommunikation oder Praktiken heutzutage nicht schon tiefgreifend mediatisiert sind?

2 Religion in Zeiten tiefgreifender Mediatisierung

Die aktuelle Forschung beschäftigt sich mit der übergreifenden Frage, wie Mediatisierung und die Rolle der digitalen Technologie als solche erfasst werden kann und darüber hinaus wie Wandel als solcher mit Digitalisierung zusammenhängt. Dabei gehen die Forschungsansätze auseinander. Im angelsächsischen und skandinavischen Bereich dominiert der Mediatisierungsansatz von Stig Hjarvard (2016). Dieser Ansatz wird auch als die institutionelle Perspektive bezeichnet, da sie einer Ökologie der Kommunikation (Altheide and Snow 1979) folgt: Sie geht davon aus, dass Medien durch ihre je eigene Logik und eigenen Regeln gekennzeichnet sind. In der heutigen Zeit seien alle Institutionen oder Systeme von Medien bestimmt, so dass sie die Regeln des Mediensystems übernehmen müssen. Demnach werden unterschiedliche kulturelle und gesellschaftliche Bereiche – einschließlich der Religion – von einer den Medien innewohnenden Logik geprägt, die hauptsächlich von wirtschaftlichen Interessen getrieben wird. Hjarvard versteht hierbei „nicht immer explizit dargelegt – unter Medien primär Journalismus" (Radde-Antweiler 2022b, 5) und nicht Medien im Sinne von Kommunikationstechnologien. Darüber hinaus konstatiert Hjarvard (2016) aber, dass Medien religiöse Funktionen übernehmen, indem sie Sinnstiftungsangebote bereitstellen, was zu einem Rückgang der Religion und zu einer zunehmenden **Säkularisierung** führe. Der Kommunikationswissenschaftler Friedrich Krotz (2009) hingegen betont, dass Menschheitsgeschichte immer zugleich als Mediengeschichte verstanden werden muss. Medien haben in den einzelnen Institutionen schon immer eine Rolle gespielt und können nicht als getrennt nebeneinander existierende Bereiche gedacht werden. Auch der kommunikative Konstruktivismus impliziert gegen Hjarvard, dass kommunikative Praktiken in Vergangenheit und Gegenwart stets Medien verschiedener Art einbeziehen, und dementsprechend Religion wie alle Bereiche menschlichen Handelns immer schon als mediatisiert zu betrachten ist. Es stellt sich auch die Frage, inwieweit Hjarvards Theorie nicht eine zu deterministische Sichtweise der Mediatisierung voraussetzt und dabei andere Prozesse wie beispielsweise Globalisierung, Individualisierung oder Ökonomisierung ausblendet. Eine deterministische Perspektive ist problematisch, da sie die Produktion und die Verwendung von Medien vernachlässigt. So entwickeln, produzieren und gestalten Akteur:innen aktiv (digitale und analoge) Medien und setzen diese bewusst ein. Zudem sind die Akteur:innen nicht nur passive Rezipient:innen, sondern wählen bestimmte Medienformate für ihre Kommunikation und schließen andere aus. Im Gegensatz zu linearen Konzepten der Technologieentwicklung fokussiert der Ansatz des Social Shaping of Technology (Williams and Edge 1996) auf die aktiven Handlungen derjenigen, die Informations- und Kommunikationstechnologien nutzen und für ihre Zwecke gestalten. Heidi Campbell (2020) hat diesen Ansatz für den Bereich der Theologie weiterentwickelt, Hall, Kołodziejska und Radde-Antweiler (2024) für den Bereich der religiösen Organisationen.

In Anlehnung an die Mediatisierungstheorie im Sinne des kommunikativen Konstruktivismus haben Hepp und Hasebrink (2018) das Konzept der tiefgreifenden Mediatisierung entwickelt. Dieses nimmt die mit digitalen Medien zunehmende Verschränkung von Medien und Alltagspraktiken in den Blick. Dabei sind nicht nur digitale Medien gemeint, denn die sogenannten älteren Medien (zum Beispiel Printmedien wie Bücher oder Zeitschriften) wurden nicht einfach ersetzt, sondern das Medienspektrum hat sich quantitativ und qualitativ erweitert. Ein solcher Ansatz setzt ähnlich wie das Konzept einer „Kultur der Digitalität" (Stalder 2021) zwar eine Veränderung durch die Einführung digitaler Medien voraus, im Gegensatz zu Stalders These behauptet es aber keinen grundlegenden und auch keinen deterministischen Umsturz aller bestehenden kulturellen Ordnung. Vielmehr fragt es, inwieweit Akteur:innen innerhalb der tiefgreifend mediatisierten Gesellschaft auf verschiedene Trends der Digitalisierung reagieren. Beispiele für solche Trends sind die Ausdifferenzierung in verschiedene Medienkommunikationstechnologien, eine größere Verknüpfung von Einzelmedien in zeitlicher und räumlicher Hinsicht, eine stärkere Einbindung von Medien in Alltagspraktiken, der Einfluss von zum Teil unbewusster Datafizierung auf Kommunikation. Ein Beispiel für solche Datafizierungsprozesse ist die Suche mittels bekannter Suchmaschinen wie Google. Hier werden Akteur:innen aufgrund von Algorithmen und angepasst an ihren Standort und vorherigen Suchanfragen bestimmte Suchergebnisse angezeigt und manche nicht. Dabei müssen verschiedene Akteurskonstellationen und deren Mediennutzung unterschieden werden:

1. Individuelle Akteur:innen,
2. Kollektive Akteur:innen und
3. korporative oder überindividuelle Akteure wie beispielsweise Kirchen, die sich im Gegensatz zu rein kollektiven Akteur:innen auf verbindliche und formal produzierte und reproduzierte Vereinbarungen stützen und eine formalisierte Mitgliedschaft und Praxis besitzen (Schimank 2016).

Das Konzept der tiefgreifenden Mediatisierung unterscheidet in Hinblick auf die Mediennutzung:
1. das Medienrepertoire, das heißt die Medien, über die individuelle Akteur:innen zu einem gewissen Zeitpunkt verfügen;
2. das Medienensemble, beispielsweise die Medien, welche die Gruppen für ihre Mitglieder bereitstellen und zur Nutzung freigegeben;
3. die Medienumgebung, das heißt die Medien, die in einem Land zur Verfügung stehen (Hepp and Hasebrink 2018).

Alle diese Ebenen müssen bei potentiellen Transformationsprozessen berücksichtigt werden, da alle Veränderungen dem Laufe der Geschichte unterliegen. Dies gilt natürlich nicht nur für digitale Kommunikationstechnologien. Auch die Einführung des Buchdrucks führte zu einer Rezeption und Aneignung von (religiösen) Wissen durch religiöse Lai:innen. Durch digitale Kommunikationstechnologien können heutzutage religiöse Akteur:innen nicht nur am religiösen Wissen leichter teilhaben und andere religiöse Symbolsysteme kennenlernen; sie haben vielmehr auch die Möglichkeit, selbst Teil religiöser Bedeutungs- und Autoritätsaushandlungen zu werden (vgl. beispielsweise zu Diskussionen um religiöse Autoritäten Kołodziejska 2020). Zugleich können aber auch religiöse Institutionen oder Gruppierungen selbst Medien produzieren und diese als religiös klassifizieren oder aber auch nicht-religiöse Medien nutzen, um durch kommunikative Praktiken gemeinsame Bedeutungen zu schaffen und sich zugleich gegenüber den Diskursen anderer – sowohl religiöser als auch nicht-religiöser Akteur:innen zu positionieren.

3 Fallbeispiel: Selbstkreuzigungen auf den Philippinen

Ein Beispiel für Religion und digitale Kommunikationstechnologien ist das Ritual der öffentlichen Selbstkreuzigung auf den Philippinen am Karfreitag. Das Ritual selbst stammt dabei aus den 1960ern und erfreut sich in dem christlich-asiatischen Land (mit über 80% römisch-katholischer Bevölkerung) großer Beliebtheit, wenngleich es von der Römisch-Katholischen Kirche selbst kritisiert wird (vgl. zur Einführung und Neuinterpretation der Passionsspiele und der Praxis der Selbstgeißelung Bräunlein 2010). Die Selbstkreuzigungen werden in zwei Dörfern in Northern Luzon aufgeführt, haben aber weltweite Berühmtheit erreicht. Jedes Jahr zu Ostern finden sich sowohl in den klassischen Massenmedien als auch in digitalen Medien Beschreibungen dieses als eines der „verrücktesten" Rituale der Welt bezeichneten Events. In diversen Reiseführern wird das Ereignis zu den „Dingen gezählt, die man auf den Philippinen gesehen haben muss" (Lonely Planet n.d.). Obwohl das Ritual nur einmal jährlich und nur in zwei Orten auf den Philippinen vollzogen wird und von offiziellen Organen der Römisch-Katholischen Kirche nicht anerkannt ist, scheint es durch seine hohe Medienpräsenz zu einer Art Identitätsmarker für die Philippinen geworden zu sein. Aber nicht nur in der Außenwahrnehmung spielen analoge und digitale Medien eine Rolle, sondern Medien jeglicher Form sind Teil der Performanz selbst. So begleiten Fernsehsender die Prozessionsroute mit Selbstflagellanten und den Akteur:innen, die das Kreuz hin zum Feld tragen, auf dem die Selbstkreuzigung stattfindet. Die Kreuzigung selbst wird so gestaltet, dass die Kamera das Geschehen verfolgen kann. Auch Tourist:innen nehmen Selfies oder Videos auf, um sie später auf YouTube, Tiktok oder Instagram zu veröffentlichen. So sind die Selbstkreuziger:innen zu kleinen Berühmtheiten geworden. Ein Beispiel dafür ist Ruben Enaje, der sich inzwischen seit mehr als 20 Jahren kreuzigt. Er wird jedes Jahr von Journalist:innen interviewt, während des Rituals von Fernsehsendern gefilmt, zudem nehmen Tourist:innen Selfies mit ihm auf und veröffentlichen diese später online. Man kann also von einem stark mediatisierten Ritual sprechen. Zugleich wird aber auch deutlich, dass nicht nur digitale Medien, sondern auch die klassischen analogen Medien eine Rolle spielen.

In Bezug auf die vorher diskutierten Mediatisierungsansätze, ergeben sich nun unterschiedliche Deutungsperspektiven. Auf Basis des Hjarvardschen Mediatisierungsansatzes würde sich die Forschung auf die Rolle der Massenmedien konzentrieren. Man würde die Auswirkungen der Presseartikel sowie Fernsehsendungen analysieren und fragen, wie die Mediatisierung eines solchen Rituals zu einer weiteren Dekonstruktion der etablierten religiösen Organisation führt; nämlich der Römisch-Katholischen Kirche auf den Philippinen. Eine solche Forschung würde eine abnehmende Bedeutung der römisch-katholischen Religion sowie eine Banalisierung von Religion durch Mediatisierung (Knoblauch 2009) postulieren. Zugleich würden sie an diesem Beispiel aufzeigen, dass dieser Vorgang zu einem Rückgang der Autorität religiöser Organisationen führt, da diese die Kontrolle über die Bilder und religiösen Erzählungen verlieren. Dies führe zu einem Anstieg an Säkularisierung, der untrennbar mit der zunehmenden Mediatisierung der Gesellschaft verbunden sei (Hjarvard 2016).

Im Gegensatz dazu würde der Mediatisierungsansatz von Krotz (2009) die an diesem Ritual beteiligten Akteur:innen – seien es die Zuschauer:innen, die sich selbst kreuzigenden Akteur:innen oder kirchliche Vertreter:innen – in ihren mediatisierten Lebenswelten in den Blick nehmen und fragen, ob und in welcher Form bestimmte Medien eine Rolle spielen. Im Gegensatz zu der Hypothese von einer Banalisierung der Religion durch ihre Mediatisierung würde sie eher die Transformation von Religion in den Vordergrund stellen und untersuchen, welche Chancen digitale Technologien religiösen Akteur:innen jenseits des gelehrten Oberschichtendiskurses bieten, sich an der kommunikativen Konstruktion von Religion zu beteiligen. Führt man eine Analyse der produzierten und benutzten Medien mit Blick auf die verschiedenen Akteurskonstellationen durch, zeigt sich beispielsweise, dass das Medienrepertoire des Selbstkreuzigers Ruben Enaje einen eher niedrigen Grad der Mediatisierung aufweist. Es findet keine eigenständige Publikation von Bildern oder Aussagen auf **Social-Media**-Plattformen statt. Es lässt sich beobachten, dass nur *über* die Selbstkreuziger:innen berichtet wird, nicht aber von ihnen selbst. Medien spielen allerdings für Ruben Enaje eine wichtige Rolle für die globale Verbreitung seiner Botschaft:

> Ich verbreite es nicht nur hier auf den Philippinen, sondern auf der ganzen Welt [...] ich benutze erst mich [= meinen Körper], dann benutzen die Medien ihre Kamera oder ihren Stift, so dass sie verbreiten, was ich möchte, was ich mache. [...] Es ist, als wären sie mein Partner, damit wir das, was wir tun, verbreiten können. Damit die Menschen wirklich zum Herrn zurückkehren. (Interview vom 05.06.2016)

Auf der Ebene der Einzelakteur:innen dienen digitale und klassische Massenmedien dazu, ihre Botschaft zu verbreiten. Diese führen zur Produktion weiterer Medieninhalte, zumeist jedoch nicht im Herkunftsland, sondern primär in den USA oder europäischen Ländern. Mit Hilfe digitaler Kommunikationstechnologien finden nun weitere Aushandlungen statt. So führte eine Berichterstattung des US-amerikanischen Mediennetzwerks Young Turks unter dem Titel „Zealots Actually Crucify Selves For Easter" zu Diskussionen auf YouTube in den Kommentaren über die richtige oder falsche Auslegung des christlichen Glaubens: „this is wrong the LORD our God Christ Jesus has paid it all! [...] People don't need to be nailed on the cross. Read the bible to enlighten your mind. You just have to ask jesus the son of god to forgive your sins without praying near any statues or saints" (The Young Turks 2013).[1]

Ein anderes Beispiel ist der YouTube-Kanal des Baptistenpredigers Bruce Barner, der eine Selbstkreuzigung filmt und sie in der Audiospur verdammt (Flang 2009). Dies führt in den Kommentaren zum Video zu Diskussionen, die sich vor allem gegen die römisch-katholische Kirche richten: der User Island1 zum Beispiel betont: „Roman catholic priests are deceivers who do not possess the power to forgive sin. Every Filipino should avoid Roman Catholic priests like the plaque. Jesus Christ is lord, god bless, my friend." Dagegen macht der User DangeloM27 deutlich: „the same thing happen to Christ. There are just expressing there faith in a representation of what Christ went through. Poor protestants ... you don't realize that the catholic church is the church Christ founded. Protestantism was a creation of men" (Flang 2009).

In Bezug auf die korporativen Akteur:innen zeigt sich, dass die römisch-katholische Kirche vermehrt klassische journalistische Medien nutzt, um sich zu positionieren. So veröffentlichte die Nachrichtenagentur Union of Catholic Asian News einen Artikel über das Selbstkreuzigungsritual als falsche Interpretation katholischen Glaubens (Torres, April 16, 2014). Die Benutzung journalistischer Medien und die fehlende Einbindung digitaler Medien geschieht dabei nicht unabsichtlich. Kołodziejska et al. (2023) machen in ihrem Konzept der Media Settler

---

[1] Die Rechtschreib- und Syntaxfehler sind so im Original enthalten.

deutlich, dass religiöse Organisationen verschiedene Strategien anwenden, um ihre Autorität und die Einheit ihrer Gemeinschaften zu erhalten. Die Strategien reichen dabei von der Anerkennung und Autorisierung ausgewählter Medien, dem Weglassen bestimmter Medien, der Replikation von Medienformaten und der Massenmediatisierung digitaler Medien. Letzteres bezieht sich auf die Präsentation von Inhalten in digitalen Medien ohne ihre eigentlichen Funktionen zur Interaktivität zu nutzen, zum Beispiel Posts in sozialen Netzwerken mit deaktivierten Kommentarfunktionen, um die One-to-Many-Kommunikation aufrechtzuerhalten.

Das Fallbeispiel zeigt, dass die Forschung zu Religion in Zeiten tiefgreifender Mediatisierung einen akteurszentrierten Ansatz verfolgen sollte, um Transformationen in den unterschiedlichen Akteurskonstellationen analysieren zu können, die nicht immer gleichförmig verlaufen. Wie im Fallbeispiel deutlich wurde, können auf der Ebene der Einzelakteur:innen digitale Medien zu Selbstermächtigungsprozessen führen. Diese können aber wiederum zu Auslösern verschiedener Abgrenzungs- und Aushandlungsprozesse werden, wie die Diskussionen um das „richtige" Christentum auf den unterschiedlichen Social-Media-Kanälen zeigen. So tragen Medien dazu bei, unterschiedliche Interpretationen von Religion sichtbar zu machen, bieten aber zugleich auch einen Ort, diese auch jenseits der traditionalen religiösen Autoritäten auszuhandeln. Zugleich benutzen diese aber auch digitale Medien auf eine spezifische Art und Weise, um ihre Inhalte zu verbreiten.

4 Ausblick

Rezente Entwicklungen und Diskussionen um Chatbots und Künstliche Intelligenz zeigen, dass die oben genannten Akteurskonstellationen nicht ausreichen, da sie bislang nur als menschliche Akteur:innen gedacht werden. Ein Beispiel dafür ist der Einsatz sogenannter Segensroboter. Während im Roboter-affinen Japan der Roboter Mindar schon länger im Zen-Tempel betend im Einsatz ist, wurde der christliche Segensroboter BlessU-2 zunächst nur als Ausnahme im Rahmen der Weltausstellung in Wittenberg 2017 eingesetzt. Es lässt sich erkennen, dass KI-Tools Einzug in die religiösen Praktiken erhalten: So konnten religiöse Akteur:innen 2023 den ersten KI-Gottesdienst im Rahmen des Kirchentags erleben. Religionswissenschaftlich wird dabei zu fragen sein, ob und aus welchen Gründen der KI-Technologie religiöse Bedeutung zugesprochen wird. Religiöse Zuschreibungen an KI generell sind Gegenstand religionswissenschaftlicher Analysen (zum Beispiel Singler 2025) geworden.

Aber auch der Begriff des Akteurs ist in Bezug auf Handlungsmacht zu diskutieren. Während in soziologischen Konzepten der gesellschaftliche Einfluss auf das menschliche Handeln berücksichtigt wurde, stellt sich die Frage, inwieweit sie von dieser mitprägt wird: Das alltägliche Handeln ist so eng mit den materiellen Medientechnologien verknüpft, dass eine Unterscheidung zwischen verschiedenen sich gegenseitig beeinflussenden Einheiten so nicht mehr existiert (Hepp 2022). Wie schon im Rahmen der Akteur-Netzwerk-Theorie (Latour 2005) angelegt, wird zu überlegen sein, inwieweit auch nicht-menschliche **Aktanten** Teil der Gesellschaft sind, die (auch religiöse) Bedeutung produzieren.

Literatur

Altheide, David L. und Robert P. Snow. 1979. *Media Logic.* Beverly Hills, CA: Sage Publications.
Benjamin, Walter. 2007. *Das Kunstwerk im Zeitalter seiner technischen Reproduzierbarkeit.* Frankfurt a.M.: Suhrkamp.
Bräunlein, Peter J. 2010. *Passion/Pasyon: Rituale des Schmerzes im europäischen und philippinischen Christentum.* Boston: Brill.
Campbell, Heidi A. 2020. *Digital Creatives and the Rethinking of Religious Authority:* Abingdon, Oxon and New York, NY: Routledge.
Campbell, Heidi A. und Ruth Tsuria, Hg. 2022. *Digital Religion: Understanding Religious Practice in Digital Media.* 2. Auflage. London, New York: Routledge.
Flang, Dave. 2009. „Catholic ‚Holy' Week in the Philippines." http://www.youtube.com/watch?v=1BsnE88gfk4. [nicht mehr verfügbar]
Hall, Dorota, Marta Kołodziejska, und Kerstin Radde-Antweiler. 2024. *Minority Churches as Media Settlers: Negotiating Deep Mediatization.* Abingdon, Oxon, New York, NY: Routledge.
Hepp, Andreas. 2022. „Agency, Social Relations, and Order: Media Sociology's Shift into the Digital." *Communications* 47 (3):470–493.
Hepp, Andreas, und Uwe Hasebrink. 2018. „Researching Transforming Communications in Times of Deep Mediatization: A Figurational Approach." In *Communicative Figurations,* hg. v. Andreas Hepp, Andreas Breiter und Uwe Hasebrink, 15–48. Cham: Springer.
Hjarvard, Stig. 2016. „Mediatization and the Changing Authority of Religion." *Media, Culture & Society* 38 (1):8–17.
Højsgaard, Morten T., und Margit Warburg, Hg. 2005. *Religion and Cyberspace.* London and New York, NY: Routledge.
Keller, Reiner. 2013. *Kommunikativer Konstruktivismus: Theoretische und empirische Arbeiten zu einem neuen wissenssoziologischen Ansatz.* Wiesbaden: Springer.
Knoblauch, Hubert. 2009. *Populäre Religion: Auf dem Weg in eine spirituelle Gesellschaft.* Frankfurt a. M. und New York: Campus.
Kołodziejska, Marta. 2020. *Online Catholic Communities: Community, Authority, and Religious Individualisation.* New York: Routledge.
Kołodziejska, Marta, Łukasz Fajfer, Dorota Hall und Kerstin Radde-Antweiler. 2023. „Religious Media Settlers in Times of Deep Mediatization." *Religion* 53 (2):199–223.

Krech, Volkhard. 2012. „Religion als Kommunikation." In *Religionswissenschaft*, hg. v. Michael Stausberg 2012, 49–64, Berlin: De Gruyter. https://doi.org/10.1515/9783110258936.49

Krüger, Oliver. 2012. „Hörfunk und Fernsehen: Dimensionen und Zugänge für die religionswissenschaftliche Forschung." In *Religionswissenschaft*, hg. v. Michael Stausberg, 211–224, Berlin: De Gruyter. https://doi.org/10.1515/9783110258936.211

Latour, Bruno. 2005. *Reassembling the Social: An Introduction to Actor-Network-Theory*. Oxford: University Press.

Lonely Planet. n.d. „Top Things to See in the Philippines." www.lonelyplanet.com/philippines/top-things-to-do/a/poi/357304. [nicht mehr verfügbar]

Radde-Antweiler, Kerstin. 2013. „Authenticity." In *Digital Religion: Understanding Religious Practice in New Media Worlds*, hg. v. Heidi Campbell, 88–103. London und New York, NY: Taylor & Francis.

Radde-Antweiler, Kerstin. 2022a. „Embodiment." In *Digital Religion: Understanding Religious Practice in Digital Media*, hg. v. Heidi A. Campbell und Ruth Tsuria, 103–119. London, New York: Routledge.

Radde-Antweiler, Kerstin. 2022b. „Journalismus und Religion." In *Handbuch Journalismustheorien*, hg. v. Martin Löffelholz und Liane Rothenberger, 793–804. Wiesbaden: Springer.

Schimank, Uwe. 2016. *Handeln und Strukturen: Einführung in die akteurtheoretische Soziologie*. Weinheim: Beltz.

Singler, Beth. 2025. *Religion and Artificial Intelligence: An Introduction*. Abingdon, Oxon und New York, NY: Routledge.

Stalder, Felix. 2021. *Kultur der Digitalität*. Berlin: Suhrkamp.

The Young Turks. 2013. „Zealots Actually Crucify Selves for Easter." Video 4 Minuten 50 Sekunden. Eingestellt am 30.03.2013. https://www.youtube.com/watch?v=mHWLzi3ZGEw. Zuletzt eingesehen am 08.12.2024.

Torres, Joe. 2014. „Philippine Bishops Warn Against Self-Flagellation: Penitent Crucifixions Planned for This Good Friday May Be ‚Spiritual Vanity'." *Union of Catholic Asian News*, veröffentlicht am 16.04.2014. http://www.ucanews.com/news/philippine-bishops-warn-against-self-flagellation/70719. Zuletzt eingesehen am 08.12.2024.

Williams, Robin, und David Edge. 1996. „The Social Shaping of Technology." *Research Policy* 25 (6):865–899.

Michael Stausberg und Katharina Wilkens
Zwischenstück IV

Abbildung 7: Semar, eine *Wayang Kulit* Figur (bewegliche Schattenspielfigur aus perforiertem und bemaltem Leder) aus Java, Indonesien, ungefähr im Jahr 2000 hergestellt.

Im bis heute populären Schattenspieltheater Wayang auf Bali und Java werden die hinduistischen Epen des Ramayana und Mahabharata erzählt, in das seit dem 16. Jahrhundert aber auch islamische Erzählungen aus dem Umfeld des Propheten Mohammed eingeflossen sind. Semar ist dabei eine Figur, die auf lokale religiöse Traditionen Javas zurückgeht. Mit ihren Interventionen greift sie in den performativen Ablauf der Epen ein und kann auf diese Weise hinduistische und islamische Traditionen vereinen. Semar repräsentiert dabei die mystischen Ideale der Einheit zwischen Gott und Menschen, Herrschern und Dienern, sowie Theater und Zuschauenden. Als Clown und Helfer, der zwischen der Welt der Gottheiten und Menschen vermittelt, verkörpert er Widersprüche; er kann die Geschichten auf der Leinwand hinterfragen, Fragen des Publikums aufgreifen und auf diese Weise zeitgenössische Relevanz herstellen. Aufkleber, Minifiguren und ähnliche Abbilder von Semar sind ausgesprochen beliebt und überall im javanischen Alltag zu finden. (Für eine eingehende Analyse vgl. Franke 2017.) [KW]

Inv.-Nr. R-Pt 032, Zugangsnummer 3019, Erwerb 2014, Höhe 40 cm.

Literatur: Edith Franke. 2017. „Was die Wayang Figur über den Islam auf Java erzählen kann". In: *Objekte erzählen Religionsgeschichte(n): Eine religionswissenschaftliche Spurensuche in der Religionskundlichen Sammlung*, hg. v. Edith Franke, 112–123. Marburg: Veröffentlichungen der Religionskundlichen Sammlung der Philipps-Universität Marburg.

Foto: Heike Luu, © Religionskundliche Sammlung, Philipps-Universität Marburg (CC-BY-NC-SA)

Abbildung 8: „Frälsarkrans" („Erlöserkranz"), Schweden, 21. Jahrhundert.

Menschen vieler Religionen verwenden kleine Ketten oder Armbänder, an denen vorwiegend kugelförmige Materialien („Perlen") aufgefädelt sind. Diese dienen in der Regel einer mechanischen Unterstützung des wiederholten Aufsagens (einer bestimmten Anzahl) von Gebeten oder religiöser Formeln, aber auch der wortlosen Meditation. Bekannte Bezeichnungen sind „Gebetskette" oder „Rosenkranz". Letzterer ist im Katholizismus gängig, wo er u. a. zum Aufsagen von Grußformeln an Maria (Ave Maria) oder zur Erinnerung an zentrale Ereignisse aus dem Leben Jesu dient; neben den einzelnen „Perlen" enthalten katholische Rosenkränze ein kleines Kreuz. Das hier gezeigte Objekt hingegen wurde von einem ehemaligen Bischof der schwedischen evangelisch-lutherischen Kirche 1996 auf den Markt gebracht und von Heike Luu 2013 im Dom von Uppsala käuflich erworben. Das seit 2003 auch in Deutschland als „Perlen des Glaubens" oder „Perlen des Lebens" vertriebene, markenrechtlich geschützte Produkt, das man als Armband tragen oder in einer Jacken- oder Hosentasche mit sich führen kann, illustriert die Entwicklung neuer sinnlich-dinglicher (und farbenfroher) Frömmigkeitspraktiken im Protestantismus, die z. B. auch in neuen Wallfahrten zum Ausdruck kommen. Der Verzicht auf ein Kreuz macht die christliche Kodierung des Armbands nach außen nur für Gleichgesinnte erkennbar. (Zu Hintergrund, Entwicklung und vorgeschlagenen religiösen Deutungen des Objekts vgl. Franke und Luu 2017.) [MS]

Religionskundliche Sammlung, Inv.-Nr. Ff 001, Zugangsnummer 3002, Erwerb 2013, Durchmesser ca. 8 cm.

Literatur: Franke, Edith, and Heike Luu. 2017. „Die ‚Perlen des Lebens': Ein Rettungsring der Schwedischen Kirche?" In *Objekte Erzählen Religionsgeschichte(n): Eine religionswissenschaftliche Spurensuche in der Religionskundlichen Sammlung*, hg. v. Edith Franke, 150–167. Marburg: Religionskundliche Sammlung der Philipps-Universität Marburg.

Foto: Georg Dörr, © Religionskundliche Sammlung, Philipps-Universität Marburg (CC-BY-NC-SA)

Zwischenstück IV — **287**

Teil IV: **Ansätze und Methoden**

Michael Bergunder

IV.1 Methodologie des Religionsvergleichs: Reinkarnation zwischen „Ost" und „West"

Die **Religionsvergleich** ist umstritten und die ihn betreffenden theoretischen Debatten sind komplex (zum Beispiel Stausberg 2022; Bergunder 2016; Hughes 2017; Meyer 2017; Lincoln 2018). Im Folgenden wird anhand eines konkreten Fallbeispiels eine Methode für den religionswissenschaftlichen Vergleich vorgeschlagen, die den theoretischen Überlegungen zur Grundlegung einer globalen Religionsgeschichte entspringt (Bergunder 2020; Maltese und Strube 2021).[1] Die Methode folgt den gängigen disziplinären Konventionen und reiht sich in ähnlich gelagerte neuere Vorschläge ein (Freiberger 2022). Sie besteht aus vier Methodenschritten, die auch ohne Kenntnis des theoretischen Hintergrunds selbsterklärend sein sollten:

1   Begründung der *Relevanz des Themas*
2   Etablierung von blinden Flecken des *Forschungsstandes* und Formulierung einer vergleichenden *Zielstellung*
3   Empirisch begründete Typenbildung zur Ermittlung eines *Vergleichspunkts*
4   Religionsvergleich
    4.1 *Genealogie* des Vergleichspunkts
    4.2 *Transhistorische* Vergleiche

1 Begründung der Relevanz des Themas

Reinkarnation erlangte in den 1980er und 1990er Jahren durch die **esoterische** New-Age-Bewegung und verwandte Strömungen in Europa und Nordamerika breite Aufmerksamkeit. Zahlreiche populäre Schriften aus diesem Umfeld behaupteten die Universalität dieser Vorstellung (Sachau 1996; Hanegraaff 1996, 262–275; Obst 2009, 219–229). Die Konzeptualisierung von Universalität und Partikularität ist in der Diskussion um den Religionsvergleich besonders umstritten. Von daher sind Vorschläge gefragt, die Ansprüche auf Universalität und Partikularität sachgemäß zu überprüfen versuchen.

---

1   Vgl. auch Cyranka, Hermann, Maltese, Strube und Suarsana in diesem Band.

2 Blinde Flecken des Forschungsstandes und vergleichenden Zielstellung

Die Zielstellung eines Forschungsvorhabens ergibt sich aus dem Forschungsstand. Die Besonderheit an dieser Stelle besteht darin, dass der aktuelle Forschungsstand nicht als Ergebnis eines Erkenntnisfortschritts gelesen wird. Gerade der vermeintliche Konsens der Forschung soll kritisch hinterfragt werden. Die konkrete vergleichende Zielstellung ist aus dieser Kritik heraus zu begründen.

Es gibt nur wenige neuere monographische, dezidiert vergleichende Untersuchungen zu Reinkarnationsvorstellungen, die aus einer wissenschaftlichen Perspektive verfasst wurden (Zander 1999; Obst 2009). Lexikonartikel nehmen mitunter eine vergleichende Bestimmung vor (zum Beispiel Badewien 2015). Regionale Spezialuntersuchungen verzichten dagegen in der Regel auf eine vergleichende Einordnung (zum Beispiel Gamble 2018). Es gibt jedoch Ausnahmen (zum Beispiel White 2017). Der magere Forschungsstand ist Ausdruck des mangelnden Interesses am Religionsvergleich in der heutigen Religionswissenschaft.

Methodischer Ausgangspunkt, um blinde Flecken des Forschungsstandes zu entdecken, ist die Frage, welches Wissen als weitgehend gesichert gilt. Wir konzentrieren uns hier auf zwei Punkte.

1) Die bisherigen wissenschaftlichen Darstellungen gehen von der Universalität der Reinkarnationsvorstellung aus, also dass sie in allen Kulturen und Religionen dieser Welt sowie zu allen Zeiten vorhanden war und ist. Das ist erstaunlich, weil zugleich darauf verzichtet wird, eine präzise begriffliche Bestimmung von Reinkarnation vorzunehmen (Zander 1999, 12; Cyranka 2005, 15). Wie selbstverständlich wird ein Vergleichspunkt Reinkarnation ohne nähere inhaltliche Bestimmung benutzt, der jegliche begriffliche Trennschärfe vermissen lässt. Zugleich wird dessen Verwendung nirgends genauer gerechtfertigt. Als Folge davon setzt auch die Wissenschaft eine universale Verbreitung von Reinkarnation voraus und affirmiert damit die oben genannte esoterische Sichtweise.

2) Diese universale Grundannahme trifft nun auf eine partikulare Unterscheidung zwischen „westlichen" und „asiatischen" bzw. „östlichen" Reinkarnationsvorstellungen (Zander 1999; Bergunder 2001; Cyranka 2005; Obst 2009; Badewien 2015; White 2017). Der „westlichen" Form der Reinkarnation werden zwei charakteristische Eigenschaften zugesprochen: Erstens, es reinkarniert sich eine personale Identität, ein „Ich" (Obst 2009, 9–10). Zweitens, Reinkarnation dient der fortschreitenden Evolution des Geistes (Cyranka 2005, 20–21, 141 Anm. 506, 192–193, 466). In der Regel wird für die „westliche" Form der Reinkarnation mit Verweis auf die Schriften von Gotthold Ephraim Lessing (1729–1781) ein historischer Ur-

sprung im 18. Jahrhundert festgemacht (Cyranka 2005). „Westliche" Reinkarnation wäre dann eine Art Stiefkind der europäischen Aufklärung, deren Fortschrittsoptimismus sie jedoch teilt. Im Gegensatz dazu steht die „östliche" Reinkarnationsvorstellung, wobei meist konkret die Hindus in Indien gemeint sind. Im Gegensatz zum westlichen Fortschrittsoptimismus kennzeichne die indische Reinkarnationsvorstellung, dass sie gesellschaftliche Passivität und Pessimismus fördere (vgl. die Hinweise bei Sachau 1996, 57–76; Zander 1999, 35, 37, 612–613). Sie bringe die Hindus dazu, eine bestehende hierarchische Sozialordnung klaglos zu akzeptieren, weil die soziale Stellung des Einzelnen, insbesondere seine Kastenzugehörigkeit, mit den Taten aus dem vorigen Leben begründet wird. Eine Veränderung der sozialen Stellung in diesem Leben sei nicht möglich. Durch gesellschaftliches Wohlverhalten, das die bestehende Ordnung anerkennt, könne im nächsten Leben eine Geburt in besserer sozialer Stellung oder in einer höheren Kaste erreicht werden. Das setzt zugleich personale Identität voraus, um einen existentiellen Grund für ein Individuum zu plausibilisieren, sich entsprechend gesellschaftskonform und herrschaftstreu zu verhalten.

Um es noch einmal zusammenzufassen: Die Forschung akzeptiert einen vagen Begriff von Reinkarnation als Vergleichspunkt, dessen Verwendung sie nicht rechtfertigt. Zugleich wird innerhalb der Elemente, die einem solchen vagen Vergleichspunkt als vergleichbar zugeordnet werden, klar dichotomisch zwischen „westlichen" und „östlichen" Reinkarnationsvorstellungen unterschieden. Dieser etablierte Forschungsstand lädt zur kritischen Überprüfung ein, weil damit bestimmte ideologische Positionen wissenschaftlich affirmiert werden. Erstens bestätigt der vage Reinkarnationsbegriff eine vermeintliche Universalität von Reinkarnation, wie sie in populären esoterischen Publikationen propagiert wird. Zweitens bedient die kategorische Unterscheidung einer auf Fortschritt ausgerichteten „westlichen" Reinkarnationsvorstellung und einer die gesellschaftliche Passivität fördernden „östlichen" Reinkarnationsvorstellung kulturelle Stereotypisierungen und impliziert eine Überlegenheit des „Westens" über den „Osten".

Aus dieser Auswertung des Forschungsstands ergibt sich die Zielstellung des Vergleichs. Es gilt erstens einen Vergleichspunkt Reinkarnation zugrunde zu legen, der begrifflich klar bestimmt ist und empirisch gerechtfertigt werden kann und zweitens den vermeintlichen Unterschied zwischen „westlichen" und „östlichen" Reinkarnationsvorstellungen kritisch zu überprüfen.

3 Empirisch begründete Typenbildung zur Ermittlung eines Vergleichspunkts

Der Religionsvergleich steht und fällt mit der Rechtfertigung des Vergleichspunkts (*tertium comparationis*). Das hängt damit zusammen, dass jeder Vergleich einen Vergleichspunkt voraussetzt. Durch den eigentlichen Vergleich kann dieser Vergleichspunkt nicht kritisiert werden, sondern er wird immer bestätigt, da er die Voraussetzung des Vergleichs ist (Sakai 2013; Weber 2014; Bergunder 2016, 36–40; Freiberger 2022, 103–108). Der Vergleichspunkt bestimmt, was verglichen wird, aber seine Bestimmung ist nicht Teil des nachfolgenden Vergleichs, sondern geht dem Vergleich voraus. Zugleich können die Elemente eines Vergleichs nie direkt miteinander verglichen werden, sondern nur im Hinblick auf den Vergleichspunkt. Ohne Vergleichspunkt kein Vergleich. In der religionswissenschaftlichen Diskussion spielt deshalb die Frage, was ein sinnvoller Vergleichspunkt ist, die zentrale Rolle. Es wird vorgeschlagen, dass sich der zu wählende Vergleichspunkt erstens aus der Zielstellung ergeben muss und zweitens empirisch begründet wird.

Die Zielstellung erfordert erstens einen inhaltlich trennscharf bestimmten Begriff, der es zweitens ermöglicht, den vermeintlichen kategorialen Unterschied von „westlicher" und „östlicher" Reinkarnationsvorstellung kritisch zu hinterfragen. Für die empirische Begründung ist eine Orientierung am Ansatz der globalen Religionsgeschichte sinnvoll. Hier ist die Praxis weit verbreitet, den Inhalt von Allgemeinbegriffen aus ihrem heutigen globalen Gebrauch abzuleiten. Das ist auch bei Reinkarnation möglich, denn „[d]ie Globalisierung der Reinkarnationsidee ist heute eine Tatsache" (Obst 2009, 263). Innerhalb dieses heutigen globalen Reinkarnations**diskurses** können wir im Hinblick auf unsere Zielstellung eine informierte Auswahl treffen. In der Literatur wird der „westliche" Reinkarnationsdiskurs mit esoterischen Publikationen aus Europa und Nordamerika identifiziert und für den „östlichen" Reinkarnationsdiskurs muss der Hinduismus herhalten. Deswegen ist es unsere erste Aufgabe, möglichst aussagekräftige, zeitgenössische Stellungnahmen zur „Reinkarnation" aus dem Bereich der Esoterik und des Hinduismus zu finden. Aus diesen wählen wir einige uns besonders geeignet erscheinende Quellen aus. Auf dieser Quellenbasis soll in einem zweiten Schritt eine inhaltliche Definition von Reinkarnation als Vergleichspunkt vorgenommen werden. Zur praktischen Umsetzung kann auf die sozialwissenschaftliche Methode der „empirisch begründeten Typenbildung" zurückgegriffen werden, wie sie von Susann Kluge entwickelt wurde (Kluge 1999). Gemäß den Regeln der qualitativen Sozialforschung geht es nicht um eine repräsentative Stichprobe, sondern die Auswahl der Quellen soll exemplarisch erfolgen, und sie kann sich auf wenige Beispiele beschränken. Entscheidend ist, dass wir eine konkrete Quellenbasis und damit eine empirische Begründung nennen, die kritisch überprüft werden kann, sei es hinsichtlich der Quellenauswahl oder hinsichtlich des aus den Quellen abgeleiteten Vergleichspunkts.

Bei den esoterischen Quellen beschränken wir uns auf drei Monographien, die in der Literatur als typisch für die neuere „populäre Esoterik" gelten (Cyranka 2005, 84–87).[2] Auffällig ist, dass alle Autoren eine erkennbare Nähe zum Hinduismus aufzeigen. Nicht leicht ist es dagegen im heutigen Hinduismus typische Stellungnahmen zur Reinkarnation zu finden, aber es gibt sie. Hier entscheiden wir uns für vier Texte, die verschiedene Strömungen abdecken.[3] Sie nehmen wir zu unserer Quellenauswahl hinzu.

Die Reinkarnationsvorstellungen, die in den hier vorgebrachten Belegen dargestellt werden, sollen nun in einem zweiten Schritt inhaltlich typologisch definiert werden. Eine solche Definition identifiziert möglichst viele Merkmale, die auf alle genannten empirischen Belege weitgehend zuzutreffen scheinen und wählt aus diesen dann diejenigen aus, die als wesentlich erachtet werden. Die Entscheidung, welche Merkmale das sind, ist weitgehend vom Forschungsstand und der Zielstellung abhängig. Sie ist aber nicht willkürlich, da sie eine empirische Referenz in den Quellen vorweist. Damit ist sie zugleich auch offen gegenüber Kritik an der Quellenauswahl oder ihrer Auswertung.

Die esoterischen und hinduistischen Belege ähneln sich und entsprechen weitgehend dem, was in der Forschung als „westliche" Reinkarnationsvorstellung gilt. Für die „östliche" Vorstellung haben wir dagegen keine aussagekräftigen Quellen im heutigen Hinduismus gefunden, obwohl das der Forschungsstand eigentlich hätte erwarten lassen. Dies ist ein bemerkenswerter Befund, der uns noch genauer beschäftigen wird. Aus den genannten Quellen lässt sich folgende typologische Definition von Reinkarnation gewinnen:

---

[2] Folgende Quellen wurden herangezogen: Torwesten 1983; Zürrer 2000; Lauritsen 1989.
[3] Folgende Quellen wurden herangezogen: Medhananda 2023; Rama 1982, 107; www.baps.org/Spiritual-Living/Hindu-Beliefs/Reincarnation-and-Liberation.aspx (25.5.2024); www.hinduismtoday.com/hindu-basics/14-faq/ (25.5.2024); https://divydarshan.in/blogs/news/unlocking-the-mysteries-of-hindu-spirituality (25.5.2024).

	Typus 1	Typus 2
Inhalt	Reinkarnation bedeutet, dass der Mensch nach seinem Tod in einem neuen physischen Körper auf Erden wiedergeboren werden kann. Dabei bleibt die personale Identität gewahrt.	
	Jede Wiedergeburt dient dem geistigen Fortschritt, der am Ende zu einer endgültigen Erlösung führt.	Gegenwärtiger sozialer Status ist durch vorherige Wiedergeburt bestimmt und unveränderbar. Die Verbesserung des sozialen Status ist nur durch eine bessere Wiedergeburt im nächsten Leben möglich.
Quellen zur empirischen Begründung	– heutiger Hinduismus – heutige Esoterik – heutige Forschung	– heutige Forschung

4 Religionsvergleich

Die Typologie bildet nun den vorgängigen Vergleichspunkt, den wir für den eigentlichen Religionsvergleich benötigen. Nach unserer Methode erfolgt der Religionsvergleich auf zwei verschiedene Arten, einmal genealogisch und einmal transhistorisch.

4.1 Genealogie des Vergleichspunkts

Unsere Typologie hat für die von der bisherigen Forschung als „westlich" gekennzeichnete Reinkarnationsvorstellung eine empirische Begründung in der heutigen Esoterik und im heutigen Hinduismus gefunden (Typus 1). Es handelt sich also aus heutiger Sicht nicht um eine „westliche", sondern um eine globale Vorstellung, aber möglich wäre dennoch ein „westlicher" Ursprung. Für die „östliche" Vorstellung (Typus 2) fand sich außerhalb der Forschung keine heutige empirische Begründung, aber auch hier wäre es möglich, dass sich für die Vergangenheit eine solche eruieren ließe. Es gilt also die Vorgeschichte beider Typen zu erforschen. Dieses Vorgehen heißt **Genealogie**. Genealogie bedeutet in diesem Zusammenhang die Frage danach, wie lange sich eine heutige Vorstellung kontinuierlich in die Vergangenheit zurückverfolgen lässt.

Die entscheidende Pointe an dieser Stelle besteht darin, dass wir Genealogie nicht als Historisierung verstehen, also als den Beweis, dass historische Kontinuitäten tatsächlich so geschehen sind, sondern als eine eigene Form des Religionsvergleichs. Dahinter stehen Überlegungen zur Geschichtstheorie aus dem Bereich der globalen Religionsgeschichte, wo Genealogie allerdings noch weit umfassender verstanden wird (Bergunder 2024). Diese weiteren Implikationen sind an dieser Stelle aber nicht wichtig. Uns interessiert nur die Methode, eine Vorgeschichte durch Vergleich zu etablieren. Die historische Kontinuität setzt zunächst die Rekonstruktion eines formalen Rezeptionszusammenhangs aus heutiger Perspektive voraus. Innerhalb dessen wird eine inhaltliche Kontinuität oder Diskontinuität durch Vergleich einer vergangenen Vorstellung mit dem präsentischen Vergleichspunkt etabliert. Die inhaltliche Kontinuität ist also nicht in den Quellen selbst enthalten, sondern stellt eine heutige durch Vergleich erzielte Interpretation dar. Wir gehen dabei von der Gegenwart zurück in die Vergangenheit, bis wir keine Vorstellungen mehr identifizieren können, die unserem Vergleichspunkt zuzuordnen sind.

4.1.1 Genealogie von Typus 1: Reinkarnation als Mittel des Fortschritts

Für die Genealogie von Typus 1 unternehmen wir der besseren Übersicht wegen, also aus rein pragmatischen Gründen, getrennte Durchgänge für den Hinduismus und die Esoterik, obwohl beide durch eine globale **Verflechtungsgeschichte** im Betrachtungszeitraum miteinander verbunden sind.

4.1.1.1 Hinduismus

Sehen wir uns zunächst die Hindu-Seite an. Hier lässt sich unsere Reinkarnationsvorstellung bis in die erste Hälfte des 20. Jahrhunderts kontinuierlich zurückverfolgen. Wir können für die Mitte des 20. Jahrhunderts exemplarisch auf die weit verbreiteten Einführungen in den Hinduismus von D. S. Sarma verweisen, die seit 1929 vielfach aufgelegt wurden (Sarma 1966, 64). Sarma war wiederum von Sarvepalli Radhakrishnan (1888–1975) beeinflusst, dem vielleicht wichtigsten Hindu-Philosophen in der ersten Hälfte des 20. Jahrhunderts, der ebenfalls eine Reinkarnationsvorstellung gemäß unserer Definition für den Hinduismus annimmt (Williams 1986). Radhakrishnans Konzept der Reinkarnation hat aber keinen direkten Vorläufer, und es finden sich auch um die Wende zum 20. Jahrhundert keine anderen Texte für den Hinduismus, die eine ähnliche Reinkarnationsvorstellung vertreten. Der Grund liegt darin, dass Radhakrishnan direkt auf eine Kritik des Missionars Alfred Hogg reagierte und zu dessen Ausführungen ein Gegenkonzept entwickelte. Radhakrishnan diskutierte dabei die Reinkarnation im Rahmen der Morallehre, weshalb ihm das Vorhandensein einer personalen Identität ein ausdrückliches Anliegen ist, wenn er auch kaum Mühe für eine genauere Begründung aufwendet.[4]

Eindrücklich bestätigt wird der Befund, dass es sich hier um keine Fortführung bereits vorhandener Konzepte handelt, durch einen Blick auf Vivekananda (1863–1902), dem vielleicht einflussreichsten Hindu-Reformer in der Zeit um 1900. Von ihm entlehnte Radhakrishnan sein Verständnis des Hinduismus. Dasselbe lässt sich jedoch nicht über die Reinkarnation sagen. Zwar bejahte Vivekananda Reinkarnation, verzichtete aber auf jegliche weiteren inhaltlichen Erläuterungen (Williams 1986, 56–59). Auch Vivekanandas Lehrer, Ramakrishna (1836–1886), zeichnete sich durch ein geradezu demonstratives Desinteresse in Bezug auf die Reinkarnationsfrage aus (Williams 1986, 57). Das Neue bei Radhakrishnan zeigt auch ein Vergleich zu Aurobindo Ghose (1872–1950), einem anderen großen Hindu-Reformer aus der derselben Zeit, der ebenfalls ein neues Konzept für Reinkarnation entwickelte, dabei aber personale Identität ausdrücklich ausschloss (Minor 1986).

4.1.1.2 Esoterik

Esoterische Reinkarnationsvorstellungen, die die Kriteriologie unseres Vergleichspunkts erfüllen, sind aus der zweiten Hälfte des 20. Jahrhunderts gut dokumentiert, wie zum Beispiel die einflussreichen Schriften von George Trevelyan und Thorwald Dethlefsen belegen (Trevelyan 1977; Dethlefsen 1979; Sachau 1996, 161–177; Hanegraaff 1996, 105–106, 262–275).[5] Wouter Hanegraaff hat jedoch herausgearbeitet, dass es bereits im New Age zwei sehr unterschiedliche Formen von Reinkarnation gibt. Zum einen existiere eine „populäre New-Age-Praxis", die von dem Gedanken „Ich war in einem früheren Leben diese oder jene Person" ausgeht und damit die Kontinuität einer personalen Identität über die verschiedenen Reinkarnationen hinweg voraussetzt. Zum anderen gebe es aber mehr theoretisch orientierte Schriften, die zwar „Reinkarnation" lehren, aber denen ein eindeutiges Bekenntnis zur personalen Identität zu fehlen scheint und die damit nicht mehr uneingeschränkt die Kriteriologie des Vergleichspunkts erfüllen (Hanegraaff 1996, 266–267). Letztere Entwürfe stehen in der Tradition von esoterischen Bewegungen, die in der ersten Hälfte des 20. Jahrhunderts die Reinkarnationsde-

---

4 Folgende Quellen belegen das: Hogg 1904/1905; Hogg 1910; Radhakrishnan 1914a; Radhakrishnan 1914b.
5 Esoterik ist ein schillernder Begriff und in vieler Hinsicht umstritten. Relativ einheitlich ist jedoch die Bestimmung, welche Strömungen seit der zweiten Hälfte des 20. Jahrhunderts zur Esoterik gerechnet werden können. Vgl. dazu entsprechende Einführungen: Stuckrad 2004; Hanegraaff 2013; Asprem and Strube 2021; und Cyranka in diesem Band.

batte dominierten. Es handelt sich um Bewegungen, die aus der Theosophischen Gesellschaft und ihr nahestehenden Kreisen hervorgingen (einschließlich moderner Rosenkreuzer, Anthroposophie und so weiter). Deren Reinkarnationsvorstellungen weisen zwei zentrale gemeinsame Merkmale auf. Erstens ist Reinkarnation Teil eines evolutionären Prozesses, der die Höherentwicklung des Geistes zum Ziel hat. In dieser Hinsicht entsprechen sie ganz dem Typus 1. Zweitens lehnen sie es aber durchweg ab, dass sich eine personale Identität reinkarniert. Innerhalb eines komplexen Menschenbildes wird meist prinzipiell zwischen einem höheren Selbst des Menschen, das Anteil an einer **transzendenten** Geisteswelt hat, und der Persönlichkeit, die das Individuum als personale Identität in seinem irdischen Leben charakterisiert, unterschieden. Derjenige Teil des Menschen, der der Reinkarnation unterliegt, ist aber nur das höhere Selbst, denn nach dem Tode kommt es zur Auflösung der Persönlichkeit. Allerdings gehen die Erfahrungen aus diesem irdischen Leben in das Gedächtnis des höheren Selbst über und insofern wird oft indirekt dann doch eine Kontinuität der personalen Identität behauptet. In diesen Konzepten wird die Reinkarnation einer persönlichen Identität also formal abgelehnt, aber dennoch zugleich implizit anerkannt.

Diese Unentschiedenheit ist nicht zufällig, sondern Ergebnis einer konfliktiven Auseinandersetzung zwischen Theosophie und **Spiritismus** am Ende des 19. Jahrhunderts. Der Spiritismus gründete seine Lehre auf den medial vermittelten Botschaften von verstorbenen Personen, und die Theosophische Gesellschaft wollte die Unmöglichkeit einer solchen Kommunikation aufzeigen. Der von Allan Kardec (1804–1869) geprägte französische Spiritismus plausibilisierte diese Möglichkeit der medialen Präsenz zusätzlich durch Reinkarnation, die ganz im Sinn von Typus 1 personal verstanden wurde und auch einen Fortschrittsgedanken enthielt (Sharp 2006). Die Theosophische Gesellschaft lehnte deshalb anfangs Reinkarnation weitgehend ab. Als führende Mitglieder in England versuchten, die Reinkarnationslehre von Allan Kardec in die Theosophie zu integrieren, kam es zu einer heftigen Auseinandersetzung, die letztlich zu dieser komplexen und widersprüchlichen Sicht auf die Personalität führte. Reinkarnation wurde zur neuen theosophischen Lehre, aber die Personalität in der genannten Weise eingeschränkt, um weiterhin die Möglichkeit medialer Präsenz, wie sie der Spiritismus lehrte, bestreiten zu können (Harlass 2021). Diese neue theosophische Reinkarnationslehre erhielt ihre Endfassung in der *Secret Doctrine* (1888) und den *Key to Theosophy* (1891) von Helena Petrovna Blavatsky (1831–1891). Es waren die Lehren der Theosophie und damit auch diese Reinkarnationsvorstellung, die weitgehend die entstehende globale Esoterik prägen sollte, während der Spiritismus zum Ende des 19. Jahrhunderts fast völlig an Einfluss verlor. Der französische Spiritismus vertrat zwar eine Reinkarnation mit personaler Identität und Fortschrittsgedanken, aber auf ihn gehen die heutigen esoterischen Reinkarnationsvorstellungen nicht zurück.

Um von einer „westlichen" Reinkarnationsvorstellung zu sprechen, wird auf Lessing verwiesen. Damit erhielte die „westliche" Reinkarnationsvorstellung ihre historische Wurzel in der europäischen Aufklärung. Das erste Problem an dieser Sichtweise besteht darin, dass Lessing keine zusammenhängende Reinkarnationsvorstellung vertrat. Weiterhin erhielt Lessing erst ab den 1880er Jahren seine prominente Rolle als europäischer Reinkarnationsvertreter (Cyranka 2005). Das führt unmittelbar zum zweiten Problem, dass nämlich Lessing im 19. Jahrhundert anfangs keine Rolle spielte. So hat sich Allan Kardec nirgendwo auf Lessing bezogen und die Genese seiner Reinkarnationsvorstellung lässt sich organisch aus dem romantischen Sozialismus herleiten, ohne dort direkte Vorläufer zu haben (Sharp 2006).

Genau genommen wäre also eigentlich Radhakrishnan die zeitlich älteste Referenz, zu der es von heute eine Kontinuität in die Vergangenheit gibt, so dass die vermeintlich „westliche" Reinkarnationsvorstellung sich als eine „östliche" herausstellte, wollte man diese Dichotomie anwenden. Hier geht es jedoch viel mehr um die grundsätzliche Überwindung dieser Dichotomie und um die Einsicht, dass das hier behandelte heutige Reinkarnationsverständnis sich voll und ganz einer globalen Verflechtungsgeschichte verdankt, die sich allerdings höchstens bis in die zweite Hälfte des 19. Jahrhunderts zurückverfolgen lässt.

4.1.2 Genealogie von Typus 2: Reinkarnation als Ursache gesellschaftlicher Stagnation

Die Ansicht, dass Reinkarnation die tragende Säule hinduistischer Welt- und Lebensauffassung sei, die dazu führe, dass der Hinduismus gesellschaftliche Passivität lehre, findet sich das ganze 20. Jahrhundert über in der wissenschaftlichen Forschung, aber nicht als hinduistisches Selbstverständnis. Für eine Quelle Anfang des 20. Jahrhunderts ließe sich exemplarisch auf Max Weber verweisen. Dieser sah im Hinduismus eine „geniale Verknüpfung", in der „durch die Wiedergeburtsverheißungen" die „Kastenlegitimität" mit der „realen sozialen Ordnung" verbunden werde, um „das feste Schema" zu schaffen, das eine starre und nicht dynamische, hierarchische Kastengesellschaft legitimiere (Weber 1921, 131). In der zweiten Hälfte des 19. Jahrhunderts wurde dieses Stereotyp von der christlichen Mission und dem **Orientalismus** auch in Indien propagiert. Vom Reformhinduismus und durch brahmanische Mitglieder der Theosophie wurde es in dieser Zeit apologetisch gewendet, indem die Überlegenheit der Reinkarnationslehre gegenüber christlichen Vorstellungen behauptet wurde. Auf diese Weise rückte Reinkarnation zeitweilig „ins Zentrum der indischen Selbstbehauptung gegenüber dem Westen" (Halbfass 2000, 287), und für Hindus wurde es selbstverständlich, das Vorhandensein von Reinkarnation im Hinduismus zu behaupten. Sie sahen darin aber gerade keine Verteidigung des brahmanischen Kastenwesens und des gesellschaftlichen Status Quo im Sinn von Typus 2. Weiterhin blieb die Rezeption formal und oberflächlich. In keiner der vielen Varianten des Reformhinduismus im kolonialen Indien erlangte die Reinkarnationsvorstellung als vertiefter Lehrinhalt größere Bedeutung, wie wir bereits am Beispiel von Vivekananda gesehen haben. Anscheinend war es erst Radhakrishnan, der dies änderte, obwohl selbst er die Vorstellung nicht wirklich ausführte.

4.2 Transhistorische Vergleiche

Mit einem transhistorischen Vergleich können Reinkarnationsvorstellungen aus unterschiedlichen Zeiten und Orten miteinander verglichen werden, ohne dass ein direkter historischer Rezeptionszusammenhang bestehen muss. Welcher transhistorische Vergleich sinnvoll ist, ergibt sich aus der Zielstellung. Oft wird argumentiert, eine „östliche" Reinkarnationsvorstellung, also der Typus 2, lasse sich direkt aus der vorkolonialen Sanskrit-Quellen ableiten. Um das zu überprüfen, ist ein transhistorischer Vergleich notwendig. Aus Platzgründen können die Ergebnisse hier nur skizziert werden. In der Regel geht es um drei verschiedene Quellenbestände. Erstens wird auf die *brahmanische Gesellschaftslehre* verwiesen. Als zentrale Referenz gelten das *Gesetzbuch des Manu* und das *Garuda-Purana* (Halbfass 2000, 214–220). Sie enthalten lange Listen darüber, was mit sündigen Menschen nach dem Tod passiert, die in ihrem Leben gegen das brahmanische Gesellschaftsideal verstoßen haben. Als Bestrafung wird ein langer Aufenthalt in einer schrecklichen Hölle angedroht und die anschließende Wiedergeburt in allen möglichen Tieren. Wiedergeburt als Verheißung für die Verbesserung oder Verschlechterung der sozialen Stellung im zukünftigen Leben spielt aber gerade keine Rolle. Zweitens trägt auch der Verweis auf die *brahmanische Naturphilosophie* wenig aus (Halbfass 2000, 129–175). Sie durchdenkt die kausale Kontinuität des Kosmos ohne persönliche moralische Zurechenbarkeit, und sie verneint daher eine personale Identität, die über Wiedergeburten hinweg Bestand hat. Drittens wird der *Advaita Vedanta*, eine zentrale Philosophie im heutigen Hinduismus, angeführt. Übeltäter erleiden Strafen wie in den Texten zur brahmanischen Gesellschaftslehre vorgesehen, während gute Seelen, wie in der Naturphilosophie, ohne personale Identität wiedergeboren werden. Asketen mit teilweiser Erkenntnis erreichen die Brahma-Welt, wo sie bis zur endgültigen Erlösung verbleiben, ohne erneut geboren zu werden (Glasenapp 1948, 108–114). Kurzum, es findet sich nirgends der Typus 2.

5 Zusammenfassung

Das hier präsentierte Fallbeispiel wollte zeigen, wie ein Religionsvergleich methodisch umgesetzt werden kann, der das Ziel hat, blinde Flecken im etablierten Forschungsstand kritisch zu überprüfen. Dazu wurde zunächst eine empirisch begründete Typologie als Vergleichspunkt etabliert. Der genealogische Vergleich zeigte, dass dieser Vergleichspunkt keine Universalität beanspruchen kann, da er nur eine Vorgeschichte bis ins 19. Jahrhundert aufweist. Zugleich wurde gezeigt, dass die bisherige partikulare Unterscheidung zwischen „westlich" und „östlich" keinen Sinn ergibt, denn die vermeintlich „westliche" Reinkarnationsvorstellung teilt mit dem heutigen Hinduismus dieselbe global verflochtene Vorgeschichte und hat auch keinen „westlichen" Ursprung. Die „östliche" Reinkarnation, die die Hindus zur gesellschaftlichen Passivität verleiten soll, ist dagegen eine imaginäre Zuschreibung, für die es in den Hindu-Quellen keine aussagekräftigen Belege gibt. Das hat sowohl der genealogische Vergleich als auch der transhistorische Vergleich gezeigt. Natürlich laden all diese Ergebnisse dazu ein, in Zukunft wiederum durch einen neuen Religionsvergleich kritisiert zu werden.

Literatur

Asprem, Egil and Julian Strube, Hg. 2021. *New Approaches to the Study of Esotericism*. Leiden: Brill.
Badewien, Jan. 2015. „Reinkarnation." *Religion in Geschichte und Gegenwart Online*. Leiden: Brill. https://doi.org/10.1163/2405-8262_rgg4_SIM_024899.
Bergunder, Michael. 2001. „Reinkarnationsvorstellungen als Gegenstand von Religionswissenschaft und Theologie." *Theologische Literaturzeitung* 126:701–720.
Bergunder, Michael. 2016. „Comparison in the Maelstrom of Historicity." In *Interreligious Comparisons in Religious Studies and Theology*, hg. v. Perry Schmidt-Leukel und Andreas Nehring, 34–52. London: Bloomsbury.
Bergunder, Michael. 2020. „Umkämpfte Historisierung: Die Zwillingsgeburt von ‚Religion' und ‚Esoterik' in der zweiten Hälfte des 19. Jahrhunderts und das Programm einer globalen Religionsgeschichte." In *Wissen um Religion: Erkenntnis – Interesse. Epistemologie und Episteme in Religionswissenschaft und Interkultureller Theologie*, hg. v. Klaus Hock, 47–131. Leipzig: Evangelische Verlagsanstalt.
Bergunder, Michael. 2024. „Encounters of the Brahmanical Sanskrit Tradition with Persian Scholarship in the Mughal Empire." *Interdisciplinary Journal for Religion and Transformation in Contemporary Society* 10:56–85.
Cyranka, Daniel. 2005. *Lessing im Reinkarnationsdiskurs: Eine Untersuchung zu Kontext und Wirkung von G. E. Lessings Texten zur Seelenwanderung*. Göttingen: V & R Unipress.
Dethlefsen, Thorwald. 1979. *Schicksal als Chance: Das Urwissen zur Vollkommenheit des Menschen*. München: Goldmann.
Freiberger, Oliver. 2022. *Religionsvergleich: Ansätze, Kritik, Praxis*. Baden-Baden: Nomos.

Gamble, Ruth. 2018. *Reincarnation in Tibetan Buddhism: The Third Karmapa and the Invention of a Tradition*. New York: Oxford University Press.

Glasenapp, Helmuth von. 1948. *Der Stufenweg zum Göttlichen: Shankaras Philosophie der All-Einheit*. Baden-Baden: Bühler.

Halbfass, Wilhelm. 2000. *Karma und Wiedergeburt im indischen Denken*. Kreuzlingen: Hugendubel.

Hanegraaff, Wouter J. 1996. *New Age Religion and Western Culture: Esotericism in the Mirror of Secular Thought*. Leiden: Brill.

Hanegraaff, Wouter J. 2013. *Western Esotericism: A Guide for the Perplexed*. London: Bloomsbury.

Harlass, Ulrich. 2021. *Die orientalische Wende der Theosophischen Gesellschaft: Eine Untersuchung der theosophischen Lehrentwicklungen in der Zeit zwischen den Hauptwerken Alfred Percy Sinnetts*. Berlin: de Gruyter.

Hogg, Afred George. 1904/05. „Mr. S. Subrahmanya Sastri on Hindu Philosophy." *Madras Christian College Magazine* 22:131–128.

Hogg, Afred George. 1910. *Karma and Redemption: An Essay Toward the Interpretation of Hinduism and the Re-statement of Christianity*. London: CLS.

Hughes, Aaaron W. 2017. *Comparison: A Critical Primer*. Sheffield: Equinox.

Kluge, Susann. 1999. *Empirisch begründete Typenbildung: Zur Konstruktion von Typen und Typologien in der qualitativen Sozialforschung*. Wiesbaden: Springer Fachmedien.

Lauritsen, Paul. 1989. *Reinkarnation und Freiheit*. München: Knaur.

Lincoln, Bruce. 2018. *Apples and Oranges: Explorations In, On, and With Comparison*. Chicago: University of Chicago Press.

Maltese, Giovanni und Julian Strube. 2021. „Global Religious History." *Method & Theory in the Study of Religion* 33:229–257.

Medhananda, Swami. 2023. „An Integral Advaitic Theodicy of Spiritual Evolution." *Religious Studies* 59, Special issue 1 *Evil and Suffering in the World*: S67-S81.

Meyer, Birgit. 2017. „Comparison as Critique." *HAU: Journal of Ethnographic Theory* 7:509–515.

Minor, Robert N. 1986. „In Defense of Karma and Rebirth." In *Karma and Rebirth: Post Classical Developments*, hg. v. Ronald W. Neufeldt, 15–40. Albany: SUNY.

Obst, Helmut. 2009. *Reinkarnation: Weltgeschichte einer Idee*. München: C.H. Beck.

Radhakrishnan, Sarvepalli. 1914a. „The Ethics of Vedanta." *International Journal of Ethics* 24:168–183.

Radhakrishnan, Sarvepalli. 1914b. „The Vedanta Philosophy and the Doctrine of Maya." *International Journal of Ethics* 24:431–451.

Rama, Swami. 1982. *Choosing a Path*. Honesdale: Himalayan International Institute.

Sakai, Naoki. 2013. „Die Mikrophysik des Vergleichs: Für eine Dislozierung des Westens." Übersetzt von Birgit Mennel. *Transversal – EIPCP multilingual webjournal* (Juni). OA: https://transversal.at/transversal/0613/sakai/de.

Sachau, Rüdiger. 1996. *Westliche Reinkarnationsvorstellungen*. Gütersloh: Gütersloher Verlagshaus.

Sarma, D. S. 1966. *Renascent Hinduism*. Bombay: BVB.

Sharp, Lynn L. 2006. *Secular Spirituality: Reincarnation and Spiritism in Nineteenth-Century France*. Lanham: Lexington.

Stausberg, Michael. 2022. „Comparison." In *The Routledge Handbook in Research Methods in the Study of Religion*. Second edition, hg. v. Steven Engler und Michael Stausberg, 15–33. Abingdon: Routledge.

Stuckrad, Kocku von. 2004. *Was ist Esoterik? Kleine Geschichte des geheimen Wissens*. München: C.H. Beck.

Torwesten, Hans. 1983. *Sind wir nur einmal auf Erden? Die Idee der Reinkarnation angesichts des Auferstehungsglaubens*. Freiburg im Breisgau: Herder.

Trevelyan, George. 1977. *A Vision of the Aquarian Age*. London: Coventure.

Weber, Max. 1921. *Gesammelte Aufsätze zur Religionssoziologie II: Hinduismus und Buddhismus*. Tübingen: Mohr.

Weber, Ralph. 2014. „Comparative Philosophy and the Tertium." *Dao – a Journal of Comparative Philosophy* 13: 151–171.

White, Claire. 2017. „Who Wants to Live Forever?" *Journal of Cognition and Culture* 17: 419–36. DOI: 10.1163/15685373-12340016.

Williams, George W. 1986. „Swami Vivekananda's Conception of Karma and Rebirth." In *Karma and Rebirth*, hg. v. Ronald W. Neufeldt, 4–60. Albany: SUNY.

Zander, Helmut. 1999. *Geschichte der Seelenwanderung in Europa: Alternative religiöse Traditionen von der Antike bis heute*. Darmstadt: Primus.

Zürrer, Ronald. 2000. *Reinkarnation: Die umfassende Wissenschaft der Seelenwanderung*. Neuhausen: Govinda-Verlag.

David Atwood
IV.2 Metaphern und die Lesbarkeit von Religion

1 Einleitung

Wir leben in **Metaphern**. So lautet der Titel eines der berühmtesten Bücher der modernen Metaphernforschung (Lakoff und Johnson [1980] 2011) und meint damit, dass wir uns mit Metaphern in der Welt orientieren: Wir „fühlen uns heute *obenauf*", „machen uns auf den Lebens*weg*" und sehen dabei den „*Weg* als Ziel", wir „*kämpfen* um das beste Argument" und sind dabei manchmal in „*Höchst*form" – und manchmal auch nicht. In diesen Beispielen sind die jeweiligen Metaphern kursiv gesetzt, das stilistische Mittel zeigt uns, wie grundlegend Metaphern für unser Denken und Sprechen sind.

Metaphern eröffnen also das Feld für die Analyse von Grundstrukturen des Denkens und der **Kosmologie** und führen uns dadurch auch in die religiöse Sprache hinein. Obschon in der bisherigen Geschichte der Religionswissenschaft die Metapher keinen etablierten eigenständigen Gegenstand darstellte, zeigt die gegenwärtige Forschung, dass die religionswissenschaftliche Metaphernforschung im 21. Jahrhundert einen Aufschwung erfährt.

Um das Anliegen einer religionswissenschaftlichen Metaphernforschung, ihre Möglichkeiten, verschiedenen Vorgehensweisen und Ansätze näher zu erläutern, gehe ich in einem ersten Schritt grundsätzlich auf Metaphern ein. Im zweiten Schritt wird die im engeren Sinne religionswissenschaftliche Metaphernforschung diskutiert um dann eine spezifische Metapherntheorie und -forschung (nach Hans Blumenberg) in den Blick zu nehmen, an die die Frage nach der Lesbarkeit von Religion anschließt. Als letztes diskutiere ich einige Anwendungsbeispiele einer religionswissenschaftlichen Metaphorologie, um dadurch forschungspraktische Ansätze aufzuzeigen.

2 Metaphern in der Wissenschaft

Eine frühe Bestimmung der Metapher findet sich in der Antike bei Aristoteles (384–322 v.u.Z.), der diese philosophisch als die „Anwendung eines Namens durch Übertragung" begründet hat (Wrana et al. 2014, 265). Es geht also um die Verschiebung eines Namens auf ein anderes Objekt, das dem ersten (zumindest ein wenig) ähnlich ist. Schon in der Antike wird in der Metapher ein allgegenwärtiges und zentrales Stilmittel gesehen, deren Bedeutung auch Cicero (106–43 v.u.Z.) in seiner Rhetorik hervorgehoben hat.

In der frühen Neuzeit wird die Metapher zunehmend kritisch gesehen, da sie – so die damalige Sichtweise etwa von Francis Bacon (1561–1626) – dem begrifflichen, analytischen und damit wissenschaftlichen Denken zuwiderlaufe (Ortony 1993, 472). Während dieses (Vor)urteil sich bis in die Moderne (etwa in Teilen der analytischen Philosophie) hält, entstehen parallel dazu schon im 17. Jahrhundert – etwa bei Giambattisto Vico (1668–1744) – Perspektiven auf die Metapher, welche in ihnen eine wichtige Leitfunktion für das menschliche Denken sehen und damit nichts, was der Wissenschaft gegenüberstehen würde.

Deutlich wird diese Perspektive bei Charles Darwin, der sein zentrales Konzept des „Kampfes um die Existenz" explizit als Metapher einführte: „I should promise that I use the term Struggle for Existence in a large and metaphorical sense" (Darwin 1859, 62). An diesem Beispiel ist erkennbar, dass auch die Wissenschaft selbst Metaphern verwendet (Hänseler 2005).

Im 20. Jahrhundert beginnen sich dann verschiedene Disziplinen intensiv mit der Metapher zu beschäftigen, was von Psychoanalyse über die Wissenschaftsgeschichte bis hin zu Literatur- und Textwissenschaften reicht. Allerdings werden erst nach dem Zweiten Weltkrieg explizite Metapherntheorien entwickelt (unter anderem von Ivor A. Richards und Max Black). Anders als noch bei Aristoteles, wo Metaphern eine Ähnlichkeit zwischen Quell- und Zielbegriff – also in der Metapher des *Lebenswegs* zwischen dem menschlichen *Leben* und einem *Weg* – widerspiegeln, behaupten die neueren Metapherntheorien wie diejenige von Max Black, dass Metaphern diese Ähnlichkeit überhaupt erst schaffen. Damit werden in erkenntnistheoretischer Sicht auch Metapherntheorien Schritt für Schritt in die Perspektive des **Konstruktivismus** überführt, der von der sozialen Konstruiertheit von Erkenntnis, Wissen und Wirklichkeit ausgeht.

Ab den 1980er Jahren etabliert sich dann die konzeptuelle Metapherntheorie von Lakoff und Johnson, die in der Konzeptualisierungsarbeit von Metaphern eine zentrale Rolle sieht. Gemeint ist damit die Idee, dass Metaphern eine abstrakte Idee in eine konkrete Form bringen. So beruht die oben genannte Metapher der „Höchstform" auf einer physischen Grundlage: Menschen und andere Säugetiere schlafen im Liegen, stehen aber, wenn sie wach sind (Lakoff und Johnson 2011, 23). Lakoff und Johnson etablieren mit ihrer der kognitiven Semantik zugehörigen Metapherntheorie ein breites Forschungsfeld, welches heute in der Sozialwissenschaft, aber auch in der Kultur- und der Geschichtswissenschaft eine wichtige Rolle spielt. Im Anschluss an Lakoff und Johnson wurden verschiedene kognitive und linguistische Metapherntheorien entwickelt. Eine davon ist die Blending-Theorie von Fauconnier und Turner (2002), welche die begriffliche Mischung von zwei Wissensquellen als Entstehungsquelle von neuem Wissen beobachtet. Einfach gesagt besteht etwa die Metapher des *Zeitflusses* aus zwei Quellen: Wissen über die Zeit sowie über Flüsse. Beide werden verbunden und ergeben die Aussage der Metapher, der zufolge die Zeit „wie ein Fluss fließt". Gerade eben habe ich zweifach von „Quellen" (Wissens- und Entstehungsquellen) gesprochen und damit selbst eine Metapher für die Beschreibung einer spezifischen Metapherntheorie verwendet.

Eine andere soziokognitive Metapherntheorie ist die Idee der Leitmetapher, was meint, dass eine Metapher durch häufigen und maßgeblichen Gebrauch einem Wissen Kohärenz und Zusammenhang verschafft (Wrana et al. 2014, 242). Ein Beispiel ist etwa die häufige Verwendung der Metapher von der „Spitze des Eisbergs" für Krisen oder Probleme unterschiedlichster Art. Die Eisberg-Metapher suggeriert, dass immer nur ein kleiner Teil des Ungemachs sichtbar ist.

Neben diesen kognitiven Metapherntheorieansätzen gibt es eine Reihe von eher philosophischen Auseinandersetzungen mit der Metapher. Neben so verschiedenen Ansätzen wie die frühe Geschichts- und Kulturphilosophie von Vico, die zeitgenössische Idee der *unerhörten Metapher* von Ernesto Grassi (1992) oder die unten genauer erläuterte Metaphorologie von Hans Blumenberg wird vor allem deutlich, dass wir im 21. Jahrhundert auf eine Vielzahl von verschiedenen Metapherntheorien blicken – eine Übersicht liefert Eckard Rolf (2005). Anstatt einer Definition möchte ich deshalb lediglich Merkmale von Metaphern angeben, welche die verschiedenen Metapherforschungen und -theorien größtenteils teilen: Metaphern sind erstens Wörter und somit ein linguistisches Phänomen, zweitens werden Metaphern für künstlerische, literarische, rhetorische und wissenschaftliche Zwecke verwendet, drittens basieren sie auf der behaupteten Ähnlichkeit zweier Dinge, die verglichen werden und viertens sind Metaphern Redewendungen, ohne die wir nicht auskommen (vgl. Kövecsces 2010, ix–x).

3 Metaphern und Religionswissenschaft

All die genannten Theorieansätze und ihre Instrumente können für die religionswissenschaftliche Arbeit genutzt werden. Religiöse Kosmologien – Weltordnungsvorstellungen und ihre Entstehungsgeschichten – verwenden beispielsweise verschiedene Orientierungsmetaphern, das heißt Metaphern, die aus der räumlichen Orientierung eine normative machen, etwa indem aus einer physischen Grundlage auf eine kulturelle Erfahrung geschlossen wird (wie im obengenannten Beispiel der „Höchstform"). Am bekanntesten sind die Orientierungsmetaphern von „Himmel" und „Hölle", welche zusätzlich die Konnotationen des Lichts (positiv) oder der Dunkelheit (negativ), zur Veranschaulichung von christlichen Konzepten nutzen.

Allerdings sind Metaphern als eigenständiger und vergleichbarer Gegenstand erst in den letzten Jahren in den Fokus der Religionswissenschaft gekommen. Dies zeigt ein Blick in die einschlägigen Fachlexika: Verweise auf die Thematik der Metapher finden sich lediglich in einzelnen Beiträgen, so etwa im Beitrag „Religion und Kommunikation" des *Handbuchs religionswissenschaftlicher Grundbegriffe* (Mörth 1993). Einen eigenen Beitrag „Metapher" gibt es im Lexikon *Religion in Geschichte und Gegenwart*, wobei Metaphern hier als Gegenstände verschiedener Disziplinen wie der Literaturwissenschaft, der Theologie, der Philosophie sowie der Kunstgeschichte, nicht aber der Religionswissenschaft beschrieben werden (Löser et al. 2018). Auch existiert ein allerdings äußerst knapper Eintrag im *Vocabulary for the Study of Religion* (Gibbs 2016). In religionswissenschaftlichen Fachzeitschriften ist die Thematik der Metapher ebenso kein maßgebliches Schlagwort, sondern wird häufig eher am Rande angesprochen (etwa bei Bergunder 2011, 27). So überrascht es nicht, wenn Klaus Hock schreibt: „Es gibt in der Religionswissenschaft keinen eigenständigen Diskurs zum Thema ‚Metapher'" (Hock 2010, 71).

Eine systematische und gleichzeitig religionsbezogene Ausnahme findet sich bei Thomas Tweed (2006). Dieser unternahm eine religionstheoretische Analyse der beiden Metaphern „Crossing" (für grenzüberschreitende Bewegung) und „Dwelling" (Verweilen), um damit die vielfältigen Ausdrucksformen von Religion zu systematisieren. Auch gibt es seit längerem verschiedene religionshistorische Studien zu einzelnen Metaphern oder Metapherkomplexen in spezifischen geografischen und historischen Kontexten (unter anderem Schlieter 2013; vgl. dazu die Übersicht bei Krech, Karis und Elwert 2023). Seit 2022 entstehen zudem im Kontext des Bochumer Forschungsprojektes „Metaphern der Religion" verschiedene Studien zu so diversen Themen wie zu Bienenmetaphern (Simonis 2024), zur Metaphorisierung des Unaussprechlichen im buddhistischen Praxissystem Mahamudra (Sobisch 2023) oder zu aggressiven Metaphern bei Luther und Cusanus (Stünkel 2023).

Klaus Hock stellte zusätzlich die generelle Frage, ob nicht Begriffe wie „Religion" und „Kultur" selbst zu Metaphern geworden sind (Hock 2010, 76–79). Dies liegt nicht nur in der Popkultur bei Bands wie *Bad Religion* nahe, wo die metaphorische Verwendung von „Religion" ein spezifisches (kritisches) Verständnis von Religion illustriert, sondern überall dort, wo etwas als Religion beschrieben wird – seien es etwa Athlet:innen im Sport oder Stars im Showbusiness.[1] Damit wird deutlich, dass auch wissenschaftliche Grundbegriffe selbst Metaphern werden können, was die Notwendigkeit einer Reflexion über Metaphern und ihre An-

---

[1] Das Beschreiben von Etwas „als Religion" und die dadurch ermöglichte (positive oder negative) Bewertung wird häufig als **Religionisierung** bezeichnet; siehe Dreßler in diesem Band; und Atwood 2020; 2019.

wendungen deutlich macht (Beinhauer-Köhler in diesem Band). Eine solche Reflexion findet sich unter anderem im Werk des Philosophen Hans Blumenberg.

4 Die Metaphorologie von Hans Blumenberg: Mythos und Metaphern

Hans Blumenberg (1920–1996) war ein deutscher Philosoph, dessen Bücher, Thesen und Perspektiven breit diskutiert werden. Allerdings ist Hans Blumenberg in der Religionswissenschaft bisher noch ein unbekannter Name. Seine Texte und Einsichten in die Thematik der absoluten Metapher, des **Mythos**, der Säkularisierung, der Zeitvorstellungen oder seine distanzierte Rekonstruktion der Theologien nach dem „Tod Gottes" sind wenig präsent oder in religionswissenschaftliche Arbeiten eingeflossen. Wenige Ausnahmen sind erst in den letzten Jahren entstanden (unter anderem Scolari 2019, Atwood 2019).

Dies erstaunt, denn das Ziel der Religionswissenschaft ist es immer auch, Religion in der Geschichte und Zeitgeschichte zu lesen, sie überhaupt (begrifflich-theoretisch begründet) lesbar werden zu lassen. Damit ist gemeint: die schriftliche Seite von Religion in all ihren Dimensionen zu erkennen, zu analysieren und zu beschreiben. Blumenberg bietet viele wertvolle Hinweise, um zur *Lesbarkeit der Welt* ([1979/1986] 2014) – und damit auch zur Lesbarkeit von Religion – beizutragen. Einer der maßgeblichen der vielen möglichen Anknüpfungspunkte an Blumenbergs Werk ist die Arbeit an der Metapher, welche für ihn immer auch nahe an der *Arbeit am Mythos* ([1979] 2006) liegt – letzteres ist der Titel eines seiner bekanntesten Bücher. Blumenbergs Metaphorologie stellt eine philosophisch und anthropologisch akzentuierte Metaphernforschung dar und weist eine Nähe zu der zeitgleich ab den 1960er Jahren entstehenden Begriffsgeschichte auf.[2]

Um deutlich zu machen, was Blumenberg an Metaphern interessiert und wie er mit ihnen arbeitet, lohnt sich ein Blick auf seine Schrift *Schiffbruch mit Zuschauer* von 1979. Er eröffnet den Text folgendermaßen: „Der Mensch führt sein Leben und errichtet seine Institutionen auf dem festen Land. Die Bewegung seines Daseins im ganzen jedoch sucht er bevorzugt unter der Metaphorik der gewagten Seefahrt zu begreifen" ([1979/1997] 2020, 9).

Die Schifffahrtsmetapher und ihre verschiedenen Möglichkeiten sind uns auch aus der Politik bekannt. So illustrieren Politiker:innen ihre Vorhaben häufig

---

[2] Die Begriffsgeschichte ist eine geisteswissenschaftliche Methode, welche die Geschichte und Veränderung von Begriffen und Konzepten beschreibt.

mit der Metapher des Schiffes und verdeutlichen damit, dass das „Staatsschiff" auf „Kurs ist".

Damit wird deutlich, dass wir es bei Metaphern mit einer Sprachform zu tun haben, die nicht nur eine große Flexibilität, sondern auch eine hohe Plausibilisierungskraft aufweist. Es erstaunt daher nicht, dass Metaphern und ihre Analyse neben der Literaturwissenschaft auch die Politikwissenschaft, die Soziologie oder eben die Religionswissenschaft interessieren. Das nächste Kapitel untersucht politische Metaphern wie diejenige des „Volkskörpers" etwas genauer. Zuvor soll jedoch noch in Blumenbergs Metaphorologie genauer eingeführt werden.

Ob Hans Blumenberg so etwas wie eine Metapherntheorie oder eine Methodologie der Metaphernforschung vorgelegt hat, ist durchaus strittig (Gehring 2014, 201; vgl. auch Haverkamp und Mende 2009). Unbestritten ist hingegen, dass er viele wertvolle Hinweise zur Analyse und Bedeutung von Metaphern gegeben hat. Am nächsten an eine Metapherntheorie kommt seine Programmschrift *Paradigmen zu einer Metaphorologie* ([1960] 2013). Blumenberg interessiert sich darin vor allem für die theoriesprachliche Metaphorik, also solche Metaphern, die eine große theoretische Aussagekraft besitzen, wie etwa das „Licht als Metapher der Wahrheit" (so lautete ein früher Aufsatz von 1957), die „nackte" Wahrheit, der erwähnte „Eisberg" als Metapher für eine Krise oder das ebenfalls genannte „Staatsschiff".

Er nennt diese besonderen Metaphern „absolute Metaphern", da sie „Grundbestände der philosophischen Sprache" sind und „sich nie restlos in die Logizität zurückholen lassen" (Blumenberg 2013, 14). Neben der Eigenschaft, nie restlos wegerklärt oder durch präzisere Begriffe ersetzt werden zu können, haben „absolute" Metaphern noch andere Eigenschaften: sie bieten grundlegende Orientierungsmuster und haben existenzielle Bedeutung, wie etwa der „Weg" für das Leben, das „Licht" für die Suche nach Wissen oder Erleuchtung oder der „Horizont" als Metapher für die Grenze der Erkenntnis. Die Epoche der „Aufklärung" (englisch „enlightenment") macht hier die absolute Metapher des Lichts und der zunehmenden Erhellung zum Namen und Programm. Mit anderen Worten: „Aufklärung" ist ein Paradigma, das sich als „heller/klarer machend" beschreibt.

Für Blumenberg sind absolute Metaphern dem Mythos sehr ähnlich. Beide bieten ein Modell für die Wirklichkeit an und unterscheiden sich oberflächlich gesehen dadurch, dass Mythen dieses Modell in eine Erzählung kleiden, während die Metapher dieses Modell in ein Wort oder eine Wortverbindung drängt. Nach Blumenberg ist der Unterschied aber viel eher darin zu sehen, dass die Metapher als Fiktion auftreten darf, während der Mythos seine „uralt-unergründbare Herkunft" behauptet (Blumenberg 2014, 111). Blumenberg kommt in diesem Kontext immer wieder auf den platonischen Höhlenmythos zurück, der nicht nur ein Modell für Erkenntnis darstellt und dadurch zu einer absoluten Metapher wird, sondern auch als Hintergrundmetapher die möglichen Gegner der „wahren" Erkenntnis zu zeigen erlaubt.³ Bei Platon waren es die Sophisten als Vertreter des Scheins der Schattenspiele in der Höhle.⁴

Im 21. Jahrhundert kann hier der Streit um „wahre" Erkenntnis zwischen Verschwörungsmythologen und ihren jeweiligen Gegnern – gegen die mit der Metapher des „Schafes" polemisiert wird – als aktuelles Beispiel angeführt werden. Das Schaf wird hier in abwertender Weise gegen Menschen verwendet, denen man zum Beispiel Staatsgläubigkeit vorwirft. Eigenschaften des Herdentiers Schaf werden also auf Menschen übertragen.

Beide Fälle zeigen, wie „wahres" Wissen mit Metaphern verteidigt und abgesteckt wird.

Blumenberg studiert die geschichtlichen Veränderungen, Wiederkehren und Variationen an ein und derselben Metapher – eben etwa der Seefahrt, dem Eisberg oder dem Licht – und zwar in historisch-vergleichender Weise (eben: paradigmatisch, das heißt dass eine Metapher eine bestimmte Weltsicht mit sich führt).

5 Metaphorologie als Methode in der Religionswissenschaft

Die Metaphorologie als Methode verbindet die ästhetische, theoretische und rhetorische Ebene miteinander und zeigt, wie Metaphern unser Denken strukturieren und Orientierungen in das Denken einführen, die selten explizit gemacht werden. Die Politikerin führt schließlich das „Staatsschiff" und betreibt keine Metaphorologie.

Der Ansatz der Metaphorologie ist in der Religionswissenschaft auf zwei Ebenen einsetzbar: Einerseits eignet sie sich als Methode für die Analyse von religions- und kulturhistorischen Quellen. Dies kommt etwa dann zum Zug, wenn ein Modell von Erkenntnis beschrieben wird (wie im platonischen Modell des Höhlenmythos, das Blumenberg mehrfach diskutiert) oder wenn Kreise und Kugeln

---

3 Platon entwickelt im Dialog „Politeia" eine der bekanntesten Allegorie für die Philosophie und seine Theorie der Ideen: in einer Höhle leben Gefangene, die ihr Gesicht vom Höhleneingang abgewendet haben und an der Wand nur die Schatten der realen Gegenstände, die mit einem Feuer an die Wand projiziert werden. Im Dialog wird von Sokrates die Frage aufgeworfen, was passiert, wenn sich nun ein Gefangener befreit und die Menschen und Dinge selbst erkennen würde. Der Dialog gilt unter anderem als ein Gleichnis für die Notwendigkeit des Philosophierens.
4 Die Sophisten waren Lehrer im antiken Griechenland, welche die Kunst der Rhetorik unterrichteten und von Platon kritisiert wurden. Er war ihnen vor, dass sie mit ihrer Rhetorik die objektiven Wahrheiten untergraben würden und damit die moralischen Grundlagen der Gesellschaft untergruben.

als kosmologische Metaphern verwendet werden (Blumenberg 2014, 163–189; Nientied 2009, 184). In der Engführung von Metapher und Mythos liefert die Metaphorologie zudem auch einen Beitrag zur Mythostheorie, was auch eine Aufgabe der Religionswissenschaft ist.

Anderseits ist die Metaphorologie auch für die religionswissenschaftliche Theoriebildung zu verwenden. Wie Klaus Hock beschrieb, können Begriffe wie Religion und Kultur selbst zu Metaphern werden. Dies gilt umso mehr für Ordnungsbegriffe wie „**Säkularisation**" oder „**Säkularisierung**", mit denen sich Blumenberg ein Leben lang kritisch auseinandersetzte und diese Kritik insbesondere in der *Legitimität der Neuzeit* ([1966] 1996) ausformulierte.

Säkularisierung ist nach Blumenberg ein ideenpolitischer Begriff, der in normativer Weise das setzt, was er behauptet (1996, 73–86). Einfacher gesagt: Blumenberg ist ein Aufklärungsbefürworter, der der Säkularisierungsthese vorwirft, eine Gleichheit von religiös-theologischen Aspekte und ihren neuzeitlichen Nachfolgern zu behaupten, welche die Ähnlichkeit statt den Unterschieden betont (Yelle in diesem Band). In eine Formel gebracht: Säkularisierungsthesen behaupten, dass x das säkularisierte y sei. Dies kann mit einem bekannten Zitat von Carl Schmitt illustriert werden, der schrieb: „Alle prägnanten Begriffe der modernen Staatslehre sind säkularisierte theologische Begriffe" (Schmitt [1922] 2009, 43). Blumenberg kritisierte Schmitt für diese Gleichsetzung und warf ihm und ähnlichen Nutzern des Säkularisierungsbegriffs vor, damit eine implizite Schuld der Neuzeit dem christlichen Mittelalter gegenüber zu behaupten (Blumenberg 1996, 21). Darin stecke die metaphorische Behauptung einer Vergleichbarkeit, Ähnlichkeit oder sogar Gleichheit (vgl. dazu Haverkamp 2018, 165–178). Auf den konkreten Fall übertragen: die prägnanten Begriffe der modernen Staatslehre sind Schmitts Ansicht nach den theologischen Begriffen zumindest ähnlich, vielleicht ihnen sogar gleichzusetzen. Die Behauptung der Säkularisierung ist also – folgt man Blumenberg und seiner Kritik an Schmitt – eine verschleierte Metapher, die das erst kreiert, was sie vorzufinden behauptet. Gerade im Bereich politisch-religiöser Ordnungsherstellung stellt die Metaphorologie somit eine lohnende Perspektive dar, was nun abschließend am Beispiel einer Staatsmetapher illustriert wird.

6 Anwendungen: Metaphern im Gefüge von Religion und Politik

Als letzte Illustration zwischen den Bereichen der Religion und der Politik soll die Metapher vom „Volkskörper" angesprochen werden, die eine der grundlegendsten sozialen Metaphern ist. Die Metapher vom „Körper des Souveräns" besitzt eine lange

Geschichte, die bis in die Antike zurückgeht und sich durch die europäische Geschichte stetig verändert hat, entsprechend der jeweiligen Herrschaftsform: aus dem Körper des Königs wird in der Neuzeit dann der republikanische Körper der Nation.

Am Beginn dieser – nach Blumenberg „absoluten" – Metapher steht eine Gründungsszene Europas aus dem Jahre 494 v.u.Z., als Rom durch einen Bürgerkrieg bedroht war. Der römische Historiker Livius schildert diese Periode und berichtet, wie Menenius Agrippa von den Patriziern entsandt wurde, um das aufrührerische Volk zu besänftigen. Dieser erzählt den Plebejern die Fabel von den Gliedern des Körpers: die übrigen Glieder empörten sich, dass sie alles für den Magen herbeischaffen mussten, dieser aber nichts zurückgebe. Da beschlossen sie, dem Magen nichts mehr zu bringen und ihn so durch Hunger zu bezwingen. Kurz vor der Erschöpfung sahen sie aber ein, dass auch dieser seinen Teil zum Leben des Körpers beitrage. Diese Geschichte ist ein Gleichnis, bei dem alle verschiedenen Gesellschaftsschichten ihren je eigenen Teil zum Gelingen des Ganzen beitragen. Damit wird mit dem Bild des kollektiven Körpers eine Metapher geschaffen, die aus der europäischen Geschichte nicht mehr wegzudenken ist (Koschorke et al. 2007, 15–21). Wichtig an dieser Geschichte ist, wie durch eine Fabel eine Evidenz geschaffen wird: Die Plausibilität des Bildes des kollektiven Körpers verhindert, dass über diese Metapher und ihre Metaphorizität nachgedacht wird. Die Metapher und ihre suggestive Kraft verstecken also andere Möglichkeiten, das Soziale zu denken (Koschorke et al. 2007, 18). Metaphern können also auch Herrschaftsmittel sein.

Die Fabel des Menenius Agrippa bildet zudem eine Schablone, auf der dann auch die paulinische Zentralmetapher des Leib Christi entwickelt wird, die für die *ecclesia* (die Kirche) übernommen wird (Koschorke et al. 2007, 71). Aus dieser wiederum formiert sich dann das im römischen Recht zentrale Konzept des *corpus* (des Körpers), welches die Staatslehren des Mittelalters prägte. Ein wichtiges Element dieser Staatslehren ist der zweifache Körper des Königs (Kantorowicz 1994, 317–338): Der König hat einen menschlichen, sterblichen Körper, aber eben auch einen sublimen, erhabenen – göttlichen – Körper. Letzterer stirbt nicht, sondern ist ewig und geht somit direkt auf den Königsnachfolger über: „der König ist tot, es lebe der König!" In der zeitgenössischen politischen Theorie wird auch darüber diskutiert, ob und wenn ja, wie dieser sublime Königskörper in die demokratische Staatskonzeption übergegangen ist und als Körper der Nation weiterhin wirksam bleibt (unter anderem Koschorke et al. 2007, 250–291; Santner 2015).

Diese hier nur sehr kurz dargestellte Geschichte zeigt, wie auch Recht und Politik von Fiktionen und Metaphern leben, welche nicht nur eine lange Geschichte haben, sondern auch eine suggestive Plausibilität mit sich bringen, die als eine mögliche Legitimationsquelle moderner Staaten relevant bleiben. Damit wird deutlich, dass Religionswissenschaft sich auch mit sakralisierenden Legitimationsstrategien beschäftigt, die traditionell eher im Bereich der Politik oder des Rechts verorten werden.

7 Schlussbemerkungen

Mit der Reflexion über Metaphern entwickeln wir einen Blick auf unser Denken, unsere grundlegenden Mythen und die gesellschaftliche Ordnung. Die Lesbarkeit von Religion als Perspektive stellt sich dabei nicht nur auf der Ebene der religionshistorischen Quellen ein, sondern auch auf der Ebene der Theoriebildung und damit der Sprache, mit der wir Religionswissenschaft betreiben. Behaupten wir etwa mit dem Säkularisierungsbegriff – „x ist das säkularisierte y" – eine Ähnlichkeit oder treten wir in eine genaue Analyse der behaupteten Ähnlichkeiten und Unterschiede ein? Religion lesbar zu machen, heißt somit auch, religionswissenschaftlich zwischen religiösem und wissenschaftlichem Metapherngebrauch zu unterscheiden und über diese Unterscheidung zu reflektieren.

8 Literatur

Atwood, David. 2019. *Schwellenzeiten: Mythopoetische Ursprünge von Religion in der Zeitgeschichte.* Baden-Baden: Nomos.

Atwood, David. 2020. „Killing Dragons: Religionisations in the Alps," *Culture and Religion* 21(1):72–85. https://doi.org/10.1080/14755610.2020.1858549.

Bergunder, Michael. 2011. „Was ist Religion? Kulturwissenschaftliche Überlegungen zum Gegenstand der Religionswissenschaft." *Zeitschrift für Religionswissenschaft*, 19/1–2:3–55. https://doi.org/10.1515/zfr-2011-0001

Blumenberg, Hans. [1979/1986] 2020[8]. *Schiffbruch mit Zuschauer: Paradigma einer Daseinsmetapher.* Frankfurt a. M.: Suhrkamp.

Blumenberg, Hans. [1979] 2014. *Die Lesbarkeit der Welt.* Frankfurt a. M.: Suhrkamp.

Blumenberg, Hans. [1960/1998] 2013. *Paradigmen zu einer Metaphorologie.* Kommentar von Anselm Haverkamp. Frankfurt a. M.: Suhrkamp.

Blumenberg, Hans. [1979] 2006. *Arbeit am Mythos.* Frankfurt a. M.: Suhrkamp.

Blumenberg, Hans. [1966] 1996. *Die Legitimität der Neuzeit.* Frankfurt a. M.: Suhrkamp.

Blumenberg, Hans. [1957] 2001. „Licht als Metapher der Wahrheit: Im Vorfeld der philosophischen Begriffsbildung." In *Ästhetische und metaphorologische Schriften*. Auswahl und Nachwort von Anselm Haverkamp, 139–171. Frankfurt a. M.: Suhrkamp.

Darwin, Charles. 1859. *On the Origin of Species*. London: John Murray.

Fauconnier, Gilles, Mark Turner. 2002. *The Way We Think: Conceptual Blending and the Mind's Hidden Complexities*. New York: Basic Books.

Gehring, Petra. 2014. „Metapher." In *Blumenberg lesen: Ein Glossar*, hg. v. Robert Buch und Daniel Weidner, 201–213. Berlin: Suhrkamp.
Gibbs, Raymond. 2016. „Metaphor." In *Vocabulary for the Study of Religion Online*, hg. v. Robert Segald und Kocku von Stuckrad. Brill. https://doi.org/10.1163/9789004249707_vsr_COM_00000371
Grassi, Ernesto. 1992. *Die unerhörte Metapher*. Frankfurt a. M.: Anton Hain.
Hänseler, Marianne. 2005. „Die Metapher in den Wissenschaften: Die Assimilierung eines Fremdkörpers in den epistemologischen Konzepten der Science Studies." *Österreichische Zeitschrift für Geschichtswissenschaften*, 16 (3):123–132.
Haverkamp, Anselm und Dirk Mende, Hg. 2009. *Metaphorologie: Zur Praxis von Theorie*. Frankfurt a. M.: Suhrkamp.
Haverkamp, Anselm. 2018. *Metapher – Mythos – Halbzeug: Metaphorologie nach Blumenberg*. Berlin: De Gruyter.
Hock, Klaus. 2010. „Metaphern im Kulturkontakt: Religionswissenschaftliche Perspektiven." In *Metaphern in Wissenskulturen*, hg. v. Matthias Junge, 71–84. Wiesbaden: Verlag für Sozialwissenschaften.
Kantorowicz, Ernst H. 1994. *Die zwei Körper des Königs: Eine Studie zur politischen Theologie des Mittelalters*. München: dtv.
Koschorke, Albrecht, Susanne Lüdemann, Thomas Frank und Ethel Matala de Mazza. 2007. *Der fiktive Staat: Konstruktionen des politischen Körpers in der Geschichte Europas*. Frankfurt a. M.: Fischer.
Kövesces, Zoltán. 2010. *Metaphor: A Practical Introduction*. Oxford: University Press.
Krech, Volkhard, Tim Karis und Frederik Elwert. 2023. „Metaphors of Religion: A Conceptual Framework." *Metaphor Papers* 1. https://doi.org/10.46586/mp.282.
Lakoff, George und Mark Johnson. [1980] 2011[7]. *Leben in Metaphern: Konstruktion und Gebrauch von Sprachbildern*. Heidelberg: Carl-Auer Verlag.
Löser, Philipp, Günter Figal, Mühling-Schlapkohl, Markus und Inken Mädler. 2018. „Metapher." *Religion in Geschichte und Gegenwart Online*. Brill. https://doi.org/10.1163/2405-8262_rgg4_COM_14023
Mörth, Ingo. 1993. „Religion und Kommunikation." In *Handbuch religionswissenschaftlicher Grundbegriffe*. Band 3, hg. v. Hubert Cancik, Burkhard Gladigow und Karl-Heinz Kohl. Stuttgart: Kohlhammer, 400–414.
Nientied, Mariele. 2009. „‚die gleychnuss alle zerbrechenn': Sprengmetaphern bei Meister Eckhart und Nikolaus von Kues." In *Metaphorologie: Zur Praxis von Theorie*, hg. v. Anselm Haverkamp und Dirk Mende, 181–202.
Ortony, Andrew, Hg. 1993. *Metaphor and Thought*. Cambridge: Cambridge University Press.
Rolf, Eckard. 2005. *Metapherntheorien: Typologie, Darstellung, Bibliographie*. Berlin und New York: de Gruyter.
Santner, Eric L. 2015. *Was vom König übrigblieb: Die zwei Körper des Königs und die Endspiele der Souveränität*. Wien: Turia & Kant.
Scolari, Baldassare. 2019. *State Martyr: Representation and Performativity of Political Violence*. Baden-Baden: Nomos.
Schlieter, Jens. 2013. „Checking the Heavenly ‚Bank Account of Karma': Cognitive Metaphors for Karma in Western Perception and Early Theravāda Buddhism", *Religion* 43:463–486, http://doi.org//10.1080/0048721X.2013.765630.
Schmitt, Carl. [1922] 2009[9]. *Politische Theologie: Vier Kapitel zur Lehre von der Souveränität*. Berlin: Duncker & Humblot.
Simonis, Linda. 2024. „Nektar und Stachel. Bienenmetaphern in Wittenberg: Philipp Melanchthon, Lucas Cranach und Johann Stigel." *Metaphor Papers* 6. https://doi.org/10.46586/mp.293.

Sobisch, Jan-Ulrich. 2023. „Do You Speak Mahāmudrā? How the Inexpressible Is Said Through Metaphors." *Metaphor Papers* 5. https://doi.org/10.46586/mp.260.

Stünkel, Knut Martin. 2023. „On Aggressive and Self-Aggressive Metaphors in Religious Language: The Cases of Martin Luther and Nicholas Cusanus". *Metaphor Papers* 3. https://doi.org/10.46586/mp.281.

Tweed, Thomas A. 2006. *Crossing and Dwelling: A Theory of Religion*. Cambridge: Harvard University Press.

Wrana, Daniel, Alexander Zien, Martin Reisigl, Martin Nonhoff und Johannes Angermuller, Hg. 2014. *Wörterbuch der interdisziplinären Diskursforschung*. Berlin: Suhrkamp.

Robert Langer
IV.3 Religionsbezogene Orte: Eine praxisorientierte Annäherung

1 Einleitung

Orte und räumliche Gegebenheiten stehen schon lange im Fokus der Religionsforschung. Nicht zuletzt raumbezogene Rituale zahlenmäßig starker religiöser Traditionen, wie die islamische Pilgerfahrt nach Mekka (*Ḥaddsch*) oder Wallfahrten im Bereich indischer Religionen waren und sind Gegenstände der Religionswissenschaft wie auch anderer Disziplinen. Die Volkskunde (heute zumeist als Europäische Ethnologie bezeichnet) und die Ethnologie bzw. Sozial- und Kulturanthropologie haben sich intensiv mit dem Phänomen der individuellen wie der kollektiven Wallfahrt beschäftigt (Kriss 1963; Turner und Turner 1978) und dabei zahlreiche religiös genutzte Orte sowie mit ihnen verbundene Praktiken in Europa (zum Beispiel Kriss 1931) und dem anschließenden Mittelmeerraum dokumentiert (zum Beispiel Westermarck 1926 zu Marokko und Kriss und Kriss-Heinrich 1960 zum östlichen Mittelmeerraum vom Balkan bis nach Ägypten). Besondere Aufmerksamkeit erhalten Fälle, bei denen es über sehr lange Zeiträume andauernde Konflikte um religiös aufgeladene Stätten gibt (Konflikt um den Tempelberg in Jerusalem: Croitoru 2021; Konflikt um die historische Moschee von Ayodhya in Nordindien, 1992 von Hindunationalisten zerstört: Platvoet 1995; Cesari 2021). Andererseits beschäftigt sich ein Strang der religionsbezogenen Raumforschung mit dem Phänomen geteilter religiöser Räume (*Shared Spaces*), wobei unterschiedliche Grade des Teilens (gleichberechtigte gemeinsame Nutzung *versus* Duldung von religiösen Minderheiten durch die dominierende Mehrheit) diskutiert werden (zum Beispiel Reuter 2021; Hayden 2022); schließlich wird in jüngerer Zeit auch auf das Phänomen des Religionstourismus eingegangen (Stausberg 2011).

Durch den Spatial Turn (das Schlüsselwerk hierzu: Lefebvre [1974] 1991) wie auch den Material(ity) Turn sind Raum, **Ort**[1] und die in diesem Zusammenhang auffindbaren Materialisierungen von Religion (Meyer 2019) in Form von Topographie, Architektur, Infrastruktur, Artefakten und der Rolle menschlicher Körper bei damit verbundenen Praktiken wieder mehr in den Mittelpunkt religionsbezogener Forschung gerückt (zum Beispiel Bräunlein und Weiß 2020). Religiös moti-

---
[1] Unter Ort soll hier der physische, topographisch eindeutig kartierbare Ort verstanden werden, wohingegen das Konzept von Raum auf die gesellschaftliche Konstruiertheit, Situativität und historische Dynamik räumlicher Verhältnisse verweist.

vierte Raumnutzung und Orte, an denen religiöse Aktivitäten stattfinden, eignen sich dabei gut, **Netzwerke** und Kristallisationspunkte (Hauser-Schäublin 2003, 43–49) religiöser Praxis aufzuzeigen. Dies kann im Rahmen größerer *Surveys* (zum Beispiel von Städten wie Berlin: Grübel und Rademacher 2003; Regionen wie Nordrhein-Westfalen: Hero, Krech und Zander 2008; von bestimmten Religionstraditionen: Langer 2008) wie auch punktueller, stationärer Studien geschehen, die dennoch den weiteren, räumlich-sozial-historischen Kontext einbinden (so zum Beispiel Knott 2005, Voswinckel Filiz 2022). Insofern sind solche Forschungen gut geeignet, bei studentischen Lehrforschungen durchgeführt zu werden. Letzteres habe ich im Rahmen meiner Lehrtätigkeit einige Male umgesetzt; einerseits standen dabei historische und aktuelle religiös genutzte Orte im Mittelpunkt, also Wallfahrtsorte, kleinere lokale Kapellen und religiös markierte Gedenkorte (wie Wegkreuze, zum Beispiel zur Markierung von Unfallorten), kleinere Kirchen und Moscheen im **urbanen** und ländlichen Raum, von neu-religiösen Gruppen genutzte Orte (natürliche Formationen oder Strukturen der Landschaftsarchitektur, die an vorchristliche Traditionen erinnern)[2], aber auch temporär genutzte Orte, wie sie zunehmend im Bereich evangelikaler Gruppen eine Rolle spielen (angemietete *Event Locations* und Ähnliches); hieraus ergibt sich eine besondere Herausforderung, der methodisch noch nicht ausreichend Rechnung getragen wurde (vgl. aber Forte 2018).

Ein Anstieg der Zahl religiös genutzter Orte und Strukturen ist auf die zunehmende Zahl und Aktivitäten von Angehörigen zugewanderter religiöser Traditionen zurückzuführen. Die dadurch entstehenden Veränderungen in der Nutzung des öffentlich sichtbaren, säkularen Raums führen manchmal zu Konflikten, am deutlichsten bei muslimischen Gemeinschaften (Beinhauer-Köhler und Leggewie 2009), weniger zum Beispiel bei hinduistischen Tempelbauten (Baumann 2009, Luchesi 2020). In anderen Fällen werden die Schwierigkeiten bei der Aneignung von Raumressourcen durch in den letzten Jahrzehnten neu hinzugekommene Träger religiöser Traditionen zumeist nur durch Forschungen sichtbar (Büchner 2000). Auf meinen Lehrerfahrungen wie auch eigenen Forschungen basiert dieser Beitrag, der das für solche Forschungen notwendige Methodenrepertoire – sowohl grundlegende Methoden der **Feldforschung** wie auch raumspezifische Perspektiven – praxisorientiert darstellen will. Grundlegend sind dabei theoretische Konzepte der Religionsgeografie (Hoheisel 1988; Hock 2002, 146–152), zu Ort (*Place*) und Raum (*Space*) (Chidester 2016) sowie materieller Kultur, Materialität (Gygi 2018, Samida, Eg-

---

2 Beispielsweise der sogenannte „Druidenhain" in der Fränkischen Schweiz, eine natürliche Felsformation, oder der „keltische Steinkreis" (*Google Maps*) am Stadtrand von München, ein Objekt der Landschafts- und Gartengestaltung.

gert und Hahn 2014, Bräunlein 2017) und **materieller Religion** (*Material Religion*; Meyer et al. 2010, Meyer 2012, Prohl 2012, Morgan 2016, 2021).

Mit dem hier vorgestellten praktischen Vorgehen können sowohl klassische Religionsgemeinschaften, ihre Kultorte und damit verbundene Praktiken bis hin zu räumlichen Arrangements und Raumnutzungen wenig organisierter Weltanschauungen wie auch postmoderner, **neuer Religiositäten** untersucht werden. Dazu können auch von Religion tangierte, profane Strukturen zählen, also religiöse oder weltanschauliche Elemente zum Beispiel bei Gedenkorten wie KZ-Gedenkstätten, Kriegerdenkmälern, Naturdenkmälern etc. Generell muss man sich somit zuerst die Frage stellen: Wie und wo findet Religion statt bzw. an welchen Orten wird sie sichtbar und damit dokumentier-, mess- und analysierbar? Dieses Kapitel bietet einen Vorschlag zum praktischen, multi-methodischen Vorgehen zu orts- und raumbezogener Religionsforschung (vgl. Knott 2011; sowie allgemeiner mit dem Ziel der Herstellung von „Religionskompetenz" Koch, Tillessen und Wilkens 2013).

2 Vorbereitung der Feldforschung

Das Feld, also der geografische Raum, der untersucht werden soll, lässt sich zunächst im Internet vorrecherchieren und relevante Orte ermitteln. Geografische Informations-Systeme (GIS), wie *Google Maps* oder *Open Street Maps*, einschließlich Wander-Apps, enthalten, im Gegensatz zu gedruckten Kartenwerken, eine Vielzahl von religionsbezogenen Markierungen (Tags) durch die Nutzer wie „Religiöser Ort", „Religiöse Institution", „Moschee", „Kirche", „Freikirche", „**Geheiligte Orte**" [sic], „Kapelle" und so weiter. Durchaus nicht wenige, auch kleinere Devotionsorte sind in *Wikipedia* verzeichnet. Handelt es sich bei den Orten bzw. den dort vorhandenen Gebäuden um registrierte Denkmäler, so finden sich diese in staatlichen Denkmallisten, die manchmal online einsehbar sind (zugehörige Dokumentationen meist nur bei den Denkmalämtern). Nicht zu vernachlässigen sind auch Sammlungen, die von Amateurforschern oder Enthusiasten (zum Beispiel für München und Umgebung https://www.mystisch.net/blog/) auf privaten Internetseiten angelegt wurden. Schließlich bestehen für einige Regionen oder Städte bereits Inventare religiös genutzter Stätten (zum Beispiel *Un-sichtbar*; eine Liste bei Knott 2011, 494). Manche Orte, insbesondere solche der jüngeren Migrationsgemeinschaften, wie afrikanisch-stämmige Freikirchen oder Moscheen, sind jedoch eher nicht in solchen Quellen verzeichnet, da es sich oftmals um prekäre oder nur temporär genutzte Örtlichkeiten handelt (vgl. Burchardt 2000).

Im Internet finden sich neben wissenschaftlicher und populärer Literatur oder anderen Textquellen (lokalhistorische Darstellungen auf privaten oder kommunalen Internetseiten) zu vielen Orten insbesondere auch Bildmaterialien, die man im Vorfeld ermitteln kann und die einen ersten Eindruck von geografisch-räumlichen Situationen vermitteln (auch relevant zur Dokumentation der Baugeschichte).

Aus (Online-)Kartenwerken lässt sich der weitere geografische Kontext, zum Beispiel die verkehrstechnische Erreichbarkeit und Vernetzung, Zugangsmöglichkeiten etc., ermitteln. Wichtig ist der administrative Kontext (zuständige kommunale Verwaltung) und eventuelle Einbindung in weitere Institutionen (Vereine, Dachverbände, Kirchengemeinden, Pfarreien, **interreligiöse** Strukturen), der oftmals online ermittelbar ist.

Manches davon scheint in **Sozialen Medien** auf; wichtig ist dabei, dass ältere Social-Media-Plattformen noch immer eine große Bedeutung haben können (*Facebook*!). Hier, wie natürlich auch bei *Instagram* etc., finden sich Hinweise auf Veranstaltungen und Aktivitäten, und es lassen sich manchmal Personen ermitteln, die man kontaktieren sollte, um den Forschungskontext zu erläutern, Vertrauen herzustellen und ggf. weitere Informationen zu Geschichte, Mitgliedern, Verwaltung, regelmäßigen oder außerordentlichen Veranstaltungen etc. einzuholen und mit denen man schließlich einen ersten Besuch vereinbaren kann. Veranstaltungen, wie Gottesdienste oder Feste, bieten sich durchaus als Anlass für einen ersten Besuch an.

3 Feldforschung

Besucht man Devotionsorte und interagiert mit Personen vor Ort, so betreibt man Feldforschung. Dies kann in unterschiedlichen Graden an eigener Involviertheit in vor Ort stattfindende Aktivitäten geschehen (siehe unten „Teilnehmende Beobachtung"), beinhaltet aber in jedem Fall durch die eigene Präsenz den Einsatz der eigenen Sinne und damit des eigenen Körpers gleichsam als Messinstrument (Carp 2011, 474). Da dies in Interaktion mit anderen Menschen geschieht, erfordert diese Methode vom Feldforschenden eine gewisse Empathie, die Herstellung einer Verbindung zu den Beforschten (*Rapport*), ein Zurücktreten hinter vorgefasste Ansichten (*Epoché*), Respekt, Aufmerksamkeit und eine dialogische und reflexive Grundhaltung sowie eben Präsenz. In dem Zusammenhang ist auch mit Konflikten – bedingt durch die gesellschaftlichen wie auch gruppeninternen Machtverhältnisse – zu rechnen. Nicht alle sind für solche Herangehensweisen und die daraus entstehenden Situationen prädestiniert. Es ist jedoch die einzige

Möglichkeit, gelebte Religion zu dokumentieren (gute Zusammenfassungen finde sich bei Musante-Dewalt 2018, Schmidt 2015, 62–71 und speziell religionswissenschaftlich bei Harvey 2022).

Erste Kontakte über öffentliche Telefonnummern oder E-Mail-Adressen ergeben sich normalerweise mit Verantwortlichen, die meist Verwalter und/oder religiöse Spezialisten, das heißt Experten sind. Werden neben den Kontaktpersonen aber weitere Menschen vor Ort angetroffen, so sollte man sich vorstellen und jede Gelegenheit nutzen, um weitere, lockere Gespräche zu führen. In allen diesen Fällen kann man für spätere Besuche längere Interviews vereinbaren und durchführen, die man, wenn Einverständnis besteht, neben schriftlichen Notizen auch per Ton- oder Filmaufnahme aufzeichnen kann (in solchen Fällen sollte man sich eine schriftliche Einverständniserklärung unterschreiben lassen, wenn der Kontext, zum Beispiel prekäre rechtliche Lage der Beforschten, nicht dagegenspricht).

4 Kartierung und Dokumentation der Raumverhältnisse

Verfügbare Online-Kartenwerke ermöglichen die Eintragung von eigenen Ortsmarkierungen und deren Kommentierung. Eigene Lageskizzen sind nach wie vor nützlich zur Darstellung der Details von Wegen und Orten und zur Anschaulichmachung der Wechselwirkungen zwischen Topographie, Infrastrukturen und menschlicher Kulturaktivität (Burchardt und Höhne 2015), wie religiöser Praxis. Insbesondere Skizzen der Räumlichkeiten zur Dokumentation der kleinräumigen Raumverhältnisse sind unerlässlich; eigene fotografische (gegebenenfalls filmische) Dokumentationen, die bei einer Begehung, wenn die Erlaubnis dazu eingeholt ist, erstellt werden, können nämlich auf diese Weise **kontextualisiert** und im Raum verortet werden: Das Foto als zweidimensionales Medium lässt dies nicht ohne Weiteres erkennen. Möglicherweise ist die Fotodokumentation erst bei einem zweiten Besuch, wenn das notwendige Vertrauen hergestellt ist, durchzuführen. Wichtig dabei ist, nicht nur zentrale Räumlichkeiten des Ritualgeschehens zu erfassen, sondern auch profane Strukturen wie Gemeinschafts- und Unterrichtsräume, Büros, Küchen, Sanitäranlagen, eventuell Leichenräume, Vorratsräume und deren jeweilige Kapazitäten. Bei einer solchen Begehung, die durch gezeigtes Interesse und Empathie für die Situation der Gemeinschaft sensibel durchzuführen ist, sollte über die räumlichen Verhältnisse und deren quantitative Erfassung hinaus auch auf die eigene Wahrnehmung von Dekor, Gerüchen (von Speisen, Kerzen, Räucherwerk etc.), Geräuschen, Wärme- und Lichtverhältnissen, also die Empfindung einer „Atmosphäre" (Radermacher 2020), geachtet werden. Dies fällt teilweise schon unter den nächsten Aspekt: die materielle Kultur.

5 Materielle Kultur/Materiale Religion

Zur Analyse der örtlichen Dingwelten benötigt man eine detaillierte Aufnahme des vorgefundenen materiellen Bestandes, praktischerweise als Fotodokumentation ergänzt durch Lageskizzen, um – wie in der Archäologie – den Fundkontext zu erfassen.[3] Angefangen von Architekturdetails und Innenraumgestaltung erfasst man jegliches Dekor, möglichst alle Artefakte (Votivgaben, Gewänder, Ritual-Paraphernalien, Bücher) und Ausstattungsgegenstände, mögen sie (zunächst) noch so profan und belanglos erscheinen.

Zur materiellen Kultur gehören in diesem ganzheitlichen Sinne auch Bilder (Gemälde, Wandmalereien, ausgehängte Fotografien; Favrot Peterson 2022, Harvey 2011) sowie Artefakte mit Texten wie Aushänge, Informationstafeln, Hinweisschilder, Inschriften, Stifterplaketten (Davie und Wyatt 2022) und so weiter. All diese Artefakte könne in kombinierten, schrein- oder altarartigen Arrangements zusammengestellt sein, worauf besonderes Augenmerk zu richten ist, da sich in solchen Assemblagen Bedeutung und Emotionalität verdichten.

Schließlich finden sich an religiös genutzten Orten oftmals administrative oder lokalgeschichtliche Archivalien, zum Beispiel Rechnungs-, Inventar- und Stiftungsverzeichnisse, Sitzungsprotokolle, unveröffentlichte Studien zum Ort oder der Gemeinschaft und gegebenenfalls auch publizierte Materialien (eventuell Bibliothek), die von Relevanz für den Ort und die jeweilige Gemeinde sind. Allerdings handelt es sich dabei zum Teil um sensible Materialien, deren Einsicht gegebenenfalls nur nach einem längeren Vertrauensverhältnis möglich ist.

Gibt es am Ort Verkaufsstände, zum Beispiel für Wallfahrts-Souvenirs und anderen Devotionalien, so sollten diese und ihre Bestände dokumentiert werden: Über solche mitnehmbaren Objekte werden die Ästhetiken der jeweiligen Ge-

---

[3] Bei historischen Anlagen ist daran zu denken, dass unter Umständen als künstlerisch wertvoll oder historisch bedeutsam eingeschätzte Objekte (Bilder, Skulpturen, Inschriften, Manuskripte und so weiter) entfernt worden sind. Ein eklatantes Beispiel ist die Räumung sufisch und volksreligiös genutzter Anlagen in der frühen Türkischen Republik, deren bewegliches Inventar rigoros in Magazine oder ausgewählt in Museen verbracht wurde. Entfernte Objekte bleiben oftmals im kollektiven Gedächtnis der mit dem Ort verbundenen Gemeinschaften und werden unter Umständen durch Kopien ersetzt oder sogar in den Museen aufgesucht; vgl. zum Beispiel Voswinckel Filiz 2022.

meinschaft deutlich, die sich damit von den Devotionsorten bis in die Haushalte der Nutzer erstrecken.

Schließlich gehören zur Materialität die menschlichen Körper und ihre Ausgestaltungen: Man achte auf vorherrschende Kleidungskonventionen und -moden sowie genderbezogene Raumaufteilungen. „Bodies both give rise to and are components of material culture. Bodies in the field of study are primary data in material culture, while scholars' bodies are the primary source of method and an inescapable methodological limitation" (Carp 2011: 474).

6 Teilnehmende Beobachtung

Das Ende des obigen Zitats verweist auf unsere Rolle als Menschen mit einem physischen Körper im Forschungsprozess, namentlich bei der Teilnehmenden Beobachtung, der zentralen Feldforschungsmethode (siehe oben zu „Feldforschung" und Eramian 2018). Diese kann in einem Spektrum von unbeteiligtem Beobachten bis hin zur vollständigen Partizipation (zum Beispiel an Ritualen) erfolgen. Abhängig sind die Grade der Partizipation von der jeweiligen Situation und den Möglich- und Befindlichkeiten des Forschenden; dies kann sich von Situation zu Situation und im Laufe der Feldforschung verändern.

In jedem Fall ist es wichtig, soweit möglich, an religiösen und kulturellen Aktivitäten (Rituale, Feiern, soziale Aktivitäten) vor Ort teilzunehmen, um einen Eindruck von der Raumnutzung zu erlangen. Dabei ergeben sich in der Regel aus der Situation heraus Gespräche mit Teilnehmenden. Hierbei kann man in lockerer Form Gründe und Frequenz von Besuchen erfragen; von Bedeutung ist beispielsweise auch, von wo die Personen angereist sind, um das Einzugsgebiet des Ortes zu erfassen. Ebenso interessant und gesprächsmotivierend sind Fragen nach der Geschichte und aktuellen Situation des Orts, nach besonderen Tagen der Nutzung und so weiter.

Nimmt man an Ereignissen mit größeren Besucherzahlen teil, so ist eine weitere Datenebene die Zählung und Beschreibung der Nutzer nach Geschlecht, Alter, Kleidung und so weiter. Wie bereits oben betont, sollten die eigenen Wahrnehmungen und Empfindungen ebenso dokumentiert werden, da ja die sinnliche Erfahrung des Forschenden das primäre Werkzeug und Interface der Datenerhebung ist. Hier werden zum Beispiel Angaben zur Raumatmosphäre, gerade auch in Ritualkontexten, zum Erleben von Abläufen, des Einsatzes von Objekten etc. relevant.

Darüber hinaus können im Rahmen der Gespräche *Mental Maps* erhoben werden, also das subjektive Raumempfinden, das vom konkreten Ort bis hin zu weit entfernten Zentren (Rom, Jerusalem, Mekka) reichen kann, zum Beispiel durch Fragen nach Orten, die für die Gesprächspartner relevant sind (zur mentalen Produktion von Raum vgl. Knott 2011).

7 Dokumentation von Forschungsdaten

Als Grundlage zur Erstellung einer Ortsanalyse dienen die Daten aus Recherche und Feldforschung. Während oder möglichst direkt nach Aufenthalten im Feld notiert man Informationen (= Feldnotizen) und verknüpft diese mit gegebenenfalls selbst erstellten Skizzen, Fotografien und Filmen. Ebenso wichtig sind eigene Eindrücke und Reflexionen, zum Beispiel zur Wirkung von Ort, Räumen, Objekten und Personen (= Feldtagebuch) (Fischer und Beer 2020). Sorgfältig geführte Dokumentationen sind nützlich bei nochmaligem Kontakt mit Forschungspartnerinnen und -partnern im Feld bei der Klärung weiterer Fragen. Auf Forschungsethik kann hier aus Platzgründen nicht gesondert eingegangen werden. Berücksichtigt werden sollten die allgemeinen Standards für ethnographische Forschungen (Dilger 2020; Gilliat-Ray 2022).

8 Mehrwert und Relevanz

Aufgrund ihres grundlagenforschenden Charakters, bedingt durch die vielfältige Datengenerierung, handelt es sich bei dem hier skizzierten Vorgehen um einen nachhaltigen Forschungsschritt: Dokumentationen können für spätere Arbeiten weiterverwendet werden; Daten können zum Beispiel der lokalen Geschichtsschreibung, auch durch die beforschten *Communities*, dienen; staatliche Denkmallisten können ergänzt werden. Die erhobenen Daten sind dabei nicht nur spezifisch für Fragen der Orts- und Raumforschung relevant, sondern können als Grundlage für weitere Forschungen, zum Beispiel zu Ritualen und sonstigen kulturellen Performanzen der involvierten Gemeinschaften, dienen.

Ein mehrere Einzelstudien umfassendes *Mapping Religion*-Projekt, wie für eine Großstadtregion, sollte dabei nicht einfach einen Denkmälerkatalog darstellen, sondern Verknüpfungen, Infrastrukturen und die Kartierung von nicht unmittelbar sichtbaren Elementen von aktueller oder potenzieller Signifikanz umfassen.

Handelt es sich, zum Beispiel bei studentischen Forschungsseminaren, um Untersuchungen verschiedener Orte, so können die Darstellungen einzelner Orte innerhalb eines Areals wie einer Großstadt oder einer Region in gemeinsamen Exkursionen miteinander verglichen werden. Dies bietet die Möglichkeit, vergleichbare Einheiten unterschiedlicher kulturell-religiöser Traditionen in einem größeren Rahmen zu kontextualisieren und gemeinsam eine Gesamtanalyse vorzunehmen. Auch können solche studentischen Projekte mit jeweils neuen Teilnehmenden über längere Zeiträume laufen und dabei eine größere historische und soziokulturelle Tiefe sowie eine höhere Quantität erfasster Orte erlangen (vgl. *Community Religions Project* 1976– <https://crp.leeds.ac.uk≥>; Knott 2009; *Unsichtbar* <https://un-sichtbar.hypotheses.org/≥>).

*Survey*s verschiedener Regionen können schließlich Vergleich, Klassifikation und Typologisierung ermöglichen, was in die Strukturanalyse eines weiteren geografischen Kontextes einfließen kann, zum Beispiel zusammen mit stadtplanerisch arbeitenden Geografen. Relevanz können solche aufbereiteten Daten für die Verwaltung von Religion durch kommunale Behörden und interreligiöse Gremien, für die Stadt- und Raumplanung und für den Schutz von Kulturgut, zum Beispiel auch bei militärischen Konflikten, erlangen.

Literatur

Baumann, Martin. 2009. „Templeisation: Continuity and Change of Hindu Traditions in Diaspora."
  Journal of Religion in Europe 2:149–179.
Beinhauer-Köhler, Bärbel und Claus Leggewie. 2009. *Moscheen in Deutschland: Religiöse Heimat und gesellschaftliche Herausforderung*. München: Beck.
Bräunlein, Peter J. 2017. „Die materielle Seite des Religiösen: Perspektiven der Religionswissenschaft und Ethnologie." In *Architekturen und Artefakte: Zur Materialität des Religiösen*, hg. v. Uta Karstein und Thomas Schmidt-Lux, 25–48. Wiesbaden: Springer Fachmedien.
Bräunlein, Peter J. und Sabrina Weiß. Hg. 2020. Themenschwerpunkt „Sakralarchitektur". In *Zeitschrift für Religionswissenschaft* 28 (2).
Büchner, Hans-Joachim. 2000. „Die marokkanische Moschee in Dietzenbach im kommunalpolitischen Streit: Ein Beitrag zur geographischen Konfliktforschung." In *Ausländer in Deutschland: Probleme einer transkulturellen Gesellschaft aus geographischer Sicht*, hg. v. Anton Escher, 53–67. Mainz: Geographisches Institut der Johannes-Gutenberg-Universität Mainz.
Burchardt, Marian. 2020. *Regulating Difference: Religious Diversity and Nationhood in the Secular West*. New Brunswick: Rutgers University Press.
Burchardt, Marian und Stefan Höhne. 2015. „The Infrastructures of Diversity: Materiality and Culture in Urban Space: An Introduction." *New Diversities* 17 (2):1–13.
Carp, Richard M. 2011. „Material Culture." In *The Routledge Handbook of Research Methods in the Study of Religion*, hg. v. Michael Stausberg und Steven Engler, 474–490. London: Routledge.
Cesari, Jocelyn. 2021. „Time, Power, and Religion: Comparing the Disputes over Temple Mount and the Ayodhya Sacred Sites." *Journal of Law, Religion and State* 9 95–123.
Chidester, David. 2016. „Space." In *The Oxford Handbook of the Study of Religion*, hg. v. Michael Stausberg und Steven Engler, 329–339. Oxford: Oxford University Press.
Community Religions Project. 1976–. Leeds: University of Leeds, https://crp.leeds.ac.uk.

Croitoru, Joseph. 2021. *Al-Aqsa oder Tempelberg: Der ewige Kampf um Jerusalems heilige Stätten.* München: Beck.

Davie, Grace und David Wyatt. 2022. „Document Analysis." In *The Routledge Handbook of Research Methods in the Study of Religion*, hg. v. Steven Engler und Michael Stausberg, 245–255. London: Routledge.

Dilger, Hansjörg. 2020. „Ethik und Reflexivität in der Feldforschung." In *Methoden ethnologischer Feldforschung*, hg. v. Bettina Beer und Anika König, 283–302. Berlin: Dietrich Reimer Verlag.

Eramian, Laura. 2018. „Participant Observation." In *The International Encyclopedia of Anthropology*, hg. v. Hilary Callan, Hoboken: John Wiley & Sons, DOI: 10.1002/9781118924396.wbiea1357.

Favrot Peterson, Jeanette. 2021. „Reading Images." In *The Routledge Handbook of Research Methods in the Study of Religion*, hg. v. Steven Engler und Michael Stausberg, 413–433. London: Routledge.

Fischer, Hans und Bettina Beer. 2020. „Dokumentation von Feldforschungsdaten." In *Methoden ethnologischer Feldforschung*. 3. überarb. u. erw. Aufl., hg. v. Bettina Beer und Anika König, 261–282. Berlin: Dietrich Reimer Verlag.

Forte, Maximilian C. 2018. „Ethnography, Multisited." In *The International Encyclopedia of Anthropology*, hg. v. Hilary Callan, Hoboken: John Wiley & Sons, DOI: 10.1002/9781118924396.wbiea1939.

Gilliat-Ray, Sophie et al. 2022. „Research Ethics". In *The Routledge Handbook of Research Methods in the Study of Religion*, hg. v. Steven Engler und Michael Stausberg, 88–109. London: Routledge.

Grübel, Nils und Stefan Rademacher, Hg. 2003. *Religion in Berlin: Ein Handbuch.* Berlin: Weißensee Verlag.

Gygi, Fabio R. 2018. „Materiality." In *The International Encyclopedia of Anthropology*, hg. v. Hilary Callan, Hoboken: John Wiley & Sons, DOI: 10.1002/9781118924396.wbiea2338.

Harvey, Graham. 2022. „Field Research and Participant Observation." In *The Routledge Handbook of Research Methods in the Study of Religion*, hg. v. Michael Stausberg und Steven Engler, 273–299. London: Routledge.

Harvey, John. 2011. „Visual Culture." In *The Routledge Handbook of Research Methods in the Study of Religion*, hg. v. Michael Stausberg und Steven Engler, 503–522. London: Routledge.

Hauser-Schäublin, Brigitta. 2003. „Raum, Ritual und Gesellschaft: Religiöse Zentren und sozio-religiöse Verdichtungen im Ritual." In *Kulturelle Räume – räumliche Kultur: Zur Neubestimmung des Verhältnisses zweier fundamentaler Kategorien menschlicher Praxis*, hg. v. Brigitta Hauser-Schäublin und Michael Dickhardt, 43–87. Münster: LIT.

Hayden, Robert M. 2022. „Shared Space, or Mixed?" In *The Oxford Handbook of Religious Space*, hg. v. Jeanne Halgren Kilde, 71–84. New York: Oxford University Press.

Hero, Markus, Volkhard Krech und Helmut Zander. 2008. *Religiöse Vielfalt in Nordrhein-Westfalen: Empirische Befunde und Perspektiven der Globalisierung vor Ort.* Paderborn: Schöningh.

Hock, Klaus. 2002. *Einführung in die Religionswissenschaft.* Darmstadt: Wissenschaftliche Buchgesellschaft.

Hoheisel, Karl. 1988 „Religionsgeographie." In *Handbuch religionswissenschaftlicher Grundbegriffe*. Bd. 1, *Systematischer Teil. Alphabetischer Teil: Aberglaube – Antisemitismus*, hg. v. Hubert Cancik, Burkhard Gladigow und Matthias Laubscher, 108–120. Stuttgart: Kohlhammer.

Knott, Kim. 2005. *The Location of Religion: A Spatial Analysis.* London, UK und Oakville, CT: Equinox.

Knott, Kim. 2009. „From Locality to Location and Back Again: A Spatial Journey in the Study of Religion." *Religion* 39 (2):154–160.

Knott, Kim. 2011. „Spatial Methods." In *The Routledge Handbook of Research Methods in the Study of Religion*, hg. v. Michael Stausberg und Steven Engler, 491–501. London: Routledge.

Koch, Anne, Petra Tillessen und Katharina Wilkens. 2013. *Religionskompetenz: Praxishandbuch im multikulturellen Feld der Gegenwart*. Anhang: CD mit Übungen [u. Arbeitsblätter]. Münster: LIT.

Kriss, Rudolf. 1931. *Volkskundliches aus altbayrischen Gnadenstätten: Beiträge zu einer Geographie des Wallfahrtsbrauchtums*. Baden bei Wien: Rudolf M. Rohrer.

Kriss, Rudolf. 1963. „Zur Begriffsbestimmung des Ausdrucks ‚Wallfahrt'." *Österreichische Zeitschrift für Volkskunde* 66: 101–107.

Kriss, Rudolf, Kriss-Heinrich, Hubert. 1960. *Volksglaube im Bereich des Islam*. Bd. 1, *Wallfahrtswesen und Heiligenverehrung*. Wiesbaden: Otto Harrassowitz.

Langer, Robert. 2008. *Pīrān und Zeyāratgāh: Schreine und Wallfahrtsstätten der Zarathustrier im Neuzeitlichen Iran*. Leuven, Paris, Walpole, MA: Peeters.

Lefebvre, Henri. [1974] 1991. *The Production of Space*. Übersetzt von Donald Nicholson-Smith. Oxford: Basil Blackwell.

Luchesi, Brigitte. 2020. „Hinduistische Tempel im südasiatischen Stil in deutschen Städten." *Zeitschrift für Religionswissenschaft* 28 (1):67–85.

Meyer, Birgit. 2012. *Mediation and the Genesis of Presence: Towards a Material Approach to Religion*. Utrecht: Universiteit Utrecht, Faculteit Geesteswetenschappen.

Meyer, Birgit. 2019. „‚Material Approaches to Religion' Meet ‚New Materialism': Resonances and Dissonances." *Material Religion* 15 (5):620–621.

Meyer, Birgit, David Morgan, Crispin Paine und S. Brent Plate. 2010. „The Origin and Mission of Material Religion." *Religion* 40:207–211.

Morgan, David. 2016. „Materiality." In *The Oxford Handbook of the Study of Religion*, hg. v. Michael Stausberg und Steven Engler, 1–20. Oxford: Oxford University Press.

Morgan, David. 2021. *The Thing About Religion: An Introduction to the Material Study of Religions*. Chapel Hill: The University of North Carolina Press

Musante-Dewalt, Kathleen. 2018. „Fieldwork." In *The International Encyclopedia of Anthropology*, hg. v. Hilary Callan, Hoboken: John Wiley & Sons, DOI: 10.1002/9781118924396.wbiea2192.

Platvoet, Jan. 1995. „Ritual as Confrontation: The Ayodhya Conflict." In *Pluralism and Identity: Studies in Ritual Behaviour*, hg. v. Jan Platvoet und Karel van der Toorn, 187–226. Leiden: Brill.

Prohl, Inken. 2012. „Materiale Religion." In *Religionswissenschaft*, hg. v. Michael Stausberg, 379–392. Berlin: De Gruyter. https://doi.org/10.1515/9783110258936.379

Radermacher, Martin. 2020. „Sequenzanalytische Bildhermeneutik und religionswissenschaftliche Atmosphärenforschung: Ein methodischer Baustein zur Untersuchung sozialräumlicher Arrangements." *Zeitschrift für Religionswissenschaft* 28 (1):112–137.

Reuter, Evelyn. 2021. *Die Mehrdeutigkeit geteilter religiöser Orte: Eine ethnographische Fallstudie zum Kloster Sveti Naum in Ohrid (Mazedonien)*. Bielefeld: transcript.

Samida, Stefanie, Manfred K. H. Eggert und Hans Peter Hahn, Hg. 2014. *Handbuch Materielle Kultur: Bedeutungen, Konzepte, Disziplinen*. Stuttgart: Metzler.

Schmidt, Bettina E. 2015 *Einführung in die Religionsethnologie: Ideen und Konzepte*. Berlin: Dietrich Reimer Verlag.

Stausberg, Michael. 2010. *Religion und moderner Tourismus*. Frankfurt a. M.: Verlag der Weltreligionen.

Turner, Victor W. und Edith Turner. 1978. *Image and Pilgrimage in Christian Culture: Anthropological Perspectives*. New York: Columbia University Press.

Un-sichtbar: Netzwerk für Religionswissenschaftlichen Wissenstransfer (Audioguides: Basel, Göttingen, Halle, Kiel, Leipzig, Luzern, Marburg, Münster [Stand 2024]). Blog Hypotheses/WordPress, https://un-sichtbar.hypotheses.org/.

Voswinckel Filiz, Esther. 2022. *Aziz Mahmud Hüdayi in Istanbul: Biographie eines Ortes*. Baden-Baden, Ergon.

Westermarck, Edward. 1926. *Ritual and Belief in Morocco*. 2 Bd. London: Macmillan and Co., Limited.

Bärbel Beinhauer-Köhler
IV.4 Religionsgeschichte schreiben

Die sich Ende des 19. Jahrhunderts institutionalisierende Religionswissenschaft war stark religionshistorisch ausgerichtet: Friedrich Max Müller (1823–1900), der gemeinhin als Begründer des Fachs genannt wird (Strube in diesem Band), war als Vergleichender Sprachwissenschaftler Spezialist für die Geschichte und Verwandtschaft von Sprachen, von wo aus er auf religionshistorische Bezüge von Vorstellungen schloss. So lassen sich etymologische Verwandtschaften von *dyaus*, „Gott" auf Sanskrit, dem griechischen Zeus, lateinisch *deus*, und anderen feststellen. Müller begründete 1879 die namhafte Reihe *The Sacred Books of the East*, Übersetzungen der zentralen religiösen Texte alter außereuropäischer Kulturen, die als Basis erster Generationen von Forschenden des Fachs dienten (Molendijk 2016). Hans Kippenberg beleuchtete mit seinem Band *Die Entdeckung der Religionsgeschichte* (1997) vielschichtige Interessenlagen im Hintergrund der Entstehung des Fachs: populäre Begeisterung für Archäologie und noch nicht entzifferte Schriftsysteme, eine romantisch motivierte „Entdeckung" nationaler Erzählungen bis zur sogenannten Religionsgeschichtlichen Schule der Theologie, die zu Beginn des 20. Jahrhunderts Kontexte biblischer Texte von Altorientalistik bis Ägyptologie und Religionsgeschichten des Nahen und Mittleren Osten erschloss.

Seither ist viel geschehen, Religionsgeschichte steht nicht mehr im Zentrum der sehr viel stärker sozialempirisch ausgerichteten Religionswissenschaft. Zudem weitete sich der Fokus „Religion" von normativen Ordnungen zu pluraler bis fluider Praxis, die aus allen nur denkbaren Medien und menschlichen Äußerungen ablesbar ist, weit über religiöse Texte hinaus. Parallel haben sich Perspektiven auf und Methoden der Geschichtsforschung gewandelt, auch diese schaut inzwischen verbreitet auf eine Vielzahl von Quellen neben dem Text (Decker in diesem Band). So ist zu fragen, wie Religionsgeschichte überhaupt zu erforschen ist und wie Erkenntnisse dann schließlich doch im gängigen akademischen Medium des Textes präsentiert werden können.

Folgt man Positionen der Geschichtswissenschaft, erlangt nach einer Phase der **Dekonstruktion** das „Erzählen" eine neue Relevanz. Peter Burke spielte bereits 2005 auf populäre **Narrative** an, auf orale Kultur und *counter histories*, ebenso wie auf Genres der **„Historiographie"**, wörtlich des Schreibens von Geschichte (Burke 2005, 178–183). Inzwischen spiegelt sich Letzteres für die meisten Fächer in neuen Medien wie personalisierten Blogs und Podcasts, in denen auch wissenschaftliche Erkenntnisse zunehmend publiziert werden. Mit dem Literaturhistoriker Hayden White ist damit grundsätzlich über das Verhältnis von *res factae* und *res fictae* nachzudenken: Wie weit prägt das Erzählen oder Schreiben von Religionsgeschichte die repräsentierten „Fakten" oder wie kommen durch die Wahl eines bestimmten Erzählformats auch „fiktive" Momente ins Spiel? White selbst ging auf Basis seiner Untersuchung der Werke von Historikern des 19. Jahrhunderts davon aus, dass sämtliche Historiographie auch Fiktion sei (White 1973, 2–3.).

Der vorliegende, angesichts dieses großen Themenfeldes knappe Beitrag, wirft ausgewählte Schlaglichter auf die Wissenschaftsgeschichte und Perspektiven auf Geschichtsschreibung mit besonderem Blick auf „Religionsgeschichte". Diese wird hier grundsätzlich als historische Religionswissenschaft verstanden (Rüpke 2007, besonders 31–32), das heißt als ein Teil breiter **Diskurse** im gesamten Fach, das auf Basis **kulturwissenschaftlicher** Debatten und Wenden prinzipiell vergleichsorientiert vorgeht. Exemplarische Beispiele stammen dabei überwiegend, meinem eigenen Schwerpunkt entsprechend, aus islamisch geprägten Kulturen. Umrissen wird ein methodisches Konzept, das dazu anregen soll, über das eigene Verfassen religionshistorischer Texte zu reflektieren, nicht zuletzt um wissenschaftliche Ergebnisse auch zu vermitteln. In dieser Hinsicht kann die Auseinandersetzung mit Religionsgeschichte mehr bieten als lediglich historische Felder der Religionswissenschaft zu bearbeiten, insofern als sie den Ausgangspunkt breiterer Reflexion jeglicher religionswissenschaftlicher Textproduktion bilden kann.

1 Was bisher geschah

Der Vorgang des Schreibens von Religionsgeschichte erweist sich als ein methodologisch überraschend unbeleuchtetes Feld. Einen Anker religionswissenschaftlicher Reflexion über Religionsgeschichte warf hingegen bereits Joachim Wach 1924 mit einem Modell von Querschnitt und Längsschnitt. Neben systematisch vergleichenden Fragen um „Religion", dem Querschnitt, ging er wie viele Zeitgenossen davon aus, dass sich Geschichte in einer Vertikalen abspiele. Bewusst ohne universelle Gesetzmäßigkeiten zu unterstellen, wollte er einzelne Religionen induktiv, das heißt am Material orientiert, untersuchen. Er stellte dem Fach die Aufgabe, den historisch-empirisch nachvollziehbaren Charakter einzelner Religionen zu erarbeiten (Wach 1924, 79–87).

In diesem Sinne sahen viele seiner Zeitgenossen und Forschende der nächsten Generation Religionsgeschichte als ein Feld, in dem man auf Basis von Textquellen mit besonderer Expertise in Quellensprachen die Geschichte einzelner Religionen erarbeitete. Weiterführende Reflexionen darüber, was denn eine Religion ausmachen könnte, welche Aspekte warum interessant sein könnten, schienen – im Sinne Wachs Trennung von Längsschnitt und Querschnitt – nicht erforderlich. Es ist bezeichnend, dass in dieser Periode der Forschungsgeschichte einzelne Religionen oftmals von Spezialisten außereuropäischer Philologien und nicht von Religionswissenschaftlern verfasst wurden, die es in der nötigen Anzahl auch gar nicht gab. Schauen wir in die 1961 von Friedrich Heiler begründete Reihe *Religionen der Menschheit*: So zeichnete der Indologe und **Orientalist** Jan Gonda für die Bände über Indien (Gonda 1969, 1963), die Islamwissenschaftler Watt und Welch (1980) beziehungsweise Watt und Marmura (1985) für den Islam verantwortlich und so weiter. Religionshistorische Werke entstanden auf dem Boden etablierter **historisch-kritischer Erforschung** und Rekonstruktion von Textquellen und ihren Hintergründen oder zuweilen auch unter Hinzuziehung von archäologischen oder materiellen Quellen. Nach wie vor handelt es sich dabei um eine überaus informative Reihe, die bis heute durch die Bände namhafter Fachvertreter*innen fortgeführt wird. Kritisch betrachtet spiegeln sie allerdings in der Wahl der repräsentierten, in aller Regel schriftbasierten Einzelreligionen Perspektiven europäischer Akademiker*innen auf die Welt.

2 Wie blicken wir auf die Vergangenheit?

Die Perspektivität Forschender wurde im Zuge der kulturwissenschaftlichen Wende von Geschichtstheorien zum Thema: Der oben erwähnte Hayden White wies in seinem, die postmoderne Geschichtsschreibung inspirierenden Band *Metahistory* (1973) darauf hin, wie Historiographie sich erzählerischer Muster bediene. Die Wende vom „finsteren" Mittelalter zur positiv konnotierten Renaissance wurde so lange im Sinne von Fortschritt oder der Untergang des Römischen Reiches als Verfallsgeschichte erzählt. White bezeichnete dies als *emplotment*, bei dem per se unverbundene historische Daten in wissenschaftliche Erzählungen eingekleidet würden, um überhaupt kommunizierbar zu sein (White 1973, 21–25).

Der Kulturhistoriker Peter Burke bietet in seiner kleinen Monografie *Was ist Kulturgeschichte* (2005) einen differenzierten Überblick über die Implikationen neuerer Geschichtsforschung im Sinne einer *new cultural history*, weg vom Historismus des 19. Jahrhunderts, in dem sich die frühe Religionswissenschaft verorten lässt. Der Weg führte vom Konstatieren vermeintlich historischer Fakten hin zu einer Pluralisierung und Erweiterung der Perspektiven über diejenigen der Forschenden hinaus. Mit solcher Selbstreflexion wuchs die Aufmerksamkeit der Geschichtsforschung für *counter narratives* lange marginalisierter Gruppen, zum Beispiel von Frauen, und auch Dinge des Alltags erhielten Aussagekraft.

In einem verwandten gedanklichen Kontext stehen Arbeiten der Anglistin Aleida Assmann, die besonders in *Erinnerungsräume: Formen und Wandlungen des kulturellen Gedächtnisses* (2018) Erinnerungskulturen beleuchtet und auf die Spannung von Erinnern und Vergessen hinweist. Damit werden sowohl die lange Marginalisierung von nicht schriftproduzierenden gesellschaftlichen Gruppen – Minderheiten, schriftlose Kulturen etc. – als auch die inhaltliche Sedimentierung der Perspektive machtvoller Produzenten von „Geschichte" greifbar.

All dies ist leicht auf die historische Erforschung religiöser Kontexte übertragbar: Betrachten wir exemplarisch das Islamkapitel im *Grundriß der Religionsgeschichte* (1978, 72–89) von Ernst Dammann. Dort wurden Religionen fast schematisch mit Blick auf ihre Stifter und deren Umwelt, auf zentrale Texte und große Entwicklungslinien und Untergruppen vorgestellt. Auf Basis der vorgestellten Perspektiverweiterungen könnte man auch anders herangehen und fragen: Wo beginnt ein „System" wie das islamische, inwiefern „wurzelt" es in seiner Umwelt? Welche Weichen wurden innerhalb religionspolitischer Diskurse im Islam gestellt, um die Gründerfigur zu stilisieren, wie erfolgte die Koranredaktion, wer waren die Trägerschaften welcher Theologien, und welche Formen des kulturellen Gedächtnisses wurden damit an den Rand gedrängt, und nicht zuletzt, wer mag eine solche neue Geschichte warum und wie erzählen?

Für die Auseinandersetzung mit Kulturen außerhalb Europas ist in dieser Hinsicht Edward Saids Band **Orientalism** ([1977] 2003) unumgänglich. Er regte zu breiter Aufmerksamkeit für **postkoloniale** Perspektiven an und beschrieb die europäische Islamforschung in ihrer geschichtlichen Verwobenheit mit imperialen Interessen kolonialer Mächte. Er verwies dabei auf Mechanismen von **Alteritätskonstruktionen** und Imaginationen „des Orients" (Said 2003, 1), um eine ganze Region gedanklich und machtpolitisch zum Objekt zu machen.

Denken wir diese Ansätze weiter, fällt auf, dass in der Regel im aufgeklärten wissenschaftlichen Selbstverständnis eigene historische Rekonstruktionen der Leben von Religionsstifter von vormodernen, **heilsgeschichtlichen** Narrationen getrennt werden – seien es buddhistische Jataka, Erzählungen über frühere Leben des Buddha, oder islamische Hadithe, Berichte über Handlungen und Aussagen Muhammads. Said und andere machen auf implizite Bewertungen solcher Unterscheidungen aufmerksam, während eigentlich alle diese Möglichkeiten über Religionsstifter zu erzählen, zueinander relative Produkte der Interessen ihrer Kulturen darstellen. Selbst die gängige Trennung zwischen emisch und etisch, von religiöser Innen- und vermeintlich forschend-neutraler Außenperspektive, ist in ihrer **Essentialisierung** zu hinterfragen (McCutcheon 1999, 17–19, 21–22). Entsprechend stellt es eine weitere Herausforderung dar, nicht unwillkürlich eigene Perspektiven in eine historiographische Arbeit einzuspielen und in dieser gleichzeitig andere Zugänge mit zu repräsentieren.

3 Narratologische Strategien, Modelle und Metaphern

Bezogen auf theoretische Grundannahmen und Perspektiven auf „Religion" gehen Religionsgeschichte und Religionswissenschaft ineinander auf. Der vorliegende Ansatz zielt besonders auf Methoden der historischen Religionswissenschaft. Denn es scheint als akademisches Format unabdingbar und lohnenswert, trotz aller geschilderten Herausforderungen, Ausschnitte von Religionsgeschichten zu beschreiben. Hilfreich scheint für alle Historiographie eine Auseinandersetzung mit **narratologischen Strategien** und speziellen sprachlichen Bildern, die auf Vergangenes hinweisen. Nicht alle sind sinnvollerweise zu übernehmen, aber sie zu erkennen hilft, historische Darstellungen soziokultureller Zusammenhänge und nicht zuletzt Darstellungen jüngerer oder zeitgenössischer religiöser Felder in ihrer Konstruiertheit zu durchdringen (Atwood in diesem Band).

Ein sehr altes Beispiel ist Herodots (gestorben um 430 v.u.Z.) Motiv der „verkehrten Welt" als Element seiner Reiseberichte und historischen Darstellungen. Das Alte Ägypten schilderte er als eine deformierte Gegenwelt zur griechischen Gesellschaft, was besonders an der Ägypten zugesprochenen aktiven Rolle von Frauen festgemacht wurde (Burke 2005, 95–96). Und dieses Muster, Gegenwelten über Frauen zu konstruieren, besteht immer noch fort, denken wir nur an europäische Haremsstereotype, wie sie Said als Orientalismus umriss. Wenn in solchen Alteritätskonstruktionen womöglich auch ein Moment positiv konnotierter Faszination mitschwingt, bleiben es Techniken, sich eine Region und deren Geschichte erzählerisch anzueignen, gerne über Frauen als Objekte der Fantasie.

Ähnlich operieren religiöse Erzählungen mit Mustern einer heilsgeschichtlichen Wende, wenn etwa die in Arabien polytheistisch geprägte Periode vor dem Islam mit dem Topos der sogenannten *ǧāhiliya*, „Zeit der Unwissenheit", belegt wird. Auch dies wird in Rekursen auf die Traditionsliteratur mit der dort teils greifbaren sehr selbstbestimmten Rolle von Frauen illustriert (kritisch dazu bereits Mernissi 1987, 60–88). An dieser Stelle scheint es nicht sinnvoll, generell zwischen „religiösen" Erzählungen und solchen der Wissenschaft zu trennen, weil sich die Genres, wie beispielsweise in der islamischen Traditionsliteratur, nicht immer klar trennen lassen und vorliegend generell auf erzählerische Topoi von Historiographie verwiesen werden soll.

Scheint das Motiv „der Frau" zur Darstellung einer Epoche heute nicht mehr tragfähig, so hat die der Biografie – einer Stadt, eines religiösen Ortes – derzeit Konjunktur, siehe zum Beispiel die sehr lesenswerte religionsethnographische Studie von Esther Voswinckel Filiz *Aziz Mahmud Hüdayi in Istanbul: Biographie eines Ortes* (2022). Die Autorin nähert sich dem Wallfahrtsort und der Grablege eines Sufi bewusst im Sinne eines Gegenübers, möchte allerdings nicht linear dessen Biografie oder die Geschichte des Ortes nachzeichnen, sondern an einzelnen Stationen dort greifbare Geschichten erfassen, so dass im örtlichen „Nachgehen" durch die Forscherin eher eine multiperspektivische „Textur" entsteht (Voswinckel Filiz 2022, 21, 24, 33–34; mehr zur Textur siehe unten; vgl. auch Langer in diesem Band)

Sie rekurriert auf Ansätze aus der Erforschung materieller Kultur, die mit Igor Kopytoff (1986) sowie Bruno Latour (2007) von Wechselwirkungen zwischen Menschen und Dingen ausgehen. Besonders die soziokulturellen Rollen von Dingen, die sich in Gefügen wandeln können, werden bezogen auf ihre Handlungsmacht (*agency*) diskutiert. Entsprechend liegt es tatsächlich nahe, die Geschichte religiös konnotierter Dinge mit dem Topos ihrer Biografie zu erzählen, um denkbare wechselnden Funktionen eines Gegenstandes in Textform zu umreißen.

Mit Motiven von Aufstieg und Verfall arbeiten große Entwürfe von Geschichtsdarstellungen ganzer Epochen: Schon Herder (1744–1803) entwickelte in seinen *Ideen zur Philosophie der Geschichte der Menschheit* eine geschichtsphilosophisch begründete teleologische Struktur, die vom Aufstieg der Menschheit hin zur Verfeinerung ihrer Humanität und Religion ausging. Demgegenüber steht der Kulturhistoriker Johan Huizinga für eine gegenläufige Rahmung, insofern er atmosphärisch dicht mit Blick auch auf religiöse Haltungen und emotionale Färbung den *Herbst des Mittelalters* ([1919] 2018) beschrieb; in Teilaspekten als eine Chiffre für eine Kulturkritik an seiner eigenen Zeit. Burke fasst diese Epochendarstellungen als „Portraits", wobei immer auch eine anthropomorphe Imagination mitschwingt (vgl. Burke 2005, 15–19, 180–181).

Auch konkrete Biografien historischer Gestalten verleiten dazu, eigene Perspektiven einzuspielen. Sehr erhellend ist in dieser Hinsicht Meena Sharify-Funks (2020, 53–56) Auseinandersetzung mit orientalistischen Arbeiten der frühen Islamforscherinnen Margaret Smith (1884–1970) und Annemarie Schimmel (1922–2003). Beide attestierten der frühen **Mystikerin** Rabi`a al-Adawiya (um 800), Frauen mit dem Sufismus einen Freiraum im Islam eröffnet zu haben und brachten damit ihre Hoffnungen auf Emanzipation von Frauen mit ins Spiel. Auch wenn diese orientalistischen Perspektiven durch Sharify-Funks Analyse erkennbar werden, mag die Frage erlaubt sein, ob Biografien historischer Gestalten überhaupt von Interesse wären, wenn nicht in irgendeiner Weise aus einer Gegenwart heraus Rückbezüge darauf möglich wären.

Soziale Imagination, verbunden mit zeitgenössischer Identität, spiegelt sich ferner in der von Eric Hobsbawm hervorgehobenen Erzählstrategie der *invention of tradition* (Hobsbawm und Ranger 1992). Eine solche findet sich beispielsweise in religiösen Kontexten, wenn eine eigene Religionsdeutung in einer Frühzeit der

Geschichte verortet und dieser Perspektive über Alter und Ursprünglichkeit Legitimität verliehen wird.

Angesichts postkolonialer Debatten wird mit Blick auf Betrachtungen von **Globalgeschichte** gegenwärtig häufig von *entangled histories* gesprochen (Winter; Strube; Bergunder in diesem Band). **Metaphorisch** lässt sich dabei an verwobene „Texturen" kultureller Einflüsse und Ideen denken. Ähnliche Impulse gab der Literaturtheoretiker Homi K. Bhabha, der bezogen auf die Durchdringung britischer und indischer Kulturen seit der Kolonialzeit mit dem Modell des „Dritten Raums" arbeitet (Bhabha 1994, 37). Der Dritte Raum ist damit eine Art Schnittmenge zweier anderer Räume, wird aber zum einzig relevanten Raum der Betrachtung. Bhabha betont damit die fortwährende Hybridität und Veränderbarkeit von Kulturen, um vielschichtige kulturelle Realitäten abzubilden und nicht von vermeintlich „reinen" sozialen und kulturellen Gruppen wie „den Briten" oder „den Indern" auszugehen.

Aktuell wird mit Blick auf globale Religionsgeschichte das Modell eines **Rhizoms** diskutiert, das noch weitere Dimensionen als Bilder von Texturen oder Räumen ins Spiel bringt. Ein Rhizom ist ein Wurzelstock mit unterirdischen Verbindungen und Verzweigungen, die unregelmäßig an die Oberfläche wachsen. Das Sichtbare hat also untergründig noch vielfältige denkbare Verbindungen. Zurückgeführt auf die Philosophen Gilles Deleuze und Félix Guattari können mit diesem Modell Tiefenstrukturen und die **Relationalität** kultureller Formen zueinander betont werden (Schrode und Spies in diesem Band). Damit lassen sich für Einzelaspekte einer Religion unterschiedliche Rückbezüge auf Vergangenes zum Ausdruck bringen (Haustein 2021, 327; Maltese und Strube 2021, 238), um komplexe Zusammenhänge zu verdeutlichen. Ein Beispiel ist das islamischen Recht, die Scharia, deren Rechtsfindungskriterien aus verschiedenen vorislamischen Kulturen wie dem Beduinenrecht, dem jüdischen Recht oder der persischen Verwaltung übernommen wurden. Diese Formate wurden jeweils in unterschiedlichem Maße adaptiert oder im Zuge der Entwicklung eines größeren neuen Rechtsystems erinnert.

Abschließend sei auf die Möglichkeit verwiesen, Mikrostudien zu verfassen, die exemplarisch sehr viel umfangreichere historische Zusammenhänge verdeutlichen. Etwa Walter Benjamin spricht vom „Kristall des Totalgeschehens", wenn er bei seinen Begehungen der Stadt Paris einzelne Örtlichkeiten in ihren Geschichten schildert, was er gegenüber der Möglichkeit einer Metaerzählung favorisiert: „Also die großen Konstruktionen aus kleinsten, scharf und schneidend konfektionierten Baugliedern zu errichten. Ja in der Analyse des kleinen Einzelmoments den Kristall des Totalgeschehens zu entdecken" (Benjamin 1991, 575). An der Möglichkeit solcher Mikrostudien orientierte sich beispielsweise Michael Stausberg bei seinen Beschreibungen religiöser Persönlichkeiten, die dann komplexe größere Zusammenhänge von Religionen im 20. Jahrhundert greifbar machen (Stausberg 2020).

Die Modelle und Metaphern—biografisch-anthropomorphe Zyklen von Geburt, Blüte oder Verfall oder vegetabile bzw. naturgebundene Imaginationen von Wurzeln, Stämmen, Verzweigungen oder von Quellen, Flüssen und Mündungen oder plastische Texturen, Rhizome oder Kristalle—zeugen nicht zuletzt von Mustern des Denkens und wissenschaftlicher Kommunikation. Diese braucht Modelle, um Zusammenhänge zu übermitteln. Es obliegt jeweiliger Entscheidung, beim Schreiben damit zusammenhängende Assoziationen zu nutzen oder ausschließen zu wollen. Dies berührt jeweils ein eigenes Geschichtsverständnis, vielleicht ein jeweiliges Format eines Textes sowie eine Entscheidung für Erzählstrategien als linear oder eher amorph oder kulturell verwoben.

4 Methodisch Religionsgeschichte schreiben

Grundsätzlich gilt es für Religionsgeschichte, genau wie bei gegenwartsorientierter empirischer Forschung und dem jüngst von Oliver Freiberger wieder in Erinnerung gerufenen Vergleich (Freiberger 2022; Bergunder in diesem Band), ein eigenes Forschungsdesign mit konkreter Fragestellung zu entwickeln, zu reflektieren und prozesshaft weiter zu schärfen. Methodisch zentral ist für historisch ausgerichtete Projekte ein Abgleich der Horizonte einer forschenden Person mit einer anderen Zeitebene und damit Kultur, und wie bei der Entwicklung eines *tertium comparationis* muss ein sachgemäßer, theoriebasierter „Schlüssel" gefunden werden, beides in Beziehung zu setzen.

Der vorliegende Abriss zielt schließlich auf den darauffolgenden letzten Schritt, die Kondensation der so gewonnen Daten zu einem sinnvollen Text. Hier helfen die Auseinandersetzung mit narratologischen Strategien und Seitenblicke in die Literatur- und Geschichtswissenschaft und nicht zuletzt auf ein weiteres Modell, das der Performanz. Jeder wissenschaftliche Text ist eine Inszenierung, er muss redigiert oder kuratiert werden, Autor*innen treten über das Medium des von ihnen gestalteten Textes in ein Wechselspiel mit Leserschaften.

Dazu muss eine jeweils passende Struktur entwickelt und gegebenenfalls erst erprobt und ausbuchstabiert werden, ähnlich den Techniken des *ethnographic writing* im Anschluss an die nach wie vor relevante „Dichte Beschreibung" gemäß Clifford Geertz (zum Beispiel Hirschauer 2001). Vor dem Hintergrund von White ist bei allem Bemühen um angemessene Komplexität der historischen Darstellung davon auszugehen, dass damit wieder eine neue, zu anderen relative Narration entsteht; und mit Assmann (2018), dass diese Neues unerwähnt lässt und dem Vergessen anheimstellt. Soll diese Geschichtsschreibung dennoch wissenschaftlichen Ansprüchen nach Selbstreflexion, Transparenz und lohnendem Aussagegehalt genügen, sind dazu folgende Elemente zu berücksichtigen:

a) Ein erklärter Aufbau, der aus der unendlichen Vielfalt erwähnbarer Momente der Geschichte einen intersubjektiv nachvollziehbaren Gedankengang macht, welchem Modell auch immer dieser folgen mag.

b) Ein adäquater, passende Imaginationen der Vergangenheit evozierender Stil, das heißt Kultur- und Zeit-sensible Wortwahl. Es geht nicht um ein Romantisieren einer Vergangenheit als neuer Alteritätskonstruktion, aber eine Chance der Wahrnehmung vergangener Kulturen wäre vertan, würden wir Vergangenes nur aus unseren eigenen Logiken und anachronistischen Terminologien wissenschaftlicher Debatten skizzieren.

c) Transparente Reflexion über eigene Interessen an einem bestimmten Ausschnitt der Vergangenheit (zum Beispiel Aufzeigen heteronormativer gesellschaftlicher Vielfalt, die Idee kultureller Muster einer *longue durée*, Interesse an Körper- und Raumdiskursen oder ähnliches).

d) Einbindung greifbarer Perspektiven aus der Vergangenheit in diskursiv angelegten und nicht nur illustrativ verwendeten Zitaten, wozu „Text" als auch „Bild" zählen. Das heute bereits etwas umständlich klingende Zitat am Ende, es stammt von 1988, verdeutlicht, dass dabei eine Übersetzungsthematik ins Spiel kommt, insofern als auch Übersetzungen historischer Texte einen zeitspezifischen Stil aufweisen.

e) Die Auseinandersetzung mit nicht-kommunizierten Gehalten historischer Quellen und so marginalisierten Erinnerungen – in Verbindung mit dem, was expliziert oder impliziert nicht Teil der neuen Erzählung sein kann.

All dies legt nahe, dass geschlossene Metaerzählungen über die Geschichte einer womöglich außereuropäischen Religion kaum mehr vorstellbar sind. Näher an sorgfältig zu rekonstruierenden Gegenständen sind kleine, konkrete an Materialien rückgebundene Ausschnitte in Verbindung mit einem theoretischen Horizont und unter Offenlegung der Methode zur Auswertung historischer Materialien. Dabei spielt die erzählende Person eine große Rolle. Diese Aufgabe anzunehmen und reflektiert zu gestalten, dürfte für Leserschaften einen Gewinn bedeuten.

5 Fazit

Ein in der akademischen Welt geläufiges Genre sind Überblicke zu Forschungsgeschichten eines jeweiligen Themas. Auch bei deren Abfassung ist eine Reflexion über ihren Aufbau und den damit verbundenen Implikationen sinnvoll. Der vorliegende Beitrag spiegelt meine Wege durch Forschungslandschaften. Sie sind kulturell an akademische Konventionen und breite Debatten gebunden, so dass vorwiegend europäische und US-amerikanische Stimmen der institutionalisierten Religionswissenschaft und diese anregender Fächer versammelt sind.

Weibliche Stimmen waren lange nicht Teil etablierter Diskurse, auch wenn sie existierten. Es ist nicht uninteressant, dass solche häufig in literarischen Genres Ausdruck fanden, wie in Reiseberichten, dem Journalismus oder in populärwissenschaftlichen Werken, siehe exemplarisch Lady Mary Montagues (1689–1762) publizierte Briefe aus dem Osmanischen Reich (Körner 2006) oder Sophia Lane Pooles (1804–1891) Briefe aus Ägypten (Kararah 2003). Ihr eher „narrativer" Charakter galt lange als ein Manko. Aber langsam werden Arbeiten von Frauen außerhalb oder vom Rande des akademischen Betriebs als eigenständige Beiträge zur Erforschung von Religionen wahrgenommen (Pezzoli-Olgiati 2021, 185–190; Beinhauer-Köhler und Weeber 2021).

Mein Interesse am Schreiben von Religionsgeschichte als einer Technik gründet nicht zuletzt in der Möglichkeit, damit mit Historiker*innen früherer Zeit in ein Gespräch zu treten. Dies zeigt, dass auch Wissenschaftsgeschichte nicht nur linear verläuft und forschende Ratio zeit-, kultur- und auch geschlechtsunabhängig arbeitet. Wissenschaftsgeschichte lässt sich somit selbst mit einem Rhizom vergleichen, wenn überraschende Verbindungen zu Aussagen sogar aus der tieferen Vergangenheit bestehen. Dies ist der Fall bei dem arabisch-sprachigen, vielseitigen und stark an Religionen interessierten Gelehrten al-Biruni (gestorben 1048), der sich klar der Perspektivität historischer Berichte bewusst war und zum Thema Geschichtsschreibung Folgendes hinterließ:

> ... Somit umfasst das Hörensagen zugleich das Vorhandene und das Abwesende. Das Geschriebene ist eine Unterart davon, und es fehlt wenig, daß es die vornehmste darstellt, denn woher käme uns die Kunde von der Geschichte der Völker, gäbe es nicht die unvergänglichen Spuren des Schreibrohrs? Weiter ist zu bedenken, daß eine Nachricht von einer Sache, deren Existenz im Einklang mit den gewöhnlichen Verhältnissen möglich ist, in gleicher Weise entweder wahr oder falsch sein kann, was beides von seiten der Berichterstatter einzutreten pflegt. Das liegt an den verschiedenartigen Interessen (Al-Biruni zitiert bei Strohmaier 1988, 149).

Literatur

Assmann, Aleida. 2018. *Erinnerungsräume: Formen und Wandlungen des kulturellen Gedächtnisses.* München: C.H. Beck.
Beinhauer-Köhler, Bärbel und Sonja Kristina Weeber. 2021. *Käthe Neumann, Annemarie Schimmel und Anne Marie Heiler: Frühe Beiträge zum Fach Religionsgeschichte in Marburg.* Berlin, Münster: Lit.
Benjamin, Walter. 1991. *Passagenwerk.* In *Gesammelte Schriften*, Bd. 5, hg. v. Rolf Tiedemann. Frankfurt am Main: Suhrkamp.
Bhabha, Homi K. 1994. *The Location of Culture.* London, New York: Routledge.
Burke, Peter. 2005. *Was Ist Kulturgeschichte?* Frankfurt am Main: Suhrkamp.
Dammann, Ernst. 1978. *Grundriß der Religionsgeschichte.* 2. Auflage. Stuttgart: Kohlhammer.
Freiberger, Oliver. 2022. *Religionsvergleich: Ansätze, Kritik, Praxis.* Baden-Baden: Nomos.
Gonda, Jan. 1960, 1963. *Die Religionen Indiens I und II.* Stuttgart: Kohlhammer.
Haustein, Jörg. 2021. „Global Religious History as a Rhizome." *Method and Theory in the Study of Religion* 33:321–344.
Hirschauer, Stefan. 2001. „Ethnografisches Schreiben und die Schweigsamkeit des Sozialen: Zu einer Methodologie der Beschreibung". *Zeitschrift für Soziologie* 30/6:429–451.
Hobsbawm, Eric und Terence Ranger. Hg. 1992. *The Invention of Tradition.* Cambridge: Cambridge University Press.
Huizinga, Johan. [1919] 2018. *Herbst des Mittelalters: Studien über Lebens- und Geistesformen des 14. und 15. Jahrhunderts in Frankreich und den Niederlanden*, Paderborn: Wilhelm Fink.
Kararah, Azza. Hg. 2003. *Sophia Poole: The Englischwoman in Egypt*, Kairo und New York: The American University in Cairo Press.
Kippenberg, Hans Gerhard. 1997. *Die Entdeckung der Religionsgeschichte: Religionswissenschaft und Moderne.* München: C.H. Beck.
Körner, Irmela. Hg. 2006. *Briefe aus dem Orient.* Wien: Promedia.
Kopytoff, Igor. 1986. „The Cultural Biography of Things: Commoditization as Process." In *The Social Life of Things: Commodities in Cultural Perspective*, hg. von Arjun Appadurai, 64–92. Cambridge: Cambridge University Press.
Latour, Bruno. 2007. *Eine neue Soziologie für eine neue Gesellschaft: Einführung in die Akteur-Netzwerk-Theorie*, übersetzt von Gustav Roßler. Frankfurt am Main: Suhrkamp.
Maltese, Giovanni und Strube, Julian. 2021. „Global Religious History." *Method and Theory in the Study of Religion* 33:229–257.
McCutcheon, Russel T. Hg. 1999. *The Insider/Outsider Problem in the Study of Religion: A Reader.* London and New York: Cassell.
Mernissi, Fatima. 1987. *Geschlecht, Ideologie, Islam.* München: Frauenbuchverlag.
Molendijk, Arie L. 2016. *Friedrich Max Müller and the Sacred Books of the East.* Oxford: Oxford University Press.
Müller, Friedrich Max. Hg. ab 1879. *The Sacred Books of the East,* Oxford: Oxford University Press.
Pezzoli-Olgiati, Daria. 2021. „Einleitung Teil III. Forschungsgeschichten der Religionswissenschaft." In *Handbuch Gender und Religion*, hg. v. Anna-Katharina Höpflinger, Ann Jeffers und Daria Pezzoli-Olgiati, 185–190. 2. überarbeitete und erweiterte Auflage. Göttingen: Vandenhoeck & Ruprecht.
Rüpke, Jörg. 2007. *Historische Religionswissenschaft: Eine Einführung.* Stuttgart: Kohlhammer.
Said, Edward. [1977] 2003. *Orientalism.* London: Penguin Books.
Sharify-Funk, Meena. 2020. „Gender and Sufism in Western Scholarship: Contemporary Constructions and Contestations." *Studies in Religion/Sciences Religieuses* 49/1:50–72.

Stausberg, Michael. 2020. *Die Heilsbringer: Eine Globalgeschichte der Religionen im 20. Jahrhundert.* München: C.H. Beck.
Strohmaier, Gotthard. 1991. *Al-Biruni: In den Gärten der Wissenschaft.* Leipzig: Reclam.
Voswinckel Filiz, Esther. 2022. *Aziz Mahmud Hüdayi in Istanbul: Biographie eines Ortes.* Baden-Baden: Ergon.
Wach, Joachim. 1924. *Religionswissenschaft: Prolegomena zu ihrer wissenschaftstheoretischen Grundlegung.* Leipzig: J. C. Hinrichs'sche Buchhandlung.
Watt, William Montgomery und Michael Marmura. 1985. *Der Islam II: Politische Entwicklungen und theologische Konzepte.* Stuttgart: Kohlhammer.
Watt, William Montgomery und Alford T. Welch. 1980. *Der Islam I: Mohammed und die Frühzeit, islamisches Recht, religiöses Leben.* Stuttgart: Kohlhammer.
White, Hayden. 1973. *Metahistory: The Historical Imagination in Nineteenth-Century Europe.* Baltimore/London: Johns Hopkins University Press.

Doris Decker
IV.5 Kontextualisierungen religionsgeschichtlicher Textquellen

1 Einführung

In diesem Beitrag geht es um Kontextualisierung als einen Aspekt methodischer Vorgehensweise bei einer **kulturwissenschaftlichen** Interpretation religionsgeschichtlicher Textquellen[1]. Kontextualisierung ist für ein Verstehen von Quellen unabdingbar. Sie kann belegen, inwiefern religionsgeschichtliche Texte vom sprach- und kulturgeschichtlichen Kontext ihrer jeweiligen Zeit geprägt sind. Dadurch trägt sie zu historischen Erkenntnissen bei und zeigt auf, dass selten zu einem historischen Kern vorgedrungen werden kann.

Da Text und Kontext Begriffe unterschiedlicher Disziplinen sind, fragt der Historiker Mathias Niendorf (2022) zu Recht, welche Wissenschaft keine Disziplin vom Kontext ist. Als die ältesten benennt er Theologie und Rechtswissenschaft. In der Literaturwissenschaft wird seit den 1980ern über das Verhältnis von Text und Kontext debattiert. In der Geschichtswissenschaft wird Kontextualisierung als ebenso elementar wie unverzichtbar betrachtet, da Geschichte kein gegebenes Objekt darstellt (Fulda 2013, 450–451).

In der Religionswissenschaft hat sich Kurt Rudolph (1929–2020) für einen kontextualisierenden Umgang mit Quellen stark gemacht und darauf hingewiesen, dass die Bedeutung eines Wortes in einem Text immer von seinem Kontext abhängt (Rudolph 1988). Kontextualisierung wird neben Sprachkenntnissen und der **historisch-kritischen Methode**[2] zu den Grundsätzen religionswissenschaftlicher Quelleninterpretation gezählt (Tanaseanu-Döbler und Döbler 2011, 37). Nach Jörg Rüpke ist die historische Religionswissenschaft „mit ihrem aufdringlichen

---

[1] Der Begriff „Quelle" umfasst neben schriftlichen Quellen (Texte oder Textquellen genannt) Sachquellen (Gegenstände) und Bildquellen, aus denen Erkenntnisse über die Vergangenheit gewonnen werden können. Das Material von Historiker*innen ist also vielfältig und umfasst nicht nur Schriften, wie sie im Mittelpunkt des Beitrags stehen. Mit „**religionsgeschichtlich**" werden Textquellen bezeichnet, die Aufschluss über die Geschichte(n) von Religion(en), ihre „Religionsgeschichte(n)", geben (Beinhauer-Köhler in diesem Band).
[2] Die historisch-kritische Methode umfasst Übersetzung, Textkritik, Textgliederung und -abgrenzung, Form-, Motiv-, Traditions-, Literar- und Gattungskritik sowie Redaktionsgeschichte. Als „kritisch" versteht sie sich, da sie zwischen Berichten über Ereignisse und den Ereignissen selbst unterscheidet und erforscht, was das eigentliche Ereignis war und was im Verschriftlichungs- und Überlieferungsprozess verändert wurde.

Blick aus einer anderen Perspektive, ihrem Interesse an Kontextualisierung und Vergleich (ist) immer auch ein Störfaktor für die Identität ihrer Gegenstände, ein Akteur, der Gegen-Geschichten (counter-histories) erzählt." (Rüpke 2007, 31)

Im Umgang mit religionsgeschichtlichen Quellen und der Frage nach deren Geschichtlichkeit zeichnet die Religionswissenschaft als Wissenschaftsdisziplin gerade Kontextualisierung aus – in Verbindung mit der Aufdeckung und Definition von Stereotypen, einer ideologie- und herrschaftskritischen Wirkung, einem Augenmerk auf die Standortgebundenheit[3] von Forscher*innen und der Bedeutungsverleihung[4] durch sie. Was aber meint Kontext genau? Was bedeutet es, etwas auf seinen Kontext zu beziehen?

Um das zu beantworten, werden die Begriffe Text, Kontext und Kontextualisierung definitorisch umrissen, Quellen zum Frühislam[5] in den Blick genommen, um die Frage nach Geschichtsrekonstruktion aufzuwerfen, und zwei Texte beispielhaft kontextualisiert.

2 Text, Kontext und Kontextualisierung

Unter Text verstehe ich alle sprachlich fixierten (schriftlichen) Äußerungen im Rahmen von Kommunikation.

Mit Kontext ist der Text gemeint, der ein Wort, einen Ausdruck, einen Satz oder einen Textteil umgibt, wodurch sich ein Vergleichsraum ergibt, durch den Bedeutung generiert wird. Denn jedes Element (Wort, Satz, Textteil) definiert sich immer im Vergleich zu anderen, die ihm erst Bedeutung verleihen. Es wird von der Prämisse ausgegangen, dass es ohne Kontext kein Verstehen gibt und Bedeutung über Vergleichen (von Texten) erlangt wird. Dieses die Bedeutung mitbestimmende sprachliche oder auch kulturelle Umfeld[6] ist der Kontext. Für den Philosophen Paul Ricoeur (1913–2005) reduziert allein der Kontext die Polysemie (Mehrdeutigkeit) der Sprache, da durch eine kontextbezogene Interpretation zur Bedeutung von Sprache vorgedrungen werden kann, die ohne Kontext mehrdeu-

---

[3] Standortgebundenheit bedeutet sowohl die soziokulturelle Bedingtheit als auch Begrenztheit der Perspektiven und des Wissens von Interpretierenden.
[4] Bedeutungsverleihung meint, dass Wissenschaft durch ihre Themen und Fragen jenen (den Themen und Fragen) erst Bedeutung verleiht, und damit selbst erschafft, was als bedeutungsvoll angesehen wird.
[5] „Frühislam" („Beginn des Islam") bezieht sich auf die historische Ebene des 7. Jahrhunderts auf der Arabischen Halbinsel, die Lebensphase des Propheten (570–632), die frühe Anhängerschaft und ersten Kalifen (632–661).
[6] Zum Kontext (kulturelles Umfeld) gehören auch Sach- und Bildquellen sowie Landschaften.

tig bleibt. Die Konkretisierung des Begriffs Kontext fällt allerdings im Rahmen verschiedener Methodenansätze unterschiedlich aus, wie es differente Kategorienbildungen zeigen. In der Literaturwissenschaft definiert Lutz Danneberg Kontext als „die Menge der für die Erklärung eines Textes relevanten Bezüge" (2000, 333) und differenziert zwischen intra-, infra-, inter- und extratextuellem Kontext.[7]

Unter Kontextualisierung wird das „in-den-Kontext-setzen" verstanden, was im Prinzip die Produktion von Kontexten meint, um mit ihnen zu einer Bedeutung zu gelangen. Die Formulierung „die Produktion" von Kontexten weist nun darauf hin, dass Kontexte bei einer Interpretation unterschiedlich entworfen werden können. Das hat zur Folge, dass ein Text, sollten differierende Kontexte produziert werden, auch unterschiedlich auf der Folie dieser Kontexte gelesen werden kann.

Da ich anhand der Beispiele inter- und extratextuelle Kontexte betrachte, werden auch diese definiert: Intertextueller Kontext meint die Beziehung eines Text(ausschnitt)s zu bestimmten Textklassen, Texten oder -ausschnitten. Ohne diese Kontextualisierung kann es zu gravierenden Interpretationsdifferenzen kommen. Aisha Bewley übersetzt beispielsweise ohne Bezug zum intertextuellen Kontext den Ausdruck „rabbatu baytin" (wörtlich zutreffend) mit „the owner of a house" (Bewley 1997, 216). Mit Bezug auf ihn argumentiere ich dafür, dass es „Priesterin einer Kultstätte" heißt (Decker 2021, 13–14). Das ist eine sehr unterschiedliche Aussage über eine Frau, die zu Beginn des Islam gelebt haben soll.

Mit extratextuellem Kontext ist die Beziehung eines Textes zu nichttextuellen Gegebenheiten gemeint. Die Rede von einem extratextuellen Kontext für eine Redesituation, Bildquelle oder Sachquelle wie ein Grabstein oder ein Monument ist jedoch schwierig, da als lesbarer Kontext jeder Kontext selbst per definitionem textförmig ist (Baßler 2013, 360) und Bild- oder Sachquellen Textquellen enthalten können. Texte auf Grabsteinen sind Texte (wie Manuskripte) mit dem Unterschied, dass sie sich auf verschiedenen Materialien befinden. Werfen wir nun einen Blick auf die Quellen, die über den Frühislam berichten.

---

[7] „Intratextueller Kontext" ist die Beziehung eines Teiles eines Textes zu anderen Ausschnitten desselben Textes, „infratextueller Kontext" die Beziehung eines Textes oder -abschnitts zum Textganzen. Zum Verständnis von „inter- und extratextueller Kontext" siehe den Fließtext.

3 Texte über den Frühislam und Geschichtsrekonstruktion

Die Quellenlage zum Frühislam ist problematisch. Die Texte weisen eine komplexe Entstehungsgeschichte auf. Charakteristisch für sie ist die zeitliche Kluft zwischen dem Beginn des Islam im frühen 7. Jahrhundert und den ersten Texten darüber, die auf Gelehrte des 8. und 9. Jahrhunderts zurückgeführt werden. Ihre Entstehung fällt in die Zeit der Umayyaden (657–749), aus der keine Werke in Gänze erhalten sind, und der Abbasiden (749–1258), in der die Literaturproduktion durch die Papierherstellung in Bagdad ab 794 stark anstieg. Zudem liegen die Texte in der Form von oft nur fragmentarischen Manuskripten späterer Jahrhunderte vor, aus denen ab dem 19. Jahrhundert neue Textausgaben erstellt wurden. Die Texte durchliefen also viele Jahrhunderte mit unterschiedlichen politischen, wirtschaftlichen, rechtlichen und gesellschaftlichen Kontexten und wurden von vielen Personen übermittelt.

In der aktuellen Islam- und Religionswissenschaft wird nicht mehr davon ausgegangen, dass die erhaltenen Texte historische Fakten liefern, sondern die Ereignisse im Frühislam im Rahmen ihres eigenen geschichtlichen Rückblicks rekonstruieren (Noth 1973). Forschungsarbeiten zeigen, dass die Texte Denkkonzepte späterer Zeiten, Rückprojizierungen späterer Erlebnissituationen oder idealisierte Verzerrungen der vergangenen Epochen und ihrer Persönlichkeiten beinhalten. Die Texte waren bedingt durch lokale Traditionen, militärische Konflikte, nach Legitimität strebenden Herrschern, dem sich etablierenden islamischen Recht und theologischen Gruppierungen. Darüber, dass es zu Fälschungen und Veränderungen der Texte kam, waren sich bereits islamische Gelehrte ab dem 8. Jahrhundert bewusst, sodass eine kritische Bewegung unter ihnen entstand, um das Authentische vom Gefälschten zu unterscheiden (Dickinson 2001). Ein weiterer Einflussfaktor war das Streben nach der Bildung und Stabilisierung einer islamischen Identität und der Abgrenzung von vor- und nebenislamischen (religiösen) Normen und Werten, unter anderem um einen Zusammenhalt der muslimischen Gemeinschaft zu fördern. Das wurde durch die Einführung einer einheitlichen Verwaltungssprache (Arabisch) und eines Münztypus, Monumentalbauten sowie der schriftlichen Überlieferung der Vergangenheit anhand von Geschichtsschreibung erwirkt (van Ess 1991–1997). In den Worten von Albert Hourani:

> Die Überlieferung der Vergangenheit ist in allen Gesellschaften wichtig. Aber sie ist von besonderer Bedeutung in Gemeinschaften, die auf dem Glauben gründen, daß sich einmalige Geschehnisse zu bestimmten Zeiten und an bestimmten Orten ereigneten. [...] es (war) noch wichtiger, die Ereignisse im Leben des Propheten und der ersten Kalifen, die ersten Erobe-

rungen und die öffentlichen Angelegenheiten der muslimischen Gemeinde festzuhalten. Solche Informationen wurden von Gelehrten weitergegeben, im Verlaufe politischer und theologischer Kontroversen verändert oder gar neu erfunden und von Geschichtenerzählern ausgeschmückt. (Hourani 2000, 82–83)

Dadurch entstanden unzählige Texte, aus denen sich Literaturgattungen wie Ḥadīṯ[8]-Sammlungen, Biografien des Propheten, Lebensbeschreibungen der Überlieferer von Ḥadīṯen sowie **Historiographien** entwickelten.

Aus dem Gesagten wird deutlich, dass Texte den kulturellen Kontext widerspiegeln, in dem sie geschrieben wurden. Darüber hinaus *spiegeln* Texte jedoch nicht nur ihren Kontext, sie können überhaupt nur auf der Basis ihres sprach- und kulturgeschichtlichen Kontexts verstanden werden. Dafür sind umfassende Kenntnisse über die gesamten Konventionen einer Kultur nötig, was sich am Beispiel der **Metapher** erklären lässt: Jemand ist „aus allen Wolken gefallen", ist nicht wortwörtlich gemeint, sondern im übertragenen Sinn; zu interpretieren ist die Metapher nicht aufgrund der Intention des Sprechers, sondern des kulturellen Kontexts, in dem sie kursiert (Atwood in diesem Band).

Geschichtsschreibung als Rekonstruktion von Geschichte ist ein umstrittenes Terrain (Beinhauer-Köhler in diesem Band). Seit ihren Anfängen wird sie instrumentalisiert und zur Legitimierung, Rechtfertigung und Identitätsformulierung genutzt. Typischerweise entsteht sie gerade in Konfliktsituationen und bei umstrittenen Ansprüchen. So gut wie jede Ideologie greift auf historische Argumente zurück, um ihre Position zu stützen. Auch die Geschichte des Islam ist umstritten, und sie wird seit ihren Anfängen zur Etablierung und Festigung politischer, rechtlicher und gesellschaftlicher Ordnungen genutzt. In allen muslimischen Staaten ist die Nutzung der Vergangenheit als Referenz heute ein Phänomen beispielsweise in Bezug auf das Familienrecht. Aus Texten abgeleitete Geschlechterkonzeptionen und -beziehungen sind dabei normativ für die islamische Gesetzgebung in Bereichen wie Heirat, Scheidung und Erbschaft.

Die Aktualität und Bedeutung vergangener Geschichte für die Gegenwart führen zu der Frage, wie Religionswissenschaftler*innen damit umgehen sollen. Sollen sie sich am Ringen um Geschichtsrekonstruktion beteiligen oder aufzeigen, dass sich Geschichte nicht eindeutig rekonstruieren lässt und es sich bei Rekonstruktionsversuchen um Konstruktions- und Zuschreibungsprozesse handelt, die Ordnungen einführen, begründen und festigen wollen? Spätestens mit dem *linguistic turn* in den 1960er Jahren, der die Interessenverlagerung von der „Realität" zur Sprache eingeläutet hat, die diese „Realität" erst erschafft (**Konstruktivismus**), wurde ersichtlich, dass Texte nur Versionen von Wirklichkeitssichten

---

[8] Ḥadīṯ meint Berichte über die Aussagen und Handlungen des Propheten Muḥammad.

bieten und dass auch Historiker*innen nur weitere solche Versionen erarbeiten. Deshalb gebe ich der letztgenannten Auffassung den Vorrang, bei der Geschichte nicht rekonstruiert, sondern ihre Konstruiertheit aufgezeigt wird – und das kann methodisch mittels Kontextualisierung gelingen, wie es die folgenden Beispiele zeigen.[9]

4 Kontextualisierung religionsgeschichtlicher Texte

Das erste Beispiel ist aus der Ḥadīṯ-Sammlung *al-Ǧāmiʿ aṣ-Ṣaḥīḥ* („Die Sammlung des Authentischen") des islamischen Gelehrten Buḫārī, der 810 in der Stadt Buchara (im heutigen Usbekistan) geboren wurde, irakischer Abstammung war und 870 in Chartang bei Samarkand starb. 16 Jahre lang soll er die Zentren der islamischen Gelehrsamkeit bereist haben, von Chorasan bis Ägypten einschließlich Mekka und Medina. Der *Ṣaḥīḥ* von Buḫārī wird bis heute von den meisten Sunnit*innen als das wichtigste Buch nach dem Koran angesehen.

Buḫārī schildert ein Gespräch des Propheten mit seiner Frau ʿĀ'iša (gest. 678), das sich somit vor seinem Tod – nach islamischer Tradition – im Jahr 632 zugetragen haben müsste:

> ʿĀ'iša berichtete, dass eine Jüdin zu ihr kam, die Grabesstrafe erwähnte und sagte: ‚Möge Gott dich vor der Grabesstrafe bewahren.' Daraufhin fragte ʿĀ'iša den Gesandten Gottes nach der Grabesstrafe. Er antwortete: ‚Ja, die Grabesstrafe ist wahr.' ʿĀ'iša fügte hinzu: ‚Dann sah ich den Gesandten Gottes nicht mehr beten, ohne dass er vor der Grabesstrafe Zuflucht (bei Gott) nahm.' (Buḫārī, 1862–1908, 23,87)

Mit „Grabesstrafe" ist die Vorstellung gemeint, dass die Menschen bereits im Grab zur Rechenschaft über ihr Leben gezogen und eventuell bestraft werden. Die Faktizität dieser endzeitbezogenen Vorstellung wird im Text durch den Propheten bestätigt. Betrachtet man den Text in seinem inter- und extratextuellen Kontext, erscheint es jedoch unwahrscheinlich, dass sich solch ein Gespräch zwischen Muḥammad und ʿĀ'iša zugetragen hat. Die folgende Tabelle (siehe Tab. 1) dient der Veranschaulichung der Kontextualisierung des Textes.

---

[9] Für ein methodisches Konzept zum Verfassen religionshistorischer Texte siehe Beinhauer-Köhler in diesem Band.

Tabelle 1: Der inter- und extratextuelle Kontext der Erwähnung der Grabesstrafe im Ṣaḥīḥ.

Jahrhundert	7.	8.	9.	10.	11.	12.
Text über die Grabesstrafe	–	–	Ṣaḥīḥ von Buḫārī			
Intertextueller Kontext *mit* Grabesstrafe	–	–		Texte wie Ḥadīṯ-Sammlungen		
Intertextueller Kontext *ohne* Grabesstrafe	–	Koranfragmente	Koranexemplare			
		–	Texte wie Biografien über den Propheten			
Historische (?) Ebene	Gespräch zw. ʿĀʾiša und Muḥammad		Gelehrte sollen über die Grabesstrafe debattiert haben			
Extratextueller Kontext *mit* Grabesstrafe	–	Grabsteine aus Ägypten				

Im Koran[10] und in Texten vor dem 9. Jahrhundert (wie Biografien über den Propheten) findet sich nichts über die Grabesstrafe. Diese zeitliche Kluft zwischen der literarischen Ebene des 9. und der historischen Ebene des 7. Jahrhunderts ist auffällig und nicht bei jedem theologischen Thema zu finden.[11] Zudem sind Grabsteine aus Ägypten, datiert auf das Jahr 796, der einzige extratextuelle Kontext (van Ess 1991–1997, 4:530). Im 8. Jahrhundert könnte die Grabesstrafe – vorgestellt als eine Befragung im Grab über den rechten Glauben – ein Thema unter islamischen Gelehrten gewesen sein. Das ist jedoch historisch unsicher, da nur Texte aus dem 10. Jahrhundert darüber berichten und von den Gelehrten des 8. Jahrhunderts selbst keine Werke erhalten geblieben sind. Zudem wird von einigen von ihnen angenommen, dass ihre Anhänger*innen aus nachfolgenden Generationen Berichte über sie verändert haben, damit sich keine Widersprüche zu den eigenen Ansichten – denen der Anhänger*innen – ergeben und sie als Argument dienen können (van Ess 1991–1997).

Für das 9. Jahrhundert kann aufgrund textlicher Grundlagen davon ausgegangen werden, dass Fragen nach dem Ort einer postmortalen **eschatologischen** Abrechnung (zum Beispiel im Grab) diskutiert wurde, möglicherweise (mit)bedingt durch Debatten islamischer Theologen mit Andersgläubigen oder frühere religiöse Traditionen muslimischer Konvertit*innen (beispielsweise aus dem

---

10 Die ältesten vollständig erhaltenen Koranexemplare stammen aus dem 9. Jahrhundert, die ältesten Fragmente aus dem 8. Jahrhundert. Nach islamischer Tradition wurde der Koran um 650 verschriftlicht.
11 Für ein Beispiel, in dem der intertextuelle Kontext für Historie spricht, siehe Decker 2019.

Zoroastrismus) (Bausani 2000, 119). Indem sie vom 9. Jahrhundert aus in ein Gespräch des Propheten mit 'Ā'iša rückprojiziert wurde, sollte ihre Faktizität bestätigt werden (gleich dem, nur andere Zeiträume betreffend, wie es Anhänger*innen von Gelehrten des 8. Jahrhunderts getan zu haben scheinen).

Damit illustriert das Beispiel den Einfluss theologischer Kontroversen auf Texte über den Frühislam und belegt, welche Vorstellungen sich – zumindest für bestimmte islamische Glaubensrichtungen – durchgesetzt haben, wodurch sich ein Kontext späterer Zeit (8./9. Jahrhundert) in den Text, der behauptet über eine frühere Zeit (7. Jahrhundert) zu berichten, eingeschrieben hat. Zudem belegen Vorstellungen über die Grabesstrafe späterer Jahrhunderte von furchteinflößenden, die Erde mit Zähnen und Krallen aufreißenden Engeln (van Ess 1991–1997), dass Gelehrte im Verlauf der Zeit eigene Konzepte entwickelt und diese zwecks Legitimierung geschichtlich rückprojiziert haben. Ein historischer Gehalt des Beispieltextes sowie späterer Texte über die Grabesstrafe ist somit fraglich. Wir sehen, dass Kontextualisierung bei der Analyse religionsgeschichtlicher Texte etwas zur Beantwortung der Frage nach der Rekonstruktion von Geschichte im Sinne, ob sich etwas faktisch so ereignet hat, beitragen kann.

Das zweite Beispiel sind Texte über den Propheten und die Jüdin Rayḥāna, die 627 in seine Gefangenschaft geriet. In elf Textsammlungen von zehn Gelehrten vom 8. bis 13. Jahrhundert finden sich 30 Texte mit je nach Zeit und Region unterschiedlichen Narrativen (Decker 2020). Besonders markant ist der Wandel der Konzeptionen des Propheten und Rayḥāna ab dem 10. Jahrhundert aufgrund der lokalen Verlagerung der Lebens- und Gelehrtenzentren von (heute) irakischem in iranisches Gebiet. Das veranschaulicht eine Gegenüberstellung von zwei Texten.

In einem Text aus dem 9. Jahrhundert von Ibn Hišām, der aus Baṣra (im heutigen Irak) stammte und sein Leben größtenteils in Fusṭāṭ (Ägypten) verbrachte, wo er um 830 starb, heißt es:

> Der Gesandte Gottes hatte für sich [...] Rayḥāna ausgewählt. Er besaß sie [als Sklavin], bis er starb. Er hatte ihr angeboten, sie zu heiraten [...], doch sie antwortete: ‚O Gesandter Gottes, lass mich lieber in deinem Besitz, so ist es für uns leichter.' So ließ er sie. Bereits während ihrer Gefangenschaft widersetzte sie sich dem Islam und lehnte alles außer dem Judentum ab. Deshalb hielt er sie von sich fern und litt an Liebeskummer wegen ihr. Als er einmal mit seinen Gefährten war, hörte er [...] (Ṯaʻlaba) hinter sich und sagte: ‚Das ist Ṯaʻlaba, der mir die frohe Botschaft von Rayḥānas (Konversion zum) Islam bringt.' Dieser kam und sagte: ‚O Gesandter Gottes, Rayḥāna ist Muslimin geworden.' Da freute er sich über sie. (Ibn Hišām 1858–1860, 1:693)

Ṭabarānī, der 873 in Akka geboren wurde und dessen Eltern aus Tiberias (Galiläa) stammten, und der sich nach Reisen nach Syrien, in den Irak, den Ḥiǧāz, den Jemen und nach Ägypten um 902 in Iṣfahān (im heutigen Iran) niederließ, wo er

971 starb, berichtet: „Er nahm sich Rayḥāna vom Stamm Qurayẓa als Konkubine[12]. Dann befreite er sie. Sie folgte ihrem Stamm, wo sie zurückgezogen lebte." (Ṭabarānī 1983, 6:5588:85) In dem Text spielen manche früher noch dominanten und von Ibn Hišām aufgegriffenen Aspekte wie Rayḥānas Konversion zum Islam oder der Liebeskummer des Propheten keine Rolle mehr. Das Thema einer möglichen Heirat wird durch das Thema Konkubinat verdrängt. Es spiegeln sich negative Einflüsse auf den Status und die Rolle von Frauen. Diese kamen auf, als der Islam stärker in iranisches Gebiet eindrang. Dort war der Rechtsdiskurs stark androzentrisch geprägt, was sich auf die Texte auswirkte (Ali 2010, 3). Verordnungen zur Abschottung von nicht-muslimischen Frauen in den häuslich-familiären Bereich wurden auf Musliminnen übertragen. In abbasidischer Zeit führten die Ausbreitung sowohl der Sklaverei als auch des Konkubinats dazu, dass sich die Kategorien „Frau" und „Sklavin" aneinander annäherten. Dies wiederum erklärt, warum der Text den Fokus auf das Beziehungskonzept des Konkubinats setzt. Ein an Liebeskummer leidender Prophet schien eine inakzeptable Vorstellung gewesen zu sein, und wurde wohl deshalb literarisch eliminiert.

5 Fazit und Ausblick

Die Beispiele zeigen, dass religionsgeschichtliche Texte durch den sprach- und kulturgeschichtlichen Kontext ihrer Entstehungs- und Überlieferungszeit geprägt sind. Durch den Rückblick der Texte selbst lässt sich frühislamische Geschichte nicht einheitlich nachzeichnen. Ein Verfahren, das dies unberücksichtigt lässt, führt unweigerlich zu einer verfälschten Geschichtsrekonstruktion, die zu einer Normativierung bestimmter Konzeptionen herangezogen werden kann, aus denen oft soziale oder rechtliche Konventionen und Ordnungen abgeleitet werden.

Abschließend möchte ich vier Punkte hervorheben, die zur weiteren Diskussion anregen sollen:
1. Text und Kontext gehören zusammen. Der Kontext stellt kein dem Text „hinzukommendes" Phänomen dar. Beide können nur zu analytischen Zwecken getrennt werden. Ein Text ist – wie es der Philosoph Roland Barthes (1915–1980) erklärt hat – ein Gewebe von Zitaten aus unzähligen Stätten der Kultur. Damit ist eine kulturwissenschaftliche Lektüre in der Konstitution des Textes angelegt.
2. Kontextualisierung findet auf mehreren Ebenen statt: Ich produziere Kontexte, um Bedeutung zu generieren, wie intertextuelle Kontexte bezüglich der

---
[12] Konkubine bezeichnet eine Sklavin, die ihrem Besitzer sexuelle Dienste zu leisten hat.

Grabesstrafe; der Überlieferer des Textes kontextualisiert, indem er die Grabesstrafe durch ein Gespräch von ʿĀʾiša mit Muḥammad in den Kontext des frühen 7. Jahrhunderts stellt; mit meinen eigens produzierten Kontexten hole ich die Grabesstrafe aus dem 7. Jahrhundert wieder heraus, womit ich de- und rekontextualisiere.
3. Meine eigene Kontext-Eingebundenheit – Kontextualisierung als aktuelles Wissenschaftsthema – hat mich zu diesem Thema gebracht und spiegelt sich in meinem Beitrag wider. Daher muss ich reflektieren, inwiefern diese Kontexte meine Ergebnisse beeinflussen.
4. Obwohl der Kontext ein zum Verstehen notwendiger Objektbereich ist, ist terminologisch unscharf, was darunter genau zu verstehen ist, und wie man bei Kontextualisierung methodisch kontrolliert vorgehen kann. Dabei stellt sich die Frage, welche und wie viele Kontexte in die Analyse einbezogen werden sollten.

Unabhängig davon, dass in Punkt vier eine ausstehende methodologische Aufgabe benannt wird, die es auch für die Religionswissenschaft zu lösen gilt, ermöglicht es die Kontextualisierung von Texten, normative Ordnungen kritisch zu betrachten, um Generalisierungen und interpretative Absolutheitsansprüche in Frage zu stellen.

Literatur

Ali, Kecia. 2010. *Marriage and Slavery in Early Islam*. Cambridge: Harvard University Press.
Baßler, Moritz. 2013. „Texte und Kontexte." In *Handbuch Literaturwissenschaft*, hg. v. Thomas Anz, 355–370. Stuttgart: Metzler.
Bausani, Alessandro. 2000. *Religion in Iran: From Zoroaster to Baha'ullah*. New York: Bibliotheca Persica Press.
Bewley, Aisha. 1997. *The Women of Madina: Muhammad Ibn Saʿd*. London: Ta-Ha Publishers.
Buḫārī, Muḥammad ibn Ismāʿīl al-. 1862–1908. *Recueil des Traditions Mahométanes par Abou Abdallah Mohammed ibn Ismaïl el-Bokhâri*, 4 Bde, hg. v. M. Ludolf Krehl. Leiden: Brill.
Danneberg, Lutz. 2010. „Kontext." In *Reallexikon der deutschen Literaturwissenschaft*, hg. v. Harald Fricke und Klaus Grubmüller, Bd. 2, 333–337. Berlin: De Gruyter.
Decker, Doris. 2019. „Theologische Reflexionen von Frauen im Frühislam: Umgang mit religiöser Vielfalt und Differenz in arabisch-islamischer Literatur bis zum 9. Jahrhundert." In *Rationalität in der Islamischen Theologie. Bd. 1: Die klassische Periode*, hg. v. Maha El Kaisy, Reza Hajatpour und Mohammed Abdel Rahem, 35–66. Berlin: De Gruyter.
Decker, Doris. 2020. „The Love of Prophet Muḥammad for the Jewess Rayḥāna bint Zayd: Transformation and Continuity of Gender Conceptions in Classical Islamic Historiography and Aḥādīth-Literature." In *Islamic Interpretive Tradition and Gender Justice: Processes of Canonization,*

Subversion, and Change, hg. v. Nevin Reda und Yasmin Amin, 209–258. Montreal: McGill-Queen's University Press.

Decker, Doris. 2021. „Wandel weiblicher religiöser Autorität im Frühislam: Geschlechterkonzeptionen und religiöse Veränderungsprozesse in frühislamischer Historiographie und Aḥādīṯ-Sammlungen." In *Marburg Journal of Religion* 23 (1):1–45.

Dickinson, Eerik. 2001. *The Development of early Sunnite Ḥadīth Criticism: The Taqdima of Ibn Abī Ḥātim al-Rāzī* (140/854–327/938). Leiden: Brill.

Fulda, Daniel. 2013. „Geschichtswissenschaft." In *Handbuch Literaturwissenschaft*. 3 Bde., hg. v. Thomas Anz, 2:449–458. Stuttgart: Metzler.

Hourani, Albert Habib. 2000. *Die Geschichte der arabischen Völker*. 2. Aufl. Frankfurt a.M.: S. Fischer.

Ibn Hišām, Abū Muḥammad ʿAbd al-Malik. 1858–1860. *Kitāb Sīra Rasūl Allāh: Das Leben Muhammad's nach Muhammad Ibn Ishāk bearbeitet von Abd el-Malik Ibn Hischām*, 2 Bde., hg. v. Ferdinand Wüstenfeld. Göttingen: Dieterichsche Universalitäts-Buchhandlung.

Niendorf, Mathias. 2022. „Die Macht des Kontextes – Ohnmacht der Wissenschaft?" In *Die Macht des Kontextes: Sprache(n) und Kommunikation*, hg. v. Anastasija Kostiučenko und Martha Kuhnhenn, 15–28. Frankfurt a.M.: Peter Lang.

Noth, Albrecht. 1973. *Quellenkritische Studien zu Themen, Formen und Tendenzen frühislamischer Geschichtsüberlieferung*. Bonn: Selbstverlag des Orientalischen Seminars der Universität Bonn.

Rudolph, Kurt. 1988. „Texte als religionswissenschaftliche Quellen." In *Religionswissenschaft: Eine Einführung*, hg. v. Hartmut Zinser, 38–54. Berlin: Reimer.

Rüpke, Jörg. 2007. *Historische Religionswissenschaft: Eine Einführung*. Stuttgart: Kohlhammer.

Ṭabarānī, Abū al-Qāsim Sulaymān ibn Aḥmad. 1983. *al-Muʿǧam al-kabīr lil-ḥāfiẓ Abī al-Qāsim Sulaymān ibn Aḥmad aṭ-Ṭabarānī*, 25 Bde, ed. v. Ḥamdī ʿAbd al-Maǧīd al-Salafī. Kairo: Maktabat Ibn Taymiyya.

Tanaseanu-Döbler, Ilinca und Marvin Döbler. 2011. „Interpretation religiöser Quellentexte." In *Religionen erforschen: Kulturwissenschaftliche Methoden in der Religionswissenschaft*, hg. v. Stefan Kurth und Karsten Lehmann, 21–41. Wiesbaden: VS Verlag für Sozialwissenschaften.

van Ess, Josef. 1991–1997. *Theologie und Gesellschaft im 2. und 3. Jahrhundert Hidschra: Eine Geschichte des religiösen Denkens im frühen Islam*. 4 Bde. Berlin: De Gruyter.

Adrian Hermann
IV.6 Globale Religionsgeschichte: Zeitschriften als Medium von „Religion" um 1900

Dass es überall auf der Welt Religionen gibt, ist heute eine global anschlussfähige Feststellung (Hermann 2011, 40; Bergunder 2020; Stausberg 2020, 17–18). Wie ist es dazu gekommen, dass man weltweit in verständlicher Weise über „Religion" und „Religionen" sprechen kann? Der hier vorgestellte Ansatz einer Globalen Religionsgeschichte wählt diese Frage als Ausgangspunkt.

In der Geschichte der Religionswissenschaft wurde die globale Verbreitung eines Gebrauchs von „Religion" immer wieder bemerkt (vgl. Smith 1964, 46). Spätestens seit den 1990er Jahren reflektiert die Religionsforschung dann explizit, dass sich das heutige Sprechen von „Religion(en)" auf den Kolonialismus des 19. Jahrhunderts zurückverfolgen lässt. Häufig wird dies als Ausbreitung eines „europäischen" oder „westlichen" Religionsverständnisses beschrieben. Die Globalität von „Religion" erscheint so als Ergebnis eines Prozesses, in dem ein zunächst in Europa gebildeter, am Christentum orientierter **Religionsbegriff** weltweite Verwendung gefunden hat (vgl. Matthes 1993, 28).

Im Gegensatz dazu ist unter dem Stichwort *Globale Religionsgeschichte* in den letzten zwei Jahrzehnten in der Religionswissenschaft ein Ansatz entstanden, der versucht, diese heutige Globalität von „Religion" auf eine globale **Verflechtungsgeschichte** zurückzuführen (vgl. auch Bretfeld 2012, 427; Stausberg 2012, 36–38; Winter in diesem Band). Ziel ist ein detailliertes Nachvollziehen der Etablierung eines „globalen Religionsdiskurses" (Hermann 2016), beispielsweise auf Basis einer **diskurstheoretischen**, **poststrukturalistischen** und **genealogischen** Herangehensweise (vgl. Maltese und Strube 2021). In diesem Sinne lässt sich Globale Religionsgeschichte mit dem Ansatz der *multiple secularities* vergleichen (Kleine und Wohlrab-Sahr 2021; Dreßler in diesem Band), der sich ebenfalls um eine global orientierte, theoretische wie historische Beschreibung der Grenzziehungen von „Religion" bemüht.

1 Geschichte in globaler Perspektive

Die Globale Religionsgeschichte nimmt Anregungen aus der Geschichtswissenschaft auf, in der sich über die letzten zwanzig Jahre **Globalgeschichte** als eigenständiges Feld etabliert hat. Diese kann als Versuch verstanden werden, die vorherrschende Orientierung historischer Darstellungen an den modernen Nationalstaaten und den damit oftmals einhergehenden **Eurozentrismus** zu überwinden (Conrad 2013; Wenzlhuemer 2017). Wie schon der Untertitel von Christopher A. Baylys *The Birth of the Modern World, 1780–1914: Global Connections and Comparisons* erkennen lässt, eines Klassikers der neueren Globalgeschichte, der auch den „Weltreichen der Religion" ein lesenswertes Kapitel widmet (2004, 325–65), fokussiert diese Perspektive auf globale Verbindungen und Vergleiche (siehe Bergunder in diesem Band). So wird untersucht, „wie durch das Handeln von Menschen globale Verbindungen entstehen und wie diese wiederum auf das Denken, Fühlen und Handeln von Menschen zurückwirken" (Wenzlhuemer 2017, 20). Für eine Beschäftigung mit der „Verflechtung der Welt" (Conrad 2013, 9) stellt die Globalgeschichte verschiedene begriffliche und theoretische Instrumente bereit.

Als „Bausteine für jede Form von Kontakt, Austausch und Vernetzung" sind *globale Verbindungen* die „grundlegende[n] Untersuchungseinheiten" globalhistorischer Forschung. Sie können auf die Art und Weise ihrer Entstehung und auf ihre Bedeutung für historische Akteure hin befragt werden (Wenzlhuemer 2017, 39–40). Der Begriff des *Akteurs* verweist darauf, dass Menschen stets über kontextspezifische „Handlungskapazitäten und -grenzen" verfügen (Wenzlhuemer 2017, 145). Historische Akteure stellen Verbindungen her, nutzen und verändern diese, oder lassen sie wieder abbrechen. Sie sind „Scharniere in globalen Verbindungszusammenhängen" (Wenzlhuemer 2017, 148–149; für eine akteursfokussierte Darstellung globaler Religionsgeschichte des 20. Jahrhunderts aus religionswissenschaftlicher Sicht vgl. Stausberg 2020).

Raum und *Zeit* sind grundlegende Kategorien menschlicher Weltordnung, deren Verdichtung ein wichtiger Aspekt von Globalisierungsprozessen ist (Harvey 1989, 240). Die Globalgeschichte interessiert sich für Raum und Zeit somit nicht als fixe Größen, sondern als soziokulturell hergestellte und veränderliche Beziehungen zwischen „Akteuren, Objekten, Ideen oder Ereignissen" (Wenzlhuemer 2017, 113). In den Blick kommt so die Veränderung von Zeit- und Raumwahrnehmungen durch den Wandel von Verbindungsmustern.

Akteure sind darüber hinaus in *Strukturen* eingebettet, die ihre Handlungsfähigkeit „einschränken, leiten oder anderweitig beeinflussen können", diese aber „gleichzeitig auch mit erschaffen" (Wenzlhuemer 2017, 187). Materielle Infrastrukturen, „die bestimmte […] Handlungen erst möglich machen oder deutlich erleichtern" (Wenzlhuemer 2017, 192) und globalen Verbindungen oftmals zugrunde liegen, können „Straßen, Eisenbahnen oder Telegrafenkabel" sein (Wenzlhuemer 2017, 192), aber auch das Postsystem zum Austausch von Büchern, Zeitungen und Zeitschriften (vgl. Frost 2004, 79–90).

Der *Transit* als „Zeit und [...] Raum des Dazwischen" erinnert daran, globale Verbindungen „nicht als [...] neutrale Zwischenglieder verstehen, sondern eher als Mediatoren". Verbindungen stellen nicht nur Kontakte zwischen ihren Endpunkten her (etwa zwischen Hafenstädten), sondern lassen sich, wie im Fall von Schiffsreisen, selbst als „historische Schauplätze" analysieren (Wenzlhuemer 2017, 222–23). Ähnlich kann die Presse in ihrer Rolle als massenmedialer „Mediator" ein bedeutender Gegenstand globalhistorischer Forschung sein, wie ich im Folgenden zeigen möchte.

Als Reservoir weitergehender theoretischer Reflexionen und methodischer Prämissen dienen der Globalgeschichte zahlreiche global orientierte soziologische und geschichtswissenschaftliche Ansätze (Weltsystemtheorie, Globalisierungstheorie, Weltgesellschaftstheorie) sowie Debatten in den **postkolonialen** Studien (Conrad 2013, 112–35).

Die Religionswissenschaftler Giovanni Maltese und Julian Strube (2021, 244) betonen im Anschluss an geschichtstheoretische Überlegungen Michel Foucaults, dass globalgeschichtliche Studien von einem in der Gegenwart verankerten und explizit benannten Erkenntnisinteresse ausgehen sollten. Die Globale Religionsgeschichte im hier vorgestellten Verständnis wählt den heutigen weltweiten Gebrauch von „Religion" als diesen Ausgangspunkt. Als „genealogische[r] Ansatz" sieht sie ihre Aufgabe in einer kritischen Historisierung gegenwärtiger Selbstverständlichkeiten (Bergunder 2020, 68).

2 Globale Religionsgeschichte

Als religionswissenschaftlicher Ansatz hat sich die *Globale Religionsgeschichte* aus unterschiedlichen theoretischen und religionshistorischen Forschungsanstrengungen entwickelt. Zu diesen gehören unter anderem Karenina Kollmar-Paulenz' Forschung zu mongolischen Religionsbegriffen (2007, 2012), meine eigenen von dem Religionswissenschaftler Burkhard Gladigow und dem Soziologen Niklas Luhmann angeregten Beiträge (Hermann 2011, 2021), der poststrukturalistische religionswissenschaftliche Ansatz Michael Bergunders (2011, 2020), Christoph Kleines (2010) Überlegungen zur außereuropäischen Religionsgeschichte sowie das Bochumer Kolleg „Dynamiken der Religionsgeschichte zwischen Asien und Europa" (Krech 2012; vgl. Strube 2024a). Aus diesen Anfängen hat sich eine breite religionswissenschaftliche Debatte formiert (vgl. Strube 2024b). Globale Religionsgeschichte ist damit – neben der Religionsästhetik (Koch und Wilkens 2020) – einer der wenigen gegenwärtigen fachübergreifenden Diskussionszusammenhänge in der (deutschsprachigen) Religionswissenschaft.

Das Interesse für die globalen Verbindungen, welche die weltweite Anschlussfähigkeit von „Religion" hervorgebracht haben, reagiert auf vielfältige Kritik an einer analytischen Verwendung des Religionsbegriffs. Dies sind zum einen Arbeiten zur Geschichte von „Religion", welche die europäische Genese dieses Begriffs betonen (Wagner 1986; Feil 2000). Zum anderen eine Fundamentalkritik, welche jede Verwendung des Religionsbegriffs zur Bezeichnung von Phänomenen in außereuropäischen Kulturen als „religionswissenschaftliche Ideologie" beschreibt (Fitzgerald 2000). „Religion" erscheint hier als westliches Konzept, für das es, wie es beispielsweise in einer prominenten *Einführung in die Religionswissenschaft* heißt, innerhalb asiatischer Kulturen „kein begriffliches Äquivalent" gäbe (Kippenberg und von Stuckrad 2003, 41). Gleichzeitig wird aber konstatiert, dass seit dem 19. Jahrhundert Begriffe wie „Hinduismus" oder „Buddhismus" als Beschreibung von „Religionen" auch in Asien Anklang gefunden hätten (Kippenberg und von Stuckrad 2003, 47). Diese „Erfindung der **Weltreligionen**" (Masuzawa 2005; Alberts in diesem Band) ist dann insbesondere seit den 2000er Jahren Thema zahlreicher Studien, wobei der Fokus zunächst auf der Beschäftigung mit **orientalistischen** Religionsdiskursen in europäischen Sprachen liegt (King 1999). Verantwortlich gemacht für diese „Erfindung" werden also zunächst westliche Akteure. Gleichzeitig wird zunehmend festgestellt, dass „Religion" als Konzept spätestens seit dem 19. Jahrhundert auch unter hinduistischen, buddhistischen oder islamischen Intellektuellen breiten Anklang gefunden habe. Beschrieben als Übernahme westlicher Vorstellungen von „Religion", „Hinduismus", „Buddhismus", oder „Islam" durch asiatische Akteure wird dies dann aber als Teil kolonialer „**epistemologischer** Gewalt" interpretiert (vgl. Bergunder 2020, 62–65; Strube in diesem Band).

Die Globale Religionsgeschichte stellt all dem ein Programm gegenüber, das diese auf einem „regionalisierten Ursprungsdenken" beruhende Vorstellung von einem „westlichen Religionsbegriff" mithilfe einer globalen Verflechtungsgeschichte überwinden möchte (Bergunder 2020, 52, 130). Statt von einer regionalen Entstehung von „Religion" in Europa bzw. im Westen auszugehen und einer daran dann anschließenden weltweiten Verbreitung, wird „Religion" in Überwindung dieses „strukturellen Eurozentrismus" als ein „konstitutiv globale[r] Allgemeinbegriff" verstanden, dessen globale Geschichte das „Ergebnis einer komplexen Verflechtungsgeschichte zwischen lokalen und globalen Diskursen" ist (Bergunder 2020, 60, 67, 73; 2012). An die Stelle der Vorstellung, dass „der Begriff ‚Religion' der ausschließliche Besitz der europäischen Zivilisation gewesen ist" (Tenbruck 1993, 37; vgl. für eine Gegendarstellung Rezania in diesem Band) tritt so eine Globalgeschichte von „Religion". Europas Geschichte ist nicht autonom, sondern ist konstitutiv mit der restlichen Welt verflochten (Winter; Suarsana in diesem Band). „Religion", ebenso wie auch das „Christentum", haben eine globale

Geschichte, die gemeinsam mit derjenigen von „Hinduismus", „Buddhismus" und „Islam" als Resultat globaler Verflechtungen beschrieben werden muss. In gleichem Maße verbunden ist die Geschichte von „Religion" mit der Globalgeschichte anderer Allgemeinbegriffe. Grenzziehungen etwa zwischen „Religion" und „Wissenschaft" bzw. das Bestreiten solcher Grenzen sind ebenfalls Teil dieser globalen Geschichte (Bergunder 2020, 76; Stausberg 2020, 672–76).

In diesem Sinne sind die mit „Religion" einhergehenden Unterscheidungsbildungen ein wichtiger Aspekt dieses Programms, ebenso sowie die „translinguale Praxis", durch die sich in den meisten Sprachen der Welt Begriffe für „Religion" etabliert haben (vgl. Hermann 2016, 104–111; als Fallstudie siehe Bachmann 2021). Wichtig ist dabei, dass sich die Globale Religionsgeschichte trotz des prominenten Bezugs auf diskurstheoretische Überlegungen nicht auf eine Begriffsgeschichte beschränkt, sondern „Religion" in all ihren **Materialisierungen** behandelt (Maltese und Strube 2021, 236).

Innerhalb der Debatte um eine Globale Religionsgeschichte haben Religionswissenschaftler*innen in den letzten Jahren unterschiedliche Programme vorgeschlagen (Bergunder 2020; Stausberg 2020; Kollmar-Paulenz 2024; Kleine 2024). Parallel ist der verflechtungsgeschichtliche Ansatz in einer Vielzahl von Studien zu Asien und Afrika erprobt worden (zum Beispiel Albrecht, Bachmann und Kirchner 2024; für eine Übersicht siehe Strube 2024b; siehe auch Schrode und Spies; Suarsana; Maltese; Strube; Winter; Beinhauer-Köhler in diesem Band). Auffällig ist dabei, dass das Quellenmaterial der Studien, die sich mit dem 19. und frühen 20. Jahrhundert befassen, oftmals aus lokalen Zeitungen und Zeitschriften stammt.

3 Zeitschriften als Medium der Globalen Religionsgeschichte

Auch wenn sich die Globale Religionsgeschichte keineswegs auf eine Beschäftigung mit dem 19. und 20. Jahrhundert beschränkt (Bergunder 2024, 63; Winter in diesem Band), ist dieser Zeitraum für die Formierung des globalen Religionsdiskurses von entscheidender Bedeutung. Zeitungen und Zeitschriften waren hierfür ein wichtiges Medium, deren zunehmender transregionaler und transkontinentaler Austausch per Post (insbesondere nach Gründung des Weltpostvereins 1874) tiefgreifende Veränderungen der „Informationsökonomie" auslöste (Frost 2004).

Laut Benedict Anderson ([1983] 1996) konstituieren sich in diesem Zeitraum die modernen Nationalstaaten als „vorgestellte Gemeinschaften" (Englisch: „imagined communities") unter anderem über ihre Nationalsprachen, die Gleichzeitigkeit täglicher Zeitungslektüre und andere „kommunikative Netze" (Mergel 2005, 283–284). Ähnliches gilt auch für die sogenannten Weltreligionen, die zeitgleich beginnen, sich in neuer Weise als weltumspannende Gemeinschaften von „Christen", „Buddhisten", oder „Hindus" zu verstehen (Bayly 2004, 357–59). Von lokalen Intellektuellen herausgegebene Zeitungen und Zeitschriften spielen dabei überall auf der Welt eine wichtige Rolle. In ihnen werden die den globalen Religionsdiskurs prägenden „Unterscheidungen der Religion" (Hermann 2016) verhandelt: zwischen den „Religionen" (wie „Buddhismus" oder „Christentum"), zwischen „Religion" und anderen Gesellschaftsbereichen (wie „Wissenschaft" oder „Politik"), sowie zwischen „Religion" und ihren Gegenübern (wie „Magie" oder „Aberglaube"; Cyranka in diesem Band). So wie Schiffsreisen Kontinente verbinden, verdichten Zeitungen und Zeitschriften Raum und Zeit und etablieren als Mediatoren globale Verbindungen in einer durch den zunehmenden postalischen Austausch ermöglichten, neuartigen **kolonialen Öffentlichkeit** (Frost 2004). Als „Imaginationsraum und Anschauungsmaterial der Gesellschaft" (Scheiding und Fazli 2023, 14) können sie als Objekte des Transits untersucht werden und sind (auch) Medium der Globalen Religionsgeschichte.

3.1 Die *Christliche Welt* und die „Religionen der Erde"

Von 1887 bis 1941 erschien in Leipzig die *Christliche Welt* als wichtiges öffentliches Forum des sogenannten „Kulturprotestantismus" (Schmidt-Rost 1992). In einem Artikel vom Herbst 1889 nimmt der sächsische Pfarrer Ernst G. Steude (1852–1907) eine „Vergleichung des Christentums mit den Religionen der Erde" vor (Steude 1889, 651–52). Er tut dies unter dem Eindruck, der „Fehdehandschuh" sei „den Anhängern des Christentums von Bekennern heidnischer Religionen hingeworfen" worden und reagiert auf eine globale Nachrichtenlage: Zeitungsberichte über eine in Kalkutta 1870 gehaltene Vorlesung über die Vorzüge des Hinduismus, eine 1875 in deutscher Übersetzung erschienene, das Christentum kritisierende Schrift eines japanischen Buddhisten, einen 1878 von einem „Hindu in Leipzig vor zahlreicher Zuhörerschaft und nicht ohne Beifall" gehaltenen Vortrag über „Buddhismus und Christentum" sowie die weite Verbreitung von zunächst auf Ceylon und später auch in Deutschland publizierten buddhistischen Katechismen (Steude 1889, 651).

Steude beschreibt das „Wesen der Religion" als „Erlösungshoffnung und Seligkeitsgewißheit" angesichts einer unbefriedigenden Welt. Dies dient als „Maßstab" einer Bewertung der „Religionen der Erde" (Steude 1889, 654). Behandelt werden unter anderem Hinduismus, Buddhismus und Islam, bevor dann das

Christentum als „*die* Religion" dargestellt wird, die „alle die Vorzüge der […] großen Religionen" vereinige (Steude 1889, 693).

Besondere „Herausforderungen" sieht Steude (1889, 651–652) in einer oftmals behaupteten „Uebereinstimmung der uralten buddhistischen Religion mit den Resultaten der modernen Naturwissenschaft". Das Christentum sei für den „Kampfplatz" allerdings gut gerüstet, auch aufgrund der „Arbeiten der allgemeinen Religionswissenschaft in den letzten Jahrzehnten".

Mit seiner Bestimmung des „Christentums" als „Religion" unter „Religionen" in Reaktion auf Nachrichten und Publikationen aus aller Welt wie auch in Aufnahme der Debatte um das Verhältnis von „Religion" und „Wissenschaft" trägt Steude zur „Geburt des ‚Christentums' als ‚Religion'" bei (vgl. Thurner 2021; Suarsana in diesem Band). Ein solches „Christentum" findet sich aber nicht nur in dieser deutschen Zeitschrift, sondern um 1900 ebenso etwa auf den Philippinen.

3.2 Ein „modernes" Christentum auf den Philippinen

In Manila erschien 1903/04 mit der *Iglesia Filipina Independiente: Revista Catolica* die Zeitschrift einer neu gegründeten Rom-unabhängigen Kirche (der IFI). Im Dezember 1903 rühmt sie „die modernen Ausbildungsmethoden unserer Kirche, die auf freiem Urteilsvermögen und der Ermutigung […] zum Studium der Religion beruhen". Gelobt wird insbesondere Santiago Fonacier (1885–1977), ein junger philippinischer Priester, der später bis ins höchste Bischofsamt der IFI aufstieg: „er kennt nicht nur die Werke des Hl. Thomas von Aquin, Hl. Augustinus, […] [Miguel] Mir [y Noguera], […] und anderer Genies des Romanismus, sondern auch den **Spiritismus**, Brahmanismus, japanischen Buddhismus, Mahometanismus, und andere große fremde Religionen; und rationalistische Autoren wie Voltaire, Renan, Flammarión etc" (de los Reyes 1903; alle Übersetzungen A.H.; zur IFI siehe Koschorke et al. 2018, 53–62).

Fonacier beschreibt „[a]lle ernsthaft bezeugten Religionen" als „gut". So sei, stellt er vergleichend fest, der „Brahmanismus […] ein Vorfahre dessen, was ihr jetzt als die einzig gute Religion betrachtet" und „sogar die Religionen der *moros* (Mohammedaner) und der Chinesen verfügen über eine bewundernswerte Moral" (Fonacier 1903).

Im gleichen Text greift er das Verhältnis von „Religion" und „Wissenschaft" auf und hebt hervor, dass die IFI zu einer Auseinandersetzung nicht nur mit den „Religionen", sondern auch mit dem „Positivismus, Pantheismus, Darwinismus" anrege. Man solle sich mit „wissenschaftlichen Erkenntnissen" befassen, „die durch den modernen Fortschritt gewonnen werden", so wie der Jesuit Miguel Mir y Noguera dies in „seinem hervorragenden Buch ‚Harmonien zwischen Religion and Wissenschaft'" tue (Fonacier 1903; vgl. Mir y Noguera 1881).

Auf den Philippinen um 1900 ist diese Zeitschrift somit Medium einer Diskussion um „Religion(en)" und deren Verhältnis zur „Wissenschaft" vor dem Hintergrund globaler Verbindungen, wie auch der Verweis auf Mir y Nogueras Buch erkennen lässt. Dieses ist seinerseits Teil der spanischen Rezeptionsgeschichte eines im 19. Jahrhundert weit verbreiteten Buchs zum Verhältnis von „Religion" und „Wissenschaft" (Draper 1874; vgl. Mayordomo 1985). Als Teil einer globalen Absetzungsbewegung von Rom stand die IFI unter anderem im Briefkontakt mit den „Independent Catholics" auf Sri Lanka (Koschorke et al. 2018, 198), wo ebenfalls öffentlich über „Religion(en)" wie auch über „Wissenschaft" diskutiert wurde.

3.3 Der Buddhismus der *Maha Bodhi Society*

Auf Sri Lanka waren in Reaktion auf den britischen Kolonialismus und intensivierte christliche Missionsbestrebungen zur Mitte des 19. Jahrhunderts buddhistische Erneuerungsbewegungen entstanden, die oftmals als „buddhistischer Modernismus" bezeichnet werden (Freiberger und Kleine 2011, 417–24; kritisch dazu Blackburn 2011). Die zunehmende Verbreitung von Druckerzeugnissen (Flugschriften, Bücher und Zeitschriften), zunächst von christlicher und später auch von buddhistischer Seite, spielte dabei eine entscheidende Rolle. Seit den 1880er Jahren beeinflussten Aktivitäten der Theosophischen Gesellschaft sowie der buddhistische Intellektuelle Anagārika Dharmapāla (1864–1933) die weitere Entwicklung maßgeblich (Kemper 2015; Stausberg 2020, 121–38). Wie auch Steude in der *Christlichen Welt* wahrnimmt, war 1881 ein von dem Theosophen Henry S. Olcott (1832–1907) zusammengestellter *Buddhist Catechism* erschienen, der schnell in zahlreiche Sprachen übersetzt wurde. Dharmapāla gründete 1892 als Teil seiner Bestrebungen, den Buddhismus zurück nach Indien zu bringen, die Zeitschrift *Journal of the Maha Bodhi Society and the United Buddhist World*. Seine Beiträge verglichen den „Buddhismus" mit anderen „Religionen" und stellten dessen Vereinbarkeit mit der modernen „Wissenschaft" heraus (Kemper 2015, 426). Die Zeitschrift trug auch zu denjenigen globalen Verbindungen bei, die Dharmapāla eine Einladung zum „Weltparlament der Religionen" in Chicago 1893 bescherten (Amunugama 2019, 10–11).

Unterstützt wurden buddhistische Druckaktivitäten auf Sri Lanka auch aus Siam (dem heutigen Thailand). Als Teil eines regen Austauschs über den Verlauf des 19. Jahrhunderts ließ König Rama IV. im Jahr 1862 eine Druckerpresse als Geschenk nach Sri Lanka bringen (Wickramasinghe 2014, 64).

3.4 Christentum, Buddhismus und Wissenschaft im *Bangkok Recorder*

Im 19. Jahrhundert etablierte sich in Thailand der „Buddhismus" als nationale „Religion" (Streicher und Hermann 2019). Einen wichtigen Kontext bildete die zunehmende Präsenz christlicher Missionare, vor allem aber die Gründung eines modernistischen Reformordens durch den buddhistischen Mönch Mongkut (1804–1868) (Trakulhun 2024, 27–32).

In dem Mitte des 19. Jahrhunderts vom amerikanischen protestantischen Missionar Dan Beach Bradley (1804–1873) herausgegebenen *Bangkok Recorder* erschienen Artikel über wissenschaftliche wie politische Themen. Die Zeitung diente in den 1860er Jahren aber auch als Forum einer Auseinandersetzung zwischen „Buddhismus" und „Christentum". Für Bradley bildeten Christentum, Liberalismus und der technologische Fortschritt die Grundlage moderner Zivilisation, wohingegen der Buddhismus die wissenschaftliche Neugier behindere. Der mittlerweile zum König Rama IV. gekrönte Mongkut antwortete im *Bangkok Recorder*, indem er die enge Verknüpfung zwischen „Christentum" und „Wissenschaft" bestritt und den „Buddhismus" als herausfordernde und komplexe Lehre verteidigte (Trakulhun 2024, 114–18).

Eingang fanden diese Debatten auch in ein 1867 in Siam gedrucktes Buch eines engen Vertrauten Mongkuts. Eine Teilübersetzung dieser Ansichten eines „modernen Buddhisten" erschien nicht nur in London (Alabaster 1870), sondern wurde im März 1870 unter dem Titel „Ein siamesischer Minister über Christentum und Buddhismus" auch in der Beilage der Münchner *Allgemeinen Zeitung* abgedruckt (Trakulhun 2024, 144). So fand die siamesische Debatte über Christentum, Buddhismus und Wissenschaft vielfältige Resonanzen auch in Europa, vermittelt über eine Zeitungsbeilage als Medium globaler Verbindung.

3.5 Eine Globalgeschichte von „Wissenschaft" und „Religion"?

Wie wir gesehen haben, stehen um 1900 Auseinandersetzungen mit „Religion" in Zeitungen und Zeitschriften in Deutschland, auf den Philippinen, in Sri Lanka und in Thailand in einem globalen Kontext gegenseitiger Wahrnehmungen und Verbindungen. Sie werden unter anderem anhand von Unterscheidungen zwischen verschiedenen „Religionen" sowie zwischen „Religion" und „Wissenschaft" geführt. Der Ansatz der Globalen Religionsgeschichte ermöglicht uns, diese Verflechtungen zu rekonstruieren und damit zu einer Antwort auf die Frage beizutragen, wie sich das Sprechen von „Religion" weltweit als Selbstverständlichkeit etabliert hat. Zu den zukünftigen Herausforderungen in der Umsetzung dieses

Programms gehört es, sozial- und mediengeschichtliche Aspekte stärker in den Blick zu nehmen und insbesondere das Zusammenspiel verschiedener Ungleichheitsdimensionen (wie Geschlecht, **Rasse [race]**, Klasse; vgl. Maltese in diesem Band) zu berücksichtigen, welche die Identitäten der Akteure prägen.

Literatur

Alabaster, Henry. 1870. *The Modern Buddhist*. London: Trübner.

Albrecht, Jessica A., Judith Bachmann und Anna Kirchner. 2024. „Geschlecht, Religion und Nation in globalen Verflechtungen." *Zeitschrift für Religionswissenschaft* 32:34–55.

Amunugama, Sarath. 2019. *The Lion's Roar: Anagarika Dharmapala and the Making of Modern Buddhism*. Oxford: Oxford University Press.

Anderson, Benedict. [1983] 1996. *Die Erfindung der Nation: Zur Karriere eines folgenreichen Konzepts*. Übers. v. Benedikt Burkard und C. Münz. Mit einem Nachwort von Thomas Mergel. Frankfurt: Campus.

Bachmann, Judith. 2021. *Hexerei in Nigeria zwischen Christentum, Islam und traditionellen Praktiken: Globale Verflechtungen und lokale Positionierungen bei den Yoruba*. Baden-Baden: Nomos.

Bayly, Christopher A. 2004. *The Birth of the Modern World, 1780-1914: Global Connections and Comparisons*. Oxford: Blackwell.

Bergunder, Michael. 2011. „Was ist Religion?" *Zeitschrift für Religionswissenschaft* 19:3–55.

Bergunder, Michael. 2020. „Umkämpfte Historisierung: Die Zwillingsgeburt von ‚Religion' und ‚Esoterik' in der zweiten Hälfte des 19. Jahrhunderts und das Programm einer globalen Religionsgeschichte." In *Wissen um Religion: Erkenntnis – Interesse: Epistemologie und Episteme in Religionswissenschaft und Interkultureller Theologie*, hg. v. Klaus Hock, 47–131. Leipzig: Evangelische Verlagsanstalt.

Bergunder, Michael. 2024. „Encounters of the Brahmanical Sanskrit Tradition with Persian Scholarship in the Mughal Empire." *Interdisciplinary Journal for Religion and Transformation in Contemporary Society* 10:56–85.

Blackburn, Anne M. 2011. „‚Buddhist Revival' and the ‚Work of Culture' in Sri Lanka, Past and Present." In *The Anthropologist and the Native*, hg. v. H. L. Seneviratne, 221–246. London: Anthem Press.

Bretfeld, Sven. 2012. „Dynamiken der Religionsgeschichte: Lokale und translokale Verflechtungen." In *Religionswissenschaft*, hg. v. Michael Stausberg, 423–433. Berlin: de Gruyter. https://doi.org/10.1515/9783110258936.423

Conrad, Sebastian. 2013. *Globalgeschichte: Eine Einführung*. München: C.H. Beck.

de los Reyes, Isabelo. 1903. „Ventajas de la libertad." *Iglesia Filipina Independiente: Revista Catolica* 11:43.

Draper, John W. 1874. *History of the Conflict Between Religion and Science*. New York: Appleton.

Feil, Ernst, Hg. 2000. *Streitfall „Religion": Diskussionen zur Bestimmung und Abgrenzung des Religionsbegriffs*. Münster: Lit.

Fitzgerald, Timothy. 2000. *The Ideology of Religious Studies*. New York: Oxford University Press.

Fonacier, Santiago. 1903. „Todas las religiones sinceramente profesadas son buenas." *Iglesia Filipina Independiente: Revista Catolica* 8:29–30.

Freiberger, Oliver und Christoph Kleine. 2011. *Buddhismus: Handbuch und kritische Einführung.* Göttingen: Vandenhoeck & Ruprecht.

Frost, Mark R. 2004. „Asia's Maritime Networks and the Colonial Public Sphere, 1840–1920." *New Zealand Journal of Asian Studies* 6:63–94.

Harvey, David. 1989. *The Condition of Postmodernity: An Enquiry into the Origins of Cultural Change.* Cambridge: Blackwell.

Hermann, Adrian. 2011. „Buddhist Modernism in 19th Century Siam and the Discourse of Scientific Buddhism: Towards a Global History of ‚Religion'." *Journal of the SSEASR* 5:37–57.

Hermann, Adrian. 2016. „Distinctions of Religion: The Search for Equivalents of ‚Religion' and the Challenge of Theorizing a ‚Global Discourse of Religion'." In *Making Religion: Theory and Practice in the Discursive Study of Religion*, hg. v. Frans Wijsen und Kocku von Stuckrad, 97–124. Leiden: Brill.

Hermann, Adrian. 2021. „European History of Religion, Global History of Religion." In *Religion in Culture – Culture in Religion: Burkhard Gladigow's Contribution to Shifting Paradigms in the Study of Religion*, hg. v. Christoph Auffarth, Alexandra Grieser und Anne Koch, 237–268. Tübingen: Tübingen University Press.

Kemper, Steven. 2015. *Rescued from the Nation: Anagarika Dharmapala and the Buddhist World.* Chicago: University of Chicago Press.

King, Richard. 1999. *Orientalism and Religion: Post-Colonial Theory, India and „The Mystic East".* London: Routledge.

Kippenberg, Hans G. und Kocku von Stuckrad. 2003. *Einführung in die Religionswissenschaft: Gegenstände und Begriffe.* München: C.H. Beck.

Kleine, Christoph. 2010. „Wozu außereuropäische Religionsgeschichte?" *Zeitschrift für Religionswissenschaft* 18:3–38.

Kleine, Christoph. 2024. „From the History of Religions in Asia to a Global History of Religion." *AЯGOS* 3:56–63.

Kleine, Christoph und Monika Wohlrab-Sahr. 2021. „Comparative Secularities: Tracing Social and Epistemic Structures beyond the Modern West". *Method & Theory in the Study of Religion* 32:1–30.

Koch, Anne und Katharina Wilkens. 2020. *The Bloomsbury Handbook of the Cultural and Cognitive Aesthetics of Religion.* London: Bloomsbury.

Kollmar-Paulenz, Karénina. 2007. *Zur Ausdifferenzierung eines autonomen Bereichs Religion in asiatischen Gesellschaften des 17. und 18. Jahrhunderts.* Bern.

Kollmar-Paulenz, Karénina. 2012. „Außereuropäische Religionsbegriffe." In *Religionswissenschaft*, hg. v. Michael Stausberg, 81–94. Berlin: de Gruyter. https://doi.org/10.1515/9783110258936.81

Kollmar-Paulenz, Karénina. 2024. „Nga rang gi chos khyod rang gi chos: ‚My Religion and Your Religion'? About Some Fundamental Issues in the Global History of Religion." *Interdisciplinary Journal for Religion and Transformation in Contemporary Society* 10:86–105.

Koschorke, Klaus, Adrian Hermann, Frieder Ludwig und Ciprian Burlacioiu, Hg. 2018. *„To give publicity to our thoughts": Journale asiatischer und afrikanischer Christen um 1900 und die Entstehung einer transregionalen indigen-christlichen Öffentlichkeit.* Wiesbaden: Harrassowitz.

Krech, Volkhard. 2012. „Religious Contacts in Past and Present Times: Aspects of a Research Programme." *Religion* 42:191–213.

Maltese, Giovanni und Julian Strube. 2021. „Global Religious History." *Method & Theory in the Study of Religion* 33:229–257.

Masuzawa, Tomoko. 2005. *The Invention of World Religions: Or, How European Universalism Was Preserved in the Language of Pluralism.* Chicago: University of Chicago Press.

Matthes, Joachim. 1993. „Was ist anders an anderen Religionen?" In *Religion und Kultur*, hg. v. Jörg Bergmann, Alois Hahn und Thomas Luckmann, 16–30. Opladen: Westdeutscher Verlag.

Mayordomo, Alejandro. 1985. „La recepción en España de la obra de J. W. Draper." *Historia de la educación* 4:139–157.

Mergel, Thomas. 2005. „Benedict Andersons Imagined Communities." In Benedict Anderson, *Die Erfindung der Nation*, 281–306. Frankfurt am Main: Campus.

Mir y Noguera, Miguel. 1881. *Harmonía entre la ciencia y la fe*. Madrid: Manuel Tello.

Scheiding, Oliver und Sabina Fazli, Hg. 2023. *Handbuch Zeitschriftenforschung*. Bielefeld: Transcript.

Schmidt-Rost, Reinhard. 1992. „Die Christliche Welt: Eine publizistische Gestalt des Kulturprotestantismus." In *Kulturprotestantismus: Beiträge zu einer Gestalt des modernen Christentums*, hg. v. Hans M. Müller, 245–257. Gütersloh: Mohn.

Smith, Wilfred C. 1964. *The Meaning and End of Religion*. New York: Mentor.

Stausberg, Michael. 2012. „Religion: Begriff, Definitionen, Theorien". In *Religionswissenschaft*, hg. v. Michael Stausberg, 33–47. Berlin: de Gruyter. https://doi.org/10.1515/9783110258936.33

Stausberg, Michael. 2020. *Die Heilsbringer: Eine Globalgeschichte der Religionen im 20. Jahrhundert*. München: C.H. Beck.

Steude, Ernst G. 1889. „Die Religionen der Erde und das Christentum." *Die Christliche Welt* 33:651–657, 34:667–672, 35: 691–694.

Streicher, Ruth und Adrian Hermann. 2019. „'Religion' in Thailand in the 19th Century." *Companion to the Study of Secularity*. Leipzig University.

Strube, Julian. 2024a. „Dynamiken des Religionskontakts im Dialog mit verflechtungsgeschichtlichen Ansätzen der Globalen Religionsgeschichte." *ARGOS* 3:1–6.

Strube, Julian. 2024b. „Global Religious History and Religious Comparison." *Interdisciplinary Journal for Religion and Transformation in Contemporary Society* 10:1–30.

Tenbruck, Friedrich H. 1993. „Die Religion im Maelstrom der Reflexion." In *Religion und Kultur*, hg. v. Jörg Bergmann, Alois Hahn und Thomas Luckmann, 31–67. Opladen: Westdeutscher Verlag

Thurner, Mathias. 2021. *Die Geburt des ‚Christentums' als ‚Religion' am Ende des 19. Jahrhunderts*. Berlin: de Gruyter.

Trakulhun, Sven. 2024. *Confronting Christianity: The Protestant Mission and the Buddhist Reform Movement in Nineteenth-Century Thailand*. Honolulu: University of Hawai'i Press.

Wagner, Falk. 1986. *Was ist Religion? Studien zu ihrem Begriff und Thema in Geschichte und Gegenwart*. Gütersloh: Mohn.

Wenzlhuemer, Roland. 2017. *Globalgeschichte schreiben: Eine Einführung in 6 Episoden*. Stuttgart: UVK.

Wickramasinghe, Nick. 2014. *Metallic Modern: Everyday Machines in Colonial Sri Lanka*. New York: Berghahn.

Coda

Michael Stausberg
Normen, Werte und Tugenden in der Religionswissenschaft

Am Ende dieses Buches richtet sich der Blick weg von Begriffen, Theorien, Formationen, Ansätzen und Methoden auf selten gestellte Fragen nach erwartbaren Verhaltensregeln (**Normen**) und erstrebenswerten Zielvorgaben (**Werten**) religionswissenschaftlichen Arbeitens.

1 Normen

1.1 Empirische und normative Wissenschaft: eine normative Unterscheidung

Es ist üblich, zwei Arten von Wissenschaft zu unterscheiden: empirische (beschreibende) und normative (vorschreibende) Wissenschaft. Erstere will die Welt, wie sie ist oder wie andere Menschen sie sehen, verstehen (oder gar erklären); letztere erkundet auch, wie sie sein soll. Ist diese gängige Unterscheidung selbst empirisch-deskriptiv oder normativ? Als empirische Unterscheidung müssten sich Kriterien der diagnostischen Unterscheidbarkeit angeben lassen, unter denen eine Aussage, eine Hypothese, eine Darstellung oder eine Interpretation als beschreibend oder vorschreibend gelten würde. Diese Kriterien sind jedoch aus einer Beschreibung selbst nicht zu gewinnen. Dazu bedarf es einer normativen Setzung. Normativ ist diese auch dadurch, dass sie die Möglichkeit der Unterscheidung von deskriptiv und normativ für zielführend hält. Anders gesagt: Im Feld der Wissenschaft *sollte* man in der Lage sein, empirische und normative Gehalte trennen zu können. Es geht darum, einen Bereich relativ unumstrittener, objektiver, gewissermaßen „reiner" Tatsachen herauszuschälen aus einer „schmutzigen" Wirklichkeit, die von Interessen, Vorurteilen und Werturteilen geprägt ist. Dass dieses Programm selbst normativ ist und vielleicht sogar Wunschdenken bleibt, macht es nicht prinzipiell sinnlos. Religion und Religionswissenschaft sind das vielleicht beste Beispiel: Religion ist ein notorisch umstrittener Gegenstand; Religionsgemeinschaften beäugen sich oft kritisch, abwertend (oft aber auch mit Interesse und Sympathie) oder bekriegen sich sogar. Von daher ist es sinnvoll, dass es einen institutionellen Raum gibt, an dem über Religion(en) geforscht und gelehrt wird, ohne sich von öffentlichen Bewertungen leiten zu lassen, sondern wo religiös-weltanschauliche (normative) Bewertungen selbst zum Gegenstand der Beschreibung (Analyse) werden. Das markiert eine gesellschaftliche (normative) Aufgabe von Religionswissenschaft: Religion und öffentliches Reden über Religion zu beforschen, ohne sich zum Komplizen außerwissenschaftlicher Vorverständnisse über diesen Gegenstand zu machen.

1.2 Abgrenzende Normativität in der Religionswissenschaft: normative Anti-Normativität

Machen wir uns also nichts vor: Religionswissenschaft ist normativ. Und zwar in abgrenzender und in regulativer Hinsicht. Erstere funktioniert als eine Art kritischer Filter. In der Religionswissenschaft, die sich in ihrem Selbstverständnis von der Theologie abzugrenzen und zu emanzipieren suchte (und dies zum Teil immer noch tut), gibt es ein normatives Streben danach (also eine Verfahrenserwartung), insbesondere religiöse oder spirituelle Perspektiven als Leitlinien wissenschaftlicher Betrachtung abzulehnen. Eine weitere Art der abgrenzenden Normativität in der Religionswissenschaft besteht darin, Menschen und Religionen nicht vorschreiben zu wollen, wie sie zu sein, wie sie ihre Traditionen auszugestalten und ihr Leben zu führen haben. Stattdessen versuchen wir, religiöse Entwicklungen und Ausgestaltungen zu beschreiben, zu verstehen und zu erklären. Wir können indes nicht ausschließen, dass religiöse Akteure auf unsere Arbeiten Bezug nehmen, indem sie sich unsere Interpretationen positiv aneignen oder auch negativ zur Zielscheibe ihrer Identitätsarbeit machen. Auf diese Weise können ursprünglich nicht normativ intendierte Aussagenzusammenhänge produktiv in religiöse Sinnbildungen eingehen und somit in religiösen Kontexten eine normative Wirkung entfalten.

Die normative Anti-Normativität religionswissenschaftlichen Arbeitens zielt auf eine Versachlichung des öffentlichen **Diskurses** über Religion und religiöse Sachverhalte.[1] Das analytische Ausblenden oder Zurückstellen moralischer und normativer Beurteilungen kann ReligionswissenschaftlerInnen in der öffentlichen Wahrnehmung als naive SympathisantInnen, FürsprecherInnen (ApologetInnen) oder Mitschuldige erscheinen lassen. Dabei schließt unsere Zugangsweise empathische oder gar leidenschaftliche moralisch-emotionale Reaktionen wie Ab-

---

[1] Diese Art der normativen Anti-Normativität als Distanz zu religiösen Phänomenen und Perspektiven ist grundlegend für das Programm der **Religionskunde** als eines für die gesamte Schülerschaft verbindlichen Schulfachs, das religionswissenschaftlich fundierte Forschung in den schulischen Raum vermittelt; vgl. Frank 2016 oder Alberts 2023. Normativ ist Religionskunde zum Beispiel durch den Bezug auf das Menschenrecht der Religionsfreiheit (Alberts) oder bei der Formulierung von schulischen Kernkompetenzen (Frank).

scheu, Ekel oder Empörung nicht aus, so etwa bei versuchtem Völker- und Religionsmord wie etwa von ISIS gegenüber Yezidi und Christen, bei sexuellem Missbrauch und sexualisierter Gewalt in christlichen Kirchen und anderen religiösen Gruppen, bei Antisemitismus und Islamfeindlichkeit. Diese moralischen Empfindungen, Urteile und normativen Bewertungen erfordern kein spezifisch religionswissenschaftlich geschultes Sensorium. Die genannten Phänomene haben indes selbst religionsgeschichtliche Voraussetzungen und Dynamiken, die in den Bereich religionswissenschaftlichen Fragens fallen.

Im Sinne abgrenzender Normativität hat sich religionswissenschaftliches Arbeiten nach Möglichkeit von illegitimen Bewertungen, Ideologien, partikularen Interessen, hegemonialen **Narrativen**, Stereotypen, (kognitiven) Verzerrungen (Bias), Vorverständnissen und Vorurteilen aller Art freizumachen, die die Gültigkeit unserer Ergebnisse beeinträchtigen. Was hier als (wissenschaftlich) illegitim angesehen wird, ist dabei teilweise umstritten und historisch wandelbar. So gilt etwa beispielsweise die Behauptung, dass die Menschheit aufgrund äußerlicher Merkmale in bestimmte **Rassen** eingeteilt werden kann, heutzutage als illegitime Ideologie („Rassismus"). Doch andere blinde Flecken sind schwieriger auszumachen, da sie in ihren Wirkungsweisen subtiler oder impliziter sind und uns natürlich oder naturgegeben erscheinen. Für die Religionswissenschaft hat Christoph Bochinger beispielsweise auf die Vorgeschichte des Begriffs „religiöser Pluralismus" hingewiesen. Der Begriff sei „nicht einfach ein neutrales theoretisches Konzept […], eine natürliche Antwort deskriptiver Wissenschaft auf die wachsende Vielfalt in den globalisierten Gesellschaften. Vielmehr enthält es […] wertende Elemente religiöser Binnenreflexion" (2013, 293), zum Beispiel in der positiven Bewertung bestimmter religiöser Organisationsformen und im Ausblenden von Nicht-Religion. Bochinger empfiehlt daher, „den Begriff des ‚religiösen Pluralismus' für religionswissenschaftliche Zwecke möglichst zu vermeiden" (303; vgl. auch Klinkhammer und Neumaier in diesem Band). Es ist jedoch fraglich, inwieweit die Vorgeschichte (**Genealogie**) eines Begriffes, angefangen mit dem Religionsbegriff, dessen aktuelle Verwendung in der Forschung tabuisieren sollte.

Ein anderes Beispiel für blinde Flecke ist der Umstand, dass weiße Männer der Mittelklasse Fragen von Geschlecht, Klasse und Hautfarbe gegenüber tendenziell unsensibel sind. Diese Problematik teilt die Religionswissenschaft zwar mit allen Geistes- und Kulturwissenschaften. Zugleich kann man in anderen Fächern mitunter eine Art Religionsblindheit konstatieren, die den Faktor Religion systematisch ausblendet.

1.3 Regulative Normativität in der Religionswissenschaft: acht Grundregeln

Unter regulativer Normativität verstehe ich das Einhalten von Qualitätsstandards oder Verfahrensregeln, die sich in der wissenschaftlichen Praxis durchgesetzt haben. Hier haben wir es mit konkreten Normen zu tun. Normen sind Regeln des in bestimmten sozialen Kontexten (von der Gesamtgesellschaft bis hin zu Kleinstgruppen, und auch in bestimmten Religionsgemeinschaften) jeweils erwarteten, erwünschten und als zulässig geltenden Verhaltens (Schlieter 2012). Normen ändern sich. Krisen, zum Beispiel Pandemien oder Kriege, können etablierte Normen infrage stellen und neue Verhaltenserwartungen auf den Plan rufen. Umgekehrt kann die wiederholte oder gar zunehmende Nichtbefolgung von Verfahrensregeln eine Legitimitätskrise normativer Ordnungen hervorrufen. VertreterInnen funktionierender normativer Ordnungen reagieren auf die Nichtbefolgung von expliziten oder (meistens) impliziten Verhaltenserwartungen mit Sanktionen (Strafen). In manchen Fällen kommt es auch zu Normanpassungen (zum Beispiel zur gendergerechten Sprache).

Der Vorstand der American Academy of Religion (AAR) – ein disziplinübergreifender Verband akademischer Religionsforscher mit weltweit (2024) etwa 6.000 Mitgliedern – hat 2016 unter dem Titel „Responsible Research Practices" ein „Statement on Standards of Professional Conduct for AAR Members" verabschiedet (AAR 2016). Hierbei handelt es sich um eher allgemeine Empfehlungen, etwa zur Verteidigung der Wissenschaftsfreiheit und zur Beachtung akademischer Strenge und professioneller Redlichkeit.

Die Verbände anderer Fächer mit Fokus auf Gegenwartsforschung haben Leitlinien oder Kodizes zu Fragen der Forschungsethik verabschiedet, so in Deutschland etwa die Deutsche Gesellschaft für Sozial- und Kulturanthropologie (DGSKA), die Deutsche Gesellschaft für Soziologie (DGS) und die Deutsche Vereinigung für Politikwissenschaft (DVPW). Selbst wenn das in der Religionswissenschaft bislang noch nicht der Fall ist, haben auch wir forschungsgeschichtliche Prinzipien und Regeln zu befolgen, die sich kaum von denen der genannten Fächer unterscheiden. Grundprinzipien sind dabei Schadensvermeidung, Achtung der Selbstbestimmung und Würde der an der Forschung Beteiligten und von ihr Betroffenen, ehrliche und transparente Kommunikation, verantwortungsvolles Urteilen (Gilliat-Ray et al. 2021). Die Umsetzung dieser Prinzipien erfordert kontinuierliche selbstkritische Aufmerksamkeit. In vielen Fällen gibt es darüber hinaus institutionelle Prüfverfahren (durch sogenannte Ethikkommissionen).

Nicht regelkonformes oder den Erwartungen nicht entsprechendes Vorgehen wird in Studium und Forschung wie folgt geahndet (sanktioniert): Prüfungen gelten als nicht bestanden, Aufsätze und Bücher werden nicht zur Veröffentlichung angenommen, Anträge auf Forschungsgelder abgelehnt. Das kann passieren, weil die Arbeiten qualitativ nicht überzeugend sind, etwa aufgrund von unklarer Sprache, mangelhaften Hintergrundwissens, unbefriedigender Quellenauswahl, fragwürdiger Interpretationen und Methoden, irreführender Theoriediskussion, zu ambitioniert gesteckter Ziele oder forschungsethischer Probleme. Hierbei handelt es sich um allgemeine wissenschaftliche Gütekriterien.

Gibt es darüber hinaus fachspezifische Regeln, deren Nichtbefolgung Sanktionen zur Folge haben könnten? Hier folgt ein Versuch, einen Grundbestand von acht Normen aus derzeit gängiger religionswissenschaftlicher Praxis (vor allem im kontinentaleuropäischen Raum) zu extrahieren, also implizite normative Grundannahmen explizit zu machen und dabei vermeintliche Selbstverständlichkeiten in vorschreibender Sprache offen auszusprechen (vergleichbar Lincoln 1996):

1) Begriff und Kategorie „Religion" sind nicht unkritisch zu sehen; gängige Vorverständnisse sind vereinfachend und problematisch.
2) Religionen dürfen nicht **essentialistisch** als geschichts- und kontextlose und homogene, monolithische Systeme dargestellt werden; sie gelten als wandelbar, interessengesteuert und machtbehaftet (vgl. Lincoln 1996, 225 [These 3]).
3) Aussagen über „Religion" im Allgemeinen dürfen nicht allein auf der Grundlage eines einzigen Beispiels getroffen werden.
4) Aussagen über „eine Religion" dürfen nicht partikular sein, d. h. allein die Perspektive einer Partei, einer Richtung, einer Schicht, einer Region oder eines Geschlechts widerspiegeln.
5) Religionswissenschaftliches Sprechen über Religion (und Religionen) soll weder unkritisch huldigend und pietätsvoll („pro-religiös") noch abwertend, arrogant, zynisch, ironisierend oder polemisch („anti-religiös") sein.
6) Aussagen über religionsgeschichtliche Sachverhalte müssen auf der Grundlage relevanter und möglichst zuverlässiger Quellen getroffen werden und müssen nachprüfbar sein.
7) Religiöse (als religiös betrachtete) Sachverhalte dürfen keiner religiösen Bewertung unterzogen werden; eine solche Bewertung ist es zum Beispiel, bestimmte Ausprägungen oder Aneignungen einzelner Religionen als „authentisch", andere hingegen als weniger „unverfälscht" einzustufen.
8) Es gibt keine unterschiedliche (hierarchische) Wertigkeit verschiedener Religionen; zahlenmäßig kleine Randgruppen können ebenso relevant oder interessant sein wie der Mainstream.

2 Werte

2.1 Von Normen zu Werten: Ziele und Voraussetzungen

Von Normen als instrumentellen Verfahrensregeln und Verhaltenserwartungen unterscheiden sich Werte als übergeordnete achtens- und erstrebenswerte Handlungsziele und -zwecke einerseits und als grundlegende Prämissen des eigenen Handelns andererseits, wobei Handeln eben auch wissenschaftliches Arbeiten umfasst.[2] Solide wissenschaftliche Arbeit zu leisten oder ein lehrreiches Studium abzuschließen sind Zielvorgaben, die die Befolgung anerkannter Verfahrensregeln (Normen) voraussetzen, neben Eigenschaften wie Kreativität oder Tugenden wie Fleiß und Zielstrebigkeit. Als Prämissen der eigenen Arbeit beeinflussen Werte unter anderem das in der Analyse zugrunde gelegte Menschenbild (Personen? Marionetten?) ebenso wie die Rollen, die wir unseren menschlichen „Gegenständen" zuweisen (InformantInnen? PartnerInnen?), aber auch die Ziele, die wir uns mit unserem Studium oder unserer Arbeit in Forschung, Unterricht und Vermittlung setzen (vgl. auch Laack in diesem Band).

2.2 Wertneutralität und transformative Wissenschaft

Diese Aussagen scheinen gegen das etablierte Gebot der Wertneutralität (auch Wertfreiheit oder Werturteilsfreiheit) zu verstoßen, das (analog zur oben besprochenen Unterscheidung zwischen empirischer und normativer Wissenschaft) fordert, konsequent zwischen Tatsachenaussagen und Werturteilen zu trennen. So redete der Soziologe Max Weber 1913 (veröffentlicht 1917) der deutschen Professorenschaft ins Gewissen, es sich zur „unbedingten Pflicht" zu machen, „in jedem einzelnen Falle, [...] seinen Hörern und, was die Hauptsache ist, *sich selbst* unerbittlich klar zu machen: *was* von seinen jeweiligen Ausführungen entweder rein logisch erschlossen oder rein empirische Tatsachenfeststellung und *was* praktische Wertung ist. Dies zu tun allerdings scheint mir direkt ein Gebot der intellektuellen Rechtschaffenheit" (Weber 1985, 489–90).

Dieses Gebot der Rechtschaffenheit entspricht der oben besprochenen Anti-Normativität in der Religionswissenschaft, die sie – in Analogie zur Wertneutralität – zu einem „religionsneutralen" Unternehmen macht. Die wissenschaftstheo-

---

[2] Schlieter 2012 bezeichnet Werte als „allgemeine Präferenzen". Ein ähnliches Wertverständnis liegt dem amerikanischen VISOR-Projekt („Values in Scholarship on Religion") zugrunde. Hier geht es um methodologische Präferenzen und Forschungsinteressen in verschiedenen Segmenten der Religionsforschung; vgl. Taves et al. 2022.

retische Diskussion hat sich seitdem indes in eine Richtung bewegt, die die Trennmauern zwischen empirischen Tatsachen auf der einen und Normen und Werten auf der anderen Seite als in beide Richtungen porös erscheinen lässt (Schurz und Carrier 2013).

Zudem sind zuletzt die Forderungen nach einer emanzipatorischen (befreienden) oder transformativen (weltverbessernden) Wissenschaft lauter geworden. Der Vordenker dieses Wissenschaftsverständnisses ist Karl Marx. Dessen Diktum in den „Thesen über Feuerbach" von 1845 (veröffentlicht 1888) können wir wie folgt abwandeln: ReligionswissenschaftlerInnen „haben die Welt nur verschieden *interpretirt*, es kömmt drauf an sie zu *verändern*". In *Erkenntnis und Interesse* stellte Jürgen Habermas den empirisch-analytischen und den historisch-hermeneutischen Wissenschaftstraditionen das Projekt der kritischen Sozialwissenschaften gegenüber, das auf Beseitigung von Unterdrückungs- und Gewaltverhältnissen abzielt (Habermas [1965] 1981). In die Religionswissenschaft hat diese marxistisch beeinflusste kritische Programmatik in der jüngeren Generation besonders durch feministische und kolonialismuskritische Ansätze Durchschlagskraft entfaltet.[3] Mitunter gehen Verfechter eines emanzipatorisch-transformativen Wissenschaftsverständnisses so weit, analytisch-empirische Wissenschaft als privilegierte Komplizin des Status Quo anzusehen, sie für geschehenes Unrecht verantwortlich zu machen und dementsprechend als „mitschuldig" zu verfemen. Die gesellschaftliche Vertrauenswürdigkeit auch der Religionswissenschaft hängt indes in erster Linie an ihrem Anspruch auf Wissenschaftlichkeit; das schließt rigorose Selbstkritik ein.

2.3 Vorschlag für einen religionswissenschaftlichen Werte- und Tugendkatalog

Das Streben nach der Umsetzung von Werten erfordert erstrebenswerte Eigenschaften (**Tugenden**). Diese auszuformulieren wäre die Aufgabe einer Ethik der Religionswissenschaft, die es bislang erst in Ansätzen gibt (Miller 2021; für eine kritische Diskussion vgl. Stausberg et al. 2024). Im Folgenden möchte ich daher eine erste Orientierung für die Diskussionen über einen religionswissenschaftlichen Werte- und Tugendkatalog vorschlagen.[4] Dabei gilt es zu bedenken, dass diese Tugenden und Werte nicht in Stein gemeißelt sind, sondern historisch wandelbar sind und sich auch je nach gesellschaftspolitischem Kontext unterscheiden.

---

3 Prohl 2022 spricht von einer „woken Religionswissenschaft".
4 Tweed 2016 dient als Anknüpfungspunkt.

Meine Perspektive auf Religionswissenschaft ist holistisch. Ich beziehe mich auf ein Fach, das von Personen in bestimmten kulturellen, politischen, sozialen, medialen, und wirtschaftlichen Umfeldern umgesetzt wird. Religionswissenschaft zu betreiben ist kein Einzelkämpfertum, sondern vollzieht sich in verschiedenen institutionellen Kontexten und sozialen Beziehungsnetzen. Dementsprechend kommen wir nicht allein mit kognitiven oder **epistemischen** Werten und Tugenden aus – solchen also, die sich auf den wissenschaftlichen Erkenntnisgewinn beziehen (vgl. griechisch *epistēmē* – Wissen). Diese betreffen das Kerngeschäft der Religionswissenschaft, wohingegen die anderen Werte und Tugenden auf der hier gezeichneten Wertachse kontextueller Art sind.[5]

2.3.1 Epistemische Werte und Tugenden

In der Wissenschaftstheorie wird seit Jahrzehnten über epistemische Werte diskutiert. Die Debatte kreist in erster Linie um Gütekriterien (zur Beurteilung) wissenschaftlicher Theorien. Als konkrete Werte benannt werden dann zum Beispiel Genauigkeit, Kohärenz, Einfachheit, Erklärungskraft, Ergiebigkeit. Ich möchte indes auf einer tieferen Ebene ansetzen; als Grundwert schlage ich vor: Wissen. Genauer gesagt: religionsunabhängiges, also unabhängig von religiösen Prämissen gewonnenes und nachprüfbares, Wissen über Religionen. Wissen umfasst Daten, Beschreibungen, Darstellungen, Analysen, Interpretationen, Begriffe und Theorien. Ebenso dringlich wie Wissensproduktion erscheint mir jedoch die kritische Weigerung, Falschinformationen, Lügen, Fehlinterpretationen, Stereotype, Vorurteile, Entstellungen und Verkürzungen hinzunehmen. Daraus ergibt sich die Aufgabe, Unwahrheiten sachlich entgegenzutreten. Die mit diesen Werten korrespondierenden Grundtugenden sind Aufgeschlossenheit, Aufrichtigkeit, Klugheit und Neugier.

2.3.2 Ethische Werte und Tugenden

Auf das Thema Forschungsethik wurde oben bereits kurz eingegangen. Auch hier möchte ich die Wertdimension noch etwas tiefer ansetzen. Als Grundwert religionswissenschaftlichen Arbeitens schlage ich vor: Freiheit. Dieser ist zwar nicht spezifisch für die Religionswissenschaft, hat hier aber zugleich eine spezifische Relevanz. Auf der Ebene des Wissens bedeutet Freiheit auch die Unabhän-

---

[5] Zu allen im folgenden genannten Werten und Tugenden gibt es geistes- und sozialwissenschaftliche Spezialliteratur; auf Verweise muss ich hier aus Platzgründen verzichten.

gigkeit von religiösen und antireligiösen Vorgaben als eine besondere Art der Wissenschaftsfreiheit und zugleich ein Bekenntnis zum Menschenrecht der (positiven wie negativen) Religionsfreiheit. Weniger spezifisch, aber umfassender in der praktischen Arbeit ist Gerechtigkeit. Diese ist ein Anspruch im Umgang nicht zuletzt mit Studierenden, in Bewertungen und Begutachtungen, aber auch in der Forschung, wo es gilt, unterschiedlichen Perspektiven und Stimmen Gerechtigkeit widerfahren zu lassen und Leid (von Menschen und Tieren) nicht zu verschweigen. Eine zugehörige Grundtugend ist Respekt, verstanden als Achtung und Wertschätzung der Würde der Anderen. Diese Haltung, die etwa im Seminarunterricht einzuüben ist, bezieht sich auf den universitären Bereich, die fachliche Gemeinschaft der Mitforschenden, aber auch auf die zu Erforschenden.

2.3.3 Politische Werte und Tugenden

Hier gilt es der Versuchung zu widerstehen, sich von eigenen politischen Präferenzen und kontextuellen Problematiken leiten zu lassen, zumindest wenn die Hoffnung bestehen soll, konsensfähige Leitwerte zu identifizieren. Außerdem scheint es mir nicht zielführend, Werte zu beschwören, zu deren Umsetzung wir durch unsere religionswissenschaftliche Arbeit kaum praktisch beitragen können. Thomas Tweed hat sich zu den Leitwerten „advancing social justice and building lasting peace" bekannt (2016, 809). Können wir diese in unserem Alltagswirken befördern? Die oben bereits genannten Werte Freiheit und Gerechtigkeit kommen auch als politische Grundwerte in Betracht. Ich möchte hier indes den Wert der Toleranz ins Gespräch bringen. Kritische Ambiguitäts- und Diversitätstoleranz gegenüber andersartigen Lebensentwürfen und Weltbildern gehören zum täglich eingeübten religionswissenschaftlichen Rüstzeug. Toleranz ist insofern nicht nur ein gesellschaftlich-sozialer Wert, sondern auch eine erstrebenswerte Charakterdisposition (Tugend). Eine verwandte, für die alltägliche religionswissenschaftliche Arbeit in Studium, Lehre und Forschung grundlegende Tugend ist Geduld, mit Ausdauer und Gelassenheit im Gepäck.

2.3.4 Soziale Werte und Tugenden

Religionswissenschaft ist ein soziales Geschehen, das sich in der Gemeinschaft der Studierenden und Forschenden abspielt: angefangen von Hörsaal und Seminarraum, in der Sprechstunde, in Lerngruppen, in der Betreuung von Studierenden über fachliche Diskussionen aller Art, dem Peer Review Verfahren, Begutachtungen, Panels bis hin zu Gesprächen bei Tagungen sowie in empirischen Studien. Ein

Grundwert hierfür ist die Zusammenarbeit (kritisch-konstruktiv-inkludierende Kooperation) der an den unterschiedlichen Handlungsfeldern Beteiligten. Eine Haupttugend dafür ist Verantwortung. Ebenso wichtig erscheint mir aber auch die Tugend der Großzügigkeit, denn eine Gemeinschaft entwickelt sich nur, wenn Individuen bereit sind, sich ungeachtet eigener knapper Ressourcen, einzubringen.

2.3.5 Kommunikative Werte und Tugenden

Das zentrale (soziale) Medium von (Religions-)Wissenschaft ist Kommunikation. Das gilt für alle Bereiche religionswissenschaftlichen Arbeitens in Lehre, Forschung und Vermittlung. Zwar bieten auch auf den ersten Blick schwer zugängliche, sperrige Texte Erkenntnisgewinn, zumal dann, wenn sie nach geduldigem Durcharbeiten welterschließende Perspektiven eröffnen; prinzipiell aber votiere ich für Klarheit als Grundwert in der religionswissenschaftlichen Kommunikation. Als dazugehörige Tugend schlage ich Bedachtheit vor.

2.3.6 Didaktisch-pädagogische Werte und Tugenden

Mit Geduld, Gerechtigkeit, Respekt und Toleranz sind bereits für den Bereich des Lehrens und Lernens zentrale Werte und Tugenden angeklungen. Auf der Grundlage seiner jahrzehntelangen Erfahrung bringt Tweed die Tugend der Empathie ins Gespräch: „in the classroom I try to cultivate empathy, the ability to understand others, by making the familiar strange and making the strange familiar" (2016, 309). Seine Erklärung dieser Tugend aufgreifend, möchte ich für Horizonterweiterung als religionswissenschaftlichen Grundwert plädieren, da diese der transkulturellen Ausrichtung des Faches und seiner Reichweite ebenso entsprechen wie bestimmte Eigenarten des Gegenstandsbereichs. Wer sich auf das Abenteuer Religionen zu studieren einlässt, wird sich mancher Vorurteile entledigen müssen. Die dazu gehörige Tugend ist Vorurteilslosigkeit im Sinne von (Welt)Offenheit und Respekt.[6]

---

[6] In Betreuung- und Unterrichtssituationen sind noch weitere Tugenden gefragt, zum Beispiel Dialogfähigkeit, Geduld und Humor.

2.3.7 Utilitäre Werte und Tugenden

Die Frage nach dem Nutzen von Religionswissenschaft als Studienfach und Forschungsbereich berührt Bedenken, die allgemein gegen Geistes- und Kulturwissenschaften vorgebracht werden. Tweed (2016) fasst die Verteidigungslinien gut zusammen. Utilitäre Werte beziehen sich sowohl auf Individuen wie auf Kollektive („gesellschaftlicher Nutzen"). Der bereits angesprochene Wert der intellektuellen und persönlichen Horizonterweiterung ist auf individueller Ebene relevant. Tweed beobachtet bei seinen amerikanischen Studierenden „that the comparative study of religion can help in producing that personal transformation which, in turn, contributes to the collective good" (2016, 809). Auf gesellschaftlicher Ebene stellt Sachverstand zu einem notorisch umstrittenen Thema, das eine prominente Rolle in jeder Kulturlandschaft ausmacht, eine Bereicherung dar. Die Vielschichtigkeit des Gegenstandsbereichs kann mehrperspektivische Kompetenzen in verschiedenen gesellschaftlich-kulturellen Teilbereichen generieren. Hier ist Vielseitigkeit als Tugend gefragt.

2.3.8 Ökonomische Werte und Tugenden

Auch hier haben wir mehrere Ebenen zu unterscheiden. Lohnt sich ein Studium der Religionswissenschaft für Einzelne als ökonomische Investition? Das kann bejaht werden, sofern das Studium mit Eifer und Eigeninitiative betrieben wird, die darin besteht, sich durch eine Kombination bestimmter Kompetenzen und eventuell von Praktika oder Nebenjobs eine eigene Nische zu erschließen. Die Aussichten auf unbefristete wissenschaftliche Stellen sind demgegenüber trübe. Religionswissenschaft zu studieren, erfordert daher die Tugenden Risikobereitschaft und Zielorientierung. Universitäten, die sich Religionswissenschaft leisten, erhalten ein kostengünstiges Fach, das im innneruniversitären Raum zahlreiche interdisziplinäre Anknüpfungspunkte bietet.[7]

Literatur

Alberts, Wanda. 2023. „Religionskunde." In *Handbuch Religionskunde in Deutschland*, hg. v. Wanda Alberts, Horst Junginger, Katharina Neef und Christina Wöstemeyer, 3–20. Berlin, Boston: De Gruyter.

---

[7] Für Rückmeldungen herzlichen Dank an Bernadett Bigalke, Katharina Neef und Katharina Wilkens.

American Academy of Religion (AAR). 2016. „Responsible Research Practices: A Statement on Standards of Professional Conduct for AAR Members." https://aarweb.org/AARMBR/AARMBR/About-AAR-/Board-of-Directors-/Board-Approved-Policies-and-Documents-/Responsible-Research-Practices.aspx (Abruf 22.5.2024)

Bochinger, Christoph. 2013. „Ist Religiöse Vielfalt etwas Gutes? Pluralismus und Pluralität in der Religionswissenschaft." In *Alternative Voices: A Plurality Approach for Religious Studies. Essays in Honor of Ulrich Berner*, hg. v. Afe Adogame, Magnus Echtler und Oliver Freiberger, 285–307. Göttingen: Vandenhoeck & Ruprecht.

Frank, Katharina. 2016. „Skizze eines Religionswissenschaftlichen Kompetenzmodells für die Religionskunde." *Zeitschrift für Religionskunde | Revue de didactique des sciences des religions* 3:19–33.

Gilliat-Ray, Sophie, Stephen Jacobs, Stephen E. Gregg, Frederik Bird, Laurie Lamoureux Scholes und Steven Engler. 2021. „Research Ethics." In *The Routledge Handbook of Research Ethics in the Study of Religions. Second Edition*, hg. v. Steven Engler und Michael Stausberg, 88–109. London, New York: Routledge.

Habermas, Jürgen. [1965] 1981. *Erkenntnis und Interesse*. Mit einem neuen Nachwort. Frankfurt am Main: Suhrkamp.

Lincoln, Bruce. 1996. „Theses on Method." *Method & Theory in the Study of Religion* 8 (3):225–227. http://www.jstor.org/stable/23549658.

Marx, Karl. 1888. „Thesen über Feuerbach." [Nach der Veröffentlichung des Marx-Engels-Lenin-Instituts, Moskau, 1932] http://www.mlwerke.de/me/me03/me03_005.htm (Abruf 23.5.2024)

Miller, Richard B. 2021. *Why Study Religion?* New York: Oxford University Press.

Prohl, Inken. 2022. „Vom Verlust der sozialen Realitäten von Religionen: Kennzeichen einer ‚woken' Religionswissenschaft." In *Wissenschaftsfreiheit: Warum dieses Grundrecht zunehmend umkämpft ist*, hg. v. Sandra Kostner, 107–130. Baden-Baden: Nomos.

Schlieter, Jens. 2012. „Religion, Religionswissenschaft und Normativität." In *Religionswissenschaft*, hg. v. Michael Stausberg, 227–240. Berlin: de Gruyter. https://doi.org/10.1515/9783110258936.227.

Schurz, Gerhard und Martin Carrier, Hg. 2013. *Werte in den Wissenschaften: Neue Ansätze zum Werturteilsstreit*. Berlin: Suhrkamp.

Stausberg, Michael, Ingvild Sælid Gilhus, Christian Hervik Bull und Alexander van der Haven. 2024. „A Normative Turn in the Study of Religions? Reflections on Richard Miller's *Why Study Religion?*" *Method & Theory in the Study of Religion* 36 (1):43–57. https://doi.org/https://doi.org/10.1163/15700682-bja10117.

Taves, Ann, Wesley J. Wildman, F. LeRon Shults und Raymond F. Paloutzian. 2022. „Scholarly Values, Methods, and Evidence in the Academic Study of Religion." *Method & Theory in the Study of Religion*: 1–29. https://doi.org/https://doi.org/10.1163/15700682-bja10073.

Tweed, Thomas A. 2016. „Relevance." In *The Oxford Handbook of the Study of Religion*, hg. v. Michael Stausberg und Steven Engler, 804–814. Oxford University Press.

Weber, Max. 1985. „Der Sinn der ‚Wertfreiheit' der soziologischen und ökonomischen Wissenschaften." In *Gesammelte Aufsätze zur Wissenschaftslehre*, hg. v. Johannes Winckelmann. 6. Auflage, 488–539. Tübingen: Mohr.

Glossar

Das Glossar[1] greift zentrale Begriffe aus den voranstehenden Kapiteln auf und erläutert sie präzise und fachspezifisch. Die *Kursivierung* von Begriffen verweist auf andere Einträge innerhalb des Glossars. Am Ende jeden Eintrags stehen Hinweise → auf die Kapitel, in denen der Begriff hauptsächlich verwendet wird (ggf. mit einem Verweis zur umfangreichsten Ausführung an erster Stelle).

Abrahamitische Religionen: Religionshistorische bzw. *objektsprachliche* Sammelbezeichnung für Judentum, Christentum und Islam, die eine entstehungsgeschichtliche und innere, religiös-theologische Verwandtschaft dieser drei Religionen benennt. Der Begriff ist *metasprachlich* umstritten; aber er wird im Kontext des interreligiösen Dialogs vielfach verwendet. Er dient der interreligiösen Verständigung und transreligiösen Identität. → Dreßler, Goshadze, Rötting

African Traditional Religion: A term coined in the 1960s by African scholars of religion to refer to the unity of *indigenous religions* found on the African continent. African Traditional Religion, structured and presented to be comparable to other *world religions*, is characterized by the idea of a common God and shared moral principles. → Goshadze

Alterität: siehe *Othering*

Aktant: Im Gegensatz zu einer menschlichen Akteur:in bezeichnet Aktant eine Entität, die eine Handlung ausführt oder der von anderen eine Handlungsfähigkeit zugeschrieben wird. Der Begriff wird v.a. in der Akteur-Netzwerk-Theorie von Bruno Latour benutzt, um zu verdeutlichen, dass alle Elemente der sozialen und natürlichen Welt – ob menschlich oder nicht-menschlich – in sich ständig verändernden *Netzwerken* miteinander in Verbindung stehen. Die Akteur-Netzwerk-Theorie bricht dabei mit herkömmlichen Denkweisen, indem sie nicht-menschlichen und menschlichen Akteuren den gleichen Status einräumt. → Schrode/Spies, Laack, Radde-Antweiler

Arier-Theorien: Die im 18. Jahrhundert entdeckte Verwandtschaft zwischen indoeuropäischen Sprachen führte im 19. Jahrhundert zu deren Klassifizierung als „arisch", eine Bezeichnung, die immer mehr biologistisch interpretiert wurde und deren rassistische Konnotationen ins Zentrum von völkischen, nationalsozialistischen und anderen rassistischen Ideologien rückten → Strube, Maltese

Charisma / Charismatische Autorität: Meint die kollektive Zuschreibung von außeralltäglichen Fähigkeiten an eine Person sowie die daraus resultierenden wechselseitigen Beziehungsdynamiken zwischen Anführer:in und Anhänger:innen (s. auch *Veralltäglichung von Charisma*). → Freudenberg/Schüler, Reuter

Dekonstruktion: Vorgang, bei dem bestehende Kategorien und Begriffe hinterfragt und aufgebrochen werden. Der Begriff stammt von Jacques Derrida und meint die Infragestellung traditioneller Interpretationen durch Freilegung verborgener Widersprüche und Bedeutungen in Texten. In der Religionswissenschaft wird der Begriff oft mit dem (radikalen) *Konstruktivismus* in Verbindung gebracht. → Beinhauer-Köhler, Maltese

---

1 Redigiert von Katharina Wilkens

Diaspora: Eine Gruppe von Menschen, die geografisch verstreut leben, aber dennoch aufgrund eines gemeinsamen Abstammungsortes ein ausgeprägtes Zusammengehörigkeitsgefühl teilen und nach Möglichkeit Beziehungen zueinander aufrechterhalten. (Vgl. *Transnationalismus, Ort, Raum*) → Nagel, Neumaier/Klinkhammer

Diffused monotheism: Religious forms in which deities and ancestors are described/constructed as derivatives of the Supreme God and/or intermediaries between God and humans. The term was introduced by anthropologist E.E. Evans-Pritchard, but was later adopted by African scholars of religion such as Bolaji Idowu to argue that *traditional religions of Africa* were largely monotheistic and thus fundamentally similar to Christianity. → Goshadze

Diskurs: Ist ein in seiner Prominenz auf Michel Foucault zurückgehender Begriff kultur- und sozialwissenschaftlicher Analyse, mit dem das in einem bestimmten Kontext Denkbare, Sagbare und Machbare auf der Basis von Sprach-, Zeichen- und Bedeutungstheorien als regelhafter, strukturierter Zusammenhang von Wissen und Wirklichkeit und damit als Machtinstrument untersucht wird. → Alberts, Beinhauer-Köhler, Bergunder, Cyranka, Dreßler, Freudenberg/Schüler, Hermann, Laack, Maltese, Nagel, Neumaier/Klinkhammer, Schrode/Spies, Stausberg, Strube, Walthert

Epistemologie: Das Wort Epistemologie stammt aus dem Griechischen (ἐπιστήμη, epistéme = Wissen, Wissenschaft und λόγος, logos = Lehre). Es bedeutet Erkenntnistheorie. Epistemologie beschäftigt sich mit Fragen nach der Natur und Herkunft von Wissen, Wahrnehmung und Erfahrung. Insofern meint es Theorien darüber, wie Menschen die Welt verstehen, interpretieren und in ihr handeln können. → Laack, Hermann, Schrode/Spies, Stausberg, Strube

Eurozentrismus: Bezeichnet eine Beurteilung der Geschichte und Gegenwart nicht-europäischer Gesellschaften und Kulturen auf unhinterfragter Basis europäischer Maßstäbe und Normen, die meistens Europa und den Westen als überlegene Zivilisation darstellen. → Hermann, Laack, Maltese, Rezania, Schrode/Spies, Strube, Winter

Eschatologie: Die Erzählungen und Lehren von den letzten Dingen bzw. der Endzeit. Diese enthalten sowohl Informationen dazu, wie und wann diese Zeit anbricht und wie sie verläuft als auch zu erwünschten oder unerwünschten Verhaltensweisen als Vorbereitung auf den Hereinbruch der Endzeit. → Pokorny, Cyranka, Decker

Essentialisierung von Religion: Prozess der Zuschreibung eines zeitlosen Kerns (Essenz) und inneren Wesens von Religion (s. *essentialistischer Religionsbegriff*). → Alberts, Beinhauer-Köhler, Freudenberg/Schüler, Laack, Stausberg, Winter, Schrode/Spies, Stausberg

Esoterik: Ein vielschichtiger und umstrittener Begriff und zentrales Element globaler Religionsgeschichte, das sich begrifflich bis ins späte 19. Jahrhundert zurückverfolgen lässt. Der Ausdruck markiert eine gleichzeitig vermittelnde wie abgrenzende Verhältnisbestimmung zu Science/Naturwissenschaft und zu Religion. → Bergunder, Cyranka

Feldforschung und teilnehmende Beobachtung: Methoden der graduell unterschiedlichen Partizipation (vom randständigen Beobachten bis zur vollständigen Beteiligung) an sowohl alltäglichen wie auch außeralltäglichen kulturellen Praktiken zur Datengewinnung durch die Forschenden mittels ihrer physischen (oder virtuellen) Teilnahme und (Eigen-)Wahrnehmung sowie anschließender Reflexion der gewonnenen Beobachtungen und Eindrücke. → Langer, Walthert

Genealogie: In einem auf Friedrich Nietzsche und Michel Foucault zurückgehenden Verständnis ist Genealogie eine Form der (Gegen-)Geschichtsschreibung, die diese in Abkehr von der Suche nach

Ursprüngen als eine von der Gegenwart ausgehende historische Kritik an dominanten *Diskursen* versteht und dabei deren ungeschriebene Regeln und unhinterfragte Prämissen freilegt. → Bergunder, Cyranka, Hermann, Schrode/Spies, Stausberg, Yelle

Globalgeschichte: Globalgeschichtliche Ansätze bemühen sich darum, Geschichte nicht mit einem exklusiven Fokus auf eine Region (meist Europa) oder Nation zu schreiben, sondern *verflechtungsgeschichtlich* zu dezentrieren und den Fokus auf weit voneinander entfernte, miteinander im Austausch stehende Weltregionen zu richten. (Vgl. *Religionsgeschichte, Eurozentrismus*) → Beinhauer-Köhler, Hermann, Strube, Winter

Global South: Eine durch den *Postkolonialismus* popularisierte (aber auch außerhalb postkolonialer Diskurse verwendete) Identitätszuschreibung und Selbstbezeichnung von Kulturen und Personen aus dem „Globalen Süden" (typischerweise Länder in Afrika, Asien, Lateinamerika, der Karibik und Ozeanien). Der Begriff steht in Abgrenzung zum imperialen, die Welt bestimmenden „Globalen Norden" (typischerweise Europa, Nordamerika, Australien, Israel, Japan, Neuseeland und Südkorea). → Kirby, Laack

Habitus: In der Definition von Pierre Bourdieu bezeichnet der Begriff eine Anpassung des Denkens und Handelns an die historisch gewachsenen Bedingungen, denen die Handelnden unterliegen. Er übersetzt soziale (kulturelle, religiöse etc.) Struktur in soziale (kulturelle, religiöse) Praxisformen und Vorstellungen. → Reuter

Heil: Der aus dem Altnordischen (*haila) stammende Begriff meint den von Menschen im Rahmen ihrer religiösen Vorstellungswelt bzw. Praxis ultimativ erfahrenen Zustand der Überwindung der konventionellen geistigen (bzw. spirituellen), emotionalen und/oder physischen Grenzen des Menschseins. Heilsgeschichte bezeichnet eine spezifische Vorstellung, in der die gesamte menschliche Geschichte auf das Heil an ihrem Ende ausgerichtet ist. → Pokorny, Beinhauer-Köhler

In der Feldtheorie von Pierre Bourdieu wird das Heil im Kontext von Konkurrenzdynamiken und ökonomischen Prozessen beschrieben: analytisch sprich man von Heilsangeboten, Heilsgütern, Heilsbetrieb, Heilsinteressen (Nachfrage) und so weiter. → Reuter, Nagel

(Das) Heilige: Kategorie, die durch den liberal-protestantischen Theologen und Religionswissenschaftler Rudolf Otto popularisiert wurde (*Das Heilige*, 1917). Bestehend aus einem „numinosen" (*mystischen*) Kern und einer „Moral" sei das Heilige allen Religionen innewohnend. Diese *essentialistische Religionsdefinition* wird in der *kulturwissenschaftlichen Religionswissenschaft* nicht mehr verwendet; sie war aber zentral für die *Religionsphänomenologie*, und wird heute noch in anderen Fächern, v.a. aber in populären Religionsdiskursen verwendet. → Laack, Rötting, Walthert

Heuristik: Bezieht sich auf Verfahren des Erkenntnisgewinns, die explizit vorläufig, offen und explorativ angelegt sind. Die heuristische Verwendung von Begriffen zielt nicht auf Definitionen ab, sondern soll neue Aspekte eines Phänomens sichtbar machen. → Nagel, Decker, Reuter, Schrode/Spies

Historiographie: Von griech. „Schreiben von Geschichte", ist eine seit der Antike reflektierte Gattung, um Vergangenes in Schriftform festzuhalten. Für die Erarbeitung von Geschichten über Religion erfordert dies, aus den vorhandenen Quellen, der unendlichen Masse von Ereignissen sowie unterschiedlichen, auch religiösen Perspektiven auf Vergangenes, Entscheidungen für das zu treffen, was erzählt und dadurch erinnert werden soll. → Beinhauer-Köhler, Cyranka, Decker, Strube

Historisch-kritische Methode: Eine wissenschaftliche Vorgehensweise, die vor allem schriftliche Quellen in ihrem historischen und literarischen Kontext analysiert. Sie umfasst in der Regel eine Übersetzung und Textkritik, eine Textgliederung und -abgrenzung, eine Form-, Motiv-, Traditions-,

Literar-, und Gattungskritik sowie eine Redaktionsgeschichte. Die Methode zeichnet sich durch eine kritische Hinterfragung des Entstehungs*kontexts* sowie der Standpunkte der Autor:innen aus. → Beinhauer-Köhler, Decker

Idealtypus: Der maßgeblich von Max Weber geprägte Begriff meint ein gedankliches Modell, das bestimmte typische Eigenschaften eines Phänomens hervorhebt und damit die Komplexität der Wirklichkeit mit einem Ideal vereinfacht; auf diese Weise können historische Entwicklungen beschrieben und Vergleiche angestellt werden. Ein „Priester" z.B. wird idealtypisch von einem „Zauberer" unterschieden, obschon es in der Wirklichkeit meist keine klare Trennung zwischen ihnen gibt. → Freudenberg/Schüler, Reuter

Indigene Religionen: Umstrittener und stark kontextabhängiger Begriff für solche Religionen, die im Umfeld missionierender Religionen wie Buddhismus, Islam und v.a. Christentum praktiziert werden. Der Begriff verweist auf lokale Verwurzelung; er kann im politischen Diskurs stark *essentialisiert* werden. → Goshadze, Laack

Institutionalisierung: Meint den Prozess der Strukturierung in Hinblick auf den Organisationsgrad von Organisationsformen, Mitgliedschaft, Hierarchien, Traditionsbildung, Kanonisierung von Texten sowie theologischen Schulen und deren systematische Deutungen. → Freudenberg/Schüler, Nagel

Integration: Eingliederung von Einzelnen oder Gruppen in größere soziale Einheiten. Im Falle von Migrant:innen strukturell: Teilhabe am Bildungs- und Erwerbssystem des Aufnahmelandes; sozial: Beziehungen zu Angehörigen der Mehrheitsgesellschaft. → Nagel, Rötting

Interreligiöser Dialog: Ursprünglich aus dem Griechischen (διάλογος diálogos) kommend bezeichnet Dialog ein Gespräch zwischen zwei Personen, oft eine Unterredung zu einem bestimmten Thema. Das Adjektiv verweist auf Beziehungen zwischen verschiedenen Religionen.
   Der Begriff bezeichnet den dialogischen Prozess einer Begegnung von Individuen oder Gruppen, die sich selbst unterschiedlichen Religionen zuordnen und Themen dieser Zuordnung kommunizieren. Im Kontext des interreligiösen Dialogs sind heute aber auch nonverbale Formen des Austausches mit impliziert, wie Musik, Theater, Bild, Gesten, Symbole und Rituale. In den meisten Fällen wird mit interreligiösem Dialog ein bewusst initiierter Austausch bezeichnet, seltener auch Prozesse, die in pluralen Gesellschaften sekundär entstehen, aber mit Themen religiöser Pluralität befasst sind. → Rötting, Langer, Nagel, Neumaier/Klinkhammer, Schrode/Spies, Suarsana

Intersektionalität: (aus dem engl. intersection: Schnittpunkt, Kreuzung) beschreibt die Überschneidung und das Zusammenwirken verschiedener Formen von Ungleichheit und Diskriminierung wie Sexismus, Rassismus, Klassismus (nach sozialer Klasse), Ageismus (nach Alter), Ableismus (nach Behinderung) oder nach der religiösen Zugehörigkeit. Der Begriff geht auf Kimberlé Crenshaw zurück und betont, dass soziale Ungleichheiten nicht isoliert betrachtet werden können, sondern sich gegenseitig bedingen, beeinflussen und verstärken. Besonders in den Gender- und Queer Studies wird Intersektionalität als Kategorie genutzt, um komplexe Machtverhältnisse zu analysieren. → Maltese, Alberts, Laack, Stausberg

Kanon: Geschlossene Zusammenstellung ursprünglich selbständiger Schriften, die im Rahmen des Kanonisierungsprozesses zu einem mit einem Titel versehenen Textkorpus zusammengeführt werden (z.B. Neues Testament; Koran). Nicht in den Kanon aufgenommene Texte aus demselben (sprach-)geschichtlichen Kontext werden als „Apokryphen" bezeichnet. → Freudenberg/Schüler

Kapital: Im Sinne einer sozialwissenschaftlich informierten Religionswissenschaft eine gesellschaftliche Ressource, die denjenigen, die über sie verfügen, Anerkennung im jeweiligen religiösen Bezugssystem

(Feld) verschafft und sie mit bestimmten Kompetenzen und also mit Autorität ausstattet. Diese Definition geht auf Pierre Bourdieu zurück, welcher Kapital in soziale, kulturelle und symbolische Kapitalsorten einteilt. Diese *Metapher* basiert auf ökonomischem Kapital. → Reuter

Koloniale Öffentlichkeit: Bezeichnet einen transregionalen Raum des kommunikativen Austauschs auf Basis geteilter (zumeist kolonialer) Sprachen und massenmedialer Kommunikation, der zunächst durch den (postalischen) Austausch von Druckerzeugnissen wie Flugschriften, Bücher und Zeitschriften und später auch durch elektronische Medien wie Radio und Fernsehen konstruiert wird. → Hermann

Komparatistik: s. Religionsvergleich.

Konstruktivismus: Eine sozial- und erkenntnistheoretische Perspektive, die davon ausgeht, dass sämtliches Wissen über die Welt das Ergebnis individueller und kollektiver Konstruktionsprozesse ist. Das bedeutet, dass Menschen ihre Realität aktiv schaffen. Dies geschieht in kollektiven Rahmungen wie etwa der scientific community, verschiedenen soziokulturellen Gruppierungen, oder auch *Religionen*. → Alberts, Atwood, Decker, Dreßler, Maltese, Radde-Antweiler

Kontextualisierung: Das „in-den-Kontext-setzen", die Produktion von Kontexten, um mit ihnen zu einer Bedeutung zu gelangen. Kontextualisierungen erfolgen auf *Objekt*- und auf *Metaebene*. Bei der Analyse von *Texten* ist der Kontext das sprachliche oder kulturelle Umfeld eines Textes, durch das sich ein Vergleichsraum ergibt, durch den Bedeutung generiert werden kann. Verschiedene Kontextualisierungen ergeben dabei meist auch verschiedene Bedeutungen. → Decker, Langer, Schrode/Spies, Winter

Kosmologie: Das Wirklichkeitsverständnis einer Gruppe oder Kultur, das der Welt bestimmte Eigenschaften zuweist, z.B. in Hinblick auf ihren Ursprung, ihre Veränderbarkeit, ihr Naturverständnis und die Stellung der Menschheit. → Atwood, Cyranka

Kulturwissenschaftliche Religionswissenschaft: Ein religionswissenschaftlicher Ansatz, der ab den 1960er Jahren als Kritik und Alternative zu *religionsphänomenologischen* Perspektiven vertreten wurde und spätestens in den 1980er Jahren zur im Fach prominentesten Herangehensweise wurde. Religion wird darin nicht als grundsätzlich andersartiges Phänomen, sondern als ein Teil von Kultur und als soziale *Konstruktion* verstanden, die von Forschenden empirisch erfasst und verstanden werden kann. → Walthert, Beinhauer-Köhler, Decker, Laack (implizit: alle Beiträge)

LGBTQIA+: Steht für Lesbisch, Schwul, Bisexuell, Transgender und Queer. Später wurde dieses Akronym um Intersexuell, Asexuell und andere nicht-heteronormative Positionierungen erweitert, die sich keinen der bereits erwähnten zurechnen lassen. → Maltese

Liberale Theologie: Eine vernunft- und wissenschaftsoffene, auf Ethik und soziale Gerechtigkeit abzielende Strömung innerhalb der protestantischen Theologie des 19. und 20. Jahrhunderts, die sich durch einen *innerlichen Religionsbegriff* auszeichnet, der in Anschluss an Friedrich Schleiermacher Religion als Gefühl des Individuums für das Unendliche versteht. → Suarsana, Alberts, Goshadze, Rötting

Linguistic turn: Bezeichnung für eine Wende in der wissenschaftlichen Betrachtungsweise, die eine Interessenverlagerung von der „Realität" zur Sprache bedingte, die diese schafft. (Vgl. *Konstruktivismus, kulturwissenschaftliche Religionswissenschaft, Poststrukturalismus*) → Decker

Material religion: An approach to the study of religion which foregrounds its physical and embodied dimensions by examining things like objects, buildings, technologies, spaces, and social practices. → Kirby, Langer, Maltese

Medien: s. Tiefgreifende Mediatisierung, soziale Medien.

Metaebene/metasprachlich: Eine Unterscheidung verschiedener sprachlicher Ebenen. So wie Linguistik über Sprache spricht oder Literaturwissenschaft über Literatur, spricht Religionswissenschaft über Religion(en) als ihr „Objekt" (Gegenstandsbereich). Metasprache spiegelt theoretische Reflektionen wieder; sie vermeidet dabei insbesondere spezifische, religiöse Bedeutungen von Begriffen wie *Heil* oder *Mythos*. Die Aussagen von Religionswissenschaftler:innen über die *Objektsprache* sind der wissenschaftlichen Metaebene zuzuordnen. → Rezania, Freudenberg/Schüler, Laack

Metapher: Wörter (und Wortgruppen), die für wissenschaftliche, künstlerische, literarische und rhetorische Zwecke verwendet werden und die Ähnlichkeit zweier Dinge zugrunde legen, wobei das eine Wort auf das andere übertragen wird. → Atwood, Beinhauer-Köhler, Decker, Reuter

Millenarismus: Die Vorstellung eines in wesentlicher Weise (womöglich in unmittelbarer Zukunft) bevorstehenden heilsbezogenen Wandels der gegenwärtigen Weltordnung. → Pokorny

Millennium: Der Zustand vollständiger oder signifikant fortgeschrittener millenaristischer Entfaltung. Abgeleitet von lateinisch *mille* (tausend) und *annus* (Jahr), also ein Jahrtausend. → Pokorny

Mystik: Umstrittener Sammelbegriff für Formen von Religiosität, denen besondere Intensität oder Bedeutsamkeit zugeschrieben wird und die Grenzen gängiger Sprachformen infrage stellen sollen oder mit ekstatischen Veränderungen (Visionen, Auditionen, Entrückungen) einhergehen. → Maltese, Beinhauer-Köhler, Cyranka

Mythos: Erzählung, die eine bedeutsame Geschichte über die Welt, ihre Ordnung und Herkunft beinhaltet. Ein Mythos soll soziale Verbindlichkeit beanspruchen, der Begriff wird aber umgangssprachlich auch zur Entlarvung unbegründeter Wahrheitsansprüche verwendet. (Vgl. Narratologie/Narrative) → Atwood, Goshadze, Laack, Nagel, Strube

Narratologie/Narrative: Die Erforschung von formalen Erzählmustern. Religiöse Narrationen, „Erzählungen", zeichnen sich durch Motive wie Wunder oder Dualismen aus; sie mögen mit populären, politisch aufbereiteten Topoi, „Narrativen", verbunden sein; und auch wissenschaftliche Texte erfordern bewusste Erzählstrategien. → Beinhauer-Köhler, Alberts, Decker, Laack, Schrode/Spies, Stausberg, Yelle

Netzwerk/Netzwerkforschung: Das Modell des Netzwerks dient dazu, Positionen, Beziehungen und Wechselwirkungen zwischen verschiedenen Einheiten (Akteuren, Institutionen, Objekten, Technologien) in den Blick zu nehmen. Während frühe Netzwerkanalysen meist quantitativ und an sozialen Strukturen orientiert waren, werden Netzwerke heute dynamischer als sozio-kulturelle Formationen und damit stärker im Sinne relationaler Soziologie gedacht. (Vgl. *Relation*) → Schrode/Spies, Langer, Nagel

Neue Religiöse Bewegungen: Religiöse Neustiftungen der letzten zwei Jahrhunderte; manchmal auch enger gefasst als Neugründungen ab den 1960er Jahren im Kontext des New Age und der Counterculture. Solche Neugründungen erfolgten in den meisten religiösen und konfessionellen Kontexten auf der ganzen Welt → Freudenberg/Schüler, Langer, Neumaier/Klinkhammer, Pokorny

Normen: Verfahrensregeln zur Festlegung des jeweils zulässigen, erwünschten und erwartbaren Verhaltens. → Stausberg

Objektebene/objektsprachlich: In Unterscheidung zur Metaebene umfasst die Objektebene die Aussagen, Begriffe, und Erzählungen der Anhänger:innen einer Religion über ihre Religion. Die Geschichten, die Religionen über ihre Entstehung und Entwicklung verbreiten, sind z.B. Gegenstand der *historisch-kritischen Methode* und der *Historiographie*. Auch journalistische oder mediale Darstellungen von Religion gehören aus religionswissenschaftlicher Sicht der objektsprachlichen Ebene an. → Rezania, Alberts

Ökumenische Bewegung: Anfang des 20. Jahrhunderts aufgekommene Bewegung innerhalb der meisten weltweiten Christentümer, welche die eine, von Christus gestiftete Kirche in der christlichen Religion verwirklicht sieht und daher die überkonfessionelle Zusammenarbeit der verschiedenen Gemeinschaften befördert. → Suarsana, Nagel, Rötting

Ontologie: Nach einem sich in der Ethnologie und den *Global South Studies* etablierenden Verständnis ist eine „Ontologie" die Weltsicht einer Gruppe von Menschen (häufig innerhalb einer geteilten „Kultur"), insbesondere ihre Seinsvorstellungen und in der Praxis gelebten Theorien über Wirklichkeit und die Beschaffenheit der Welt. Wird heute oft anstelle von oder als bedeutungsverwandt mit Kosmologie und Kultur verwendet. → Laack, Schrode/Spies

Orientalismus: Ein Begriff, den der palästinensisch-US-amerikanische Literaturwissenschaftler Edward Said geschärft hat. Mit dem Begriff kritisierte er die europäische Islamforschung und *Orientalistik* der Kolonialzeit, die half, den als Gegenbild zu Europa stilisierten „Orient" zu beherrschen. (Vgl. *Othering*) → Beinhauer-Köhler, Bergunder, Dreßler, Hermann, Strube

Orientalistik: Im Unterschied zum Begriff des *Orientalismus*, der in aller Regel eine ideologiekritische Ausrichtung hat, bezeichnet Orientalistik ein Ensemble von Fächern, die sich aus europäischer Sicht mit „östlichen" Forschungsgegenständen beschäftigt, die vom Nahen Osten (z.B. Arabistik) über Indien bis in den Fernen Osten (z.B. Sinologie) reichen können. → Strube, Winter, Beinhauer-Köhler

Ort/place: In sozialwissenschaftlicher Perspektive die konkreten Koordinaten im physischen Raum, deren kulturelle Reproduktion in historisch dynamischen und situativen sozialen Prozessen der Raumgliederung konstruiert wird und sowohl in performativen Praktiken „vor Ort" wie auch in mentalen Repräsentationen (ausgedrückt in Darstellungen, Narrativen und Diskursen) Signifikanz erhält. → Langer, Kirby

Othering/Alterisierung: Englischer Neologismus (Wortneuschöpfung), der den Prozess beschreibt, durch den „das Andere" konstruiert wird. Dies passiert im Rahmen eines identitätsstiftenden Prozesses, in dem ein (häufig implizites) „Wir" von diesem „Anderen" unterschieden wird. (Vgl. *Orientalismus*) → Alberts, Schrode/Spies

People of Color / Person of Color (PoC) / Women of Color: Ist eine politisch bedeutsame, historisch situierte, vor allem in Nordamerika geprägte Selbstbezeichnung, um Erfahrungen und Lebensrealitäten von Menschen benennen zu können, die von rassistischen Strukturen betroffen sind (z.B. aufgrund ihrer Hautfarbe, kulturellen Herkunft oder ethnischen Zugehörigkeit).

Sie ermöglicht dadurch u. a. Solidarität und kollektive politische Aktionen, um die *Intersektion* von patriarchaler sowie rassistischer Gewalt transregional sichtbarer zu machen.

Der Begriff steht im Gegensatz zu „Weißen" Personen, die in rassistischen Gesellschaftsstrukturen privilegiert sind. Die Großschreibung bei Weißen dient zur Markierung der Privilegierung dieser Personen. → Maltese

(Das) Planetare: Von Dipesh Chakrabarty geprägte Bezeichnung für eine durch den menschengemachten Klimawandel ausgelöste neue Perspektive auf die Geschichte des Planeten als eines umfassenden geologisch-ökologischen Systems in Abgrenzung zum *Globalen* als der weltweiten Menschheitsgeschichte (einem Bruchteil der Geschichte des Planeten). → Laack, Schrode/ Spies

Postkolonialismus: Bezeichnet eine kritische theoretische Strömung, die sich mit den Auswirkungen und Nachwirkungen des europäischen Kolonialismus auf Wissensproduktion sowie auf kulturelle, politische und gesellschaftliche Strukturen sowie Identitäten auseinandersetzt. → Beinhauer-Köhler, Dreßler, Hermann, Laack, Rötting, Strube, Schrode/Spies, Walthert

Poststrukturalismus: Ist eine in den 1960er Jahren, zunächst in Frankreich, entstandene philosophische Strömung, die sich vom klassischen Strukturalismus und auch vom Existenzialismus abhebt. Grundzüge sind eine Betonung von Diskontinuität, Uneindeutigkeit, Differenzen und Pluralität von Lesarten. Deren aktuell weithin rezipierten Vertreter:innen befassen sich mit Zeichen- und Sprachphilosophie, mit einer Kritik an Bedeutungstheorien, die auf eindeutiges Verstehen zielen, und mit dem Verhältnis von Wissen und Macht. → Hermann, Walthert

Race: Steht für soziale *Konstruktionen* von zugeschriebenen Unterschieden zwischen Menschengruppen und betont die gesellschaftlichen, politischen und kulturellen Dimensionen von Kategorisierungen, die auf äußeren Merkmalen wie Hautfarbe basieren. Der Anglizismus wird in der Forschung oft bevorzugt, um historische und ideologische Belastungen des Begriffs „Rasse" zu vermeiden, der im Deutschen mit dem Nationalsozialismus verbunden wird. → Maltese, Hermann, Goshadze, Stausberg, Strube

Raum/space, sozialwissenschaftlich: Der physische Raum, dessen wahrgenommene Gliederung, Hierarchisierung, Abgrenzung und Verbindung durch historisch dynamische und situative soziale Prozesse (physische Eingriffe, kulturelle Performanzen, Narrative und Diskurse) kulturell kodiert wird. → Langer, Kirby

Reifizierung: Die Darstellung eines menschlichen oder sozialen Phänomens, also ob sie eine (natürliche, ahistorische) „Sache" wäre und damit die Komplexität und Konstruiertheit von Wirklichkeit übergeht. → Alberts, Cyranka, Dreßler, Goshadze

Reinkarnation: Bedeutet, dass der Mensch nach seinem Tod in einem neuen physischen Körper auf Erden wiedergeboren werden kann. Dabei bleibt die personale Identität gewahrt und jede Wiedergeburt dient dem geistigen Fortschritt, der am Ende zu einer endgültigen Erlösung führt. → Bergunder, Cyranka

Relation: (lat. relatio) bedeutet Beziehung oder Bezug; der Begriff wird vor allem im Kontext von Modellen verwendet, die Beziehungen als konstitutiv für die Welt betrachten und somit – anders als klassische Netzwerkansätze – nicht von den Einheiten oder Netzwerkknoten (d.h. enem Punkt, zu dem viele Fäden hinführen) ausgehen, sondern Phänomene als „Relata" konzipieren, die erst durch Relationen hervorgebracht werden. Relationen umfassen zwischenmenschliche Beziehungen ebenso wie physikalische, materielle oder begriffliche. (Vgl. *Netzwerk*) → Schrode/Spies, Beinhauer-Köhler, Cyranka, Freudenberg/Schüler, Laack, Reuter

Religion: Notorisch umstrittener Zentralbegriff der Religionswissenschaft, der sich auf verschiedene Weise definieren lässt. Heutige Verständnisse von Religion lassen sich bis ins 19. Jh. zurückverfolgen und repräsentieren Religion als eine Art Gattungsbezeichnung, die u.a. in Spannung zu Erkenntnisansprüchen und -möglichkeiten von Science/Naturwissenschaft sowie in Anlehnung an und Unterscheidung von diversen Religionen (im Plural) global ausgehandelt und verändert wird (*Religionisierung*). „Religion" (in Anführungszeichen) betrachtet Religion als *diskursive* Verhandlungssache. (Vgl. *Religionsbegriff*) → alle Kapitel

Religionisierung: Nimmt die Prozesshaftigkeit der sozialen *Konstruktion* von *Religion* in den Fokus. Religionisierung ist dabei vor allem in der Moderne zu beobachten als die Deutung und Markierung von Begriffen, Praktiken und Gemeinschaften/Traditionen als „religiös" in impliziter oder expliziter Unterscheidung von nicht-religiösen/*säkularen* Begriffen, Praktiken und Gemeinschaften/Traditionen. → Dreßler, Atwood, Cyranka, Maltese

Religion-Making: Nimmt die Agency der Akteure in den Blick, die *Religionisierung* betreiben, und unterscheidet dabei zwischen unterschiedlichen Positionen und Motivationen. → Dreßler, Schrode-Spies

Religionsbegriff
   Essentialistischer Religionsbegriff: Definition von Religion anhand einer zugeschriebenen unveränderlicher Wesenseigenschaft (Essenz), sei es in Bezug auf einzelne Religionen oder in Bezug auf Religion allgemein. Diese Essenz ist meist ein inhaltlich (*substantialistisch* oder *funktionalistisch*) bestimmtes Merkmal, beispielsweise in Bezug auf Vorstellungen von Göttern und Praktiken der Kommunikation mit ihnen, ethische Normen oder Gefühle/Affekte. (Vgl. Essentialisierung von Religion)
   Funktionalistischer Religionsbegriff: Bestimmung von *Religion* anhand ihrer beobachteten oder postulierten sozialen, kulturellen oder symbolischen Leistungen. Wichtige Theoretiker dieser Strömung waren unter anderem Emile Durkheim und Karl Marx.
   Generischer Religionsbegriff: Wie der biologische Begriff „Spezies" alle Einzelwesen umfasst, die wesentliche Merkmale teilen und sich anhand dieser Merkmale von anderen Einzelwesen unterscheiden, bezeichnet der generische Religionsbegriff eine Kategorie der Kultur, die zum einen alle einzelnen Religionen miteinschließt, zum anderen diese von anderen soziokulturellen Wirklichkeiten trennt. → Rezania
   Innerlicher Religionsbegriff: Wissenschaftliches Konzept, das dem religiösen Gefühl einen eigenen Erkenntnisbereich jenseits von Vernunft und Moral zuspricht, und zwar in Gestalt eines menschlichen „Sinns und Geschmacks für das Unendliche" (Friedrich Schleiermacher). → Suarsana
   Substantialistischer Religionsbegriff: Religionsverständnis, wonach inhaltlich bestimmbare Elemente von Religionen, wie Götter, in den Vordergrund gestellt werden (im Gegensatz zu funktionalistischen Definitionen) (vgl. *essentialistischer Religionsbegriff*). Ein berühmter Vertreter war Rudolf Otto, der Religion über „*Das Heilige*" (bzw. das Numinose) definierte.
   Symbolischer Religionsbegriff: Religionsverständnis, das Religion als ein System von Symbolen versteht, die dazu dienen, die Welt zu verstehen und gleichzeitig auch Handlungsorientierungen anbieten. Am prominentesten wird ein solcher Ansatz durch den Ethnologen Clifford Geertz vertreten. → Walthert

Religionsgeschichte: Ist der historisch ausgerichtete Bereich der Religionswissenschaft, auch Historische Religionswissenschaft. Letztere betont die übergreifenden religionswissenschaftlichen Diskurse und Fragestellungen um den Gegenstandsbereich, während der Begriff Religionsgeschichte die Tatsache betont, dass Religion nicht als zeitloser Gegenstand (z.B. durch Offenbarung) existiert: dabei spielen Methoden der Geschichtsforschung eine Rolle. → Beinhauer-Köhler, Cyranka, Decker, Freudenberg/Schüler, Rezania, Stausberg, Winter

Religionskunde: Von religiösen Institutionen unabhängiges Lehren und Lernen über Religion. Im Gegensatz zur Religionswissenschaft, die an Universitäten gelehrt wird, hat sich der Name Religionskunde für den entsprechenden didaktischen Ansatz im Rahmen von Religions- und Ethikunterricht an Schulen durchgesetzt. → Alberts, Stausberg

Religionsphänomenologie: Religionswissenschaftlicher Ansatz, der in Abgrenzung von der *Religionsgeschichte* transhistorische, religionsübergreifende Grundformen, Muster und Typen herausarbeitete, in denen sich Religion manifestiere, und in Abgrenzung von der Theologie auf die Ausblendung konfessioneller Wahrheitsfragen pochte. Dieser Ansatz wurde in den 1930er Jahren entwickelt und erlebte seine Blütezeit vor allem in den Jahrzehnten nach dem Zweiten Weltkrieg. Prominente Vertreter der Religionsphänomenologie waren Gerardus van der Leeuw, Rudolf Otto, Friedrich Heiler, Gustav Mensching, Geo Widengren sowie Mircea Eliade. → Suarsana, Rötting, Walthert

Religionstheologie/Theologie der Religionen: Selbstreflexionen von Religionen über ihr Verhältnis zu anderen Religionen. Thematisiert wird vielfach die Frage nach der Wahrheit und den Weg zum Heil (exklusiv/eigen, inklusiv/eine beste Option, pluralistisch). Alternativ gibt es die „Komparative Theologie", in der Einzelaspekte verglichen werden, ohne generelle Aussagen über die Heilsrelevanz zu treffen. → Rötting, Suarsana

Religionsvergleich: Zählte lange zum Kernbereich der Religionswissenschaft, bevor er ab den 1970er Jahren aufgrund häufiger Tendenzen zu (*euro-* und christo*zentrisch* geprägter) De*kontextualisierung*, *Essentialisierung* und Verallgemeinerung in die Kritik geriet. Seit den 2000ern werden Religionsvergleiche unter dem Namen Komparatistik methodisch rehabilitiert. → Bergunder, Kirby, Maltese, Suarsana, Strube

Religio-Säkularisierung: Verweist auf die Abgrenzung des Religiösen vom Säkularen, d.h. die gegenseitige Konstituierung von Religion und Säkularem, die den Prozessen der *Religionisierung* in der Moderne inhärent ist. → Dreßler

Religio-Säkularismus: Beschreibt das programmatische Anliegen (bis zur Ideologie) hinter Prozessen der *Religio-Säkularisierung*. → Dreßler

Religiöse Pluralisierung: Benennt einen Zuwachs an religiöser Vielfalt, oft in Verbindung mit Prozessen der Modernisierung und Liberalisierung. Dies wird oft aus implizit religiöser Perspektive als problematisch bzw. als Herausforderung angesehen; als gesellschaftliches Phänomen ist *religiöse Pluralität* jedoch alltäglich. → Neumaier/Klinkhammer

Religiöser Pluralismus: Beschreibt (meist) eine staatlich erwünschte und regulierte *Pluralität* von Religionen und Konfessionen → Neumaier/Klinkhammer

Religiöse Pluralität: Vielheit und Diversität von Religionen, Konfessionen, Traditionen, etc. Pluralität gibt es auf der Ebene institutionalisierter Religionen wie auf der Ebene individueller Identitäten und Praktiken. Das Machtverhältnis zwischen den Religionen wird mit diesem Begriff nicht erfasst. → Neumaier/Klinkhammer, Goshadze, Reuter, Rezania

Religiöses Feld: Ein sozialer Raum, in dem (im Einzelfall zu bestimmende) Akteur:innen aushandeln, was (diese spezifische) Religion ist, wer ihr angehört und wer sie in welcher Weise praktizieren darf, soll oder muss. → Reuter, Alberts

Rhizom: In der Botanik steht der Begriff für ein horizontal wachsendes Sprossgeflecht ohne Zentrum.

Gilles Deleuze und Felix Guattari entwickelten ein daran angelehntes poststrukturalistisches Denkbild (bzw. eine *Metapher*), das auf eine vielfach verflochtene Organisation von Wissen sowie dessen relationaler Entstehung verweist. Die Autoren kritisieren damit hierarchische Ordnungsmodelle und starre binäre Kategorien wie sie beispielsweise Taxonomien und teilweise auch Netzwerkmodellen zugrunde liegen. → Schrode/Spies, Beinhauer-Köhler

Säkularisierung: Langanhaltender historischer Prozess theologischer und institutioneller Wandlungen im Verhältnis von Kirchen, Konfessionen, Religionen und verschiedenen staatlichen Formationen untereinander.

Davon zu unterscheiden ist die Säkularisation, die in diesem Prozess konkret den Moment der Enteignung von Klöstern in Kontinentaleuropa durch Napoleon bezeichnet. Das Eigentum der Klöster, insbesondere Land und Vermögen, wurden in Staatseigentum überführt.

Im Englischen umfasst der Begriff *secularization* beide genannten Bedeutungen. → Yelle, Atwood, Neumaier/Klinkhammer, Radde-Antweiler

Säkularität/secularity: Bezeichnet begriffliche Unterscheidungen und institutionelle Differenzierungen verschiedener sozialer Formationen unter Bezugnahme auf Religion. → Dreßler, Rezania, Maltese

Sekte: Als religionssoziologischer Fachbegriff meint Sekte eine kleinere, exklusivere Religionsgemeinschaft mit strikten Mitgliedschaftsanforderungen, die sich von einer größeren, territorial umfassenderen Organisation („Kirche") abgrenzt. In populärer Sprache wird Sekte zur Diffamierung kleiner Religionsgemeinschaften (z.B. *Neue Religiöse Bewegungen*) verwendet, denen (bzw. deren Mitgliedern) negative (u.a. kriminelle) Eigenschaften zugeschrieben werden (z.B. „Gehirnwäsche"). Diese Diffamierungskampagne wird als Sektendiskurs bezeichnet. Da der populäre Begriffsgebrauch den religionssoziologischen Terminus überlagert, wird der Sektenbegriff in der Religionswissenschaft, wenn überhaupt, dann nur mit größter Zurückhaltung verwendet. → Freudenberg/Schüler, Neumaier/Klinkhammer

Soteriologie: Lehren über Erlösung und *Heil*. → Pokorny, Rezania

Soziale Medien: Grundsätzlich sind alle Medien sozial, da sie Kommunikation und Interaktion ermöglichen. Der Ausdruck „soziale Medien" bezeichnet jedoch speziell die digitalen, vernetzten Plattformen, die Menschen nicht nur den Austausch von beliebigen Informationen ermöglichen, sondern auch das Aufbauen und Aufrechterhalten sozialer Verbindungen. → Radde-Antweiler, Langer

Spiritismus: Mit Bezug auf *Esoterik* ist Spiritsmus eine Bezeichnung für eine Praxis im 19. und frühen 20. Jahrhundert zum Nachweisen der Existenz von Geistern/Seelen Verstorbener, die Kommunikation mit ihnen und damit mit der anderen, der unsichtbaren Welt (englisch: „Spiritualism"). Heute auch eine globalisierte religiöse Praxis, besonders im afro-amerikanischen Kontext. → Bergunder, Cyranka, Hermann, Reuter

Synkretismus: Begriff, der auf eine „Vermischung" verschiedener Religionen oder religiöser Traditionen verweist. In der frühen, oft abwertenden Verwendung impliziert der Begriff eine typologische Unterscheidbarkeit von „reinen" Religionen und solchen, die aus unterschiedlichen Einflüssen hervorgegangen sind. Heute wird eher untersucht, wie Fragen von Synkretismus und „Reinheit" in religiösen Diskursen selbst ausgehandelt werden. → Schrode/Spies, Neumaier/Klinkhammer

Teilnehmende Beobachtung: s. Feldforschung

Text: Alle sprachlich fixierten, zusammenhängenden Äußerungen im Rahmen von kommunikativen Handlungen. Zu mündlich und/oder schriftlich fixierten Texten können Lieder, Gedichte, Mythen, Reden, Merkverse, Chroniken, Erzählungen, Aufsätze, Bücher, und so weiter gerechnet werden. Manchen Texten kann eine besondere religiöse Bedeutung zugeschrieben werden. (Vgl. *Kontext*) → Decker

Tiefgreifende Mediatisierung: Dieser Begriff bezieht sich auf einen Prozess der Gegenwart, in der alltägliche Handlungen untrennbar mit Medientechnologien verbunden werden. Man kann in der Folge nicht mehr von getrennten Einheiten („Handlungen" und „Medientechnologien") sprechen, die einander wechselseitig beeinflussen. Stattdessen bilden Chats, Videocalls und so weiter eine analytische Einheit aus (Kommunikations-)Handlung und Medientechnologie. → Radde-Antweiler

Traditional religions of Africa: A reference to the multiplicity of *indigenous religions* found on the African continent. More than two thousand in number, the beliefs and practices of these religions are highly diverse, dynamic, and adaptable in terms of *institutional* organization and *discursive* legitimation. → Goshadze

Transnationalismus: Sozialwissenschaftliche Forschungsrichtung, die Prozesse grenzüberschreitender Vergesellschaftung analysiert. → Nagel, Kirby, Schrode/Spies

Transzendenz: Außerhalb der zugänglichen Welt angesiedelter postulierter jenseitiger Wirklichkeitsbereich, der allerdings immer nur mithilfe diesseitiger (immanenter) Mittel darstellbar ist oder zugänglich gemacht wird; Immanenz und Transzendenz sind *relational* aufeinander angewiesen. → Bergunder, Dreßler, Freudenberg/Schüler, Goshadze, Maltese, Pokorny, Rezania, Schrode-Spies

Tugenden: Anerkannte, erstrebenswerte und einzuübende Charakterdispositionen und Verhaltensweisen. → Stausberg

Urban area: A settlement such as a city or town which is dense and mixed with respect to its population, built environment, and land use pattern. → Kirby, Langer, Neumaier/Klinkhammer

Verflechtungsgeschichte/entangled history: Ist ein Ansatz der Geschichtsschreibung (*Historiographie*), der sich für globale Interaktionen und Vernetzungen interessiert und den Fokus auf gegenseitige Beeinflussungs- und Aneignungsprozesse zwischen zwei oder mehr Regionen, Gesellschaften oder Kulturen legt. → Winter, Beinhauer-Köhler, Bergunder, Cyranka, Dreßler, Hermann, Laack, Nagel, Schrode/Spies, Strube, Suarsana

Weltreligionen: Die heute stark kritisierte Kategorie „Weltreligionen" impliziert, dass es verschiedene Religionstypen gibt: *Weltreligionen* unterscheiden sich demnach von *Indigenen Religionen* und *Neuen Religiösen Bewegungen* durch ihre hohen Mitgliederzahlen, universellen Heilsanspruch, weltweite Ausbreitung, eine ausgeprägte Ethik, das Vorhandensein von religiösen Eliten sowie einer Tradition „heiliger Schriften". Das Konzept entstand in einer *eurozentrisch* geprägten kolonialen Situation. → Alberts, Goshadze, Dreßler, Hermann, Laack, Rötting, Suarsana

Weltreligionenparadigma: Paradigmatische Konzeptualisierung von Religion als *„Weltreligion"*, die durch ihre umfassende Verbreitung als natürlich gegeben erscheint. → Alberts

Werte: Übergeordnete achtens-, erstrebenswerte Handlungsziele und -zwecke, die als Prämisse des Handelns fungieren. → Stausberg, Walthert

Women of Color: s. People of Color

Autor:innen

Wanda Alberts, Dr. phil. (Marburg 2006), ist Professorin für Religionswissenschaft und Didaktik des Faches Werte und Normen an der Leibniz Universität Hannover (Deutschland). Arbeitsschwerpunkte: Religion und Säkularität im öffentlichen Raum, Didaktik der Religionswissenschaft.

David Atwood, Dr. phil. (Basel 2017), ist Professor für Religion und Öffentlichkeit an der Universität Zürich (Schweiz) und Direktor des Zentrums für Religion, Wirtschaft und Politik. Arbeitsschwerpunkte: Religion und Politik, Religionswissensgeschichte, Kulturtheorie.

Bärbel Beinhauer-Köhler, Dr. phil. (Göttingen 1994), ist Professorin für Religionsgeschichte an der Philipps-Universität Marburg (Deutschland). Arbeitsschwerpunkte: Religiöse Räume, Religionsästhetik, Entangled History, Islam.

Michael Bergunder, Dr. theol. (Halle 1993), ist Professor für Religionswissenschaft und Interkulturelle Theologie an der Universität Heidelberg (Deutschland). Arbeitsschwerpunkte: Theorien und Methoden der Religionswissenschaft, indische Religionsgeschichte mit Schwerpunkt auf die tamilsprachigen Regionen, weltweite Pfingstbewegung, globale Esoterik.

Daniel Cyranka, Dr. theol. (Halle 2004), ist Professor für Religionswissenschaft und Interkulturelle Theologie an der Martin-Luther-Universität Halle-Wittenberg (Deutschland). Arbeitsschwerpunkte: Aufklärung und Religionen, Missionsgeschichte, Esoterikforschung und Globale Religionsgeschichte, Orientalismus/Postkolonialismus und die „Zweite Welt".

Doris Decker, Dr. phil (Marburg 2011), ist Professorin für Historische und Vergleichende Religionswissenschaft an der Universität Zürich (Schweiz). Arbeitsschwerpunkte: Geschichte und Textquellen des Frühislam; Religion, Geschlecht und Sexualität; Religionsgeschichte der Levante.

Markus Dreßler, Dr. phil. (Erfurt 2001), ist Professor für Moderne Türkeiforschung an der Universität Leipzig (Deutschland). Arbeitsschwerpunkte: Alevitentum; Religion, Politik und Gesellschaft des späten Osman. Reiches und der Türkei; Religion und Säkularismus.

Maren Freudenberg, Dr. phil. (Berlin 2016), ist Akademische Rätin am Centrum für Religionswissenschaftliche Studien der Ruhr-Universität Bochum (Deutschland). Arbeitsschwerpunkte: Evangelikalismus und pfingstlerisch-charismatisches Christentum in den USA, Deutschland und der Schweiz; Religion, Wirtschaft und Politik; Religion in der Moderne.

Mariam Goshadze, Dr. phil. (Harvard 2020), ist Juniorprofessorin für Religionsgeschichte an der Universität Leipzig (Deutschland). Arbeitsschwerpunkte: Religionen in Ghana; Indigene Religionen in Afrika; Religionsästhetik; Religion und Säkularismus.

Adrian Hermann, Dr. phil. (Basel 2011), ist Professor für Religion und Gesellschaft an der Rheinischen Friedrich-Wilhelms-Universität Bonn (Deutschland). Arbeitsschwerpunkte: Globale Religionsgeschichte; Kultur- und religionswissenschaftliche Theoriebildung; Religionen in Südostasien; (Analog) Game Studies.

∂ Open Access. © 2025 bei den Autorinnen und Autoren, publiziert von De Gruyter. [CC BY] Dieses Werk ist lizenziert unter der Creative Commons Namensnennung 4.0 International Lizenz.
https://doi.org/10.1515/9783111458892-035

Benjamin Kirby, Dr. phil. (Leeds 2017), ist Juniorprofessor für Religionswissenschaft mit Schwerpunkt globale Verflechtungen an der Universität Bayreuth (Deutschland). Arbeitsschwerpunkte: Religion, Politik und Wirtschaft; Religion in Afrika; Religion und Globalisierung; Urbanität und Infrastruktur.

Gritt Klinkhammer, Dr. phil. (Hannover 2000), ist Professorin für Religionswissenschaft an der Universität Bremen (Deutschland). Arbeitsschwerpunkte: Rezente religiöse Pluralität: Konvivenz und Konflikt, Islam in Deutschland (Salafismus, Sufismus, Verwaltung und Institutionalisierung des Islam), Methoden der qualitativen Religionsforschung, Theorie der Religion.

Isabel Laack, Dr. phil. (Heidelberg 2009), ist Professorin für Religionswissenschaft und außereuropäische Religionsgeschichte an der Universität Tübingen (Deutschland). Arbeitsschwerpunkte: Indigene Traditionen Mesoamerikas (insb. Azteken), Gegenwartsreligiosität in Europa (insb. Paganismus), Religionsästhetik, Religion und Klang/Musik.

Robert Langer, Dr. phil. (Heidelberg 2004), ist Professor für Religionswissenschaft mit dem Schwerpunkt Islam an der Universität der Bundeswehr München (Deutschland). Arbeitsschwerpunkte: Religionsgeschichte und -ethnologie islamisch geprägter Kulturen, Methoden der empirischen Religionsforschung, religiöse Praxis und Ritualforschung, religiöse Raumnutzung.

Giovanni Maltese, Dr. theol. (Heidelberg 2017), ist Professor für Religionswissenschaft und Interkulturelle Theologie an der Friedrich-Alexander-Universität Erlangen-Nürnberg (Deutschland). Arbeitsschwerpunkte: Globaler Pentekostalismus, Reformislam (inbesondere in Südostasien), Globale Religionsgeschichte und Gender/Queer Studies, Religion und Politik.

Alexander-Kenneth Nagel, Dr. rer. pol. (Bremen 2008), ist Professor für Religionswissenschaft an der Universität Göttingen (Deutschland). Arbeitsschwerpunkte: Religion, Migration und Flucht, Apokalyptik in modernen Gesellschaften.

Anna Neumaier, Dr. phil. (Bochum 2014), ist Professorin für Religionswissenschaft an der Ruhr-Universität Bochum (Deutschland). Arbeitsschwerpunkte: Religion und digitale Medien, Transformationen gegenwärtiger Religiosität, religiöse Pluralität, qualitative Religionsforschung.

Lukas K. Pokorny, Dr. phil. (Wien 2008), ist Professor für Religionswissenschaft an der Universität Wien (Österreich). Arbeitsschwerpunkte: Alternative und neue religiöse Bewegungen, Millenarismus, Ostasiatische Religionen, Religion in Österreich.

Kerstin Radde-Antweiler, Dr. phil. (Heidelberg 2008), ist Professorin für Religionswissenschaft an der Universität Bremen (Deutschland). Arbeitsschwerpunkte: Religion in Zeiten tiefgreifender Mediatisierung, Digital Gaming, Religion und die COVID-19-Pandemie.

Astrid Reuter, Dr. phil. (Bremen 1999), ist Professorin für Religionswissenschaft an der Universität Münster (Deutschland). Arbeitsschwerpunkte: religionswissenschaftliche Theoriebildung/Theoriegeschichte; charismatischer Katholizismus; afrobrasilianische Religionen; Religion und Recht.

Kianoosh Rezania, Dr. phil. (Göttingen 2008), ist Professor für Westasiatische Religionsgeschichte an der Ruhr-Universität Bochum (Deutschland). Arbeitsschwerpunkte: Zoroastrismus, altiranische Religionsgeschichte, Pahlavi-Schrifttum.

Martin Rötting, Dr. phil. (München 2007), ist Professor für Religious Studies an der Paris Lodron Universität Salzburg (Österreich). Arbeitsschwerpunkte: Spiritualität und Religion der Gegenwart, Buddhismus, Interreligiöser Dialog, multireligiöse Orte.

Paula Schrode, Dr. phil. (Heidelberg 2010), ist Professorin für Religionswissenschaft mit Schwerpunkt islamische Gegenwartskulturen an der Universität Bayreuth (Deutschland). Arbeitsschwerpunkte: Entwicklungen des Islams in der Gegenwart, transnationaler türkischer Islam.

Sebastian Schüler, Dr. phil. (Münster 2010), ist Professor für Religionswissenschaft an der Universität Leipzig (Deutschland). Arbeitsschwerpunkte: Evangelikales und charismatisches Christentum in den USA und Europa, New Age und alternative Religiosität.

Eva Spies, Dr. phil. (Mainz 2006), ist Professorin für Religionswissenschaft mit Schwerpunkt Afrika an der Universität Bayreuth (Deutschland). Arbeitsschwerpunkte: Christentum in/aus Afrika, religiöse Vielheit, Religion und Entwicklungskooperation.

Michael Stausberg, Dr. phil. (Bonn 1995), ist Professor für Religionswissenschaft an der Universität Bergen (Norwegen). Arbeitsschwerpunkte: Religionstheorien, systematische Religionswissenschaft, Zoroastrismus.

Julian Strube, Dr. phil. (Heidelberg 2015), ist Professor für Religionswissenschaft und Interkulturelle Theologie an der Universität Göttingen (Deutschland). Arbeitsschwerpunkte: Globale Religionsgeschichte, Religion und politischer Extremismus, Religionsgeschichte Südasiens, Esoterik und alternative Religiosität.

Yan Suarsana, Dr. theol. (Heidelberg 2013), ist Professor für Religionswissenschaft an der Universität Bremen (Deutschland). Arbeitsschwerpunkte: Globalgeschichte des Christentums, lokale Religionsgeschichte, Theologie der Religionen.

Rafael Walthert, Dr. phil. (Zürich 2009) ist Professor für Religionswissenschaft an der Universität Zürich (Schweiz). Arbeitsschwerpunkte: Theoretische Fragen, Rituale.

Katharina Wilkens, Dr. phil. (Bayreuth 2007), ist akademische Rätin am Institut für Religionswissenschaft der Universität Tübingen (Deutschland). Arbeitsschwerpunkte: Religionen in Afrika, Religionsästhetik, rituelle Heilung.

Franz Winter, Dr. phil. (Wien 1999) und Dr. theol. (Wien 2005), ist Professor für Religionswissenschaft an der Universität Graz (Österreich). Arbeitsschwerpunkte: Europäische und asiatische Religionsgeschichte, alternativ- und neureligiöse Bewegungen.

Robert Yelle, Ph.D. (Chicago 2002) und J.D. (Berkeley 1993), ist Professor für Religionswissenschaft an der LMU München (Deutschland). Arbeitsschwerpunkte: vergleichende Religionswissenschaft, allgemeine Religionsgeschichte, Religionssemiotik, Religion und Politik.

www.ingramcontent.com/pod-product-compliance
Lightning Source LLC
Chambersburg PA
CBHW051624230426
43669CB00013B/2171